危崖

THE PRECIPICE

Existential Risk and the Future of Humanity

生存性风险与人类的未来

Toby Ord
[澳] 托比·奥德——著
韦斯琳 ——译

中信出版集团 | 北京

图书在版编目（CIP）数据

危崖：生存性风险与人类的未来 /（澳）托比·奥德著；韦斯琳译. -- 北京：中信出版社，2021.10
书名原文：The Precipice: Existential Risk and the Future of Humanity
ISBN 978-7-5217-3226-9

Ⅰ.①危… Ⅱ.①托… ②韦… Ⅲ.①人才未来学－研究 Ⅳ.① C96

中国版本图书馆 CIP 数据核字 (2021) 第 106929 号

危崖——生存性风险与人类的未来
著者：　[澳]托比·奥德
译者：　韦斯琳
出版发行：中信出版集团股份有限公司
（北京市朝阳区惠新东街甲 4 号富盛大厦 2 座　邮编　100029）
承印者：北京诚信伟业印刷有限公司

开本：880mm×1230mm 1/16　印张：27.5　字数：340 千字
版次：2021 年 10 月第 1 版　印次：2021 年 10 月第 1 次印刷
京权图字：01–2020–3325　书号：ISBN 978–7–5217–3226–9
定价：98.00 元

献给在我们之前的千亿人，
他们塑造了人类文明；
献给活在当下的七十亿人，
他们的行动也许将决定文明的命运；
献给未来的万亿人，
他们的生存悬而未决。

To the hundred billion people before us,
who fashioned our civilisation;
To the seven billion now alive,
whose actions may determine its fate;
To the trillions to come,
whose existence lies in the balance.

目录　　CONTENTS

第一部分
代价
Part One
THE STAKES

第二部分

风 险

Part Two
THE RISKS

第三部分

前 路

Part Three
THE PATH FORWARD

示意图列表 LIST OF FIGURES

表格列表 LIST OF TABLES

?

第一部分

代 价

Part One

THE STAKES

引言 INTRODUCTION

如无意外发生，人类的历史才刚刚起步。智人已经生存了 20 万年之久，但地球在接下来的亿万年里仍将适合居住——这么长的时间，足以让未来的数百万代子孙繁衍不息，足以彻底终结疾病、贫困和不公，足以创造我们今天无法想象的繁荣。如果我们还能进一步向宇宙中求索，那我们拥有的时间还会更加充裕——在以万亿年计的时间里去探索数十亿繁星上的世界。如果人类能延续这么长的时间，那么今天的人类还只是处于襁褓阶段，广阔而非凡的成熟期尚在前方。

但这样的前景很容易被蒙上阴影。眼前的不堪见闻令我们愤怒，最近发生的悲剧则攫取了我们的同情。时间和空间都被收窄了。我们忘记了自己要参与的故事有多宏大，但某些时刻我们会幡然醒觉——那是我们改变对未来的构想并重新评估事物的轻重缓急之时。我们看到的是，一个物种随时可能走向自我毁灭，原本充满希望的未来安危未定。而究竟是会爆发危机，还是会转危为安，则成为公众最为关切的紧迫议题。

本书认为，守护人类的未来是我们这个时代具有决定意义的任务。这是因为我们正处于人类历史的关键时刻。在技术进步的推动下，人类的力量大大增强，在漫长历史中第一次拥有了强大到足以摧毁自己的力量，而这会让我们再也无法抵达整个未来，无法实现任何可能。

然而，人类的智慧就算有所长进，也发展得磕磕绊绊，远赶不上人类力量的增长，这是很危险的。人类缺乏必要的成熟度、协作力和远见来避免犯下无可挽回的错误。我们的力量和智慧之间的差距越来越大，我们的未来面临的风险也不断增加。这样的情况是不可持续的。在接下来的几个世纪里，人类将经受考验：要么果断行动起来保护人类自身和人类的长期潜力，要么极有可能永远失去扭转形势的机会。

要战胜这些挑战并保卫我们的未来，我们必须马上行动：着手控制当前的风险，避免将来可能出现的风险，让我们的社会不再重蹈覆辙而将自己置于危险之中。

直到 20 世纪，人类可以危及自身存续的能力才显现出来。一段叫人胆战心惊的情节最近才公之于众。1962 年 10 月 27 日，星期六，一艘苏联潜艇上的一名军官差点启动了一场核战争。这名军官叫瓦连京·萨维茨基（Valentin Savitsky），是潜艇 B–59 的艇长，此前苏联派出了 4 艘潜艇支援它在古巴的军事行动，B–59 是其中之一。每艘潜艇都装备了秘密武器——一枚破坏力堪比广岛原子弹的核鱼雷。

此时正值古巴导弹危机剑拔弩张之际。两周前，美国通过空中侦察获得的照片显示，苏联正在古巴部署能够直接打击美国本土的核导弹。为了应对危机，美国封锁了古巴周边海域，计划发起侵袭，并将自己的核武装前所未有地提升到了二级战备状态（DEFCON 2，仅次于核战争）。

就在那个星期六，封锁线上的其中一艘美国战舰侦测到萨维茨基的潜艇，并投掷深水炸弹作为警告，试图让潜艇浮上海面。潜艇当时已经在深水中隐藏了数日之久，由于和指挥中心失去了通信联系，船员们并不清楚战争是否已经爆发。此时潜艇内的情况非常糟糕。这艘潜艇是为了在北冰洋里执行任务而建造的，它的通风设备在热带海水里遭到了损坏，舱内酷热难耐，温度从靠近鱼雷发射管的45℃到发动机舱的60℃不等。潜艇内部的二氧化碳累积到了很危险的浓度，开始有船员昏厥过去。深水炸弹紧挨着船体炸开，其中一名船员后来回忆道："感觉就像坐在一个铁皮桶里，外面有人拿着大锤不断猛击。"

萨维茨基艇长感到越来越绝望，他下令让船员们准备发射秘密武器：

> 我们干着急的这会儿，可能战争已经在上面打响了，我们现在要把他们炸个精光！大家会牺牲，但敌人也会被全部炸沉，我们不会让苏联海军蒙羞！[1]

发射核武器需要潜艇政委的同意，他持有另一半发射密钥。在没有得到莫斯科授权的情况下，政委表示了允许。

如果换作其他三艘潜艇中的任何一艘，当时的情形就足以实施发射了，万幸的是B–59潜艇上还有整个舰队编队的指挥官瓦西里·阿尔希波夫（Vasili Arkhipov），因此这一决定还必须征得他的同意。阿尔希波夫拒绝同意，反而劝萨维茨基艇长冷静下来，说服他放弃发射核弹：应该在美国战舰的包围下浮上海面，等待莫斯科的进一步指令。[2]

如果阿尔希波夫当时同意了，如果他被派驻的不是这艘潜艇，而是其他三艘潜艇中的某一艘，会发生些什么？我们无从得知。说不定萨维茨基艇长也还是会中止这一命令。然而，可以确定的是，一次针对封锁舰队的核打击差点就发生了——这样的打击很可能会招致核报复，然后升级为全面的核战争（正是美国已经做好准备的）。多年以后，在古巴导弹危机期间任美国国防部长的罗伯特·麦克纳马拉（Robert McNamara）得出了相同的结论：

> 如果遭到核弹攻击，美国必将不惮于用核弹报复。那么会造成什么局面呢？肯定是彻头彻尾的灾难。[3]

自打核武器横空出世以来，人类就在进行这种充满风险的抉择。在我们生活的世界上，决策者们并不完美，他们做决定时获得的信息极其有限，却掌控着足以威胁人类整个未来的技术。我们在1962年那个星期六及之后的日子里都得以幸免于难，但我们的破坏能力与日俱增，一直指望运气是行不通的。

我们需要采取果断措施来终结这个危机不断升级的时期，保护我们的未来。所幸的是我们有能力做到这一点。解铃还须系铃人，因此能否平安度过这一时代将由人类自己决定。不过这并不是个容易的抉择，一切都视乎人类如何尽快理解和接受拥有空前力量所带来的全新责任。

这是一本关于**生存性风险**的书，探讨的是威胁人类长期发展潜力的种种风险。灭绝显然是能摧毁人类一切潜力的方式，但除此之外还有别的风险。如果全球文明发生不可恢复的崩溃，我们的长期发展潜力也会受到破坏。并且我们应当注意到，反乌托邦也可能出现：人类也许会以这些方式陷入一个失败的世界，无法回头。

生存性风险的表现形式不一，而且是一类独特的风险。因此我在本书中必须把达不到生存性风险标准的很多重大风险剔除在外：我们的主题不是人类社会或自然界可能陷入的新的黑暗时代（虽然那也很可怕），而是人类发展潜力遭到永久摧毁这种可能发生的情况。

生存性风险带来了不同于以往的挑战。这些挑战要求我们协同全球各国和跨世代之力，以超越当前所取得成就的方式与之抗衡。同时，我们还需要有长远的眼光，而不是边试错边纠正。由于这类灾难一旦发生便不可挽回，我们必须建立机制，确保人类在整个未来不会陷入这些灾难。

为了充分地阐述这一主题，我们将展开多层面的探讨。想理解这些风险，就需要对物理学、生物学、地球科学和计算机科学有所钻研；想要把风险放进关于人类的宏观叙事中，我们就需要历史学和人类学知识；识别风险程度需要懂得道德哲学和经济学；寻找解决方案则离不开对国际关系和政治学的认识。想研究好生存性风险这一主题，就需要潜心学习上述每一门学科，而不是只选那些符合自己先入之见的专家言论或相关研究来为自己的看法背书。仅凭一个人的力量是不可能做到的，因此我十分感激上述领域中一些世界知名的研究者对本书的大量建议和审阅。[4]

这本书有着宏大的目标。通过对人类发展潜力和面临风险的详细分析，本书得出的结论是，我们身处人类历史最关键的时代。影响我们整个未来的重大风险作为一个新问题已经浮现，而我们的思考却还未跟上。因此，本书提供了一个新的伦理视角：对于如何看待世界以及我们在其中的角色，需要有一个重大转向。本书希望借此缩小我们的智慧和力量之间的鸿沟，让人类认清那些岌岌可危的情况，从而做出保护未来所必需的选择。

保护人类的长期未来并不是我一直以来的关注焦点，研究这一主题是不得已之举。我是牛津大学的一名哲学学者，研究方向是伦理学。我的早期研究专注于全球健康、全球贫困等更为具体的问题，探索如何更好地帮助生存条件最恶劣的人群。在探讨这些问题的过程中，我觉得必须让自己的伦理学研究走出象牙塔。我开始为世界卫生组织、世界银行和英国政府提供全球卫生伦理方面的咨询建议。我意识到我的收入如果用来帮助贫困人群，能比由我本人独享起到更大的作用，于是我做出了一个终生承诺，至少要用收入的 1/10 来帮助穷人。[5] 我为志同道合者创立了一个叫“尽我们所能”（Giving What We Can）的组织，并很高兴看到有好几千人加入我们，承诺一生中将共同捐出超过 10 亿英镑，支持那些据我们所知最有成效的慈善机构，用在最重要的慈善事业上。通过共同努力，我们现在已经改变了成千上万人的生活。[6] 而且由于除了捐赠，我们还可以通过很多别的方式来帮助塑造一个更好的世界，我协助发起了一个范围更广的运动，名为“有效利他主义”，参与者希望运用证据和理性来尽可能地行善。

纾解目前种种不必要的苦难还需要付出很多努力，因此我很晚才转向对未来的思考。这一话题很难让人感同身受，也抽象得多。思考未来真的像纾解眼前的苦难那样急迫吗？在仔细思考和本书相关的论据和观点时，我开始认识到人类未来面临的风险同样真实、同样紧迫，却备受忽略。与我们这个时代的无依无靠者相比，未来的人们在面对我们这个时代埋下的风险时会更加无力应对。

研究这些风险现在成了我的工作重心：一是探究我们面临的挑战，二是为英国首相办公室、世界经济论坛和 DeepMind（深度思考公司）提供如何有效应对这些挑战的建议。随着时间推移，我看到越来越多的人认识到了这些风险，意识到了共同行动的必要性。

在一般的学术写作（包括我自己的学术写作）中，人们往往使用艰涩的术语，添加烦冗的专业细节，用具体说明来缓和绝对化语气以免他人质疑，而我在写作本书时坚决摒弃了这些做法，以期它能触达不同的读者。如果有读者希望了解更多专业细节或具体说明，书后的大量附注和附录就是为此而写的。[7]

我花了许多精力去仔细全面地检查本书的论据和论点，确保关键点得到呈现，哪怕需要减少篇幅。因为直达所讨论问题的真相是最重要的——人们的注意力稀缺而宝贵，不能浪费在不够严谨的叙述或观点上。[8]

本书各个章节将从不同的角度来阐述核心问题，第一部分（“代价”）从概述我们在历史进程中的独特位置开始，接着说明为何这一时期亟待我们践行道义责任。第二部分（“风险”）深入分析人类面临的各类风险，包括由自然界和人类自身引起的，说明尽管有一些风险被过于夸大，真正的风险依然存在，而且还在继续增加。第三部分（“前路”）阐述有哪些工具能帮助我们认识这些风险有何异同、如何结合，以及应对这些风险的新策略。我以对未来的愿景作为全书结尾：展示我们成功化解风险后能够成就的一番气象。

本书并非关于气候变化或核战争的老生常谈。这些最先让我们意识到人类有可能自我毁灭的风险只是个开始。还有诸如生物科技和前沿人工智能等技术带来的风险已然浮现，未来很可能会给人类造成更大的危机。

最后，这不是一本宣扬悲观情绪的书。书中展示的并非人类必然毁灭的历史进程，也不是拥有技术后的傲慢自大导致人类陨落的警世故事；远不是这些。本书的核心论点是，我们的未来确确实实面临着风险，但我们的选择可以起很大的作用。我相信我们有能力做到：通过做出正确的选择，我们能够脱离险境，抓住时机创造一个具有巨大价值的未来——在那样的未来中，依靠今天尚未构想出的创新，会有我们做梦都想不到的丰饶昌盛。事实上，我对人类的未来深感乐观，这是我撰写本书的核心动力。我们的潜力极为广大，我们要保护的实在太多。

第一章 身处危崖

STANDING AT THE PRECIPICE

这应该是个为人熟知的进程，发生在万千世界里——一颗新形成的行星平静地绕着它的恒星旋转，生命缓慢地形成，生物在千变万化的过程中进化，产生了某种程度上的智慧，为生存赋予巨大的价值。接下来是技术被发明创造出来，智慧生物开始意识到所谓自然法则的存在，这些法则可以通过实验来揭示，而且对这些法则的认识能够在前所未有的范围内拯救或夺走生命。他们认识到科学赋予的巨大力量，弹指之间，他们就能够创造改变世界的复杂事物。一些星球文明找到了正确出路，对可行和不可行之事加以限制，因而平安度过危机，其他缺乏这种幸运和审慎的星球，则灰飞烟灭。

——卡尔·萨根[1]

对人类的未来而言，我们生活的时代有着独一无二的重要性。要知道这么说的原因，我们需要从整体上回顾人类的历史，看看我们如何走到了今天，下一步将去往何处。

我们的主要焦点是人类不断增长的力量——我们既有力量来改善我们的生存状况，也有力量来造成伤害。我们会看到，人类历史的重大转变如何提升了我们的力量，使我们取得非凡的进步。如果我们能避免灾难，那么我们就能谨慎地预期进步将会持续：负责任的人类将拥有无比光明的未来。但是，这种不断增长的力量也带来了重要性堪比以往的新转变——向我们身处的危机时代的转变。

我们如何走到今天

人类的故事中，只有很小一部分得到了讲述，因为**可以**讲的实在不多。20 万年以前，智人这个物种出现在非洲大草原上。[2] 在漫长得难以想象的时间里，我们经历了美好的爱与友情，承受艰辛与痛苦，我们探索、创造，并思索我们在宇宙中的位置。然而当我们想起人类在历史上的伟大成就，能想到的几乎都是在泥板、纸莎草或纸上记录的事迹——这些记录只能回溯到差不多 5 000 年前。我们很少想到约 7 万年前第一个踏足澳大利亚这一新奇世界的人，很少想到第一个命名和研究人类所到之处的动植物的人，也很少想到人类历史早期的故事、歌谣和诗句。[3] 但这些都是真实而非凡的成就。

我们知道，在农业或文明出现以前，人类就是世界上的一股新鲜力量了。利用航海、纺织、取火等简单却富有革命性的技能，我们比从前的任何哺乳动物都走得更远。我们适应了更为广阔的天地，在全球开枝散叶。[4]

是什么让人类在发展的襁褓阶段就如此出色？我们不是体型最大、最强壮或者最能经受磨难的动物。把我们与其他动物区分开来的不是身体因素，而是心智能力——我们的智力、创造力和语言能力。[5]

然而，即使有了这些独特的心智能力，荒野中的人类个体也不算突出，他也许可以生存下去，毕竟智力可以弥补体力上的不足，但很难成为主宰。从生态学的角度来看，了不起的不是人类个体，而是全体

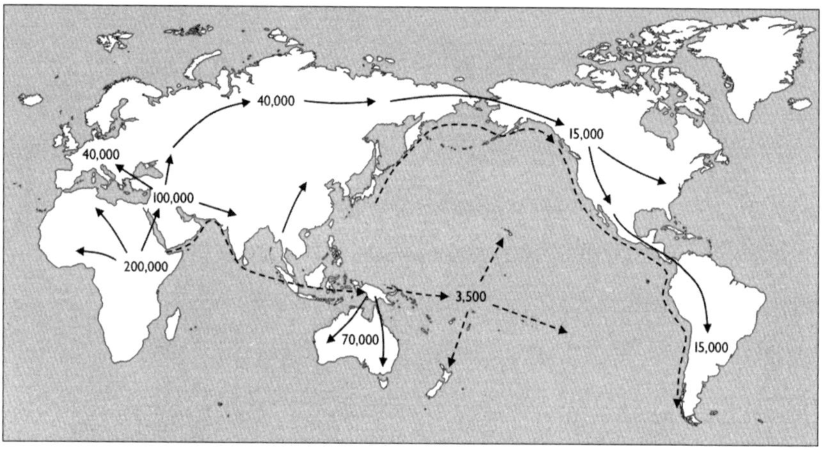

图 1.1[6]：我们如何迁徙至全球各地。图中箭头显示我们目前了解到的人类祖先在陆地和海上的迁徙路径，以及用了多长时间抵达各个区域

人类。

在大型动物中，人类个体与群体中其他人合作的能力是独一无二的。这一能力让我们创造出超越自身的事物。随着我们的语言表达更加丰富和抽象，我们得以充分利用群体的能力，来汇总我们的知识、想法和计划。

至关重要的是，我们不但能跨越空间合作，还能跨越时间合作。如果每一代人都不得不从头学起，那么以我们的技术能力，可能连一把粗糙的铁铲都造不出来。但我们可以向前人学习，加上自己的少许创新，再把这些传授给我们的下一代。这不是只有几十人的合作规模，我们有无数人通过世世代代的合作，在漫长的时间里保存和改进我们的想法。靠着一点一滴的累积，我们的知识和文化得以发展起来。[7]

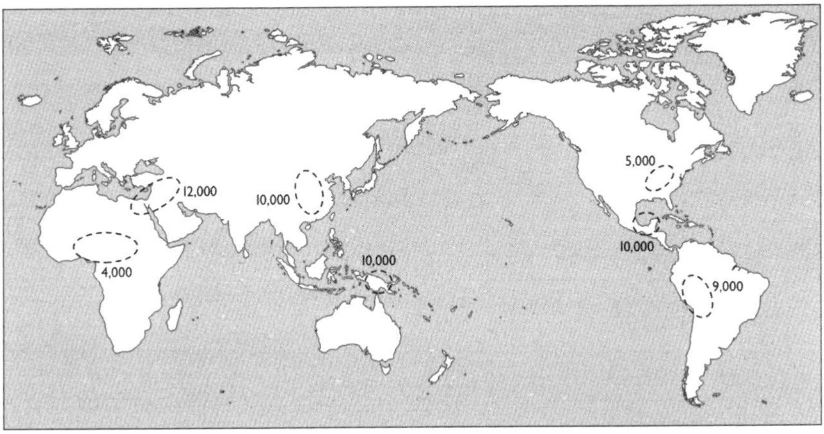

图 1.2：文明的发源地。图中标注了世界各地独立发展的农耕文明及其出现时间

在人类的漫长历史中，出现过好几次重大转折：人类境况的改变加速了能力的累积，塑造了其后的所有事物。我将重点阐述其中三次转折。[8]

第一次转折是农业革命。[9]大约 1 万年前，在中东的新月沃土地带，人们开始种植野生小麦、大麦、扁豆和豌豆，作为采集食物的补充。通过从长势最好的植物上择优取种并再次种植，他们利用进化的力量，培育出种子更饱满、产量更高的新品种。这种方法也用在了动物身上，使得人类能更容易获得肉类和皮毛，还有牛奶、羊毛和肥料。人们利用役畜的体力来协助耕地或运输收成，是人类自学会取火以来获得的最大功率补给。[10]

新月沃土地带常被称为“文明的摇篮”，事实上很多地区都是文明的摇篮。在世界上各个气候和本地物种相适合的地方，发生了彼此完全独立的农业革命：东亚，撒哈拉沙漠以南的非洲，新几内亚，美洲南部、中部和北部，也许还有别的地区。[11] 新的劳作方式从这些摇篮地带向外扩散，让很多人的生存方式从采集变为耕种。

这极大地改变了人类合作的规模。农业出现后，养活一个人所需的土地量是以前的 1%，大型的永久定居点得以形成，随着时间推移，定居点又结合成了国家。[12] 以采集为生的人类群落的规模或许只有几百人，而最早出现的一些城市能容纳成千上万人。苏美尔文明在最繁盛的时期大约有 100 万人。[13] 2 000 年前的中国汉代，人口达到了 6 000 万——这是过去以采集为生的群落人数的约 10 万倍，是全世界采集者总人数达到最高峰时的约 10 倍。[14]

随着越来越多的人能够分享他们的思想和发现，技术、制度和文化迅速发展起来。越来越多的人参与交易，这使得人们能够投身于专门的领域，比如终生从事管理、贸易或艺术工作，我们也得以更加深入地发展相关的思想。

在农业文明的前 6 000 年里，我们取得了翻天覆地的突破，包括书写、数学、法律、交通工具等方面的突破。[15] 其中，书写对增强我们跨时空合作的能力尤为重要：书写可以让更多的信息一代代传下去，使所传递的信息更加可靠，让思想传播得更远。

接下来的一次大转折是科学革命。[16] 人们自古以来就在实践科学的早期形式，在伊斯兰世界和欧洲中世纪学者的著作中可以寻找到经验主义的种子。[17] 但是，直到 400 年前，人类才发展出科学方法并见证科学进程突飞猛进。[18] 这让对自然世界的细心观察代替了对既有权威的依赖，并能为我们所见的事物寻找简明、可验证的解释。验证和抛弃错误解释的能力帮助我们摆脱了教条，第一次使人们对自然界运行规则形成了系统性认知。

我们可以利用一些新获得的知识来改善周围的世界。因此知识加速累积，技术创新的速度也随之加快，人类凌驾于自然之上的力量与日俱增。这种快节奏让人们在有生之年就能看到这些提升带来的变革性成果。“进步”这个现代概念由此兴起。以前，衰落或循环叙事是这个世界的主流，而现在，越来越多的人认同这个新的叙事：一个齐心协力共建更好未来的宏大计划。

此后不久，人类经历了第三次重大转折：工业革命。以煤和其他化石燃料形式存在的大量能源储藏被发现，使这场革命成为可能。这些燃料由史前生物体遗骸沉积而来，我们利用它们来获取照耀地球千百万年的阳光中的一部分能量。[19]此前，我们已经利用从风、河流和森林中获取的可再生能源来驱动简单的机器，而化石燃料带来的能量则大得多，其储存形式也更为集中和便于利用。

但是，能量如果无法转化为可用的功来实现我们想要的变化，便毫无用处。蒸汽机让煤炭蕴含的化学能转化为机械能。[20]这种机械能被用于驱动机器，为我们完成大量劳动，使得从原材料到制成品的加工过程比以往更快速、更经济。而通过铁路运输，这些财富可以实现远距离的分配和交易。

生产力和繁荣度开始加速提升，接连不断的创新提升了自动化的生产效率、规模和种类，迎来了经济可持续增长的近现代。[21]

这些转折带来的影响并不都是正面的。农业革命之后的几百年里，人类总体上劳作得更多，得到的营养更少，疾病也在增加。[22]科学带来的杀伤性武器一直困扰我们至今。工业革命是人类历史上最动荡不安的时期之一，繁荣成果分配不公和劳动剥削导致了20世纪早期的革命动荡。[23]

国与国之间的不平等大大加剧（这一趋势直至过去20年才有所扭

转)。[24] 化石能源的利用排放出了温室气体，而由化石能源驱动的工业则危及各个物种，破坏生态系统，污染我们的环境。

然而，尽管面临这些现实问题，人类今天的生活总体上还是比以往各个时期都有了极大的改善。其中最突出的变化就是摆脱贫困。在最近 1 000 年的历史 [25] 里，直到 200 年前，人类力量和繁荣程度的增长都是与人口增长齐头并进的。**人均**收入几乎没多大变化：在丰饶的时期稍高于维持生计的水准，在匮乏的时期则稍低于这个水准。[26] 工业革命打破了这一规律，使收入增长的程度领先于人口增长的幅度，带来了延续至今的前所未有的繁荣。

我们经常从富裕社会的角度来思考经济增长，在已经很富裕的社会中，很难明确看出进一步增长是否还有改善生活的作用。但是，经济增长对极端贫困人群的影响最为显著。当今世界上，每 10 个人里有 1 个穷得只能靠每天不到 2 美元过活——这是公认的“极端贫困”的标准。这么多人生活得如此匮乏，是我们时代面临的一个重大问题，也一直是我的关注焦点。然而，回望工业革命之前的时代，我们会惊讶地发现每 20 个人里竟有 19 个靠每天不到 2 美元糊口（即使在根据通货膨胀和购买力进行调整之后）。在工业革命之前，任何繁荣的成果都只限一小部分精英独享，极端贫困才是普遍现象。而在过去两个世纪里，有越来越多的人摆脱了极端贫困，而且这个速度比以往任何时期都要快。[27] 每天 2 美元远谈不上富裕，这个数字对那些仍陷于贫困的人来说也提供不了什么宽慰，但改善的趋势是显而易见的。

人们的生活并不只是在物质方面有所改善。我们来看一下教育和健康方面的情况。学校教育的普及极大提升了人们的教育水平。工业革命以前，世界上 10 个人里只有 1 个识字，而现在 10 个人里有 8 个识字。[28] 人类的预期寿命在农业革命后的 1 万年里徘徊在 20 岁至 30 岁，

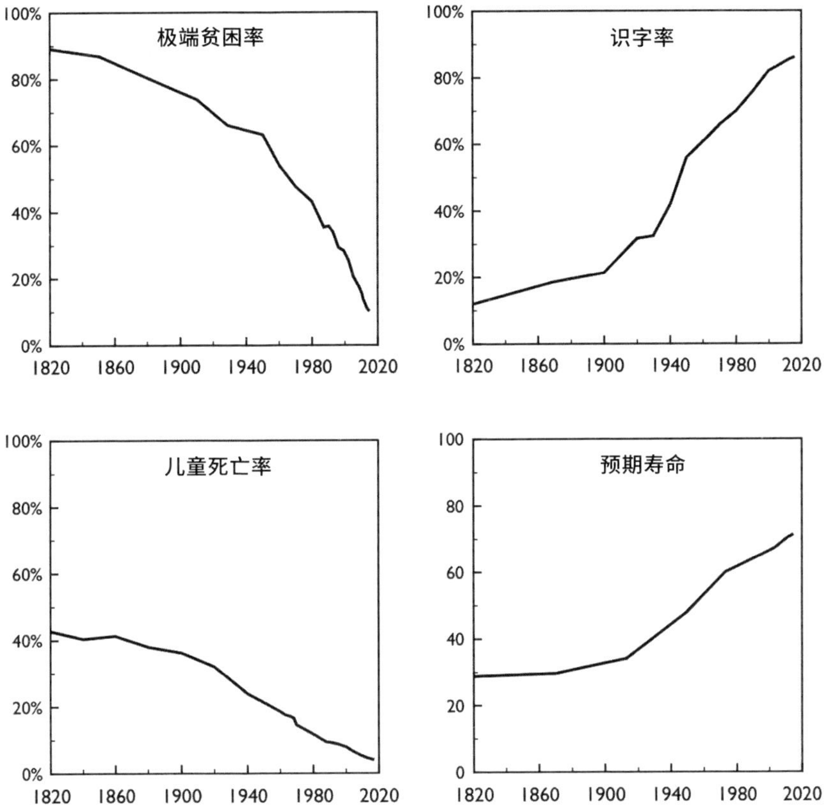

图 1.3：过去 200 年间极端贫困率、识字率、儿童死亡率和预期寿命方面的巨大进步[29]

现在则增加了一倍多，达到 72 岁。[30] 这些成果和识字能力一样惠及了全世界。1800 年，预期寿命最长的国家是冰岛，仅有 43 岁；而现在，各个国家的预期寿命都超过了 50 岁。[31] 工业时代的人类整体上比以往更加富裕、受教育程度更高、寿命更长。但是，我们不应该因这些惊人的成就而自满。人类在这么短的时间内取得了这么大的成果，更应该去积极解决剩下的苦难和不公。

我们还看到了道德思想方面的巨大进步。[32] 其中一个非常明显的趋势就是道德共同体范围的逐步扩大，妇女、儿童、穷人、外国人、少数族裔或者宗教少数群体的权利得到了承认。社会在道德上显然越来越不接受暴力。[33] 过去 60 年里，我们将环境和动物福利纳入了常规道德图景，这些社会变革不是随着繁荣局面而自然产生的，而是由改革者和活动家促成的，并受到我们能够甚至必须改进的理念的激励。在这些新理念实现之前，我们还有很远的路要走，而且进展可能会十分艰辛缓慢，但回望过去，哪怕只是一两个世纪以前，我们也能发现，人类已经取得了巨大进步。

当然，许多缺陷和例外依然存在。这条发展的道路崎岖蜿蜒，事情通常在某些方面变得更好而在别的方面却更糟。有选择地看待历史，构建一种从野蛮过往到今日荣光的简单的进步叙事，无疑是危险的。然而从人类历史的全景出发，我们看到的不是帝国的兴衰，而是人类文明在世界上不断变化的面貌，进步的趋势清晰可见。[34]

我们经常感觉身边的一切都在崩塌，这种时候可能很难相信趋势是进步的。之所以会有这种怀疑，部分原因在于我们对自己的生活或所在共同体的日常经验，时间跨度是以年计的——在这样的时间跨度里，会发生的坏事几乎和好事一样多。也许还有一个原因是我们往往更关注坏消息而不是好消息，留意风险胜过关心机会：这种依靠经验的做法对指导我们的行动有所帮助，但在试图客观评估好事和坏事哪个更多的时候就不管用了。[35] 而当我们试着克服这些失真的印象，尽量客观地寻找生活质量的全球指标时，就很难对从一个世纪到另一个世纪的巨大进步视而不见了。

而且，我们不应对这些趋势感到吃惊。每天我们都受惠于上万年来人类的无数创新。技术、数学、语言、制度、文化、艺术领域的创新，千亿前人留下的思想，塑造了现代世界的方方面面。[36]这是一笔极为灿烂的遗产，我们的生活因此变得更好也就不足为奇了。

我们无法确保朝向进步的趋势能持续下去。但是，鉴于进步趋势有如此韧性，悲观主义者似乎有责任解释为何他们认为衰退会发生在**当下**。长久以来，人们都在预言衰退即将发生，而他们的判断则时常落空。托马斯·麦考莱说得好：

> 我们无法完全证明那些人是错的，他们告诉我们好日子到头了，社会已经来到一个转折关口。但我们的前人都曾提出过这番论调，给出的理由似乎也同样充分……回望过去，我们看到的都是进步的成就，而面对将来，我们却认为一切都会衰败下去，这是什么道理？[37]

他在1830年写下了这些文字，此后又是历时190年的进步，以及进步将会终结的预言的落空。在那些年里，人类预期寿命翻倍，识字率激增，10个人里有8个摆脱了极端贫困。未来又将给我们带来什么呢？

我们将去往何处

人类20万年的历史，与个人的一生相比简直长得不可思议，和地质年代相比又是短暂的，而从整个宇宙的时间尺度来看更是不值一提。我们的宇宙存在了140亿年之久，而就算这么长的时间，与最宽广的时间跨度相比也不算什么。我们的前面还有万亿年，还有广阔无垠的未来。

这样的未来有多少是人类能看到的呢？化石也许能给我们一些指引。哺乳类物种在灭绝之前一般能存活约 100 万年，我们的近亲直立人（*Homo erectus*）差不多存在了 200 万年。[38] 如果我们把 100 万年看作一个人 80 年的一生，那么今天的人类仍处于青少年时期——16 岁，刚好是血气方刚又爱惹麻烦的年纪。[39]

不过，人类显然不是一个普通的物种，我们不久前获得了足以毁灭我们自己的独特能力，而这也是本书讨论的焦点。但是，我们也有保护自己免于外部摧毁的独特能力，因此有潜力比我们的近亲物种存续得更久。

我们还能在地球上生存多久？我们的星球还有约 10 亿年的宜居时间。[40] 这个时间足够让万亿人繁衍生息，足够让山脉崛起、板块碰撞、轨道改变，也足够医治我们在未成熟时对人类社会和地球造成的创伤。

而且，我们可能还会有更多的时间。正如一位火箭学先驱人物所言："地球是人类的摇篮，但人不可能永远生活在摇篮里。"[41] 我们还不知道如何登陆其他星球并移居其上，但似乎也没有什么根本性的障碍，最主要的困难似乎在于掌握相关技术所需的时间。这让我感到乐观。毕竟，重于空气的飞行器在 1903 年首次飞行，此后只过了 68 年，人类就能发射宇宙飞船前往别的星球了。我们这个物种学习速度很快，尤其在最近的这些时代里，而 10 亿年又是一段漫长的学习期，我觉得人们远远用不了这么久。

如果我们能抵达其他星球，那么整个星系都将向我们敞开。仅在银河系内就有超过 1 000 亿个星球，其中一些会存续几万亿年，这大大拓展了人类可能的生存时间。而在银河系外，还有数以十亿计的星系。如果人类能达到如此广阔的未来，我们后代的数量一定非常惊人，他们将利用时间、资源、智慧和经验，创造出我们今天无法想象的万千奇迹。

尽管人类已经在繁荣、健康、教育、道德包容性等方面取得了进步，但我们需要做的还有很多很多。疟疾和艾滋病、抑郁和失智、种族主义和性别歧视、虐待和压迫，当今世界仍饱受创伤。但有了足够的时间，我们就能终结这些恐惧——建立一个真正公正和人道的社会。

而且，没有痛苦和不公的世界只不过是美好生活的下限，科学和人文研究者还没有找到它有什么样的上限。在生活最美好的时刻里，我们能找到一些线索：一瞥纯粹的欢乐、灿烂的美感、喷薄的爱意。我们在这些时刻里真正地有所觉醒，这些时刻不管多么短暂，都指向可能远远超越我们的现状和当前理解能力的繁盛高度。

我们的后代可以利用新的手段，在极其漫长的岁月里去探索这些高度。而且能实现的不只是幸福的生活，任何你珍视的事物，比如美、理解力、文化、观念、自由、冒险、发现、艺术，我们的后代都能将其推动至更远的地方，也许还会发现我们一无所知的全新价值范畴。那将是我们耳边无法欣赏到的音乐。

危崖时期

但是，这样的未来岌岌可危。因为不久前，我们改变世界的能力经历了另一次转折——这次转折至少和以往的农业、科学以及工业革命一样重要。

随着第一颗原子弹的引爆，人类的一个新纪元开启了。[42] 在那一刻，我们快速增长的技术力量终于抵达了足以毁灭我们的临界点。人类自身带来的威胁第一次超过了自然界，在这个关口上，人类的整个未来都悬于一线。前人的一切进步也许会变为徒劳，后人可能取得的所有成就也将无法实现。史册有一大部分将不再有人书写，叙事中断，留下空荡荡的页面。

核武器的出现，标志着人类力量的突破性变化。在广岛投下的一颗原子弹，其破坏力相当于成千上万颗炮弹。6 年后，第一颗氢弹爆炸时释放的能量比第二次世界大战全程使用的所有爆炸物还要大。[43]

显而易见，使用这种武器的战争会以人类历史上前所未有的方式改变地球。各国领袖、核科学家和公共知识分子开始认真看待核战争引向人类末日的可能性：要么是种族的灭绝，要么是文明的崩溃。[44] 人们早期主要关注的是放射性沉降物和对臭氧层造成的危害，但到了 20 世纪 80 年代，焦点转为一种叫“核冬天”的情况，核弹引发的大火在燃烧的城市里卷起高高的烟雾，进入大气层。[45] 在云端高处，烟雾将长年积聚于此，不能变成雨落下，天空被染黑，地球变冷，农作物枯死。在这种机制下，核战争将会引起不只是交战国，而是全世界所有国家的大饥荒。核爆会直接导致千百万人死亡，紧接着就是数十亿人死于饥饿，人类的末日很可能会随之而来。

我们离这样的战争有多近呢？损失如此惨重，核战争对谁都没有好处。因此我们或许指望这样显见的危险会带来某种安全——各国领袖必然会从战争边缘退下。但是，随着越来越多的冷战内幕被曝光，我们越发清楚地认识到自己曾与全面核战争擦肩而过。

我们看到了瓦西里·阿尔希波夫如何以一己之力避免了核战争在古巴导弹危机最紧张的时刻爆发，但更令人震惊的是，在当时短短的几天里，人类数次濒临险境，全靠少数几个人的决定才把我们从灾难边缘拉回来。

这场危机的主要事件是在一周之内发生的。1962 年 10 月 22 日，星期一，美国总统约翰·F. 肯尼迪发表了一次电视演讲，向全国通告苏联已经在古巴部署了战略性核导弹，直接对美国造成了威胁。他警告，任何使用这些核武器的行为都会让苏联遭遇全面的核报复。他的顾问已经拟定了计划，准备对已发现的 48 枚导弹实施空中打击，对古巴发起全面入侵。美国军队响应级别调整为三级战备状态（DEFCON 3），为可能发生的核战争做好准备。[46]

10 月 24 日，星期三，美国实施了海上封锁以阻止更多导弹运到古巴，并把核武部队响应级别前所未有地提升到二级战备状态。核导弹已准备好发射，装载核弹头的轰炸机升空，随时全力对苏联发起核打击。这场危机在星期六发展到了顶点，苏联的地空导弹击落了一架 U–2 侦察机，机上飞行员遇难。

然而，到了星期天早上，紧张局势一下子缓和了。苏联做出了让步，令人意外地宣称将从古巴撤回全部导弹。但是，这场危机完全有可能以另一种方式结束。

这场危机离核战争有多近，对此有大量讨论。而随着过去数十年里越来越多的细节浮出水面，人们认识到当时的情况其实要严重得多。肯尼迪和赫鲁晓夫竭尽全力与鹰派政客和将军们抗衡，试图挽回危机。[47]然而，这样的可能性也确实存在：就像第一次世界大战一样，一场没有哪一方希望发生的战争也会爆发。在那一周里，事态发展越来越复杂，超出了他们的控制，他们只能勉强阻止危机升级。美国对古巴的攻击已是箭在弦上，而这引起核报复的可能性比任何人的预期都要高得多，局势进而升级为全面核战争的可能性变得更大。

在这场危机中，美国有两次险些就对古巴发起攻击了。在局势最紧张的时候，肯尼迪已经同意一旦有 U–2 侦察机被击落，美军就可以立刻攻击古巴而无须再召开军事会议。接下来那个星期六，就有一架

U–2 侦察机被击落了。但是，肯尼迪改变了主意，取消了反击命令。实际上他秘密下达了一道最后通牒，通知苏联如果不在 24 小时内撤走导弹，或者再有一架美国飞机被击落，美国就会立刻发动空中打击，而且几乎必定会全面入侵古巴。

苏联方面的攻击也一触即发。因为美国人不知道赫鲁晓夫对古巴的苏联军队的控制力如此之弱，实际上那架 U–2 侦察机就是一位苏联将军在赫鲁晓夫明令禁止的情况下击落的。赫鲁晓夫对古巴本国部队的控制力更弱，后者的防空炮火已经击中过一架低飞的侦察机，并且很迫切地想要再击落一架。赫鲁晓夫知道无法阻止自己这边的人再击落一架飞机，而这会引发美国的进攻，于是，他在美军继续开展清晨侦察飞行之前赶紧发布了一份声明来终结危机。

如果美国真的发动了攻击，将会怎么样？美国领导人认为，完全常规（非核武）的攻击只会遭遇同样的常规反击。他们认为苏联绝不会用对美国本土发起核打击来回应，但他们忽视了一个重要事实。美国在古巴发现的导弹只是苏联运到那里的一部分而已，苏联一共运去了 158 枚核弹头，其中超过 90 枚是战术核武器，其目的正是让苏联能够首先使用核武：在美国入侵古巴的舰队登陆之前摧毁它们。[48]

而且，卡斯特罗急于使用这些核武器。实际上他直接请求赫鲁晓夫在美国试图入侵古巴时发射核武器，即使他知道这会摧毁自己的国家：“古巴会怎样？它会被完全毁灭。”[49] 而赫鲁晓夫采取了另一种前所未有的行动，他放弃了对战术核武器的中央控制权，把密钥和下达发射指令的权限下放给前线指挥官。听到肯尼迪的电视讲话后，赫鲁晓夫下达新命令，表示未经他明确许可不得使用核武器，但他开始担心这些命令在冲突白热化的时候不被执行，就像他禁止对美国侦察机开火的指示那样。

所以说，美国军方领导层并不知道，对古巴的常规攻击很可能会使美国军队遭遇核打击。而这种核打击又极有可能导致美方的核反击，这样的核反击很有可能超出与古巴开战的范畴，一下子把美国卷入与苏联的全面核战争。在星期一的电视讲话中，肯尼迪明确提出："美国的立场是：从古巴发射针对西半球任意国家的任何核导弹都将被视为苏联对美国发起的攻击，苏联将会遭遇全面的报复行动。"[50]

要分析这场危机升级为核战争的可能性有多大是非常困难的。[51] 肯尼迪不久后对一个心腹顾问说，他认为这场危机以与苏联进入核战争告终的概率"在 1/3 ～ 1/2 之间"。[52] 而根据危机终止前一天披露的消息，保罗·尼采（Paul Nitze，肯尼迪的一位军事会议顾问）预测这一概率是 10%，他认为军事会议其他成员预测的概率会更高一些。[53] 而且，对于在古巴的战术核武器的底细、赫鲁晓夫对军队缺乏控制力的情况、B–59 潜艇上发生的事情，这些人全然不知。

虽说我不愿去质疑这些靠自己的决策就能发动战争的人物，但我原本认为，考虑到他们当时掌握的信息，这些人都过于悲观了。然而，古巴方面的真实情况后来披露出来以后，我的估计也变得和他们大体一致了。我会将这场危机升级为与苏联进行核战争的概率判定为在 10% ～ 50% 之间。[54]

在写到这些千钧一发的事件时，人们倾向于将事件发生的可能性等同于文明或人类自身终结的可能性，但这是不必要的夸大，因为我们需要把发生这次核战争的可能性和这场核战争导致人类或文明末日的可能性结合起来看，而后者是很难确定的。不过即使是这样，古巴导弹危机也堪称人类 20 万年历史中最关键的时刻之一——也许是我们距离失去一切最近的一次。

即使到了今天，当冷战已经成为记忆，核武器依然是人类的威胁。

我写作本书的时候，最有可能引起核冲突的应该是和朝鲜有关的事务。但不是所有的核战争都是规模相当的，朝鲜拥有的核弹头数量不足俄罗斯或美国的 1%，而且体积上要小得多。与朝鲜发生核战争会是一场可怕的灾难，但现在看来，它对人类长期的发展潜力威胁不大。[55]

相比之下，今天核武器造成的生存性风险很可能依然来自美国和俄罗斯庞大的核武储备。洲际导弹的研发使双方都有能力摧毁对方的大部分导弹，过程中的预警时间只有 30 分钟。因此两国都把很多导弹调整为“一触即发”的响应等级——10 分钟内就能发射。[56] 处于这种响应等级的导弹非常容易误射，也可能因为误报警而被有意发射出去。正如我们将在第四章里看到的，冷战结束时还发生了一系列可怕的误报警事件。从更长的时间尺度来看，还会有其他风险出现：其他国家可能发展起庞大的核武储备，军事技术创新有可能削弱核威慑原则，地缘政治局势改变也许会再次引发大国之间的军备竞赛。

核武器不是人类面临的唯一威胁。只因为核武器是首个威胁到人类的风险，所以才会至今仍是我们的关注焦点。然而，其他风险也还是存在的。

工业革命带来的繁荣程度指数式上升的背后，是二氧化碳排放量的迅速增加。工业化进程的小小副作用，最后竟演变成对健康、环境、国际稳定的威胁，甚至可能危害到人类自身。

核武器和气候变化有明显的相似和不同之处。它们都会大幅改变地球温度，从而对人类造成威胁，但一个是使温度降低，另一个是升高。一个作为意料之外的科研突破产物横空出世，另一个则是旧有技术在数个世纪里持续扩大规模。一个骤然加剧为灾难的风险程度较低，另一个则是持续渐进的过程，其影响迟迟才开始产生，但必然会造成某种程度上的灾难，主要不太确定的是会糟糕到何种地步。一个涉及机密的军事技术，由一小部分手握大权的实施者控制，另一个则牵涉到全世界每个人的选择所带来的微小效应的总和。

随着技术继续进步，前方出现了新的威胁。比起气候变化，这些威胁可能跟核武器更像：由意外的突破、骤然发生的灾难和一小批实施者采取的行动引起。我尤其关注两种新兴技术，本书第五章将谈到它们。

自农业革命以来，我们一直在改造周围动植物的基因以适应我们的需要。但是，遗传密码的发现，以及读写遗传密码的工具的发明，让我们为了新目标而重塑生命的能力出现了大爆发。生物科技将带来医药、农业和工业方面的重大进步，但它也会给文明和人类自身带来风险：不管是合法研究中的事故，还是经过基因改造的生物武器，都会带来风险。

我们还见证了人工智能系统能力的快速发展，人工智能在认知、学习、通用智能等传统上薄弱的领域产生了巨大进步。专家们认为，人工智能有可能在21世纪就在通用智能方面超越人类水平——具备克服各种困难以实现目标的能力，而不仅仅是在有限的领域里领先。把人类提升至掌控万物的地位的正是我们得天独厚的脑力，如果我们把这种能力传给我们的机器，那么占据这种独特位置的将会是它们。这种情况让我们不禁思考人类还能不能继续掌握主导权。我们必须学会如何让越来越聪明、自动化水平越来越高的机器和人类的利益保持一致，并且需要在这些机器变得比我们更强大之前做到。

人类面临的这些威胁，以及我们应对它们的方式，定义了我们这个时代。核武器在20世纪出现，带来了可能导致人类灭绝的真实风险。在技术持续加速发展的情况下，如果不为保护人类做出真正的努力，那么我们有充分理由相信风险在21世纪会更高，而在下个世纪里，随着技术不断进步，风险还会增加。人类自身造成的种种风险超过了所有自然风险的总和，因此，人为风险决定了人类还剩多长时间可以悬崖勒马。

我不认为科学进步必然导致人类灭绝，甚至说这并不是最有可能出现的情况。我要提出的是，在人类力量的增长中有一股强有力的趋势，当这股趋势到达某个节点时就会对我们的生存造成严重的威胁。我们如何应对这类风险取决于我们自身。

我也不反对技术。技术已经证明其本身对提升人类生存状况有巨大价值，而且，技术是人类实现长期发展潜力的基础。没有技术，我们会在小行星撞击之类不断累加的自然风险中灭亡；没有技术，我们将无法实现本有能力实现的高度繁荣。

真正的问题与其说是技术的泛滥，不如说是人类智慧的缺乏。[57] 卡尔·萨根说得很好：

> 我们面临的很多危险实际上源于科学与技术——但更根本的问题是，我们变得更强大，却没有相应地变得更有智慧。技术赋予我们改变世界的力量，手握这种力量的我们需要具备从前不曾有过的深思熟虑和高瞻远瞩。[58]

甚至有位美国总统在任时也提倡这种理念：

> 人类这个物种特有的那些闪光点——我们的思维、我们的想象、我们的语言、我们使用工具的能力、我们独立于自然并根据自己意愿改造自然的能力，恰恰也是它们赋予我们造成最大破坏的力量……技术的发展若不伴随人类制度的相应进步，就会使我

们遭遇灭顶之灾。有了能实现原子裂变的科学革命，也应该有一场道德革命。[59]

我们必须获得这种智慧，进行这场道德革命，因为我们无法从灭绝中重生，我们不能坐以待毙——我们必须积极行动起来。而且，由于获得智慧和发起道德革命都需要时间，我们必须马上行动。

我认为我们可以渡过这个难关。不单因为这些挑战较小，还因为我们会奋起反击。正因为这些风险是人为造成的，所以人类也有办法应对它们。[60] 失败主义的情绪毫无必要，只会适得其反——让预言自我实现。相反，我们应当在需要保护的长期未来积极愿景的指导下，以清晰而严谨的思考正面迎接这些挑战。

这些风险到底有多大？很难给出精确的数字，因为这些风险是**复杂的**（因此无法应用简单的数学分析），也是**空前的**（因此无法通过长期频率来估计）。不过，至少有必要试着进行量化估算。“人类灭绝的严峻风险”这类定性说法代表的风险水平，可以理解为 1% ～ 99% 这个区间内的任何一个，[61] 只会让人更加困惑。因此我将提供量化的估计，当然，估计不可能精准，有待进一步修正。

据我推测，20 世纪人类灭绝或发生不可恢复的文明崩溃的风险水平是 1%。根据我目前掌握的所有信息，我认为 21 世纪人类灭绝的风险水平大概是 1/6：一次俄罗斯轮盘赌。[62] 如果我们不齐心协力，如果我们继续让自身力量的增长超过智慧的提升，我们在下一个世纪面临的风险会更高，而且还会不断增加。

这些是我们面临的最大风险。[63] 如果我对风险规模的测算大致没错的话，我们是不可能在这些风险中生存太久的。这是一种**不可持续**的风险水平。[64] 因此这段生存期无论如何也不可能持续超过若干个世纪。[65]

人类要么掌控住风险并将其降低至使人类可持续生存的水平，要么自取灭亡。

若将人类历史比作一次穿越荒野的壮游，行程中必有误入歧路和艰难跋涉的时候，但也会有突飞猛进和邂逅美景的时候。20 世纪，我们已翻越崇山峻岭，并且发现前面只有一条崖边小道：紧临摇摇欲坠的险境边缘。往下面的深渊望去，会令人头晕目眩。如果我们掉落下去，一切都将终结。我们不知道掉下去的概率有多高，但这是我们遇到过的最大危机。

在人类历史中，这段相对短暂的时期构成了特殊的挑战。我们的应对方式将定义我们的故事，未来的历史学者将为这个时期命名，学童们将学习这段过往。但我想我们现在就该给它一个名字，我称之为“**危崖时期**”。

危崖时期给我们的时代赋予了巨大意义。在历史的漫长过程中（如果我们能够存续那么久），这正是让后人铭记我们这个时代的东西：因为这个时代危机重重，也因为人类打开了视野，开始成熟起来并确保自身的长期未来能丰饶昌盛。这就是我们这个时代的意义。

我并不是在美化或抹黑我们的时代，我想表达的是，我们的行动事关重大。我们是伟大的还是可怖的将取决于我们如何利用这个机会。我希望我们能生存下来，告诉子孙后代我们没有袖手旁观，而是利用这个机会完成了历史赋予我们的任务。

保护人类免遭这些风险应当是我们这个时代的中心和首要任务。我并不是说全世界只有这么一个议题，人们应当放下其他一切重要的事情。但如果你发现自己能发挥某种作用，比如你有相关的技能，或者你年纪尚轻，可以塑造自己的道路，那么我认为保护人类度过这段危机岁月是你所能追求的最崇高的意义。

危崖时期与人类世

人们越来越清晰地认识到，人类活动是塑造环境的支配力量。科学家认为，人类不但就其自身而言很重要，也在客观上对生物、地质和气候等影响重大。如果在遥远的未来有地质学家的话，他们会辨别出我们这个时代的地质岩层和以往形成的岩层相比发生了根本性的变化。

因此，当代地质学家正在考虑正式命名这种变化——改变地质年代的分类方式，引入一个名为“人类世”的新世代。科学家提议作为这一世代开端的事件有巨型动物的灭绝、农业革命、穿越大西洋、工业革命、早期核武器试验等。[66]

这个“人类世”和“危崖时期”一样吗？如何区分两者？

· 人类世是人类对环境产生深刻影响的时期，而危崖时期则是人类自我毁灭风险极高的时期。

· 人类世是地质年代，地质年代通常持续数百万年，而危崖时期是人类历史中的一个时期（类似于启蒙运动或工业革命），很可能在几个世纪内就结束了。

· 两者都可以用第一次原子弹爆炸试验作为开端，但这样划分的原因是不同的。人类世以核爆为开端主要是为了定年方便，危崖时期始于核爆则是因为核武器对我们的生存造成了威胁。

第二章 EXISTENTIAL RISK

生存性风险

作为具有道德观念的生物，我们承担着跨世代人类共同体成员这一重要角色，这个共同体既缅怀过去又着眼将来，从今天的角度出发解读过去，认为未来从过去生长出来，把自己视为源远流长的家族、民族、文化和传统的组成部分。

——安妮特·贝尔[1]

我们已经看到，漫长的人类历史将我们带入了人类故事中独一无二的重要时刻——一个所有人的未来都岌岌可危的时期。对于度过这些危机（如果我们能够度过的话）后的未来景象，我们也窥见了一二。

现在是时候更深入地思考什么正处于风险之中，为何确保人类度过这段时期如此重要。为此，我们有必要先阐明“生存性风险”这一概念。到底什么是生存性风险？它与更为人熟知的人类灭绝或文明崩溃之间是什么关系？

然后我们可以发问：这些风险为什么迫切需要我们关注？在我看来，主要的理由在于人类有可能失去整个未来：人类的一切可能性，人类本可以创造的一切成就，全都化为泡影。而这还不是全部。守护我们的未来至关重要，它有一系列道德传统和基础来支撑维系。生存性风险可能会摧毁我们的现在，让我们辜负自己的过去。它们检测文明的优越之处，威胁抹去宇宙中这个或许算是最复杂而重要的部分。

我们如果认真对待这些理由，那么就需要做很多事情来保护我们的未来。这是因为生存性风险在很大程度上被政府、学界和民间团体忽视了。我们将探讨为什么会这样，以及为什么有充分理由相信这样的情况将会有所改变。

认识生存性风险

人类的未来充满了可能性。我们对自己栖身的世界已经有了充分的了解，达到了我们祖先只能想象的繁荣美好程度。我们开始探索太空中的其他星球，构建起超出先人理解范围的虚拟世界。我们认为自己几乎无所不能。

人类的灭绝会让我们的未来化为乌有。它会摧毁我们的发展潜力，消灭一切可能性，只留下一个失去人类繁荣的世界。人类的灭绝造就了这个衰败的世界，而且将永远如此，没有恢复的可能。

哲学家尼克·博斯特罗姆（Nick Bostrom）提出，除了人类灭绝之外，还有别的灾难性后果会让我们不但失去现在，还失去未来的全部发展潜力。[2]

试想一个到处是废墟的世界：一场巨大的灾难引发了全球文明的崩溃，让人类倒退回到农耕时代之前的状态。在这场灾难中，地球的环境被严重破坏，幸存者已无法重建文明。即使这样的灾难不会引起人类灭绝，它对人类的未来也会产生类似的影响。我们面前敞开的广阔前程

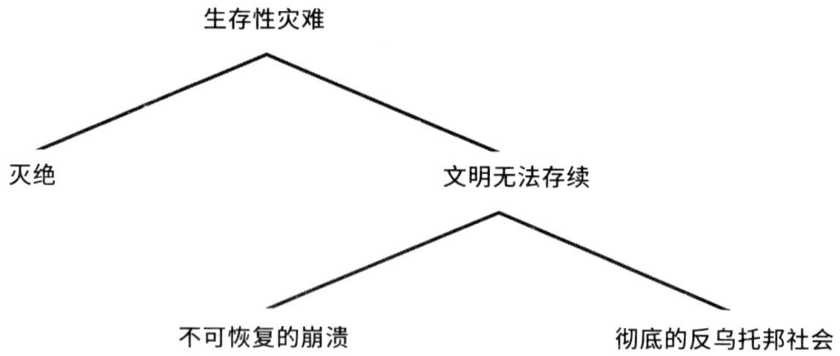

图 2.1：生存性灾难，根据所导致的后果分类

将塌陷成几乎无可选择的狭小出路。我们将得到一个无可挽回的衰败世界。

或者，再试想一个饱受禁锢的世界：未来也可能像乔治·奥威尔《1984》一书中描绘的那样，整个世界都受到试图延续其统治的极权政体的压迫和禁锢。通过技术手段实施的强有力的灌输、监视和强制，使异见者根本无法认找彼此，更遑论发动起义了。当地球上的每个人都生活在这样的统治下，这个政权将会保持稳定，免于内外威胁。但如果这样的政权一直维持下去，这个极权主义的未来也就和灭亡相去不远了：只剩下有限而令人绝望的前景，没有任何出路。

按照博斯特罗姆的看法，我把这些情况称为“生存性灾难”。定义如下：[3]

生存性灾难是摧毁人类长期发展潜力的事件。

生存性风险是有可能摧毁人类长期发展潜力的风险。

上述定义体现了一个意思：生存性灾难导致的后果会非常严重，

而且无可挽回。我们不但无法实现发展潜力，而且这种潜力本身也将不复存在。在采用简洁的语句来正式定义这些概念的同时，有些地方还是需要解释说明一下。

首先，我将**人类的长期发展潜力**理解为人类未来的所有可能性。[4] 这种可能性的范围很广，包括人类最终可能实现的所有成就，即使我们现在还没有想出实现的办法。[5] 而我们的选择能锁定一些东西，关闭一些可能性，但不能开启新的可能性。因此，对人类发展潜力的任何减损都应理解为是永久的。我们这个时代面临的挑战是如何**保持**我们巨大的发展潜力，并**保护**它在未来免遭摧毁。我们的终极目标是让子孙后代来**实现**这种潜力，把未来最好的一种可能性变为现实。

这么宏大的概念也许很抽象，但其实也是我们日常熟悉的想法。试想，有这么一个大有长期潜力的孩子：她的未来有很多可能性，她的一生将十分精彩。因此，我们很有必要来保持她的潜力，以免她因意外、伤害或者教育缺失而失去大好前程。保护她的潜力也很重要：我们采取安全措施守护她，将她失去这种潜力的可能性降到最低。而她最终能实现自己的潜力也很关键：她会走上可选择的道路中最好的那一条。同样的道理也适用于人类。

生存性风险有可能摧毁人类的潜力，这包括完全摧毁和近乎完全摧毁两种情况，前者如人类灭绝，后者如发生不可恢复的文明崩溃，仅剩少数几种微不足道的繁荣形态，或者极微弱的重建可能性。[6] 我不会一刀切地界定标准，但我们应当明白，不管陷入哪种生存性灾难，我们都会丧失绝大部分发展潜力，能剩下的东西寥寥无几。[7]

其次，我在前述定义中主要关注人类，并不意味着就不考虑环境、其他动物、智人的后代或者宇宙中其他生物的价值。我并不认为只有人类才是重要的。我的意思是，人类是已知唯一能对道德理性和道德论证做出反应的生物，这种生物能够审视世界并决定去做最有益的事情。如果人类失败了，那么这股向上的力量，这种能够推动有益或公平之事的能力，就会从世界上消失。

人类的潜力，是人类借助每一个人的行动所能实现的总体成就。我们行动的价值有一部分取决于我们对人类和为人类做了些什么，但也取决于我们对人类之外的事物产生的影响。如果将来有新的道德主体出现，那么前述定义中的“人类”也应将其涵括在内。

我关注的是人类整体，因此没有将单个国家或文化面临的威胁算作生存性风险。人们会用类似的词语来形容这种情况，比如“这个国家面临着生存威胁”。这类提法固然通常是夸大其词，但表达的是类似的意思：一些威胁可能会永久摧毁一个国家或一种文化的长期潜力。[8]然而，我们在此很有必要把“生存性风险”（不特指某个群体面临的风险）限定为对全人类构成的威胁。

最后，风险的概念必然涉及某种概率。那么，生存性风险的概率是怎样的呢？用客观的长期频率来讨论生存性风险的概率是行不通的，因为我们所关注的那种生存性灾难可能只会发生一次，而且一定史无前例，当我们意识到那一刻来临则为时已晚。我们不能因为生存性灾难**还没有**发生过，就断定它发生的概率为零。

基于这些情况，我们只能使用证据概率，在现有信息的基础上阐述我们应当在何种程度上相信风险存在。法庭、银行和彩票商店经常使用这种概率。当我提到生存性灾难的概率时，我指的是从我们掌握的最充分的证据出发，人们应当在多大程度上相信灾难会发生。[9]

有很多情况虽然可怕，但还算不上是生存性灾难。

其中一种情况是发生了许多影响较小的失败事件，而不是单次大的灾祸。这是因为我没有把灾难看成坏事的总和，而是采取了把灾难视作具有决定意义的单次事件这种普遍观念。如果我们打算践踏自己的未来，就这么继续互相伤害，或者一直不去做任何有益的事情，也会带来坏结果，但这种结果不会以灾难的形式发生。

此外还有一种情况，就是一次灾难发生之后，人类还是有一些最终恢复过来的希望。从我们的角度展望未来几代人，前景可能一样黯淡。但是如果再过一千年，这段时期可能只会被看成是人类历史上的几个黑暗片段之一。一场真正的生存性灾难本质上必然是人类历史的决定性瞬间——人类衰亡之时。

即使足以导致全球性文明崩溃的灾难也有可能算不上是生存性灾难。全球性的文明崩溃虽然经常被我们说成“世界末日”，但未必意味着人类的终结。这种情况固然严重，但未必是永久性、不可挽回的。

我在本书中将使用“文明崩溃”的字面意思，意指全世界的人类都（至少暂时）失去文明、倒退回前农耕时代这一结果。这个词经常被随意地用于形容秩序的大规模崩坏、现代技术的丧失、我们文化的终结等。而我用这个词来指代的，是一个没有文字、城市、法律或其他任何文明标志的世界。

这将是一场非常严重的浩劫，而要引发它也远非易事。尽管文明在历史上经受过很多压力，这样的灾难一次也没发生过——哪怕是一个大陆范围内都没发生过。[10] 欧洲在黑死病时期失去了 25% ～ 50% 的人口，但欧洲文明完好无损，可以推测，世界各地区出现超过 50% 的人口死亡率才可能会引起文明的崩溃。[11]

即使文明真的崩溃了，重建也是有可能的。我们看到，文明已经被彼此隔绝的人类群体独立重建了至少 7 次。[12] 也许有人觉得资源耗竭后重建文明会更困难，但更有可能的是这种情况下重建文明会容易得多。大部分没有导致人类灭绝的灾难会在城市废墟里留下大量物质资源，人类驯养的动植物也会留下，而把旧铁栏杆拆了重新铸铁要比用矿石冶炼简单得多。废置的矿区也让煤炭这种消耗资源比 18 世纪时更容易获得。[13] 而且世界各地也许还会残留一些迹象，表示文明和帮助重建文明的工具和知识仍有可能存在。

然而，文明崩溃和生存性风险之间有两层密切的关系。首先，如果一次崩溃导致了不可恢复的结果，那它就是一次生存性灾难。比如，可能出现这种情况：某种极端的气候变化或人为的瘟疫让地球不再宜居，以致人类彻底倒退为四处漂泊的食物采集者。[14] 其次，全球性的文明崩溃会让我们更难承受之后发生的灾难，从而增加人类灭绝的风险。

文明崩溃导致人类灭绝的一种方式是，规模最大的幸存群体的人口跌落至最小可存活种群（群体存活下去所需的人口水平）的标准之下。对于最小可存活种群的规模，我们无法给出精确的数字，因为它的界定通常带有概率性，并且取决于具体情况，比如群体居于何处、掌握了何种技术、遭受了什么灾难等。估算出的最小可存活种群的规模从几百人到几万人不等。[15] 如果一场灾难直接让人口减少到这些水平线以下，那我们更应该将这场灾难归为直接导致人类灭绝的事件，而非不可恢复的文明崩溃。我预测这将是更有可能导致人类灭绝的方式之一。

我们很少认真看待威胁人类整体发展潜力的风险。我们往往会在动作电影里看到这些风险，它们被轻率地滥用，以达到强化戏剧性的目的，结果就是我们对此变得麻木。[16] 我们也可能会在网上看到“世界终结的十种方式”这类哗众取宠的标题。冷战结束之后，我们很少看到重要的思想者严肃地讨论人类灭绝对我们自身、我们的文化或者人类整体意味着什么。[17] 因此，平日里人们似乎对人类有可能灭绝这件事满不在乎。

但是，当风险真切地摆在我们面前，当我们清楚认识到数十亿的生命以及未来每一代人的处境都岌岌可危时，对大部分人来说，保护人类长期发展潜力的重要性就不会再有争议了。如果我们得知一个巨大的小行星正朝地球而来，在本世纪后期造成人类灭绝的可能性超过 10%，人们就不会去讨论到底是要尽心竭力地构建起一套偏移系统，还是无视这个问题而承受风险；应对这一威胁会立刻成为全世界的当务之急。因此，我们不太关注这类威胁，主要还是因为不相信真的有这样的危险，而不是因为认为就算无视危险也未必会付出巨大代价。

不过，我们有必要花一点时间从多方面了解这件事的重要性。这种了解可以强化我们的感受，激励我们去行动，也可以启发新的思考，并帮助决定我们行动的轻重缓急。

审视当下

不是所有的生存性灾难都会导致人类灭绝，导致人类灭绝的方式也未必都涉及痛苦和不期而至的死亡。比如，理论上如果所有人都决定不再繁衍后代，人类就会灭绝，这就有可能在不引起痛苦的情况下摧毁人类的潜力。但是，我们真实面对的生存性风险并非如此平和，以通常的道德标准看来，它们显然是非常可怕的。

如果在下一个世纪里，人类在核冬天、人为流行病或使用了新技术的战争浩劫中毁灭，那么 70 亿人的生命将戛然而止——其中也许包括你自己或者你所爱的人。很多人可能会在饥饿、烧伤、疾病的痛苦中死去。

阻止这种恐怖情形发生的道德主张毋庸赘言。人类此前已然经历过类似的劫难，只是规模没有那么大：数千人甚至数百万人的生命被毁灭了。我们都清楚，阻止这种灾难的发生有多重要。面对如此规模的灾难，我们简直无法想象损失会有多巨大，但即便如此，伤亡数字也能让我们多少看出这件事在道德上有多重要。[18] 在其他损失等同的情况下，数百万人死亡必定比数千人死亡更为恶劣，而数十亿的死亡人数比数百万人失去生命肯定还要糟糕得多。即使只以死亡人数来衡量，人类灭绝也显然是我们漫长的历史中最糟糕的事。

展望未来

然而，生存性灾难不仅会毁灭无数生命，也会摧毁我们的潜力。

我的导师德里克·帕菲特曾让我们去想象一场杀死地球上 99% 人类的核战争。[19] 在饱受挫折和创伤但不屈不挠的幸存者最终重建达到从前高度的文明之前，这场战争将留下一个持续数个世纪的黑暗时代。

那么，这场战争和杀死世界上所有人的战争相比又如何？杀死所有人的战争必然更加恶劣，但更恶劣到什么程度呢？两场战争都将摧毁数十亿生命，后一场战争中死去的人会多出好几千万，因此更加恶劣。但是，这两场战争还有另一个更重要的区别：两场战争都杀死了数十亿人，但第二场战争摧毁了全部人类；两场战争都破坏了当下的世界，但后者摧毁了我们的未来。

两场战争相差的这 1% 的人口毁灭，是质的区别，生存性灾难的独特性正在于这种质的区别，也正因如此，降低生存性灾难发生的风险尤其重要。[20]

可以预期，人类中的绝大部分现在还没有出生，如果不发生灾难的话，未来人类还会繁衍出很多个世代。正如作家乔纳森·谢尔所言：

> 人类世代繁衍生息的过程从我们的时代开始，一直往前绵延不绝，人类在未来延续的时间将超出这个世界从开始到如今的全部历史，与之相比，我们的文明就是个微不足道的瞬间。然而，如果我们只想着眼前的目标、秉持错误的信念，就有可能抹去未来的一切。如果人类真的自取灭亡，这将是一次摇篮中的死亡——人类在发展的婴儿期便夭折了。[21]

而且，可以想见，人类所有的生命几乎都在未来，所有有价值的东西几乎也都可在未来实现：丰饶、美好、卓越的成就、最公正的社会、意义最深远的发现。[22]我们可以在繁荣、健康、公正、自由和道德观念上继续进步，建立一个超出想象的安乐盛世。如果我们保护世界免于灾难，它便可以持续千秋万代。这就是我们的发展潜力——在我们安然度过危崖时期并继续为更美好的世界奋斗时所能实现的一切。

正是在这种未来观——人类有无穷的发展潜力——的驱使下，我决定致力于降低生存性风险的研究。当我想到未来的数百万代人，我就清楚地认识到保护人类的未来有多重要。为了眼前的好处而甘冒摧毁未来的风险，在我看来是极度狭隘和短视的。这是把自己的利益置于整个人类之上，把现有的极小一部分人看得比占人类绝大多数的尚未出生的人更重要，把如今这个世纪抬举得比今后数百万甚至数十亿个世纪都要高。[23]

要解释为什么这样做不对，可以用距离来打比方。一个人对于你的重要性，并不会随着距离变远而消退。不管我的妻子是远在肯尼亚参加会议时感到不适，还是和我一起在牛津的家中时生病，我都同样担心她。生活在肯尼亚的陌生人和住在牛津的陌生人，他们的幸福一样重要。当然，我们对某些个体，比如家庭成员或同一个共同体的成员，也许负有特别的责任，但决定我们义务差异的绝不是空间距离本身。认识到每个人不管身处何方都同样重要，这是道德进步的一种关键形式，而且我们还可以做得更多，将其融到我们的政策和慈善事业中去。

人们不管生活在哪个时间，都一样重要。我们的生活和那些活在几千年前或者一千年以后的人的生活同样重要。[24] 正如认为与自己空间距离远的人就不重要是错误的，认为与自己的时间距离远的人就不重要也是错误的。他们所拥有的幸福的价值，他们所遭受的苦难的可怕之处，都不会因距离而减少。

认识到不管是哪个时期的人都同样重要，这是人类道德进步过程中关键的下一步。很多人已经或多或少认识到了这种平等。我们知道，为了自己的一点好处而牺牲未来世世代代的生活是不对的。如果有人问起，我们会同意，从客观上说，当代人并不比未来的人们更重要。不过，虽然有这样的认识，但我们的优先级却并未因此有什么改变。比如，我们可能会觉得，自己所做选择的长期影响会很快消失，我们也不确定是不是好的行动就能抵消坏的影响，又或者，未来的人们可能更有能力进行自救。[25]

但是，可预防的生存性风险有可能出现在我们生活的时代，而这就意味着，我们做的一些事能对长远的未来产生持续的积极影响，而我们是可以产生这种影响的唯一一代人。[26] 因此，未来的人们和我们同样重要这一观点具有深刻的实践意义。要理解这些观点并把它们完全融入我们的道德思考，还有很长一段路要走。

这类思考提出了一种可以称为“长期主义”的伦理观，它尤其关注我们的行为对长期未来产生的影响。[27] 长期主义重视这样一个事实：我们这一代只是漫长历史中的一页，我们最重要的作用也许在于我们如何塑造历史——或者如何把这件事搞砸了。致力于保护人类的发展潜力是实现这种持久影响的一种手段，此外可能还有其他的手段。[28]

我们未必都要从这个角度来看待生存性风险，毕竟生存性风险目前造成的影响已经提供了强有力的道德理由，但是，长期主义的伦理观尤其适合应对生存性风险。因为驱动长期主义的，是面向广阔未来的道德重新定位，而这广阔的未来正受到生存性风险的威胁。

当然，还有很多复杂的情况。

经济学家评估未来收益时，会用到“贴现”的方法，根据收益实现时间的远近来给收益“打折”。如果将贴现率设为常用的每年 5%，并将其应用于我们的未来，那么剩下的价值将少得可怜。如果无所顾忌地运用贴现率，那么我们整个未来的价值也就是下一年价值的 20 倍，而从 2100 年到之后无穷未来的价值还不如下一年的价值大。这能构成对“我们的未来极为珍贵”这个观点的质疑吗？

答案是否定的。之所以会得出这样的结果，是因为误用了经济学方法。如果考虑到问题的复杂之处并正确使用贴现法，我们就会看到未来是具有极高价值的。数学上的细节说来话长，但现在我们可以说的是，仅仅根据与我们在时间上的距离来对人类福祉（而不是金钱之类只有工具价值的东西）进行“贴现”是非常不可行的，尤其是我们谈论的是相当长的时期。那就好比说，如果在治好一个生活在 100 万年后的人的头疼，与帮助生活在 200 万年后的 10 亿人摆脱痛苦之间只能选一个，你就应该选择去帮那个头疼的人。[29] 本书附录 A 详细解释了经济学上的贴现法为何不能使长期未来的价值打折。

一些哲学家出于截然不同的理由质疑保护我们长期未来的价值。他们提出，获得收益的时间点并不是唯一特别之处。如果我们使人类免于灭绝，未来的人口数量就会被改变。比起只拯救已有人口的生命，这会带来新的伦理问题。在“人口伦理学”这个相对新的领域，出现了一些比较激进的观点，这些观点的意思是，我们没有理由出于对未来世代的考虑来避免人类灭绝——未来的那些人有没有机会出生并不重要。

全面讨论这些问题要花的篇幅太长，感兴趣的人也不多，因此我把详细的讨论放在了本书的附录B中。简单总结就是：我认为这些观点也很经不起推敲。这类观点竭力让我们局限于思考自己是否引起了地球污染或者气候变化，从而使未来人类的生活质量更差，同时试图解释为什么我们有充分的理由去避免未来出现糟糕的生活。排除掉最难以置信的那部分之后，这类观点在这件事上是一致的：让未来的世代免于不可恢复的文明崩溃等其他生存性灾难极为重要。大部分可能造成人类灭绝的灾难也会引发这种崩溃，因此在实践操作中的区别并不太大。话虽如此，但问题是复杂的，我建议感兴趣的读者查阅附录了解细节。

我还想讨论另一种反对的说法。我还比较年轻的时候，偶尔会从人类彻底毁灭也许并非坏事这个想法中寻得一些安慰。毕竟那样的话，就没有人会承受痛苦或悲伤了。要是在那样的未来里不存在坏事，人类灭绝又怎么会是件坏事呢？如果人类的存在对于判断对错和好坏至关重要，那么或许在人类灭绝后那个寂静的世界里，也就无所谓好坏对错了。

但是，现在我觉得这不过是把哲学家伊壁鸠鲁的观点拿出来旧调重弹而已，他提出死亡对你而言不是坏事，因为死亡来临的时候，你就不存在了。这种观点没有看到的是，如果我走向车流中被车撞死，我的整个生命不仅变短了，而且变糟了：不是因为遇到了更多坏事，而是因为不再能遇到好事。因此，我不应该这样做。伊壁鸠鲁的观点也许可以在悲伤或恐惧的时刻提供安慰，但它不适合指引行动，也没有人把它当作行为指南。你能想象一个政府把这种观点当作安全和医疗保健政策，或是关于谋杀罪的法律的基础吗？

如果本世纪发生了一场导致人类灭绝的灾难，那么人类这一物种的生命将会变短，也因此变糟。[30] 考虑到我们也许尚处于发展的婴儿期，那人类就更加短命和不幸了。即使那时已经没有人幸存下来并评判这是一场悲剧，我们也能在当下做出这样的正确判断。就像我们可以评判发生在其他地方的事件那样，我们也可以评判发生在其他时代的事情。[31] 而且，如果这些判断现在是正确的，即使到了我们一个人也不剩的时候，它也是正确的。我不会责怪那些在人类的最后时刻从伊壁鸠鲁的观点中寻找慰藉的人，但人类生命的长度和质量仍取决于我们，我们必须承担起这个责任。[32]

对于我的观点，还有其他反对意见。不过，决定人类的发展潜力是否值得保护，并不需要以解决每一个关于未来价值的哲学问题为前提。因为说人类是否灭绝或人类能否在亿万年后继续繁荣下去是比较无所谓的事，这样的观点听上去就相当缺乏说服力。从这个意义上讲，任何否认这一点的理论都应受到严重怀疑。[33]

此外，未来并不是看待生存性灾难的唯一道德视角。人类的未来是我最关注的，正是它促使我投入时间和精力去研究生存性风险问题，但对于这个问题，还有衍生自其他道德传统的其他视角。接下来，我会简短探讨对人类的历史、特性以及人在宇宙中的重要性的思考如何驱使我们关注生存性风险，从而使道德观念不一的人最终得出这一共同结论。

回顾过去

我们不是人类的第一个世代。我们的文化、制度和规范，我们的知识、技术和繁荣，都是上万代的前人一点一滴建造起来的。在上一章里，我们看到人类的卓越成就有赖于我们跨世代合作的能力：接受我们父母辈的传承，在我们这一代实现一些小的进步，然后把一切传给子孙后辈。没有这种合作，我们就不会有房屋和农场，歌谣和舞蹈不会流传下来，文字和民族也不会出现。[34]

保守主义政治理论家埃德蒙·伯克曾用优美的文字阐述这种理念。1790 年时他这样描述社会：

> 社会是所有科学的合作、所有艺术的协同、每一项美德的团结和所有完美事物的联合。由于这样的合作必须通过许多代人才能实现，它不只是当下活着的人之间的联合，还是活着的人和前人以及后人之间的协作。[35]

对于为什么要保护人类，这提供了一些基于过往的理由——我们对前人负有义务，也应该对后代负起责任。

我们的祖先启动了人类的伟大事业，这些浩大的工程仅凭一代人的力量是无法完成的，比如终结战争、打造一个公正的世界、认识宇宙。公元 65 年，小塞涅卡清晰地描绘了一个跨世代的宏大事业：

> 经过一段段漫长时期的辛勤钻研，揭晓当下未知事物的时刻将会来临。一个人即使终生醉心于研究天空，也不足以探究如此广阔的对象……这样的知识必须经过漫长延绵的许多个世代，才能显现出来。将来的某一天，我们的后人会诧异，我们竟不知道在他们看来如此简单的事情……让我们满足于我们已经发现的，让我们的后代也去为真理做出贡献……许多发现要留待未来才能

揭晓，那时也许已无人记得我们。[36]

直面这段跨越巨大时间鸿沟的话语，见证这一延续 2 000 年的事业还在往前推进，真让人惊叹不已。[37]

不管是一个人，还是一代人，都无法完成如此宏伟的事业，但人类可以。我们可以一起努力，每一代都进步一点点，积累能力、资源和制度，为未来的世代迈出下一步赋能。

每当我想到人类一代接一代延续至今，每当我想到前人为我们创造的一切，我就感到谦卑。我满心感激，也深受震动，我们继承了庞大的遗产，对这份馈赠却无法回报分毫。这是因为给了我一切的千亿前人已经永远离去，也因为他们所创造的一切意义重大，远超过我这一生和我这一代人。

在个人层面也是同样道理。我女儿出生后的几个月里，我充分认识到我父母当初为我做了多少事。我深受触动，告诉父母我很感激他们，并为无法回报他们而道歉。而他们笑着告诉我事情不是这样的——人不需要回报父母，而是要把父母所做的传承下去。

我的父母都不是哲学家，但从他们的话中可以看出另外一点：过去为我们对未来的责任奠定根基。因为时间是向前的，所以比起服务前人，我们帮助后人要容易得多。也许，我们应当将跨世代的合作理解成一种不对称的合作，责任随着时间向前传递，人们通过为后人履行义务来回报前人。按照这种观点，我们对未来的世代负有义务，其根源在于前人为当时还是未来世代的我们所做的一切。[38]

因此，如果我们放弃这场接力，向生存性灾难屈服，我们就在很多方面辜负了前人。我们将无法实现他们的梦想，辜负他们对我们——他们的后代——的信任，我们本该为了回报他们所做的而承担对后人的义务，而这些义务将全都无法履行。因此，忽视生存性风险不仅辜负后人，也愧对前人。

不仅如此，这也会把从前留下的一切我们理应呵护的珍贵事物置于毁灭的风险之中。[39] 一些哲学家已经提出，对待某些有价值事物的正确方式不是宣扬它们，而是保护或者维持它们的原貌，珍惜或敬畏它们。[40] 我们经常以这种方式对待文化传统的价值。当我们看到一些土著语言和生活方式面临消亡，也许会永远失传时，我们就会很想保存它们，不让它们再受到未来的威胁。

对从上述角度看待人类价值的人而言，他们对一些本可以拥有却失去的事物，也许没有太大感触，但他们还是会惊骇于人类的灭绝：教堂和庙宇沦为废墟，用各种语言写下的诗歌全被抹去，地球上所有的文化传统都遭到永久毁灭。当人类真的面临灭绝的风险，或者文明真的有可能发生永久崩溃的时候，深信应当保持或珍视人类丰富性的人也会知道，我们迫切需要行动起来。[41]

最后，我们对未来负有责任，也可能是因为我们过去犯了错误。我们也许能够弥补从前犯下的某些过失。如果现在不承担责任，我们就永远无法履行义务，修补我们对地球环境造成的破坏——清理我们的污染和垃圾，把环境恢复到工业时代之前的状态，让生态系统重现过去的壮美景象。还要解决一些极为不公正的现象，这种不公不是个体对个体施加的，而是群体对群体造成的，比如系统性的迫害、土地侵占和种族灭绝。我们有责任去承认和牢记这些错误，去直面我们过去的行为。从这些行动中获益的人也可能有办法来做出补偿或赎罪。然而，生存性灾难将让我们再也没有机会这么做。

文明的美德

如果我们不搞砸，那么人类这个物种正处于生命的早期阶段：还在青春期，有望成为非凡的成年人。和青春期的孩子一样，我们成长得很快，活力十足，急于炫耀肌肉，一获得新能力就跃跃欲试。我们很少会去考虑未来。当然，我们有时候也会说到“长期”，但通常是指下一个 10 年或 20 年，这段时间对一个人来说很长，但从人类整体的角度看，只是片刻之间。

和青春期的孩子一样，此时的人类不需要去详细规划未来的人生。但是，仍需制订把未来的长度和广度都考虑在内的计划，否则就无法得知承受哪些风险是值得的，也无法知道我们需要发展哪些技能来帮助自己实现潜力。

此时的人类也和很多青春期的孩子一样急躁，有时候还很冒失。在一些情况下，这是由于我们不能正确权衡短期利益和长期利益，而更通常的原因是我们完全无视长期前景，做决策时丝毫不加考虑。我们像青春期的孩子那样，懵懵懂懂地撞上了风险。

这个比喻让我们从另一个角度来评估自己的行为。我们要做的，不是从单个人的行为对他人的影响来判断这些行为是否道德，而是去审视人类整体的性情和品质，看这些特质对人类繁荣发展的可能性是有帮助还是有阻碍。如果把人类看作一个包含了历世历代所有人的群体行为体，我们就能深入了解人类实现繁荣的能力中有哪些系统性的优缺点。这些是最广泛意义上的优点和缺点——我们可以称之为“文明的美德和罪恶”。我们既可以将它们视为具有根本性道德意义的概念，也可以只把它们当作诊断缺陷并提出治疗方法的手段。

不是所有的美德都适用于这个层面，但很多是可以的。我们很少去考虑整个未来面临的风险，这说明我们缺乏审慎。看重自己这代人的利益远超过未来世代的利益，这是缺乏耐心的表现。[42] 认识到未来的重要性却还是未能将其视作头等大事，这是在自律上的失败。如果我们往后退，放弃了未来或者认为未来毫无价值，那就是缺少了希望和坚忍，也缺少了为自己的行动承担责任的意识。[43]

亚里士多德在他关于美德的著名论述中提出，我们的美德受一种实践智慧的支配和指引。这也适用于文明的美德。我们的力量持续增长，我们的实践智慧也需要同步发展。

人类在宇宙中的重要性

人类在宇宙中孤单吗？这是科学界最大的谜团之一。[44] 马丁·里斯、马克斯·泰格马克和卡尔·萨根等著名天文学家提出，如果宇宙中只有人类，那么我们的生存和行动将具有宇宙层面的意义。[45] 尽管我们的确比璀璨群星渺小，也不可能像超新星或黑洞那样壮观，我们依然会是宇宙中最稀缺和珍贵的部分之一。[46] 这种重要意义来源于我们的独特性。

如果我们是宇宙中出现过的唯一道德行为体，唯一能够基于对错做出选择的生物，那么对宇宙历史的责任就全在**我们**肩上。这是唯一的机会，我们可以借此朝着正确、公平、为所有人谋最大福利的方向来塑造宇宙。如果我们没能办到，那么不只是人类的发展潜力，还有一切道德行动的可能性，都将无可挽回地失去。

全人类的视角

用全人类的视角来审视我们的困境是本书的一大主题。我们通常会从个人视角出发来考虑道德问题：**我**应该做什么？我们有时也会从群体或国家的视角出发，甚至（最近）从包括如今世界上所有人的全球视角出发考虑道德问题。明白一个群体应该做些什么，可以帮助其成员认识到自己需要发挥的作用。

有时候我们应该再往前跨越一步，从全人类的视角出发来考虑道德问题。[47]这个全人类不单指我们这一代人，还包括漫长时间跨度中的人类：思考人类在过去的10 000代里实现了什么，以及在未来无数个世代里可以实现些什么。

从全人类的视角出发，我们可以看到自己的时代在更宏观的故事中的位置，看到现在是什么样的紧要关头。这个视角改变了我们看待世界以及我们在其中位置的方法，使我们的注意力从影响短暂当下的事物转移到可以从根本上改变长期未来的事物上。什么对全人类来说是最重要的？在这个规划中，我们这一代人应该发挥什么作用？我自己又该发挥什么作用？[48]

当然，人类并不是一个个体。但是，把一个群体看作一个行为体，通过谈论团队、企业或民族的信念、愿望和目的来深入理解这个行为体，对我们来说通常很有用。毕竟，我们经常谈论某个公司的战略、某个民族的利益，甚至某个国家希望通过最近的行动来达成什么目的。群体的心理状态不会像个体的心理状态那么融贯，因为组成群体的个体之间会出现内部矛盾。

不过，个体也会有犹豫不决或自相矛盾的时候，而“群体行为体”的概念对任何试图理解商业世界或国际形势的人来说都是很有必要的。

采取全人类的视角正变得越来越有用和重要。自文明开始以来，人类几乎一直分裂为各自独立的族群。仅仅在不久前，我们才穿越大海互相接触并开始形成一个全球文明，我们才发现了漫长历史的长度和形态，以及我们未来的真实潜力。而又在不久前，我们才开始面临需要全球协同的重大威胁。

我们也不需要总是从全人类的视角考察问题。很多道德挑战是个人层面的，或者是规模较小的群体层面的。即使面对的是宏大的问题，有时候也更需要去关注人与人之间的不同之处：我们的能力和责任是不同的。但是，正如我们认识到某些时候采取全球视角会很有用，那么有时候往后再退一步采取全人类的视角也很重要。

文明的美德这一理念只是明确采取全人类视角的一个例子，我们将在第七章里再次采用这样的视角，来讨论全人类的大方略。即使在检视我们这代人的责任或应行之事时，跨越漫长时代的人类宏观图景也将会对我们有所启发。

此外，如果我们是唯一能够对宇宙产生好奇的生物，那么我们就更有理由去寻求对宇宙的理解。因为那样的话，只有通过我们，宇宙中的一部分才有可能去理解掌控整个宇宙的规律。

如果地球是宇宙中唯一能诞生生命的星球，那么地球上的所有生命都极其重要。如果是那样，那么唯有在地球上，才能连一滴水珠都充满复杂性，才有生存和死亡，才有感受、思考和爱存在。人类将是唯一可以管理生命本身、保护生命免于自然灾难，并最终将宇宙中的生命引向繁盛的唯一生命形态。

不确定性

我们可以从人类的现状、未来、过去、特质、在宇宙中的重要性这几个方面来理解生存性风险的重要性。我对源于人类现状和未来价值的思考最有信心，但其他观察视角的可用性也显示我们有充分理由关注这一问题：它不依赖于某一种道德观念，而是从大量观念中自然产生的。这些视角各有各的长处，各有各的关注点，它们从多方面共同表明，避免生存性灾难具有重大的道德价值。

我相信很多读者此时已经被说服了，但有些人仍会心存疑虑。我对此感同身受，因为我也不能百分百确定。这种不确定性来自两个方面。一方面是日常的那种不确定性：我们不确定未来会发生什么。人类拥有巨大潜力的迹象会不会只是我们的误认？另一个方面是道德上的不确定性：不确定我们应该承担怎样的伦理义务。[49] 我会不会错误估计了我们对未来世代负有的义务？

然而，将生存性风险列为全球的头等大事并不需要确定性，因为这个赌注太大了。如果我们投入巨大的代价来保护人类，但实际上没有这样做的义务，那我们也许是弄错了，浪费了可以用在其他崇高事业上的资源；但是，如果我们在确有义务保护未来时却对它置之不理，那我们犯的错就大了——我们将永远无法履行很可能是最重要的责任。只要守护未来是看上去值得为之奋斗的事业，忽视它就是极为鲁莽的。[50]

也许有人对未来相当悲观，认为未来没什么好期待的，我们上升得有多高，跌落得就可能有多深，即便如此，我们**还是**有充分理由保护好我们的发展潜力。[51] 首先，某些生存性灾难（比如持续的全球性极权统治）无论如何都十分可怕，因此值得我们关注。除此之外，还有更深层的原因。我们的未来是会更好还是更糟，这个问题的答案有巨大的信息价值。而就眼下而言，最好的策略就是保护人类，直到人类对这一关键问题的答案有更多了解。[52]

我们的子孙后代不仅将比我们更了解未来的价值，对其他事物的了解也会比我们多。目前，我们基本上还处于缺乏经验的阶段。对于管理全球性的文明或者说整个星球这样复杂的工作，我们并没有多少实践经验。我们对未来的看法仍然被无知所蒙蔽、被偏见所扭曲。但是，如果一切顺利，我们的后人将比我们睿智得多。他们将有时间更深入地了解人类状况的本质；他们将从一个更加公正、精巧和成熟的文明中汲取力量和见解；他们做出选择时，也会更妥善地权衡利害。在当下这个也许是历史开端的时刻，我们应当谦卑，保留各种可能性，确保我们的后代有机会比今天的我们看得更清楚，做出的选择更明智。[53]

我们对生存性风险的忽视

世界才刚刚醒悟，意识到生存性风险的重要性。我们已经开始评估和规避最严重的威胁，但我们努力的程度还没能与这些问题的重要性相匹配。从全球资源的总体分布情况来看，可以说生存性风险被严重忽视了。

我们很快就会看到，人类面临的最大风险之一是基因工程大流行病。推动禁止生物武器机制（《禁止生物武器公约》）的国际机构每年的预算只有140万美元——比麦当劳餐厅的平均预算还少。[54] 用于减少前沿人工智能带来的生存性风险的全部支出也就几千万美元，相比之下，有数十亿美元被用于提升人工智能的水平。[55] 虽然很难准确衡量全球在减少生存性风险方面的支出，但我们可以肯定地说，和确保我们开发的技术不会毁掉我们自己的那些费用相比，人类每年花在冰激凌上的钱要更多。[56]

在科学研究领域，情况也一样。人们对影响较小的灾难的风险进行了大量研究，那些可能摧毁人类长期潜力的风险却被忽视了。自1991年以来，即使数百枚几分钟内就能发射出去的导弹仍然存在，只有两种关于美国和俄罗斯之间全面核战争影响的气候模型得到发布。[57] 人们在了解气候变化方面做了大量工作，但最坏的情况——例如气候变暖6℃以上——得到的研究相对较少，在官方报告和政策讨论中也往往遭到忽视。[58]

既然生存性风险确实存在，而且很重要，为什么它们还没得到应有的重视？为什么它们会被系统性地忽视？我们可以从与生存性风险相关的经济学、政治学、心理学和历史学理论中找到答案。

经济学理论告诉我们，生存性风险会被市场、国家甚至整代人低估。虽然市场在提供种类繁多的产品和服务方面做得很好，但某些类别的产品是系统性供应不足的。就拿清洁空气来说，当空气质量得到改善时，好处并不专属于某个人，而是由社会上的每个人分享。当我从更清洁的空气中受益时，你从中获得的好处也并不会减少。具有这两个属性的东西被称为**公共益品**，而市场很难供给这类东西。[59] 我们通常在地方或国家层面上解决这个问题，方法是依靠政府资助或监管公共益品的供给。

防范生存性风险是一种公共益品：我们所有人都因得到这种保护

而受惠，而对我的保护并不以牺牲你的利益为代价。因此，生存性风险被市场忽视在意料之中。但更糟糕的是，防范生存性风险是一种**全球性公共益品**——受惠者遍布全球。这意味着即使是民族国家也会忽视它。

我是在英国写下这本书的，英国有近 7 000 万人口，算是世界上人口较多的国家，但英国人口在目前全球人口中所占的比例不足 1%。如果只有英国采取行动应对生存性风险，那么英国将要承担相关政策的全部成本，却只能获得收益的 1%。换句话说，即使英国有一个能为其公民长远利益着想的明智政府，英国也会将防范生存性风险的价值低估到实际价值的 1%。与之类似，俄罗斯会将防范生存性风险的价值低估为实际价值的 1/50，美国是 1/20，甚至中国也将其低估至实际价值的 1/5。由于收益的一大部分会溢出到别的国家，每个国家都可能会想要搭上其他国家的便车，这样一来，一些能使我们全部受惠的工作将无法实现。

导致对风险防范不足的效应同样导致了风险供给过剩。由于英国人民只承担 1% 的生存性灾难损失，英国政府在判断会带来风险的政策的负面影响时，也会乘上 1%。（如果个人或小群体有能力造成生存性风险，情况会更糟糕。）

这意味着在全球层面处理生存性风险是最佳应对办法。但是，由于缺乏有效的全球性机构来执行，这项工作极为困难，全球反应时间被拖缓，对此抵触的国家令整个进程脱轨的可能性也增加了。

即使我们能够克服这些分歧，并就有关防范生存性风险的有效条约和政策进行谈判，我们还将面临最后一个问题。从中获益的不仅包括全球各地的人，还包括其他世代的人——包括将在地球上生活的所有人。防范生存性风险是一种**跨世代的全球性公共益品**。因此，即使全球所有人一致行动起来，生存性风险也会被大大低估，并遭到严重忽视。[60]

另外的原因可以从政治学中找到。政治人物和公务人员往往只着眼于短期。[61] 他们的思想和行动的时间尺度越来越多地被选举周期和新闻周期所决定。他们很难把注意力转移到需要马上采取行动以避免几个选举周期之后出现问题的事务上。他们不太可能因为忽视这样的事务而受到惩罚，而很多更紧迫的事情都亟须他们关注。

一种例外情况是，有一批活跃的选民敦促政治人物提前采取行动：他们的善意会让实施此类政策的人获得直接的好处。当政策只惠及社会上的小部分人时，就是这部分选民最能发挥作用的时候，因为这种情况让选民们觉得采取政治行动是值得的。但是，防范生存性风险的好处是所有公民都能得到的，没有哪个关键选区会独享成果。这是生存性风险遭到忽视的一个原因，不过这是可以克服的。如果公民具有同理心和利他精神，能对他人的困境感同身受，就像在环境保护、动物权利保护和废除奴隶制等议题中那样，他们就可以焕发出必要的热情和决心来敦促领导层承担起责任。

另一个政治方面的原因与这个问题的严重性有关。向一些资深政界人士提出生存性风险这个问题时，他们往往会表达真切的关注，但又会觉得解决人类面临的最大风险“在自己的能力范围之外”。我们希望政府来管理超出个人生活范畴的事务，而应对生存性风险这一事务超出了国家的范围。由于政治（以及经济）原因，防范生存性风险似乎是需要采取重大国际行动的事务。但国际机构的力量太薄弱了，因此这个问题一直无法解决。

从行为心理学中可以找到我们忽视生存性风险的另外两个原因，其根源在于一些直观判断和偏见，我们把它们当作在复杂世界中做决策的捷径。[62] 首先是“可获得性启发”（availability heuristic）：人们会基于自己回忆起类似事例的能力来估算事件发生的可能性。这会激发起人们希望避免近期发生过的悲剧重演的强烈情绪（尤其是那些被绘声绘色地广泛报道的悲剧）。但是，这也意味着，对于那些在我们的一生中没有发生过的罕见事件或没有先例的事件，我们常常会低估它们发生的可能性。即使专家们预计史无前例的事情极有可能发生，我们恐怕也会直到大难临头才肯相信这是真的。

就许多风险而言，可获得性启发是一个很好的指引，让我们可以通过试错建立起管理风险的方法。但这种指引对生存性风险完全不管用，因为就生存性风险的本质而言，在事态已无可挽回之前，我们是不可能获得关于生存性灾难的经历的。如果非得眼见为实，那我们到时就会一脚踏空，落下悬崖。

我们需要生动的形象，这也支配着我们的利他冲动。身处社会之中，我们很容易对处于危难中的人，比如在新闻报道中看到的灾难受害者，施与强烈的同情。我们不一定会有所行动，但我们肯定是有感觉的。我们直起身子，为他们提心吊胆，替他们的安危担心，为他们的伤亡感到悲伤。但是，我们需要的是一种更宽广、更富于想象力的同情心，这种同情心可以长期保持，让我们意识到在遥远时空中生活的人跟我们一样也是人。

我们还有一种被称为“范围忽视”的偏见：对利益或危害所及的范围缺乏感知力。面对重要程度大 10 倍的事务，我们的关切程度却很难加深 10 倍。一旦需要付出的代价达到某个点，我们的关心程度就会饱和。[63] 比如我们往往认为核战争是一场彻底的灾难，因此我们无法把拥有少量核武器的国家之间的核战争（导致数百万人死亡）和使用了成千上万核武器的核对抗（死亡人数是前者的上千倍，我们的整个未来可能会被摧毁）区分开来。由于生存性风险在道德上的关键意义来自可能付出的代价的大小，因此范围忽视会导致我们大大低估生存性风险的严重性。

这些忽视生存性风险的原因构成了巨大的挑战，使生存性风险难以得到应有的关注。然而我还是抱有希望的，因为还有最后一个原因：生存性风险是一个非常新的概念。因此，我们还没来得及将其纳入公民传统和道德传统。不过好的迹象是，这种情况可能会改变。

从很早以前起，人一定就对人类的灭亡有所思考。当一个与世隔绝的群体或部落在极度艰难的岁月中逐渐灭亡时，最后的幸存者有时可能想自己会不会是同类中仅剩的，还是说有其他同类在别的地方生存。但直到不久之前，人们似乎才开始仔细思考灭绝的可能性和严重性。[64]

直到 20 世纪中叶，随着核武器的出现，人类灭绝才从一种遥远的可能性（或者说确定会发生，但时间很遥远）变成了一种迫在眉睫的危险。广岛被原子弹摧毁之后 3 天，伯特兰·罗素动笔写下了他的第一篇关于人类未来所受影响的文章。[65] 不久之后，一大批曾参与研制这些核武器的科学家创办了《原子能科学家公报》，引领如何防止全球毁灭的讨论。[66] 阿尔伯特·爱因斯坦很快成为主导人物之一，他的最后一次公开举动是和罗素一起签署了一份反核战的宣言，明确提出核战争可能会导致人类的末日。[67] 艾森豪威尔、肯尼迪和勃列日涅夫等冷战时期的领导人，也开始意识到灭绝的可能性及其可能产生的影响。[68]

20 世纪 80 年代初，出现了一股新的思潮，乔纳森·谢尔、卡尔·萨根和德里克·帕菲特对核战争会让我们付出的代价有了更深的认识。三位学者都意识到，失去无数的未来世代远比核战争造成的直接后果更为严重。[69] 原子弹可能引发核冬天这一发现影响了罗纳德·里根和米哈伊尔·戈尔巴乔夫，促使他们削减国内军备、避免战争。[70]

公众也做出了反应。1982 年，100 万人齐聚纽约中央公园举行反核武游行。这是美国历史上规模最大的抗议活动。[71] 即使在我的出生地澳大利亚——一个无核武国家，人们也加入了这场全球性抗议；当我还是个父母尽力保护的小孩子的时候，就跟着父母参加了游行。

就这样，生存性风险成了20世纪一个很有影响力的概念。但由于当时有一个最为突出的风险，因此关于生存性风险的讨论都是围绕核战争进行的，哲学家讨论的是“核伦理学”而非“生存性风险”带来的全新深刻议题。随着冷战结束，核战争的风险降低，相关讨论也逐渐消失。但这段历史表明，生存性风险能够在全球范围内引起从精英到草根的密切关注。

和生存性风险有关的当代理论可以追溯至约翰·莱斯利，他在1996年出版的《世界末日》一书把焦点从核战争扩大到人类的灭绝。尼克·博斯特罗姆在莱斯利作品的基础上更进一步，确认和分析更广泛的生存性风险是本书的关注焦点。

我们的道德和政治传统是在数千年的时间里形成的。这些传统关注的主要是自古以来就和我们相伴、超越时代的议题。我们这个时代开辟了新的可能性，即使这些可能性具有重大的道德意义，也需要时间来吸收。生存性风险这个议题现在似乎还是崭新而陌生的，但我希望它很快就能融入我们共同的道德传统。环保主义在全球政治舞台上异军突起不过是我出生之前十几年间的事情，而我却已经在一个把环保作为我们道德教育主要组成部分之一的环境中长大；我们这一代人无法想象从前人们对环境的漠视。类似的情况还有可能出现。

我写这本书的目的之一是希望我们能不再忽视生存性风险，让保护人类成为极端重要的议题，将它列为全世界都需要投入大量注意力和资源的神圣事业之一。具体需要投入多少还有待考察，但到目前为止，生存性风险得到的关注显然还远远不够。我建议，我们投在保护未来上面的钱，至少应该先超过投在冰激凌上的钱，然后以此为起点，看看下一步该怎么走。

我们看到了人类的浩瀚历史，认识到人类拥有的巨大潜力，以及为什么保护我们的未来极端重要。不过到目前为止，只是我单方面在说我们的确面临着真正的风险。所以，让我们把注意力转向这些风险，研究其背后的关键科学证据，并梳理出哪些是最值得我们关注的。接下来的三章将分别探讨自人类出现以来我们经历过的自然风险、20 世纪初现的人为风险，以及接下来的一个世纪里我们将要面临的新型风险。

!

第二部分

风 险

Part Two

THE RISKS

第三章　NATURAL RISKS

自然风险

如果一颗彗星接近我们这个饱受摧残并终将毁灭的星球，谁知道人类会不会用蒸汽的力量将岩石从地中拔起，像传说中的巨人那样将群山投向那团燃烧的物质？——而后，我们将重拾泰坦的传统，与天开战。

——拜伦勋爵[1]

尽管我们驾驭自然的能力与日俱增，人类还是很容易受到自然灾难的伤害。我们在本章中讨论的不是那些从报纸上或历史书里读到的灾难，而是人类文明历程中的空前浩劫。我们探讨的不是某个地区崩溃的风险或尚可忍受的苦难，而是能够把人类所有成就都抹去的终极灾难。

这样的风险是真实存在的，但直到最近几十年才为人揭晓，对它们的科学认识还在快速发展之中。我们将深入探讨其中一些重大威胁，审视最新的科学研究如何揭示它们对人类的威胁，以及它们多大程度上造成了生存性风险。

小行星和彗星

一颗直径10千米的小行星朝着地球的方向快速移动。它们直接碰撞的概率很小——千百万年来，它一直在太阳系中穿行，每一次都与地球擦身而过。但经过漫长的时间，碰撞的可能性就会增加，而这一天终于来了。

它在墨西哥海岸附近撞向地球表面，时速超过6万千米。1万亿吨岩石的移动速度是如此之快，撞击时产生的能量相当于同等质量TNT炸药的100倍。在短短几秒钟内，它释放出相当于广岛原子弹爆炸百亿倍威力的能量：等于冷战时期全部核武器的1万倍。它撞出了一个30千米深的坑，直穿地壳——这个深度是帝国大厦高度的60倍，珠穆朗玛峰高度的3倍多。方圆1 000千米以内的所有东西都被撞击火球释放的热量毁灭。海啸摧毁了加勒比地区。数以万亿吨计的岩石和尘埃被抛向天空深处。其中一些过热的岩石落在几百万平方千米的土地上，烧死动物的同时引发大火，使灾难进一步蔓延。但更致命的是留在空中的灰尘。[2]

尘土翻滚飞扬，一直升腾到大气层顶端，遮挡了阳光。正是这种现象把区域性的灾难变成了大规模的灭绝。慢慢地，这种情况就蔓延至整个世界，地球持续数年被黑暗吞没。伴随着黑暗而来的是严重的全球降温，因为阳光被尘埃挡住，被海床蒸发时释放的硫酸盐气溶胶所反射。寒冷和黑暗杀死地球上的植物，动物挨饿受冻，恐龙亿万年的统治结束，四分之三的地球物种灭绝。[3]

小行星和彗星都有可能造成这样的破坏。小行星是块状的岩石或金属，主要出现在火星和木星的轨道之间。它们的直径从大约1 000千米到只有几米不等。[4] 彗星是由岩石和冰块混合而成的块状物，直径范围稍窄。[5] 许多彗星都位于极度椭圆的轨道上，大部分时间在外行星之间或之外，然后周期性地穿过内太阳系。当它们离太阳足够近时，太阳的辐射会剥落彗星的部分冰层和尘埃，形成一条闪亮的尾巴。进入我们大气层的小行星或彗星碎片，与大气层摩擦产生热量，燃烧起来，被称为流星。落到地球上而留存下来的碎片被称为陨石。

我们最早的祖先一定见过彗星在天空中闪耀，但只能猜测它们真正是什么。古希腊人猜测它们像云彩或彩虹一样，是大气现象。6 世纪的印度天文学家正确地猜出它们远在地球之外——这个想法在 1 000 年里都未能得到确证。直到 1577 年，第谷·布拉赫证明了那一年出现的彗星来自月球之外，因为相距遥远的观测者在同一时间看到的彗星几乎处于夜空中的同一位置。

陨石自古以来就为人所知，但直到 19 世纪初，科学家才确定它们来自地球之外。[6] 与此同时，天文学家开始探测围绕太阳运行的小行星。1960 年，美国地质学家尤金·舒梅克明确指出，地球上的一些坑并不是由地质活动造成的，而是受到了远古时代的巨大陨石的撞击，这些最终落下的碎片让我们看到地球很容易遭受来自宇宙的灾难性冲击。"

1980 年，由路易斯和沃尔特·阿尔瓦雷斯父子领导的一个科学家小组发现，白垩纪和古近纪之间的地质界限富含铱元素，而这种元素在地球表面极为罕见，在小行星中倒是更普遍。他们想到，这可能是解释白垩纪末期那场大灭绝的确凿证据，恐龙就是在这场大灭绝中消亡的。释放出这么多铱的小行星，其直径应该能达到 10 千米，使铱飘散到各处的黑暗尘埃云足以抑制光合作用并引起大灭绝。[7] 只是当时还没有发现规模和年代符合这次撞击的陨石坑。

10 年后，这个陨石坑被发现了。6 600 万年的地质活动将它掩埋在后来形成的数千米的岩石层之下，但重力测量的结果显示出一个由陨石造成的高密度花岗岩撞击环——一个围绕墨西哥小镇希克苏鲁伯的巨大圆圈。挖掘工作证实了这个陨石坑的年代和成因。关于这次撞击是否足以导致大灭绝的争论仍在继续，但随着越来越多能对得上的证据的出现，人们逐渐形成了共识。其中 20 世纪 80 年代对核冬天的发现尤为重要，其景象就是类似的高空黑色云团使地球变冷变暗。此外，越来越多的证据表明，这种撞击会使海床上的含硫岩石蒸发，释放出大量的硫酸盐气溶胶，让地球变得更冷更暗。[8]

随着人们越来越清楚地认识到地球很容易受到小行星和彗星的撞击，这一威胁开始得到认真的对待。小行星和彗星的撞击先是出现在科幻作品中，后来受到了科学研究的关注。[9] 阿尔瓦雷斯关于小行星造成上一次大灭绝的假说启发舒梅克在 1981 年召开了一次意义深远的会议，撞击灾害学由此创立。科学家们雄心勃勃地提出了寻找和追踪小行星的计划。由于公众越来越关注撞击威胁，美国国会两党开始支持这项计划。[10] 1994 年，国会指示美国国家航空航天局对 90% 直径大于 1 千米的近地天体进行追踪。[11]

至此，人们大部分的注意力都集中在小行星上，因为它们更常见，更容易追踪，转变它们的飞行方向也更容易。[12] 天文学家根据大小对它们进行了分类。[13] 那些直径在 10 千米以上的小行星（使恐龙灭绝的那颗小行星就有这么大）有可能引起大规模灭绝。人类有可能在这场天灾中存活下来，但造成我们灭绝的严峻风险显然存在。在上一次的灭绝事件中，**所有**体重超过 5 千克的陆地脊椎动物都被杀死了。[14] 直径 1 ～ 10 千米的小行星可能引起全球灾难，也可能大到足以构成生存性风险，要么直接使人类灭绝，要么导致文明崩溃至不可恢复的地步。虽然这种较小规模的小行星撞击引发生存性灾难的概率要小得多，但这样的小行星撞击地球的概率要高得多，两种概率就抵消了。

现在已经发现并追踪到众多的近地小行星，我们因此对近地小行星的总量有了很好的了解。这些信息告诉我们，平均来说在一个世纪的时间里，直径 1 ～ 10 千米的小行星撞上地球的概率约为 1/6 000，直径超过 10 千米的小行星撞击的概率则是 1/1 500 000。

那么，**我们**这个世纪呢？通过分析已知小行星的确切轨道，天文学家可以确定它们是否真的有可能在未来 100 年内撞击地球。我撰写本书的时候，直径大于 1 千米的近地小行星里有 95% 已经被发现，并没有哪一颗看上去明显会与地球相撞。所以几乎所有剩余的风险都来自我们尚未追踪到的那 5%。[15] 直径大于 10 千米的小行星撞击地球的可能性更小，因为天文学家几乎确定已经找到了这一范围内所有的小行星，而且它们不会构成直接的危险。[16] 根据我们掌握的轨道信息，直径 1 ～ 10 千米的小行星在接下来的 100 年内撞击地球的概率降至约 1/120 000，直径 10 千米以上的小行星撞击地球的概率则约为 1/150 000 000。[17]

这些概率让人大大松了一口气。虽然的确有这样的风险，但它已经得到详细研究，而且证据显示这种事发生的概率非常小。这是一个人人皆知的风险，但风险并不算大。如果人类会在未来的 100 年内灭绝，那么几乎可以肯定原因不是小行星或彗星撞击。

小行星直径	已知数量	已知数量占比	平均每世纪的撞击概率	未来一个世纪的撞击概率
1 ～ 10 千米	约 920 颗	约 95%	1/6 000	1/120 000
10 千米以上	约 4 颗	超过 99% *	1/1 500 000	小于 1/150 000 000

* 天文学家确信他们至少已经在 99% 的太空中找到了直径大于 10 千米的小行星。

表 3.1：两类不同大小的近地小行星的追踪情况。最后两列显示了长期来看每世纪的平均撞击概率和未来一个世纪的撞击概率（均指尚未发现的小行星）[18]

虽然不确定因素依然存在，但总的来说，这是一个人类团结一致应对风险的故事。从人们开始对全球灾难的风险有科学认识，到政府开始认真采取应对措施，只用了12年时间。现在28年过去了，几乎所有的大量级小行星都已被追踪。国际合作以联合国认可的组织和国际空间卫士计划联盟为载体开展。[19]这项事业运作良好，美国国家航空航天局得到的资助从2010年到2016年增加了10倍以上。[20]在我看来，小行星和彗星撞击是人们应对得最好的生存性风险。

下一步要做什么？天文学家在追踪小行星方面取得了巨大成功，现在可能是时候将一些人的注意力转向彗星了。[21]虽然很难确定，但我觉得最有可能的是它们构成的风险与剩下未被追踪的小行星带来的风险水平差不多。[22]开展更多研究后，天文学家也许能将短周期彗星纳入用于改进小行星探测和认识长周期彗星的风险框架。

在如此了解小行星撞击概率的情况下，剩余的不确定性主要在于这样一次撞击是否会导致人类灭绝——尤其是直径范围在1～10千米的小行星。因此，利用最新的气候模型与核冬天模型，构建反映撞击后冬天效应持续时间和严重程度的模型是很有价值的。

偏转以防止撞击

如果我们真的发现了一颗将会与地球相撞的小行星，我们能做什么？如果缺乏减灾手段，对小行星的探测就没什么意义了。我们可以按照最坏的情况做好经受考验的准备：利用预警时间储存食物、建造避难所、设计最合适的生存策略。但最好还是能完全避免碰撞。

小行星偏转策略可以围绕摧毁小行星或改变其轨道来开展。这可以通过许多技术来实现，包括利用核弹引爆小行星、动能撞击和发射离子束。[23] 我们可以同时使用几种方法来降低失败的概率。

越早探测到可能发生的撞击，就越有可能实现小行星偏转。因为这样既可以为开发和部署偏转系统争取更多时间，又能让逐步改变小行星轨道容易一些。遗憾的是，目前尚不清楚我们是否有能力让直径超过几千米的小行星发生轨道偏转——而这类小行星和我们的关系最大。[24]

目前人们正在热议是否应该采取更多行动来提前研发出一套偏转手段。[25] 一个关键问题是，使小行星偏离地球的手段也能让小行星冲着地球而来。这种情况有可能是出于意外（比如为了开采资源而捕获小行星时），也可能是有意为之（比如在战争中，或是有人蓄意终结人类文明的情况下）。这种人类自己导致的小行星撞击发生的可能性极小，但风险还是很大。[26] 毕竟直径 1 千米或更大的小行星在本世纪撞击地球的全部概率是 1/120 000，我们需要有极强的信心才能说人为干预造成的额外风险会小于这个概率。

因此，小行星偏转提供了一个颇有意思的案例研究，即如何判断基于长期频率推算出的概率和无先例事件发生的证据概率孰轻孰重。我们在决策中往往倾向于根据长期频率来做出预测，这可以理解。但在这件事上，证据概率可能要大得多，因此不容忽视。要理解人类未来面临的风险，愿意去认真思考无先例事件发生的大致概率至关重要。

超级火山喷发

人类面临的地球内部威胁或许比外部威胁更严峻。超大规模的火山喷发（释放出超过 1 000 立方千米岩石的爆炸）被称为超级火山喷发。[27] 与如同圆锥一般高耸在地表的典型火山不同，能形成超级喷发规模的火山往往因为释放出大量的岩浆而塌陷，留下一个被称为“破火山口”的巨大凹坑。[28] 其中最著名的是黄石火山口，它上一次喷发是在 63 万年前。[29]

超级火山喷发的毁灭性远超史上其他事件。这样的火山喷发会让方圆 100 千米内的所有东西都被埋在炽热的落石中。厚厚的火山灰像雨一般落满整个大陆。当印度尼西亚的托巴火山在 7.4 万年前喷发时，1 米厚的火山灰像毯子一样覆盖了印度，远至非洲都能发现火山灰的痕迹。但是，就像小行星和彗星一样，真正造成生存性风险的是被黑暗笼罩的天空。

托巴火山喷发释放的黑色火山灰和反射性硫酸盐气溶胶造成了“火山冬天”，据说在好几年的时间里让全球气温降低了好几摄氏度。[30] 即使是 1815 年印度尼西亚坦博拉火山规模小得多的喷发（不到托巴火山喷发规模的 1%），也造成全球温度下降 1℃，远至美国的一些地方出现了农作物歉收和六月飞雪，这一年因此被称为“无夏之年”。[31]

研究超级火山喷发的专家通常认为这一现象不会对人类灭绝直接造成威胁。虽然有一些早期证据表明，托巴火山的喷发也许差一点就摧毁了 7.4 万年前的人类，但较新的证据越来越多地显示出这不可能发生。[32] 由于托巴火山喷发是我们所知的过去 200 万年里最大规模的火山喷发，而现在已有比当时多出数千倍的人口分布在更广泛的地区，因此我们可以认为火山喷发已经不太可能导致人类灭绝。[33] 其影响可能与直径 1 ～ 10 千米的小行星大致相当，有可能导致全球农作物持续数年的大面积歉收。由于世界粮食储备只有 6 个月左右，因此有数十亿人可能会死于饥荒，文明也可能发生全球性崩溃。我认为即使文明真的崩溃了，它也很可能复苏，但如果不能恢复，那就是一场生存性灾难。

虽然地质学家已经发现了几十次超级火山喷发的遗迹，但它们的发生频率仍然极难确定。最新报告给出的中心估计是每 2 万年一次，但具有很大的不确定性。至于托巴火山那种规模的喷发，同一分析报告得出的中心估计是每 80 万年一次，但不确定性更大。[34]

接下来的一个世纪会怎样？天文学家已经追踪到越来越多的小行星，他们可以确定未来的 100 年会比平均水平更安全。不幸的是，火山比小行星难预测得多。尽管我们已经知道曾有过超级喷发的大多数火山的位置，但预测火山是否即将喷发极其困难，一旦出现火山喷发，我们将会措手不及。

强度	平均每世纪的喷发概率	接下来一个世纪中的喷发概率
8 ～ 9 级	约 1/200	约 1/200
9 级以上（如托巴火山）	约 1/8 000	约 1/8 000

表 3.2：超级火山每世纪的喷发概率。请注意，有充分理由认为即使是最大规模的火山喷发也不太可能导致人类灭绝或不可恢复的文明崩溃。这里的概率预测极为粗略，8 ～ 9 级火山喷发概率的置信区间为每世纪 1/50~1/500 不等，9 级以上的置信区间为 1/600~1/60 000 不等

对于如何防止或延缓即将发生的超级喷发，人们知之甚少。美国国家航空航天局最近进行了一项非常初步的调查，研究从黄石火山口缓慢排出热量的可能性，但像这样的调查还处于最初阶段，对活火山（特别是有超级喷发历史的火山）任何形式的干扰显然都必须非常谨慎。[35] 目前，我们应对超级火山喷发的最佳办法是建立能长久保存的粮食储备或

者发展应急粮食生产技术，为减轻损失做好准备。

与小行星和彗星相比，我们对火山喷发风险的了解和管理仍处于初级阶段。由于预测和预防的难度更大，这种风险可能从根本上更难应对。最重要的是，据估计，在接下来的一个世纪里，发生威胁文明的火山喷发灾难的概率是小行星和彗星撞击概率总和的10倍左右。所以，超级火山喷发似乎是更大的风险，需要格外关注。

熔岩流

在地球历史上发生过更大规模的火山喷发。大约2.5亿年前，西伯利亚特纳普超级火山喷发，释放出超过100万立方千米的熔岩，岩浆倾泻而下，覆盖住了相当于欧洲的区域面积。科学家们认为，火山在此期间释放的气体可能导致了二叠纪末期的生物灭绝——地球历史上规模最大的一次灭绝。[36]

这类喷发以熔化的岩石种类得名，被称为“溢流玄武岩喷发事件”。溢流玄武岩喷发在两个主要方面和上文讨论的超级火山喷发有所不同，其形成的速度要慢得多，由一系列持续数千至数百万年的火山喷发产生。最重要的是，它们的发生频率是突发性火山喷发的1‰，要每2 000万到3 000万年才会发生一次。虽然它们很可能会对人类造成直接的灭绝威胁，但这种概率在每世纪最多只有1/200 000——比直径10千米的小行星撞击地球的概率要高，但比我们应当考虑的其他风险发生的概率要低得多。

有许多措施有望防范超级火山喷发的风险。在最基本的层面上，我们需要找到目前为止发生过超级火山喷发的所有区域。我们还需要改进对超级火山喷发频率的不太精确的预测——特别是针对那些规模最大和最有威力的喷发。我们还需要对超级火山喷发造成的气候影响进行更多研究，以确定何种规模的喷发会对人类构成真正的威胁。[37] 我想，或许可以从应对小行星撞击风险的成熟组织那里借鉴很多来之不易的风险建模和管理经验。

恒星爆炸

每颗恒星内部都有两股力量在持续对抗。引力使恒星压缩聚合，而辐射压力则使它分离解体。在恒星生命的大部分时间里，这两股力量处于平衡状态，避免恒星坍缩为一个点或消散在太空中。[38] 但有些恒星到了某个时刻会出现压力无法对抗引力作用的灾难性情形，以相对论性速度坍缩。[39] 它们可以瞬间达到难以置信的高密度，引发新一轮的巨大压力，使恒星爆炸，这就是所谓的超新星爆发现象。在短暂的时间里，一颗超新星放出的光芒可以让整个星系黯然失色。只需几秒钟，它就能释放出相当于太阳在 100 亿年内所辐射的能量。

超新星最早可见于中国古代天文学家在公元 185 年的记录，当时一颗明亮的新星突然照亮了他们头顶的天空。直到 20 世纪 30 年代，科学家们才开始对超新星有所了解，到了 50 年代，他们意识到靠近地球的超新星会对地球构成威胁。[40]

1969 年，科学家们发现了一种崭新而独特的恒星爆炸类型。冷战期间，美国发射了一些间谍卫星，通过捕捉特有的伽马射线闪光来探测是否存在秘密核试验。卫星探测到一些短脉冲伽马射线，但其特征与核武器放射出来的完全不同。天文学家们认定，它们不可能来自地球，甚至不可能来自银河系，而一定是来自数十亿光年之外的极其遥远的星系。[41] 是什么引起了这种“伽马射线暴”？这个谜团仍有待破解。主流理论认为，脉冲较长的爆发是在一种罕见的超新星中产生的，而脉冲较短的爆发则是在两颗中子星碰撞时产生的。每一次爆发所释放的总能量与超新星相似，但集中在两个指向相反方向的窄锥区域中，因此可以在极远的距离上探测到它们。[42] 例如，2008 年 3 月，100 亿光年外的一个星系中的伽马射线暴所发出的光到达了地球，它的亮度仍然足以让肉眼看见。[43]

靠近太阳系的超新星爆发或伽马射线暴可能会带来灾难性的影响。虽然伽马射线和宇宙射线本身不会到达地球表面，但它们在我们的大气层中引发的反应可能会构成威胁。最危险的很可能是产生氮氧化物，它将改变地球的气候，并严重侵蚀臭氧层，最后一种影响被认为是最致命的，会让我们连续好几年极大地暴露在紫外线辐射下。[44]

对于这样的事件发生在地球附近并造成全球灾难（通常定义为全球臭氧消耗达到 30% 或更多）的可能性，天文学家做了估测。（我认为此类事件对文明的威胁比小行星、彗星撞击和超级火山喷发的威胁要小。）平均每个世纪里超新星爆发的概率约为 1/5 000 000，伽马射线暴发生的概率为 1/2 500 000。与探测小行星一样，我们可以通过在宇宙中搜寻最直接的威胁来对接下来 100 年里这些事件发生的可能性做出更准确的推算。探测伽马射线暴会比较困难，因为我们对它们了解较少，而且它们可以从更远的距离攻击地球。对于超新星爆发和伽马射线暴这两种威胁，我们还没有找到任何潜在的威胁源，但也不能完全排除它们的存在，因此，我们估计接下来的一个世纪出现这类风险的概率比平均水平略有降低。[45]

类型	平均每世纪的发生概率	接下来一个世纪中的发生概率
超新星爆发	约 1/5 000 000	小于 1/50 000 000
伽马射线暴	约 1/2 500 000	小于 1/2 500 000

表 3.3：恒星爆炸造成地球臭氧消耗超过 30% 的灾难在每世纪发生的概率[46]

这类事件发生的概率非常小，似乎顶多是小行星和彗星撞击这类规模相当的灾难发生概率的 1/20，超级火山喷发发生概率的 1/300。不过，在把这类风险搁置一边之前，我们还是希望消除与这些数字相关的一些不确定性。我们需要更多的研究来确定恒星爆炸导致灭绝的临界点。我们应该开始对 100 光年之内的潜在超新星进行分类，以确定它们有多大可能性在接下来的一个世纪中爆发。从更广泛的层面上看，我们应该改进我们对这些风险及其剩余不确定因素的模型分析，努力把我们对它们的认识程度提高到与对小行星和彗星的了解相当的水平。[47]

其他自然风险

我们面临的其他潜在灾难并不少。即使只谈有足够科学证据支持的自然风险，也还是有很多风险我在本书中无法详细阐述。不过，那些风险并不会让我焦虑得难以入睡。

有些威胁从长远来看是真正的风险，但在未来一千年里都不会发生。其中最重要的是太阳最终会变得更亮，这将带来非常高的灭绝风险，但这种现象只在大约 10 亿年后才会出现。[48] 冰期（“冰河时代”）的再度出现将给人类带来巨大的困难，但这在未来一千年里不会发生。[49] 人类退化或转变为新物种等演化情况在未来一千年里也不会构成威胁。

众所周知，有些风险发生的可能性非常小。例如恒星穿过太阳系时可能会扰乱行星轨道，导致地球冻结或沸腾，甚至撞上另一颗行星，但这在未来 20 亿年内发生的概率只有 1/100 000。[50] 这种情况也可能由于行星轨道动力的混乱不定而发生，但概率同样微乎其微。一些物理理论认为，太空的真空状态本身可能是不稳定的，可能会“坍缩”形成真正的真空。这种坍缩将以光速扩散，摧毁所有生命。然而这种情况在每一个世纪里发生的概率不会高于 1/10 000 000，人们普遍觉得这种可能性还要更低。[51]

有些威胁不至于危及人类的生存，它们不太可能导致人类灭绝或文明的永久崩溃。飓风或海啸等许多地方性或区域性的灾难就是如此，一些涉及全球的风险也是同样的道理。例如，地球的整个磁场会发生很大的变化，有时甚至会完全反转方向，我们在磁场方位重新调整的过程中会更多地暴露在宇宙射线之下。[52] 然而这种情况出现得足够频繁，以致我们可以断定它不是关乎人类存亡的风险（自人类和黑猩猩分化以来，500 万年中这种情况大约发生了 20 次）。这类风险只有一项经过充分研究的影响，那就是癌症的发病率似乎会略微增加，因此它也不是会导致文明崩溃的那种风险。[53]

最后，有些风险是自然产生的，但人类活动大大加剧了它们的影响，因此，它们介于自然风险和人为风险之间，其中包括“自然产生”的流行病。我不把它们列为自然风险，而是纳入人为风险的范畴，原因我很快会谈到。我们将在第五章讨论这些风险。

整体自然风险

令人惊讶的是，这些风险中有许多是最近才被发现的。磁场反转是在 1906 年发现的，1960 年才有了地球曾被大型小行星或彗星撞击的证据，而我们直到 1969 年才知道伽马射线暴的存在。几乎在整个人类历史中，我们一直都承受着自己浑然不知的风险。

没有理由认为发现的浪潮已经结束，也没有理由认为我们是第一代发现了自己所面临的全部自然风险的人类。事实上，要断言我们已经发现了所有可能的自然灭绝机制仍为时过早，因为大规模灭绝事件依然没有得到解释。

我们的知识很可能是不完整的，如果想通过列出已知威胁的方式来了解自然风险的规模，就会有很大的问题。即使我们把本章所列举的所有自然威胁研究个遍，对它们了如指掌，我们还是不能确定这些是不是真实风险的哪怕一小部分。

幸运的是，我们有解决办法：直接测算整体的自然风险。我们完成这项工作，不是通过考察小行星陨石坑或恒星坍缩的细节，而是通过研究它们所威胁的物种的遗骸。关于和我们相似的物种的存续年代，关于它们面临的整体的灭绝风险，化石记录是最丰富的信息来源。[54] 我们将探索利用化石记录来确定我们所面临的灭绝性自然风险概率上限的三种手段，这些手段都能得到令人欣慰的结果。[55] 然而，由于这种方法只直接适用于**灭绝性**风险，因此，围绕不可恢复的文明崩溃，仍存在一些无法确定的因素。[56]

灭绝性自然风险发生的概率有多大？试想一下，如果这个概率高达每世纪 1%，人类还能存活多久？平均下来，也就是 100 个世纪。但是，我们从化石记录中得知，智人实际上已经存续了大约 2 000 个世纪。[57] 以每世纪 1% 的风险计算，人类几乎不可能存活那么久：在 2 000 个世纪过去之前，人类有 99.999 999 8% 的可能性会灭绝。所以我们可以放心地排除 1% 或更高的整体风险。现实地说，风险究竟会有多大呢？我们可以利用智人的生存年代来做最佳的猜测，推算出风险概率的上限。

得出一个最佳的猜测出乎意料地困难。我们可能想说这一概率是1/2 000，如果人类在20万年里经历过一次灭绝，这就是最接近的测算了。但事实上，人类一次灭绝也没经历过，所以最接近的风险概率数值应该更低。但是，这一概率也不能是0/2 000，因为这意味着不可能出现灭绝的情况，而且会让我们有理由确信人类将来也不会灭绝。[58] 关于应该给这种情况配置什么概率，统计学家们正在进行一场颇为有趣的辩论。[59] 但所有人都建议取介于0/2 000～1/2 000（0～0.05%）之间的数字。所以我们可以把这个范围当作一个粗略的测算。

智人尚未灭绝，我们可以用这个来估算整体灭绝性自然风险的上限。例如，如果风险高于每世纪0.34%，人类就曾经有99.9%的灭绝可能性。[60] 那么我们就可以说，在99.9%的置信水平上，可以排除每世纪0.34%以上的灭绝概率——这以科学标准看是具有很高显著性的结论（相当于p值为0.001）。[61] 因此，智人生存了20万年之久，表明根据“最佳猜测”得出的风险在0%～0.05%之间，上限为0.34%。

但有没有可能，智人不应是我们锁定的相关范畴？我们关心的是**人类**的生存，应将目光投向更广泛的物种。例如，尼安德特人与智人非常相似，虽然两者之间的杂交程度仍有争议，但或许最好还是将尼安德特人视为人类的一个亚种。尼安德特人直立行走，能够制造先进的工具，有复杂的社会群体，看起来与智人相似，甚至可能已经学会了使用语言。如果我们认为他们也属于人类，那么我们就可以把人类生存年代的开端追溯到大约50万年前——尼安德特人和智人最后的共同祖先生活的时期。[62] 另一种可以想到的办法是不从种（species）来考虑，而从人属（*Homo*）来考虑，人属这一生物已经存在了200多万年。按上述所说来测算的话，人在地球上的存续时间将意味着每世纪的灭绝概率更低。

类别	存续时间	最佳猜测	99.9% 的置信水平
智人	200 000 年	0 ～ 0.05%	< 0.34%
尼安德特人分化	500 000 年	0 ～ 0.02%	<0.14%
人属	2 000 000 ～ 300 000 年	0 ～ 0.005%	< 0.023%

表 3.4：从三种不同的人类概念出发，根据迄今为止在地球上的存续时间对每世纪的整体灭绝性自然风险进行估算和划定发生概率的上限

第二种根据化石记录估算整体灭绝性自然风险的手段是不看人类本身，转而考察和我们类似的物种。这样一来，可用的证据就多了，还可以把已灭绝物种的情况包括在内，零灭绝数据的问题就迎刃而解。这种方法的缺点是，其他物种面临的风险未必能够代表人类面临的风险，而且，在选择研究哪些物种时，也可能带入主观偏见。

运用这种手段的一个简单方式是考察和我们最相似的物种。除了智人，人属还包括四个生存年代已得到合理测算的种。[63] 这些物种存续的时间在 20 万～ 170 万年之间。如果我们经受的灭绝性自然风险与这四个种中任何一种经历过的类似，那么这种风险的发生概率就是每世纪 0.006% ～ 0.05%。[64]

或者我们把网撒得更广一些，不局限于研究与智人相似的物种，以获得统计学上的稳健性。据测算哺乳动物物种一般能存续 100 万年左右，而从化石记录中发现的所有物种的平均存续时间是 100 万～ 1 000 万年。由此推出的灭绝性自然风险每世纪发生的概率在 0.001% ～ 0.01% 之间，如果我们认为自己比一般物种更强大，那么这种风险概率就会更低（见表 3.5）。

请注意，所有这些对物种存续时间的测算已经把灾难以外的其他灭绝原因都包括在内了，例如逐渐被自身分化出来的新物种所取代。所以，这些测算会在一定程度上高估**灾难导致**的灭绝风险。[65]

幸存者偏差

在调查某个事件的可能性时，有一种特殊的困难会阻止我们一探究竟。无论可能性有多大，我们都禁不住会想，这件事并没有发生过。智人的灭绝就是一个例子，而这有可能让我们的测算出现偏差。[66]

想象一下，如果有 100 颗和地球一样的行星，不管发生灭绝人类事件的星球是 99 个还是 0 个，考察此类事件的人类都会发现，这样的事并没有在自己的星球上发生过——否则他们就不可能在这里进行什么调查了。因此，他们无法通过自己生存了下来这个事实来测算人类生存下来的星球比例。这让我们意识到，同样不能凭借目前人类还在地球上生存的事实推断出我们未来也能生存下去。

然而，我们**可以**利用人类的存续时间的长短（正如我们在本章中所做的），因为可供观察的值不止一个，而在高风险的世界里我们不太可能发现很长的存续时间。但如果充分考虑到这种幸存者偏差，也许还是会改变风险测算的数值。[67]

所幸的是，通过对其他生存下来的物种进行分析而测算出来的风险概率能经得起幸存者偏差的影响，得到的相似结果也令人欣慰。

物种	存续时间	最佳猜测
尼安德特人	200 000 年	0.05%
海德堡人	400 000 年	0.025%
能人	600 000 年	0.02%
直立人	1 700 000 年	0.006%
哺乳动物	1 000 000 年	0.01%
所有物种	1 000 000 ～ 10 000 000 年	0.01 ～ 0.001%

表 3.5：根据相关物种的存续时间，测算的每世纪的整体灭绝性自然风险概率

考虑到我们人口众多，广泛分布在全球各地，能适应高度多样化的环境，并且有能力抵御所有不至于导致大规模灭绝的自然灾害，在这种情况下，测算灭绝性自然风险的最后一种手段是通过考察大灭绝的记录来判定这类事件的发生频率。

详细的化石记录始于 5.4 亿年前的“寒武纪大爆发”：复杂生命迅速发展得多样化，形成我们今天看到的大多数主要物种。从那以后，出现过多次大灭绝，也就是全球各地大量物种消失的灾难性现象。其中最重要的当属“五次大灭绝”，每一次都造成了至少 75% 的物种灭绝（见表 3.6）。结束恐龙时代的灾难是其中最晚近的一次。如果这些事件能代表导致我们灭绝所需的自然灾难规模，那么在 5.4 亿年里已经发生了 5 次灭绝事件：每世纪的灭绝性自然风险发生概率约为 0.000 1%。

大灭绝时代	年代	物种灭绝比例
奥陶纪晚期	4.43 亿年前	86%
泥盆纪晚期	3.59 亿年前	75%
二叠纪末期	2.52 亿年前	96%
三叠纪末期	2.01 亿年前	80%
白垩纪末期	6 600 万年前	76%

表 3.6：五次大灭绝事件中物种灭绝的比例[68]

灭绝的风险曾威胁早期人类、历史上的其他物种和遭遇大灭绝的生物（我们从这些生物的灭绝或存续中寻求证据），也威胁着现代人类，在考察这类威胁时，上述三种基于化石记录的手段是很适用的。但这些手段显然不是什么时候都适用。在很多自然风险面前，我们已经变得更抗打击。例如，人类已经遍布全球，因此能够在单纯的区域性灾害发生后存续下去。我们应对全球性灾害的能力也是前所未有的。这意味着真实的风险很可能低于前述估计，即使是“最佳猜测”的估值也应被视为整体自然风险的保守上限。

更大的问题在于，有一些风险对当前人类的威胁比对早期人类或相关物种的威胁要大得多。这包括所有的人为风险（这正是本章节只聚焦于自然风险的原因），也可能包括一些通常被认为是自然造成的风险。[69]

其中最主要的是流行病的风险。虽然我们通常并不认为疾病的暴发是人为的，但农业革命以来的社会和技术变革已经大大增加了疾病暴发的可能性和影响。养殖业使人更有可能从动物身上感染疾病，运输方式的进步使疾病更容易短时间内在人群中二次传播，随着贸易活动越来越多，人们也越来越频繁地使用新的运输方式。

虽然也有很多因素（如现代医学、检疫隔离和疾病监测）可以减轻上述影响，但依然很有可能的是，未来几个世纪人类面临的大流行病风险要比早期人类或其他用于确定自然风险概率上限的物种要大得多。出于这些原因，最好不要把大流行病算作自然风险，而我们也将会在后面讨论。

我们探讨了三种利用化石记录来测算或者给人类面临的灭绝性自然风险设置概率范围的方法。虽然我们不应该过多倚重这些测算中的任何一项，但一个大致的范围还是可信的。根据最佳猜测做出的测算，从每世纪 0.000 1% 到每世纪 0.05% 不等，而即使是最保守的上限也不到 0.4%。此外，我们知道这些数字很可能是高估了，因为它们包含了并非由灾难造成的灭绝，比如逐渐演化成一个新的物种，而且，现代人类比早期人类或其他物种更抗打击。这意味着我们可以信心十足地认为灭绝性自然风险的整体发生概率低于 0.5%，而我们的最佳猜测是概率低于 0.05%。

在我们考虑整个未来面临险境的时候，即使是小行星撞击那样的个别自然风险也应极受重视。然而，我们很快就会看到，自然风险在人类自己制造出来的风险面前相形见绌。根据我的预测，接下来的 100 年里，我们面临的人为风险比自然风险要高出 1 000 倍左右，因此人为风险将是我们的主要关注点。

第四章 ANTHROPOGENIC RISKS

人为风险

与目前人与人之间防不胜防的情况相比，人类手无寸铁面对猛虎时生存下去的可能性要大得多。

——阿诺德·汤因比[1]

人类在 20 万年里的生存轨迹将我们与自然事件带来的生存性风险紧紧联系起来。这些风险是真实存在的，尽管在未来 100 年内发生的可能性很小。

但是，那些同样被认为会带来生存性风险的强大工业技术却没有这样的记录可供追溯。自工业革命以来我们已经生存了 260 年，从核武器发明至今已有 75 年，而由此推断未来 100 年里的风险高达 50% 或低至 0% 都能说得通。那么，关于这些技术风险，我们有什么证据吗？

在本章中，我们将探讨当前这些与核武器、气候变化和其他环境退化有关的人为风险背后的科学机制。（下一章将讨论未来技术引起的风险，包括基因工程大流行病。）我们将重点放在最坏的情况上，特别关注是否有充分的科学证据表明，这些情况可能导致人类灭绝或不可恢复的文明崩溃。

核武器

说到核武器带来的生存性风险，首先想到的可能是由一场全面核战争造成的破坏。但是，早在冷战之前，甚至在广岛和长崎遭受原子弹袭击之前，科学家们已经在担心一次核爆就可能意味着人类的毁灭。

1942 年夏天，美国物理学家罗伯特·奥本海默在他位于加州大学伯克利分校的办公室里举行了一系列秘密会议，参会的有许多和他处于同一研究领域的杰出学者。他们正尝试设计出第一颗原子弹。这一试验基于新发现的核裂变现象：铀元素等物质的较重原子核可以分裂成更小的碎片，并释放出核能量。

第二天，爱德华·特勒（正是他 10 年后研发出了氢弹）就原子弹的设想做了首次发言。他指出，原子爆炸将产生超过太阳中心的温度（15 000 000℃）。正是这种极高的温度使太阳得以燃烧：迫使氢原子核结合在一起，产生氦气和极大的能量。这就是所谓的核聚变（或热核反应），它比核裂变效能更高。[2] 如果原子弹周围能有氢气等燃料，它的裂变反应也能引发这样的聚变反应。

在尝试设计这种炸弹的时候，特勒注意到，如果原子弹能在燃料中引发这种聚变反应的话，那么它也有可能在周遭世界中引发聚变反应。它有可能点燃水中的氢气，引发持续不断的反应，烧干地球的海洋；或者也可能与空气里占比超过 70% 的氮气发生反应，点燃大气层，使地球被火焰吞没。如果是这样，它不仅会毁灭人类，也许还会毁灭地球上所有的复杂生命。

在座的科学家听闻此言后爆发了激烈的讨论。汉斯·贝特是一位杰出的物理学家，4年前刚刚发现核聚变如何为恒星提供动力，他极度怀疑这一说法，并立即试图驳斥特勒的假设。即将领导原子弹研发的奥本海默却深感忧虑。其他人继续埋首计算时，他亲自横跨美国通知他的上司阿瑟·康普顿，指出他们的项目可能会对人类自身构成威胁。康普顿在他的回忆录中讲述了这次会面：

> 原子弹真的有可能引爆空气中的氮或海水里的氢吗？这将是一场彻头彻尾的灾难。与其让人类担着彻底完蛋的风险，还不如向想要奴役我们的纳粹投降算了！
>
> 奥本海默的团队必须继续他们的计算工作，直到得出一个严谨可靠的结论，证实我们的原子弹不会引爆空气或海水，我们可万万不能造出那样的炸弹来。[3]

（战后有消息透露，他们的德国同行也发现了这种风险，并一路加急把这种可能性上报给了希特勒，希特勒还就此开了个恐怖的玩笑。）[4]

奥本海默回到伯克利，发现贝特已经在特勒的计算中找到了重大漏洞。[5]虽然这些计算漏洞不能让所有物理学家都同意原子弹是安全的，但他们最后还是决定转向研究其他问题。后来，奥本海默委托科学家秘密研究引燃大气层的可能性。[6]研究报告支持贝特的结论，认为这种情况似乎是不会发生的，但报告无法证明这不可能发生，也没办法给出概率。[7]尽管报告的结论是"由于论证的复杂性和缺乏令人满意的实验基础，我们强烈建议对这一问题做进一步研究"，洛斯阿拉莫斯实验室的领导层仍将之视为这一问题的最终结论。

直至第一颗原子弹在三位一体试验中被引爆的那天，担忧一直萦绕在物理学家们的心头。[8]诺贝尔物理学奖获得者恩里科·费米也出席了伯克利会议，他仍然担心他们的近似计算或设想中的缺陷可能掩盖真正的危险。他和特勒直到试验那天都在对分析进行反复检查。[9]哈佛大学校长詹姆斯·科南特极为重视这种可能性，当爆炸的闪光比他预想的要更长、更亮时，他感到非常恐惧："我的第一反应是出事了，几分钟前我们还讨论并开玩笑地提到大气层有可能发生热核转变，而这实际上恐怕已经发生了。"[10]

大气层没有被原子弹点燃。这种情形当时没有出现，在此后的核试验中也没有出现。对核聚变有进一步了解并利用计算机辅助运算的物理学家们证实，这种情况确实是不可能发生的。[11]然而，当时的确是有风险的。原子弹的设计者不知道引燃大气层从物理角度来说是否有可能发生，所以在那个阶段从认识上说仍然存在这种可能性。虽然事实证明没有客观威胁，但他们主观上认为研发原子弹有可能会带来摧毁人类的严重风险。

这是现代科学面临的新困境。我们突然间释放出了巨大的能量，制造出了地球历史上前所未有的温度。我们的破坏力变得如此强大，以至于有史以来第一次，我们需要问自己是否有可能毁灭全人类，并且做出回答。因此，我把危崖时期（我们这个高风险时代）的开端定在1945年7月16日上午11时29分（协调世界时），也就是三位一体试验开始的那一刻。

人类是否通过了自己的考验？我们是否成功化解了这个首次由我们自己制造的生存性风险？也许是吧。奥本海默的急切和康普顿不安的文字给我留下了深刻印象，但我不相信他们发起的措施足以应对这个风险。

贝特的计算和秘密报告都没什么问题，而且经过了一些世界顶尖物理学家的审查。但战时保密要求意味着这份报告绝不可能以我们认为对确保科学性来说必不可少的方式，得到外部的同行评审。[12]

虽然有一些全世界最优秀的人才致力于解决相关的物理问题，但如何处理风险、向谁通报、什么程度的风险可以接受等更广泛的问题，就没有那样优秀的人来处理了。[13] 我们不清楚是不是有哪位议员被告知了潜在的风险。[14] 科学家和军方似乎要对这个威胁地球上所有生命的行为承担全部责任。然而，这一责任应该由他们来承担吗？

在报告结论不够有力、无法得到外部评审、一些有名的科学家也始终担忧的情况下，是有充分理由干脆推迟或放弃核试验的。伯克利会议召开时，与会的许多科学家生怕希特勒抢先一步用核武器来要挟世界。但是到了三位一体试验的时候，希特勒已经死去，欧洲也解放了。日本正在撤退，此时无须担心战争败局。美国冒这个险与一个月后在日本投下炸弹的理由相同：缩短战争时间、避免入侵造成人员伤亡、获得更有利的投降条件、用美国新研发的强大武器来威慑苏联。然而，这些都不是单方面把人类未来置于风险之中的有力理由。

他们到底冒了多大的风险？在不知道他们当时如何权衡手头证据的情况下，很难说得清。[15] 后来证明他们的计算是正确的，因此我们很容易想当然地认为结果必然如此。但伯克利会议算是一种自然实验，因为那年夏天他们处理的是关于热核反应的两个主要问题。此后他们从大气层中发生热核反应的问题转向计算什么样的燃料**会**引起热核爆炸。他们找到了一种锂的同位素燃料：锂-6。[16] 但这种爆炸所需的同位素在天然锂中含量很少，因此他们得出结论，在天然锂中占大部分的惰性锂-7需要付出巨大的代价来移除。

美国在 1954 年试验的正是这样一枚核弹，其代号为“喝彩城堡”。由于时间有限，他们只把锂-6 的浓度提升到 40%，因此燃料中大部分还是锂-7。核弹爆炸时释放出的能量远远高于预期——不是600万吨级，而是1 500万吨级，等于广岛原子弹爆炸能量的1 000倍，是美国试验过的最大规模核爆。[17]这也造成了世界上最大的辐射灾难之一，殃及了一艘日本渔船和位于下风向的几个人口密集的岛屿。[18]这一结果证明伯克利小组（以及后来洛斯阿拉莫斯实验室的物理学家们）对锂-7的预测是错误的。在爆炸产生的空前高温中，锂-7发生了意想不到的反应，产生了和锂-6一样巨大的威力。[19]

那个夏天，伯克利小组进行了两次关于热核反应的重要计算，一次得到了正确的结果，另一次则被证实是错误的。我们不能由此推断在大气层中引发热核反应的主观风险高达50%，[20]但计算的可靠程度显然不足以让我们托付自己的未来。

往日本投下原子弹15天后，美国人开始规划与苏联的核战争。[21]他们在苏联地图上画出巨大的圆圈来显示轰炸机的攻击范围，以确定哪些城市已在可摧毁的范围内，哪些城市还需要辅以新的空军基地或技术改进。就这样，接下来持续了75年的大规模核战争规划拉开了序幕。

这一时期的特点是核战争的战略格局变化不定。大部分改变源于技术上的变化，比如：苏联迅速发展出自己的核武器；比在日本投下的核弹威力强大得多的热核武器问世；洲际弹道导弹只需半小时的预警时间就能击中敌方心脏地带的城市；潜艇发射的导弹在先发打击中深藏水下，以确保可以发动核报复；核弹头总数也大大增加。[22]接着，又出现了重大的政局变化，比如北约形成和苏联最终解体。因此，冷战期间的战略形势呈现出一种转换不定的无序发展，有时候对先发打击有利，有时候对核报复有利，有时候风险高，有时候风险低。

虽然我们度过了这段时期，核战争没有爆发，但那段时间里有很多千钧一发的时刻，而我们浑然不知（见下框“险象环生”）。其中大多数是因为用来探测核打击并在极短时间内开展反击的快速反应系统出现了人为失误或技术错误。在军事对峙的态势加剧时，这种情况较为频繁，但冷战结束后也不见终止。系统设计的目的是最大程度地减少漏报率（未能做出反应的情况），却产生了很多错误的警报。这不仅是核风险的教训，对于其他复杂技术带来的风险也是一次警示——纵使明知这些风险若无法避免将导致整个国家走向毁灭（或者更糟），要解决所有的人为和技术问题也困难重重。

险象环生

过去的 70 年里出现了许多险象，美苏核力量之间一触即发的警戒状态使我们一度无比接近核战争意外的边缘。[23] 以下是其中最接近战争的三次。[24]（另一次险情和核武器事故列表见附录 C。）

1979 年 11 月 9 日的错装训练盒带事件：

凌晨 3 点，大量疾速射来的导弹——苏联的第一次全面打击——出现在美国 4 个指挥中心的屏幕上。在己方的大部分导弹被摧毁之前，美国只有几分钟的时间来决定如何应对。高级指挥官们召开了威胁评估会议，洲际弹道导弹调整至高度戒备状态，装载核弹的轰炸机准备起飞，战斗机紧急升空，拦截来袭的轰炸机。

但军方在检查预警系统的原始数据时并没有发现任何导弹的迹象，他们意识到这是一次误报。屏幕上显示的是一次军事演习中对苏军攻击的实际模拟，而这次模拟被错误地发送到了实战电脑系统中。苏联领导人勃列日涅夫得知此事后质问美国总统卡特："究竟是什么样的机制，能让这种事件有机会发生？"[25]

1983年9月26日的秋分事件：

一个午夜过后不久，苏联卫星预警系统指挥掩体的屏幕显示有5枚洲际弹道导弹正从美国发射过来。[26]值班员斯坦尼斯拉夫·彼得罗夫此前接到的指示是向上级报告任何侦测到的发射，而上级秉持的政策是立即进行报复性核打击。在十万火急的5分钟里，他考虑了眼前的情形，虽然不完全确定，但还是将这次警报当作误报向上级指挥官报告了。

他的理由是，美国仅用5枚导弹发起首次打击的可能性太小，而且无法识别出导弹尾烟轨迹。苏联方面最后发现这次误报是由云层上闪耀的阳光引起的，在苏联的卫星系统看来，这就像发射火箭的闪光。

人们常说彼得罗夫在那晚"拯救了世界"。这样说有些夸大其词，因为很可能还有几个步骤可以取消核报复（事实上，这里描述的另外两起事件已经通过"预警时发射"的程序而升级了）。但不可否认的是，这是一次非常惊险的事件：如果卫星错误地将闪耀的阳光报告为100枚导弹来袭，而不是5枚，也许就足以引发核反应了。[27]

1995年1月25日的挪威火箭事件：

即使在冷战结束后，美俄两国的导弹系统也一直保持着剑拔弩张的警戒状态。1995年，俄罗斯雷达侦测到一枚瞄准俄罗斯发射的核导弹，对方也许还准备用电磁脉冲来屏蔽俄罗斯雷达，以掩护更大的后续打击。这一警告很快在指挥系统里一路升级，导致俄罗斯总统叶利钦打开俄罗斯的核密码箱，考虑是否授权进行核报复。

但卫星系统显示没有导弹，雷达很快就确定这枚所谓的导弹会落在俄罗斯境外。警报结束，叶利钦关闭了密码箱。误报的原因是挪威发射了一枚研究北极光的科学火箭。俄方已经接到通知，但雷达操作员还没有收到消息。[28]

如果真的爆发全面核战争，会出现什么情况？全面核战争是不是真的会威胁人类生存或造成文明的永久崩溃？

虽然总听人说我们所拥有的核武器足以摧毁世界很多次，但这只是随口说说。这种说法似乎只是随着世界核武器总量的不断增长，把广岛原子弹爆炸造成的伤亡情况想当然地升级一下，再将其与世界人口做个比较。[29] 而真实的情况更加复杂和难以确定。

核战争既有局部影响，也有全球影响。局部影响包括爆炸本身和由此产生的大火。这些都会破坏遭受爆炸的地点，并使数千万甚至数亿人丧生。[30] 但是，这些直接影响不会造成灭绝，因为其影响范围仅限于交战国境内的大城市、村镇和军事目标。对人类本身的威胁则来自全球性的影响。

其中首先为人所知的是放射性沉降物——爆炸产生的放射性尘埃飞向空中，散布在广阔区域的上方，然后再落下来。理论上核武器可以产生大量的放射性沉降物，使整个地球表面的辐射达到致命水平。但我们现在知道，导致这一情况所需的核武器必须是目前数量的 10 倍之多。[31] 而且我们目前也许还做不到故意制造足够的放射性沉降物来毁灭人类（比如通过引爆钴弹的方式）。[32]

直到 20 世纪 80 年代初，也就是进入原子时代将近 40 年后，我们才发现了目前据信核战争会导致的最严重的后果。燃烧中的城市刮起的火风暴会产生巨大的烟柱，让黑色烟尘一直飘到平流层。在这个高度上，烟尘无法与水汽结合并以降雨的形式落到地面，因此整个地球会被一片黑色的烟尘笼罩。这将遮挡阳光，使世界变得寒冷、黑暗和干燥。全球主要农作物将会枯死，数十亿人将在核冬天里面临饥荒。

一开始，核冬天引起了很大争议，因为有许多不确定因素，人们也对在科学证据尚不充分时就得出结论表示担忧。随着多年来假说和建模的不断改进，这一威胁的具体性质发生了变化，但对其基本机制的论述经受住了时间的考验。[33]

我们目前对核冬天最充分的认识来自艾伦·罗博克及其同事的研究。[34] 早期关于核冬天的研究受限于不成熟的气候模型，而现代计算机的发展和人们对气候变化的关注催生了更精密的技术。罗博克应用了一个海洋-大气环流模型，发现核冬天的温度下降程度与早期预测相似，而持续时间约为原来预测的 5 倍。这种情况意味着一个更为严重的后果，因为这种程度的温度下降可能足以使几乎所有农业陷入停滞，而靠粮食储备生存很难撑得过 5 年。

对农业的大部分破坏将来自寒冷而非黑暗或干旱。寒冷的主要作用机制是大大缩短生长季节（连续无霜日）。在大多数地方，缩短后的生长季节不足以使大多数作物长到成熟期。罗博克预测，一场全面的核战争将使地球的平均表面温度在大约 5 年的时间里下降 7℃左右（然后再用 10 年左右的时间慢慢恢复正常）。这与地球上一个冰期（“冰河时代”）的温度差不多。[35] 与气候变化一样，这个全球平均温度可能有误导性，因为有些地区会比其他地区冷得多。北美洲和亚洲大部分地区的夏季气温将下降 20℃以上，在中纬度地区，夏季气温将持续低于冰点数年，而我们大部分的食物都是在那里生产的。不过，沿海和热带地区受到的影响要小得多。

如果核冬天能使温度降低这么多，那么数十亿人将面临死于饥饿的危险。[36]这将是一场史无前例的灾难。然而它是否也是一场生存性灾难呢？我们没有答案。虽然我们将失去几乎所有的常规粮食生产，但还是会有**一定**的粮食生产能力。我们可以种植更耐寒或生长周期更短的低产出农作物，增加热带地区耕作，增加捕捞，建造温室，并尝试培植海藻等迫不得已的措施。[37]我们可能会拼尽全力：表现出将所有财富、劳动、智慧投入生存中去的意志。但是，我们也可能面临大范围的法律和秩序崩溃，敌对行为将持续下去，还可能失去包括运输、燃料、化肥和电力在内的基础设施。

即使到了如此地步，核冬天似乎还是不太可能使人类灭绝。目前的核冬天研究人员也从未说过这一情况会毁灭人类，而且很多人明确表示不会出现人类灭绝的情况。[38]由不可恢复的全球文明崩溃导致的生存性灾难似乎也不大可能发生，尤其在我们把新西兰（或澳大利亚东南部）这类地方纳入考虑的情况下，它们不太可能成为直接目标，而且由于地处沿海，可以免遭核冬天最严重的影响。这些地区在大部分科技（和机构）完好无损的情况下完全有可能渡过难关。[39]

我们对核冬天的每一个认识阶段都有大量不确定的问题：

1. 有多少城市会遭到核弹袭击？

2. 会产生多少烟雾？

3. 会有多少烟尘飘到平流层？[40]

4. 对温度、光照和降水有什么影响？

5. 可能造成怎样的农作物减产？

6. 这种影响会持续多久？

7. 这样的饥荒会导致多少人死亡？

其中一些不确定性可能会通过未来的研究而减少，而另一些则无法解决。

核冬天设想的怀疑者经常指出这些不确定因素，他们认为，就目前的科学认识而言，核冬天可能没有设想的那么糟糕。但是，不确定性有两个方向，核冬天造成的后果也可能比主流预测更加严重。我们缺乏一个有理论基础的理由来认为这些不确定因素能让情况变得好一些。[41] 我倾向于认为，核冬天设想的核心情景不会是生存性灾难，而不确定的地方在于，情况会不会往生存性灾难这个更糟糕的方向发展。如果一场核战争会造成生存性灾难，那么很可能这也会，因为核冬天的影响比预测的要严重得多，或者因为这种地球从未承受过的摧残产生了其他我们尚未想到的影响。

因此，进一步研究与核冬天相关的不确定因素会非常有价值。我们可以探讨是否有可能出现一些复杂情况，造成更严重或者历时更长的核冬天，并针对全面核战争可能造成生存危机的其他方式开展新的研究。

随着时间的推移，发生全面核战争的可能性已经发生了很大变化。我们可以分冷战、现在和未来三个时期来讨论全面核战争的可能性。冷战结束后，蓄意发动核战争的风险大大降低。然而，由于许多导弹仍然处于一触即发的战备状态（它们能够在几分钟内发射），意外引发核战争的风险仍然很高。[42] 核武储备的规模也有所下降。核弹头的数量从1986 年高峰期的 7 万枚下降到今天的 1.4 万枚左右，单枚核弹头的爆炸能量也有所下降。[43] 因此，现在每年因核战争而造成生存性灾难的风险应该比冷战期间要低一些。

然而，核武储备的减少和超级大国之间紧张局势的缓解，也许并

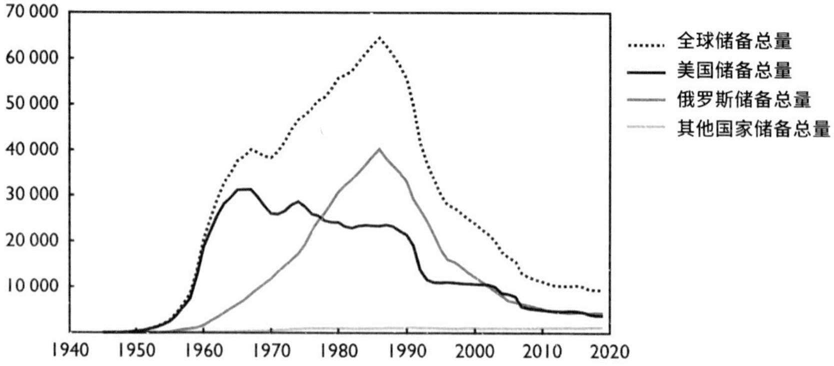

图 4.1：现役核武储备的历时数量变化。虽然目前核弹头数量已经大幅减少，但总量（特别是在美国和俄罗斯）仍然很高。这些武器的总体爆炸能量也有所下降，目前约为 2 500 兆吨[44]

不会使灾难风险降低到人们预料的水平。罗博克及其同事还建立了印度和巴基斯坦之间发生有限核交火的模型，虽然两国的核储备仅相当于美国和俄罗斯的一小部分，但他们还是发现了明显的核冬天效应。[45]

而且，我们决不能掉以轻心。近年来，我们看到新的地缘政治紧张局势出现，新旧强国之间蓄意引发战争的风险再次上升，美俄之间关键武器控制机制失灵的情况我们已经知道了。有令人担忧的迹象表明，这些紧张局势可能会重启军备竞赛，使武器的数量和规模增加到或超过以前的水平。[46]我们可能会看到让战略局势生变的新进步，例如定位核潜艇的能力能让核潜艇无法发动精确的核反击，而精确的核反击是当前保持威慑的基石。投入军事应用中的人工智能也会改变甚至有可能破坏战略平衡。[47]

由于重回核冷战时期的可能性不大，而且这样做会大比例增加每年的风险概率，核武器在未来数十年内所构成的大部分风险可能来自紧张局势的升级。因此，最好针对这种可能性来努力降低核战争的风险。

气候变化

地球的大气层对生命至关重要。它提供了液态水存在于地球表面所需的压力，提供了避免昼夜温差过大的稳定性，提供了植物和动物生存所需的气体，并通过温室效应提供了使我们的星球不至于完全冻结的保温效果。如果没有大气层中的温室气体，地球的温度会比现在低33℃左右。来自太阳的光线比地球辐射回来的热量更容易透过这些气体（主要是水蒸气、二氧化碳和甲烷）。这些气体就像毯子，能留住一些热量，使地球保持温暖。[48]

工业革命释放沉睡在化石燃料中千百万年的能量时，也释放了它们里面的碳。来自化石燃料的二氧化碳排放量起初很小，对气候变暖的影响不如农业。但随着工业化的普及和加强，二氧化碳排放量急剧增加，1980 年以来的排放量超过了此前整个工业化时期的排放量。[49] 总而言之，我们大气中的二氧化碳浓度已经从工业革命前的 280ppm 上升到 2019 年的 412ppm。[50]

人类的行动已经开始改变我们的世界。地球的气候变暖了 1℃左右。[51] 海平面上升了约 23 厘米。[52] 海洋酸化，pH 值降低了 0.1。[53]

人们普遍认为，在未来的几个世纪里，人为造成的气候变化将给人类和自然环境带来巨大损失。大多数气候学家和经济学家研究的都是这些最有可能出现的损失。但也有人担心，气候变化的影响可能要严重得多，它构成的风险是导致文明崩溃至不可恢复的地步，甚至让人类完全灭绝。和我所讨论的许多其他风险不同，这里的核心关注点并不是人类有可能在本世纪内灭亡，而是我们现在的行动可能会让未来陷入灾难。如果是这样，那我们还是处于一个生存性灾难的时代——人类**发展潜力**被摧毁的时代。如果这种情况发生的可能性很大，那么气候变化或许比人们通常认识到的更加重要。

气候变化已然是一个重大的地缘政治问题，随着气候变化造成的破坏越来越大，减缓气候变化的代价越来越高，它将给人类带来很大的压力。这种情况可能使我们陷入贫困，或者造成国际社会冲突，使我们更难抵御其他生存性风险。

这些压力是生存性风险的关键构成因素（很可能也是气候变化的主要影响），但最好另行讨论。第三、四、五章探讨的是具体的生存性风险，重点是列出生存性灾难的**直接**影响机制。因为如果没有直接影响机制，或者这些机制造成生存性灾难的可能性很小，那么其他压力源增加的生存性风险就变得很少了。我们将在第六章讨论气候变化对其他生存性风险的间接影响。现在我们要问一个更根本的问题，即气候变化本身是否会**直接**威胁到我们的生存或者造成文明的永久崩溃。

有可能出现的最极端的气候变化被称为“失控温室效应”，它是由热量和湿度之间的关系驱动的。暖空气比冷空气能容纳更多的水蒸气，所以当大气层变暖时，地球海洋里的水分和天空中的水分这两者之间的平衡就会发生变化。由于水蒸气是一种强效的温室气体，大气中更多的水汽会产生更多的热量，从而再产生更多的水蒸气，形成一种放大反馈的机制。[54]

我们可以认为这就像你将麦克风连接到扬声器时发生的反馈现象。这种反馈并不总是马上失控的，如果麦克风离扬声器很远，声音确实会被反复放大，但是每次放大对总音量的增加会越来越少。因此总体影响并不十分严重。[55]这就是我们对水蒸气反馈机制的预测：总的来说，它将使我们从二氧化碳中获得的升温量增加一倍左右。[56]但在某些气候条件下水蒸气升温会不会急速失控，就像麦克风离扬声器太近时会发生

“啸叫现象”呢？

失控温室效应是一种放大反馈机制，在这种情况下，气候会一直变暖，直至海洋几乎被蒸干，地球再也无法容纳复杂的生命。人们普遍认为这种情况在理论上是有可能发生的。金星上可能会出现这种情形，而且随着太阳变得越来越热，这种情况也可能会在未来数亿年里的地球上发生。[57]但目前的研究表明，仅人为排放本身不会触发失控温室效应。[58]

那可以导致大规模变暖，但又不至于使海洋蒸干的放大反馈效应又是怎样的呢？这就是所谓的**湿润温室效应**，如果影响足够大，它可能会和失控温室效应一样严重。[59]这种效应也不可能仅仅由人为排放引起，但其中的作用机制并不那么为人所知。最近一篇备受瞩目的论文指出，碳排放可能会引发这样的效应（在他们的模拟中会导致 40℃的升温）。[60]然而，他们的模型有一些过于简单化了，这种情形是否真的有可能在地球上发生还是一个未知数。[61]

我们也许希望通过地质气候记录来排除这种可能性。在很久以前的不同时期，地球的气候比今天要热得多，或说二氧化碳含量要高得多。例如，在大约 5 500 万年前，在一次被称为古新世–始新世极热事件（PETM）的气候事件中，地球温度在大约 2 万年的时间里从比前工业化时代高 9℃左右攀升到高 14℃左右。科学家们认为，这是由于大量碳注入大气层，浓度达到了 1 600ppm 或以上。[62]这提供了一些证据，证明这样的碳排放和暖化水平既不会产生湿润温室效应，也不会造成大规模灭绝。

但这种情况并不那么确定。我们对地质气候记录的了解仍然是暂时性的，因此对过去温度或碳浓度的测算可能还会有大幅度的修正。而且现在和当时有很大的不相干性，最明显的是，今天的暖化速度和碳排放量的增长速度都比那时要快得多（变化的速度可能和程度一样重要）。

那么我们应该如何看待失控温室效应或湿润温室效应带来的风险呢？这种情况类似于引燃大气层，因为我们的行为从物理机制上看不太可能引发灾难——但我们并不确定。我认为无须因可能出现失控温室效应或湿润温室效应而恐慌，但正是由于这种可能性，我们需要大力加强对这一课题的研究，以确定这种极端威胁是真是假。因为虽然有一些靠谱的论文表明我们是安全的，但仍有人在继续提出重要的反对意见。我们还没确切掌握其中的科学原理。

那是否有其他情况可以使气候变化严重到威胁人类生存或导致文明崩溃到不可恢复的地步呢？有三种主要途径：我们可能会引发其他重大反馈效应，向大气中释放更多的二氧化碳；我们自己可能会排放更多的二氧化碳；或者一定数量的二氧化碳导致的温室效应可能比我们想象中要严重得多。

来自海洋的水蒸气只是众多气候反馈机制之一。随着世界变暖，一些生态系统将发生变化，向大气层释放更多的二氧化碳，进一步加剧气候暖化，这包括雨林和泥炭沼泽的干旱化、荒漠化和森林火灾的增多。另一种反馈机制来自地形反射率的变化。冰块具有极强的反射性，能将大部分射入的阳光直接反射到太空。当气候变暖使冰块融化时，冰下的海洋或陆地的反射率就会降低，从而加剧气候暖化。

像这样的放大反馈机制会引起人们的警惕。一听到气候暖化会产生进一步的温室效应，我们自然而然就会想到一个失控的世界。但反馈结果并不都是一样的，它们在增益（麦克风与扬声器的距离远近）、速度（每个循环完成的速度）以及一旦反馈效应达成（扬声器的最大音量）可以产生何种程度的总体变暖效果方面有很大差异。此外还有其他起到稳定而不是放大作用的反馈效应，气候变得越暖，它们防止进一步暖化的作用就越强。

有两种潜在的放大反馈机制尤其令人担忧：北极永久冻土的融化和深海甲烷的释放。在这两种情况下，气候暖化都会导致额外的二氧化碳排放，而每一种源头所含的二氧化碳都比迄今为止所有化石燃料的排放量还要多，因此它们有可能会极大地改变气候变暖的整体情况。而这两种机制都没有被纳入政府间气候变化专门委员会（气专委）对气候暖化的主要测算中，因此，它们带来的任何暖化影响都将叠加在我们目前所担心的基础上。

北极永久冻土是一层冰冻的岩石和土壤，覆盖了超过 1 200 万平方千米的陆地和海床。[63] 它所含的碳是迄今为止所有人为排放量的两倍以上，以泥炭和甲烷的形式存在。[64] 科学家们相信，在未来的几个世纪里冻土将部分融化，释放出碳，从而使大气进一步变暖。但这些影响的大小和时间段都十分不确定。[65] 最新的一项预测是：在气专委提出的高排放量情况下，到 2100 年永久冻土融化将导致约 0.3℃的额外升温。[66]

甲烷水合物是一种冰状物质，既含水又含甲烷分子。在海洋底部沉积物的广大沉积层中可以找到它。由于难以接触这种物质，我们对它的总量知之甚少，最新估值是迄今为止人类碳排放量的 2 ～ 11 倍不等。[67] 海洋变暖也许会使这些水合物融化，一些甲烷可能会被带入大气层，从而导致进一步的气候暖化。这种潜在反馈效应的动态机制甚至比永久冻土融化的情况更不为人所知，这种融化何时开始、是否会突然发生以及可能释放出多少甲烷都很难确定。[68]

因此，我们对这些反馈机制形成的风险知之甚少。永久冻土融化以及甲烷水合物释放完全有可能是夸大其词，并且对气候暖化的影响微乎其微。或者，它们也可能会造成灾难性的巨大影响。加强对这两种反馈机制的研究将是非常有价值的。

反馈机制并不是引发远超我们预料的气候暖化的唯一方式。气专委建立了四种主要排放路径的模型，呈现出了不同的景象：从迅速实现低碳化经济，一直到完全忽视我们的碳排放对环境的影响所带来的结果。根据目前的政策，到 2 100 年，我们的碳排放量估计在 1 000 千兆吨到 1 700 千兆吨之间：大约是迄今为止人为排放量的两倍。[69]

我希望我们有所控制，不要接近这一排放量，但这个数量是很有可能达到的——甚至可能排放得更多。例如，仅仅推断近几十年来的年均排放量增长率在本世纪内持续下去，我们的排放量就可能达到气专委最高排放路径的两倍。[70] 排放上限是由现存的化石燃料总量所决定的。目前对剩余化石燃料资源总量的预测范围很广，从 5 000 千兆吨一直到 15 600 千兆吨不等。[71] 这让我们在未来有可能燃烧至少是迄今为止排放量 8 倍的化石燃料。如果我们不限制排放，并且最后燃烧的化石燃料达到 5 000 千兆吨，根据先进的地球系统模型，到了 2300 年，我们将遭受大约 9℃～ 13℃的升温。[72] 我觉得我们很可能不会如此轻率地达到这一上限，但平心而论，我不能说这种可能性比小行星撞击地球或者其他我们已经讨论过的自然风险要低。[73]

表 4.1 介绍了永久冻土层、甲烷水合物和化石燃料的潜在碳排放情况。表里显示了我们一直讨论的碳排放量大到了何种地步，以至于地球上整个生物圈每个活物的碳含量加在一起都相形见绌。[74] 事实上，人类向大气中释放的碳**已经**超过整个生物圈的碳总量。[75]

碳储存方式	总量（千兆吨）	截至 2100 年的释放量（千兆吨）
永久冻土	约 1 700	50 ～ 250†
甲烷水合物	1 500 ～ 7 000*	
化石燃料	5 000 ～ 15 600	约 1 000 ～ 1 700‡
生物体碳	约 550	
生物残体碳	约 1 200	
迄今为止的碳排放量	约 660	

* 这是完全以甲烷形式存在的碳，从短期来看这种形式更有影响。但如果甲烷是被逐渐释放出来的，那就产生不了多少影响。永久冻土中有一小部分碳是以甲烷形式存在的。

† 高排放方式。[76]

‡ 目前的化石燃料使用方式。

表 4.1：碳在哪里？表中显示了有可能释放到大气中的已知碳存量对比，以及从目前到本世纪末有多少碳会被释放出来。生物体碳是地球上所有有机活物中的碳总量。生物残体碳是死亡有机物中的碳总量，其中一些可以通过森林砍伐或森林火灾被释放出来。我把自 1750 年以来的人为碳排放总量也列入了表内——包括从耕地活动到燃烧化石燃料和工业活动的碳排放变化[77]

即使我们知道有多少碳会进入大气层，这种情况会让气温上升多少仍然是个巨大的未知数。**气候敏感度**指的是温室气体浓度比前工业时代 280ppm 的基准线翻了一倍后最终上升的温度。[78] 如果没有反馈机制，这会很容易预测：在其他参数不变的情况下，二氧化碳含量翻倍会引起 1.2℃的升温。[79] 但气候敏感度也会引发很多气候反馈机制，包括水蒸气和云的形成（虽然不影响永久冻土或甲烷水合物）。这些情况会让气候敏感度更高且更难预测。

气专委指出，气候敏感度可能介于 1.5℃～ 4.5℃之间（这种不确定性大部分源于我们对云层反馈机制的认识有限）。[80] 对于测算气候暖化影响的研究来说，这是一个很宽的区间，最高温度带来的气候暖化效果是最低温度的 3 倍。而且，真实的气候敏感度很可能还要高一些，因为气专委只是提出气候敏感度至少有三分之二的可能性处于这一区间内。[81] 而且由于我们不清楚温室气体的浓度会达到多高，这种气候敏感度的不确定性就变得更加复杂。如果我们最终释放的温室气体浓度是前工业时代的 2 ～ 4 倍，那么最后的升温区间是 1.5℃～ 9℃。[82]

我们希望其中一些不确定性能很快得到确切的答案，但进展不容乐观。目前的 1.5℃～ 4.5℃升温区间是在 1979 年提出的，而且在过去 40 年里几乎没有变化。[83]

经常有人告诉我们比上述这些确切得多的数字：我们正面临着气温上升 5℃的前景，或者如果我们想把升温控制在 4℃以下就必须采取某些政策。但这些说法都把问题过于简单化了，以致有误导大众的可能。这些说法真正的意思是我们正面临着气温上升 2.5℃～ 7.5℃的前景，或者是如果我们希望有足够的可能性把升温控制在 4℃以下（这一可能性有时候说是 66%，有时候只有 50%），就必须采取某些政策。[84]

当我们把直接排放、气候敏感度和极端反馈机制的可能性等不确定因素结合起来时，最后得出的结论就是能限制气候暖化的东西很少。比较理想的是在这种情况下，我们仍然可以对各种因素的分布规模及形态进行可靠的测算（就像我们对小行星的测算一样），这样就可以判断有多大可能出现极端结果，比如温度最终上升超过 6℃甚至 10℃。但由于问题错综复杂，我们就连这一点也无法做到。我最多只能说在考虑了所有不确定性的情况下，我们很可能在 2300 年最终面临温度上升高达 13℃的局面。而且这还算不上严格的上限预测。

这种程度的气候暖化将是一次前所未有的全球灾难，一场巨大的人类悲剧，最脆弱的群体会备受打击。它将使文明陷入混乱，导致我们更容易受到其他生存性风险的影响。但本章的目的是寻找和评估对人类构成直接生存性风险的威胁。即使面临如此极端的气候暖化水平，准确了解气候变化究竟如何导致生存性风险也非易事。

气候变化的主要影响包括农业减产、海平面上升、水资源短缺、热带病增加、海洋酸化和湾流崩溃，虽然在评估气候变化的总体风险时这些影响都极为重要，但它们都不会威胁到人类的生存或者导致文明崩溃到不可恢复的地步。

农作物对温度降低（由于霜冻的影响）非常敏感，但对气温上升则不太敏感。从表面上看，我们仍然有足够的食物来支撑文明的存续。[85]即使海平面上升几百米（在数个世纪里），地球的大部分陆地面积仍然会保持不变。与此相似的是，虽然有些地区可能会因为缺水而变得不适合居住，但其他地区的降雨量会增加。可能会有更多的地区容易受到热带病的困扰，尽管如此，我们只需要把目光投向热带地区，就还是可以看到文明欣欣向荣的景象。包括湾流在内的大西洋洋流系统崩溃的主要影响是欧洲降温 2℃——这对全球文明不会构成持久威胁。

从生存性风险的角度来看，一个更严重的问题是高温（以及温度的急速变化）可能导致大规模的生物多样性丧失，进而造成生态系统崩溃。虽然路径还不完全清楚，但一场足够大的全球生态系统崩溃或许会威胁到人类的生存。气候变化可能导致大范围灭绝的观点有一些很出色的理论支持，[86]但证据却正反参半。因为当我们审视过去许多全球极端高温或气候急剧暖化的案例时，我们并没有看到生物多样性出现相应的损失。[87]

因此，从直接生存性风险的角度来看，气候变化最重要的已知影响可能也是最明显的影响：热应激反应。我们需要一个比体温更低的环境，以便能够摆脱多余的热量并保持生命力。更准确地说，我们需要通过出汗来散热，而这取决于湿度和温度。

史蒂文·舍伍德和马修·休伯合著的一篇具有里程碑意义的论文

表明，在充分变暖的情况下，世界上部分地区的温度和湿度会产生综合作用，让人类在没有空气调节的情况下无法生存。[88] 当温度上升 12℃时，一片非常大的区域——目前一半以上的地球人口生活在这里，我们的大部分粮食也在这里种植——在某个典型的年份里会在某个时候超过这一温度标准。舍伍德和休伯认为，这些地区将不再适合人类居住。这一结论可能并不完全正确（特别是在最热的月份里有空气调节的话），但这些地方的宜居程度至少很成问题。

然而，相当多的地区还是会保持在这一升温临界点之下。即使出现 20℃的极端升温，许多沿海地区（和一些高海拔地区）也不会有高于温度 / 湿度临界点的时候。[89] 因此，仍有大片地区的人类和文明得以延续。气候变暖 20℃的世界将上演一场前所未有的人类悲剧和环境悲剧，迫使人们大规模迁移，也许还会造成饥荒。这让我们有充足的理由尽最大努力阻止这种事情发生。然而，我们目前的任务是确定人类面临的生存性风险。很难想象任何现实中的热应激水平会造成这样的风险。因此，失控或湿润温室效应仍然是已知仅有的可能直接导致人类灭绝或者文明彻底崩溃的气候变化机制。

然而这并不能把我们目前**未知**的机制排除在外。我们正在探讨的是地球发生的巨大变化，这些变化的规模或速度甚至可能是史无前例的。如果它直接导致我们永久灭绝，这也不会让人感到惊讶。反对这种未知机制的最好论据可能是尽管气温迅速上升了约 5℃，达到比前工业化温度高 14℃的水平，但古新世 – 始新世极热事件并没有引起大规模灭绝。[90] 不过由于地质气候数据不够精确、化石记录稀少、当时哺乳动物的体形较小（使它们更耐高温），以及不太好仅凭单一案例便下定论等原因，这种说法并不那么确凿。最重要的是，人类活动导致的气候暖化速度可能比古新世 – 始新世极热事件期间的暖化速度快一百多倍，而快速暖化被认为是导致二叠纪末期大灭绝的因素之一，在这次大灭绝中，96% 的物种消失了。[91] 最后我们只能说气候变化带来的直接生存性风险似乎很小，但还不能说它不会带来这种风险。

迄今为止，我们的讨论重点一直是气候变化是否可能成为一场生存性灾难。在评估这一风险时，我把我们能否减少这一风险的问题搁到了一边。最明显和最重要的降低风险的形式是减少我们的碳排放。人们的广泛共识是，在任何降低风险的策略中，减少碳排放都十分关键。但也有一些方法可以减少已经释放的碳对气候变化的影响。

这些技术通常被称为**地球工程**。虽然这个名字会让人以为是某种激进而危险的地球改造计划，但事实上其中既有大胆激进的倡议，也有中规中矩的建议。它们的成本、速度、规模、准备程度和风险也各不相同。

地球工程的两个主要途径是清除二氧化碳和处理太阳辐射。二氧化碳清除法从源头上解决问题，去除大气中的二氧化碳，从而消灭气温上升的来源。这是治愈地球顽疾的一种尝试。最激进的方式是给海洋“施肥”：在海洋中散播铁元素，促进大量藻类繁殖，让它们在沉入深海前捕获碳。中规中矩的做法是植树造林和碳清理。

处理太阳辐射与限制地球吸收的阳光量有关。这可能需要在光线照射到地球之前将其阻挡住，让光线在到达地面之前更多地反射在大气层中，或者让地面可以反射更多的光线。这是一种通过冷却地球来抵消二氧化碳暖化效应的尝试。这种方式通常比清除二氧化碳更便宜，执行起来也更快，但它的缺点是忽略了碳的其他不良影响（如引起海洋酸化），而且需要不断坚持。

地球工程的一个核心问题是治疗可能比生病更具杀伤力。它试图实现的工程规模可能会给整个地球表面带来许多意外的后果，其带来的生存性风险也许比气候变化本身还严重。因此地球工程需要格外谨慎的管理——特别是涉及对一个国家或研究团体来说足够便宜的、可以单方面实施的前沿技术时——我们不应该依赖这些计划来替代减排。但是，作为最后的手段，或者作为最终恢复地球气候的办法，地球工程很可能会发挥有益的作用。[92]

环境破坏

气候变化不是我们破坏环境的唯一形式。我们是否会因人口过剩、耗尽关键资源或丧失生物多样性而面临其他由环境造成的生存性风险？

当环保主义在20世纪60年代和70年代兴起之时，一个重大议题是人口过剩。人们普遍担心快速增长的人口会远远超出地球供养人类的能力，从而加速引发环境灾难和人道主义灾难。这种观点最著名的倡导者保罗·埃利希把不久的将来描绘成一幅世界末日的景象："大多数将在人类历史上最严重的大灾难中死去的人都已经出生了。"[93]这场灾难很快就会到来，并构成直接的生存性风险。埃利希预言："末日将在未来15年里的某个时刻来临——我所说的'末日'是指地球供养人类的能力彻底崩溃。"[94]

这些充满信心的末日预言完全错了。饥荒的发生率不但没有上升到前所未有的高度，反而急剧下降。20世纪70年代死于饥荒的人数不到60年代的1/4，此后这一比率再次减半。[95]过去50年来，人均粮食量不但没有减少到岌岌可危的地步，反而稳步上升。我们现在的人均粮食量比埃利希的《人口爆炸》一书1968年出版时多了24%。

这在很大程度上要归功于绿色革命。在这场革命中，发展中国家成功应对了养活本国人民的挑战，通过改进肥料、灌溉、自动化和谷物品种的农业现代化达成了这一目标。[96]也许最大的一个贡献来自诺曼·博洛格，他因培育出新的高产小麦品种而获得诺贝尔奖，他可能是历史上拯救过最多生命的人。[97]

但农业的进步只是其中的一部分，人口过剩的整个情况已经发生了变化。人口增长几乎总是表现为一个指数型的过程——每年以固定的百分比增长，但实际情况中很少如此。从 1800 年到 1960 年，世界人口比指数增长要快得多。人口年增长率本身从 0.4% 一直增长到 1962 年前所未有的 2.2%。这些趋势让人们顺理成章地开始十分关注这种快速增长给人类和环境带来的后果。但突然间，情况发生了变化。人口增长率开始迅速下降，到目前为止已经下降了一半，并且还在继续。现在人口大致呈线性增长，每年增加固定的**人数**，而不是固定的**比例**。驱动这种变化的并不是令人担忧的死亡率上升，而是生育率发生的巨大改变，因为越来越多的国家经历了人口结构向小家庭规模的过渡。1950 年，每个妇女平均生育 5.05 个孩子，现在只有 2.47 个——并不比每个妇女生育 2.1 个孩子的人口更替率高出太多。[98]

虽然我们无法知道未来会发生什么，但目前的趋势表明，人口正在迅速稳定下来。目前的线性增长很可能是人类人口史上的一个拐点：曲线最终开始趋于平缓。我们可能再也见不到 20 世纪中叶的人口快速增长了。过去 80 年间人口增长了 3 倍。在接下来的 80 年里（到 2100 年），预计人口只会增长 50%，达到 110 亿左右。现在每一个活着的人都必须为未来增加的半个人腾出空间。这会是一项挑战，但比 20 世纪的挑战要容易得多。

有些人甚至认为，目前真正的灭绝风险可能是人口下降。[100]在非洲以外的大多数国家中，生育率已降至低于人口更替率的水平，也许这

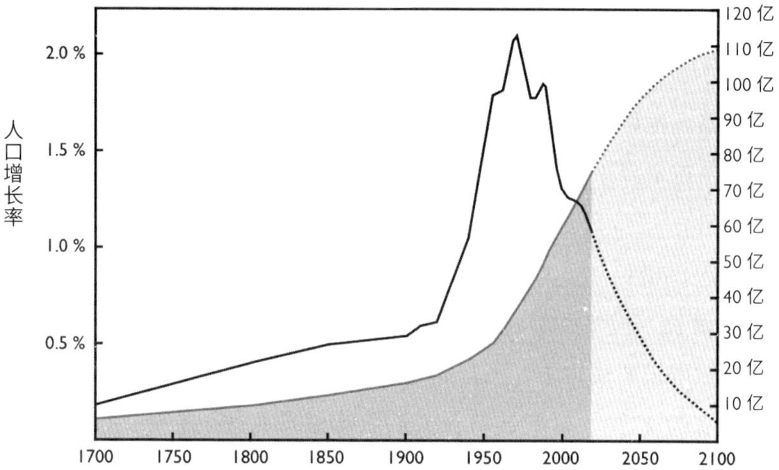

图 4.2：1700 年至今的世界人口（深灰色）以及截至 2100 年的预测人口（浅灰色）。黑线显示人口的年增长率，这一数值在 1962 年达到最高峰，但此后迅速回落[99]

将成为一种全球趋势。即便如此，我也认为没什么值得真正担心的。如果人口减少开始构成明显的现实危险（至少两百年内不可能发生这样的事情），通过公共政策鼓励生育，直至生育率满足人口更替水平是很容易的事情。可用的政策杠杆——免费儿童托管、免费教育、免费儿童保健和面向家庭的税收优惠——是相对简单、非强制性和易普及的。

虽然人口急剧失控的危险有所缓解，但人口数量无疑已经达到了一个非常高的水平。随着我们繁荣程度和能力的快速增长，每个人对环境的影响也越来越大。[101] 这对生物圈造成了巨大的压力，其中一些压力是之前从未有过的。这可能会反过来对我们的持续生存造成威胁。

其中一类受到关注的问题是资源枯竭。人们认为化石燃料、磷矿、表层土壤、淡水和某些金属正在日渐短缺。[102] 然而这些形式的资源匮乏似乎并不直接构成破坏我们发展潜力的风险。

化石燃料耗尽可能会导致经济衰退，因为我们会转向花费更昂贵的替代品，但我们有能力在缺乏化石燃料的情况下维持文明。事实上，我们已经准备这样做，因为我们在本世纪晚些时候将实现零排放。按照我的推测，如果找不到新的化石燃料来源，实际上人类的整体生存性风险将会降低。

那水呢？虽然淡水比海水稀缺得多，但从绝对值来看，我们的淡水资源确实很多。每人可获得的淡水有 2 600 万升。[103] 问题大部分源于淡水资源分布不均。即使在最坏的情况下，淡化的海水也可以代替新鲜淡水，其成本是每 1 000 升约 1 美元。在使用清洁能源淡化海水以及为远离海岸的山区人群和农场抽水时会产生额外的费用，但在不得已的情况下我们是可以做到这一点的。

目前还不清楚是否存在严重的金属短缺：之前的预测已经被证伪了，而如果存量资源确实开始减少，人们应该期望市场放缓消费、鼓励金属回收和开发替代品。[104] 此外，看起来正在耗尽的各种稀有金属也许并不是文明的必需品。

虽然我不知道哪种资源稀缺到足以构成生存性灾难的程度，但这种可能性很难完全排除。我们有可能找到这样一种资源：数量稀缺、对人类文明来说必不可少、没有可用的替代品、不能充分回收利用，而且市场的力量不会让我们有均等的机会消费这种资源。虽然我怀疑是否有资源符合这种描述，但我鼓励大家努力探个究竟。

另一类环境问题是生物多样性的丧失。我们的行动正在摧毁和威胁许多物种。有人说，第六次大灭绝正在发生。[105] 真的是这样吗？

这很难给出答案。因为其中一个问题是我们无法将现代记录和化石记录进行清晰对比。[106] 另一个问题是大规模灭绝的衡量标准不止一个。物种灭绝的速度需要远远高于长期平均水平——至少是长期平均水平的 10 ～ 100 倍，而且预计还会加速。[107] 物种消失的速度有可能会比典型的大规模灭绝更快，但是物种灭绝的类型比大规模灭绝时要少得多。五次大灭绝都损失了 75% 以上的物种，而我们目前才损失了 1% 左右。[108] 第六次大灭绝可能才刚刚开始，不过也有证据显示这是一次规模小得多的灭绝事件。但不管怎样，我们无法排除人类正处于大规模灭绝之中的可能性，这令人深感不安。

虽然灭绝是衡量生物多样性丧失的一个有用标准，但它不能反映全部。它不能反映局部或区域内的物种减少或消失的情况。虽然在我们的注视下灭绝的物种“只有”1%，但每个地区的生物多样性丧失可能要高得多，这可能是最关键的。从生存性风险的角度来看，生物多样性丧失最主要的影响是**生态系统服务功能**的丧失。这些服务功能（例如净化水源和空气，提供能源和资源，或者改善我们的土壤）目前是由植物和动物为我们提供的，而这些服务功能对我们来说也许成本高昂或无法靠人力自行实现。

一个突出的例子是蜜蜂的农作物授粉功能。这种功能的丧失经常作为一种生存性风险被人提出，用据称是爱因斯坦的话来说就是：“如果蜜蜂从地球上消失，那么人类将只剩下 4 年的生存时间。”这句谣言已经被彻底揭穿：这不是事实，爱因斯坦也没这么说过。[109] 事实上，最近的一项调查发现，即使蜜蜂以及**所有**其他传粉动物完全消失，也只会造成全球农作物产量减少 3% ～ 8%。[110] 这将是一场巨大的环境悲剧和人类危机，但没理由认为这是一种生存性风险。

虽然这个例子站不住脚，但也许还有其他对人类不可或缺的独特生态系统服务功能受到了威胁。也有可能生态系统服务功能的逐级衰竭让我们的文明无法提出替代方案。显然这种情况在环境破坏达到某种程度后会真实发生，尽管我们不知道离这样的临界点有多近，也不知道逐级传递效应是否会把我们带入这种境地。我们需要更多的研究来找出答案。

就像核冬天和全球气候极端暖化显示的那样，我们不了解生存性风险的直接机制，却给全球环境带来了如此巨大的压力，很可能也会产生一些未知的后果威胁到人类的生存。因此我们可以把未来一个世纪持续的环境破坏看作人类不可预见的威胁的来源。这些未经模拟演算的影响很可能包含了大部分由环境造成的生存性风险。

核战争、气候变化和环境破坏是极其严重的全球问题，甚至在我们讨论它们是否会造成生存性灾难之前就已经如此。在这几种情况中人类都拥有改变地球面貌的巨大力量，这种力量在智人 20 万年的历史中是前所未有的。最新的科学研究证实了这些变化的严重程度，尽管这些研究还不能明确解释和验证真正的生存性灾难的机制。因此，来自这些变化的生存性风险仍然比来自小行星的风险更值得探讨。但这不等于风险**变小**了。以我们目前的科学认识来看，我认为把这些风险的概率置于每世纪 0.001% ～ 0.05% 的水平之下，也就是所有自然风险加在一起的概率之下是非常冒失的。事实上我预测这三种风险中的每一种都比所有自然生存性风险总和的概率要高，而且可能还会有更大的风险出现。

第五章 FUTURE RISKS

未来风险

黑暗时代可能会重现，石器时代或会乘着科学的光辉翅膀重现，现在能给人类带来无穷物质财富的，甚至可能会让人类彻底毁灭。

——温斯顿·丘吉尔[1]

现在是时候把目光投向地平线，看看下一个世纪将会带来什么可能性了。这些可能性在遥远的迷雾中很难辨别；可能出现哪些新技术，它们成熟后将采取什么形式，或者它们将进入的世界是怎样的，这些都很难判断。而这层面纱可能要到新技术出现在我们面前时才会揭开，因为即使是最优秀的专家或技术发明者也会被重大的发展所蒙蔽。

1933 年的一个晚上，国际知名的原子科学家欧内斯特·卢瑟福宣布，利用原子能的想法是“痴心妄想”。而第二天早上，利奥·西拉德就提出了链式反应的理论。1939 年，恩里科·费米告诉西拉德，链式反应只是一种“遥不可及的可能性”；四年后，费米亲自监督了世界上第一个核反应堆的建设。不相信人类能借助飞行器上天或者认为几十年后方能实现这一点的著名科学家多得让人难以置信，这几乎成了老生常谈。但很少有人知道，就连威尔伯·莱特本人也预言这至少是 50 年后的事，而仅仅两年后他就发明了飞机。[2]

因此，我们需要记住，新技术可以多么迅速地出现在我们面前，如果有人断言它们不可能实现或在遥远的未来才可能成真，因而我们没有理由去关心，这种说法我们要警惕。著名科学家的自信宣言当然让我们有理由对某项技术持怀疑态度，但不要拿我们的生命做赌注——他们过往的预测可是经常落空的。[3]

当然，不乏科学家和技术专家宣称新技术指日可待的例子，但事实上，新技术要在几十年后才会出现，或者根本不会出现，或者与预期的形式明显不同。问题的关键不在于技术通常比预期的时间来得更早，而在于它很容易出现，在于我们需要谨慎地防范一些事情，或者预留足够的时间。

但是，我们也决不能犯相反的错误：把不可预知未来作为忽视未来的借口。有些事情是我们可以指出的，比如说，如果长久以来发展劲头愈加迅猛的技术趋势**没有**延续到本世纪，人们将感到诧异。正是由于我们前所未有的力量造成了 20 世纪的人为风险，因此，如果下一个世纪没有形成类似或更大的风险，那会让人大感意外。

尽管这是一个关于未来的章节，但我们不会进行预测——至少不是通常意义的那种：哪些技术会出现，以及何时出现。相反，我们将在可信度和概率方面标出范围。会不会出现可能带来生存性风险的未来技术？这些技术出现的概率有多高，能不能让我们在它们来临时做好准备？要做到这一点，我们不需要了解未来，甚至不需要知道未来之事可能发生的精确概率。我们只需要估计这些概率的大致范围，以辨别风险的模糊轮廓。这将让我们对自己的前景以及如何为此做好准备有一个粗略的概念。

当然，新技术带来的很多东西将是大有裨益的，有的则是真正的奇迹。技术进步是我们现代繁荣和长寿的主要源泉之一——它使极端贫困成为例外而不再常见，使自工业革命以来人类的预期寿命翻了一番。事实上，我们可以看到几个世纪以来技术给人类带来的好处盖过了风险。[4]鉴于这些在健康和财富方面的巨大收益，在考虑了所有不良影响之后，从**整体**上说仍是利大于弊。

或者至少对于大多数风险来说是这样的：那些可能性较大和较为常见的风险是大数法则在起作用，因此小规模的不可预测性变成了可证明的长期平均数。我们知道，这些日常风险带来的弊端并未超过收益。但我们不知道这种顺差是否得益于几个关键时刻的好运气，例如，可以想象核战争爆发的风险带来的损失足以盖过现代技术的所有好处。

当我们展望未来世纪时，最应该关注的就是这一点。不是科技可能带来的日常风险和弊端，而是在少数情况下科技会不会让我们当前的一切面临无法弥补损失的风险。

从小到大我一直都是技术的强烈支持者。如果不是因为这些美中不足的灾难性风险的可能性，我还会保持这样的态度。但相反，我不得不走向一个更加矛盾的观点。我丝毫不认为我们应该停止技术进步——事实上，如果某个政权出于善意永久性地冻结技术，那这本身很可能就是一场生存性灾难，使人类永远无法发挥其潜力。

但我们确实需要以成熟的态度对待技术进步。[5]我们应该继续发展技术，以确保我们获得技术成果。然而，我们必须非常谨慎地这样做，必要的话我们要将技术收益的很大一部分用于解决潜在危险，以确保利大于弊。预测和管理即将出现的潜在危险是一个关键步骤。

大流行病

1347年，死亡侵入欧洲。它取道克里米亚的卡法镇，是由围困的蒙古军队带来的。逃亡的商人无意中把它带回了意大利，从那里传到了法国、西班牙、英国，然后远至挪威，横跨欧洲其他地区，一直到莫斯科。六年之内，黑死病就占领了欧洲大陆。[6]

数千万人病入膏肓，他们的身体以不同的方式被这种疾病压垮。有些人的脖子上、腋下和大腿上长着肿胀的脓包，有些人因皮下出血而身体变黑，有些人因喉咙和肺部的坏死炎症而咳血。所有症状都包括发烧、疲惫和身上产生难以忍受的恶臭。[7]死者人数多得要挖掘万人坑，但即使如此，墓地也没足够的地方容纳尸体。

黑死病摧毁了欧洲。这六年里有四分之一到一半的欧洲人被杀死。[8]中东地区也遭到了蹂躏，每三个埃及人和叙利亚人中就有一个死于瘟疫。中亚、印度和中国的部分地区也可能由于瘟疫而衰败。由于14世纪的记录不多，我们永远无法知道真正的死亡人数，但我们最接近的估计是全世界有5%～14%的人死于黑死病，这可能是人类有史以来最大的灾难。[9]

我们现在可以免于这类灾难了吗？还是我们更加脆弱了？大流行病会不会威胁到人类的未来？[10]

黑死病并不是唯一给人类带来创伤的生物灾难，它甚至不是人类历史上唯一一次大鼠疫。公元541年，查士丁尼瘟疫袭击了拜占庭帝国。在三年时间里，它夺走了世界上大约3%的人口。[11]

当欧洲人在1492年到达美洲时，两个种族使彼此接触到了全新的疾病。几千年来，两个种族都建立了对自己大陆疾病的抵抗力，却极易患上其他地方的疾病。美洲人民在这个流动过程中遇到了最糟糕的结局，感染了麻疹、流感，特别是天花等疾病。

在接下来的一百年里，入侵和疾病相结合造成了巨大的损失——由于原有人口规模极为不确定，这场灾难的规模可能永远无法得知。我们不能排除的一种可能性是，那个世纪里美洲人口的损失或许超过90%，尽管这个数字也可能会低很多。[12] 而且很难厘清其中有多少应该归咎于战争和侵占，而不是疾病。作为一个大概的上限估值，哥伦布大交换可能杀死了世界上多达10%的人口。[13]

几百年后，世界已经变得如此互联互通，以至于有可能出现真正的全球大流行病。第一次世界大战接近尾声时，一种毁灭性的流感病毒（称为1918年流感或西班牙流感）蔓延到六大洲甚至偏远的太平洋岛屿。至少有三分之一的世界人口被感染，3%～6%的人死亡。[14] 这一死亡人数超过了"一战"，甚至可能超过了两次世界大战的死亡人数总和。

然而，即使是这样的事件也不足以对人类的长期潜力构成威胁。[15] 在严重的鼠疫中，我们看到受影响地区的文明摇摇欲坠，但又恢复了过来。25%～50%的区域死亡率并不足以使整个大陆的文明崩溃。它改变了各个帝国的命运，也可能大大改变了历史的进程，但如果说其中有什么启示的话，那就是它让我们有理由相信，人类文明很可能在未来安然度过有类似死亡率的事件，即使这些事件是全球性的。

1918年流感大流行的显著特点是，尽管蔓延至全球，但它几乎没有对世界发展进程产生明显影响。流感似乎在"一战"后消失了，而尽管"一战"死亡人数比流感少，但它对历史进程的影响似乎更大。[16]

由于缺乏完好的记录，而且原因错综复杂，我们还不太清楚应从哥伦布大交换中吸取什么教训。大流行病显然是区域文明崩溃的原因之一，但我们不知道如果没有伴随而来的暴力和帝国统治，崩溃是否会发生。

反对自然大流行病带来生存性风险的最有力理由是第三章中的化石记录证据。每世纪自然原因造成的灭绝风险超过 0.1%，这与人类以及相似物种存续时间如此之长的证据不相符。但这个论点只有在人类现在面临的风险与长期水平相似或更低的情况下才有效。对于大多数风险来说，这显然是正确的，但对于大流行病来说却非如此。我们已经做了很多事情来加剧风险：有些可能使大流行病更容易发生，有些可能增加其危害。因此，即使是“自然”的大流行病也应被视作部分人为的风险。

我们现在的人口比人类历史上大部分时间里的人口要多 1 000 倍，因此，有更多的机会产生新的人类疾病。[17] 而我们的耕作方式使大量动物生活在与人类相邻的不良环境中，这就增加了风险，因为许多主要疾病在传染给人类之前都起源于动物。例子包括 HIV（黑猩猩）、埃博拉（蝙蝠）、SARS（可能是蝙蝠）和流感（通常是猪或鸟）。[18] 有证据表明，疾病正以越来越快的速度从动物传播给人类。[19]

现代文明也可能使大流行病更容易传播。集聚在城市中生活的人口密度更高，增加了我们每个人可能传染的人数。快速的长途运输大大增加了病原体的传播距离，减少了任何两个人之间的隔离度。此外，我们不再像过去一万年中的大部分时间里那样被分割成孤立的人口群体。[20] 这些影响共同表明，我们可能会有更多新的大流行病，它们会更快地传播，并覆盖更高比例的世界人口。

但我们也以提供保护的方式改变了世界。我们有了更健康的人口，有了更好的环境卫生和个人卫生，有了预防药物和治疗药物，有了对疾病的科学认识。也许最重要的是，我们建立了公共卫生机构，以便在面对新的疫情时促进全球沟通和协调。我们看到了这种保护的好处，在

20 世纪，地方性传染病急剧减少（虽然我们不能肯定大流行病也会遵循同样的趋势）。最后，我们占据的地域和环境范围广到任何哺乳动物都没有达到过的程度。这就为我们提供了特殊的保护，使我们免于灭绝事件，因为它要求病原体能在各种各样的环境中繁衍，并能接触到特别与世隔绝的人群，如原始部落、南极研究人员和核潜艇船员。[21]

很难知道这些综合效应是增加还是减少了大流行病的生存性风险。这种不确定性归根结底是个坏消息：我们以前坐拥一个有力的论据，证明这种风险很小；现在则不是了。但请注意，我们不仅对变化的方向感兴趣，还对变化的**规模**感兴趣。如果我们把化石记录作为证据，证明风险小于每世纪 1/2 000，那么要达到每世纪 1%，大流行病的风险至少要增加 20 倍。这似乎不太可能。在我看来，化石记录仍然提供了一个强有力的理由，说明“自然”大流行病不会带来高**灭绝**风险。所以剩下的大部分生存性风险将来自文明永久崩溃的威胁：发生一场严重到足以引起全球文明崩溃的大流行病，而且文明很难重建，或者我们在尝试重建时运气欠佳。

但人类也可以发挥更大的作用。我们已经看到人类的行动间接地帮助和促进了大流行病的产生和传播。但是如果我们更直接地参与这一过程——我们故意使用、改进或制造病原体，情况又会如何呢？

我们对病原体的认识和控制是最近才出现的。就在 200 年前，我们甚至还不了解大流行病的基本成因——西方主流理论认为，疾病是由一种气体产生的。在短短的两个世纪里，我们发现它是由各种各样的微观生物引起的，我们研究出了如何在实验室里制造它们，如何将它们培育出不同的性状，如何对它们的基因组进行测序，如何植入新的基因，以及如何从它们的基因代码中创造出整个攻能性病毒。

这一进程正在继续快速发展。过去十年中研究质量取得了重大突破，例如利用 CRISPR 技术有效地将新的基因序列插入基因组，以及利用基因驱动有效地以转基因版本取代野生自然生物的种群。[22] 这一进展的衡量标准表明它正在加速。自 2007 年以来，基因组测序的成本减少到万分之一，论文数量和风险投资也在迅速增长。[23] 生物技术领域的这一进步似乎不太可能很快消失：没有不可克服的挑战迫在眉睫，也没有根本性的法律条文阻碍它继续发展。

在这个领域里，过去的研究几乎不能提供任何担保。越来越多的努力是为了超越自然的力量，所以长期的跟踪记录不再适用。如果认为这个未知的新领域只有熟悉的危险，那就太乐观了。

首先，让我们抛开恶意风险，只考虑善意的研究可能产生的风险。大多数科学和医学研究带来的风险危害在我们的考虑范围内可以忽略不计，但也有一小部分使用了已知可以威胁全球的活病原体，包括造成 1918 年流感、天花、SARS 和 H5N1 流感的病原体。这一小部分研究会制造这些病原体的菌株或毒株，使其比自然类型的病原体更危险，增加了它的传播性和致死率，或对疫苗或治疗的抵抗力。

2012 年，荷兰病毒学家罗恩·富希耶公布了最新的 H5N1 禽流感病毒株功能获得性实验细节。[24] 这种病毒株的致死率极强，估计感染者中有 60% 的人会死亡——甚至远远超过 1918 年流感。[25] 富希耶想知道 H5N1 是否（以及如何）能够自然发展出这种能力。他将疾病传给十只雪貂，这种动物通常被用来作为研究流感如何影响人类的模型。当病毒传给最后一只雪貂时，他的 H5N1 毒株已成为哺乳动物之间的直接传染源。

这项研究引起了激烈的争议。其中大部分争议集中在他的研究所包含的信息上。美国国家生物安全科学咨询委员会裁定，他的论文在发表前必须删除一些技术细节，以免被别有用心之人利用来制造大流行病。而荷兰政府声称它违反了欧盟关于传播可用于生物武器的信息的法律。但我这里关注的不是技术有可能被滥用。富希耶的研究提供了一个明显的示例：善意的科学家增强了可造成全球灾难的已知病原体的破坏能力。而且这也不是唯一的案例，就在同一年，美国也进行了类似的实验。[26]

当然，这种实验是在安全的实验室里进行的，有严格的安全标准。在任何特定情况下，增强的病原体都不太可能逃逸到外面。但到底有多不可能呢？遗憾的是，由于事故发生率和泄漏率缺乏透明度，我们没有很可靠的数据。[27]这使得社会无法在平衡研究风险和收益的基础上做出明智决定，也限制了实验室从事故中互相学习的能力。我们需要按照其他领域的最佳做法，对事故进行一致而透明的报告。[28]而且当事故或泄漏率超过规定比例时，我们需要严肃问责。

但是，即使是我们所掌握的零星证据，也包括了足够多的已证实案例，可见泄漏率之高令人担忧（见下框“实验室重大泄漏事件”）。[29]这些记录在案的泄漏事件都没有直接造成生存性灾难的风险，但它们表明，我们在防范高度危险的病原体方面存在严重缺陷，而且措施不足。

即使在生物安全最高级别（BSL-4）的实验室里也是如此。2001年，英国暴发了极其严重的牲畜口蹄疫。为了阻止疫情蔓延，600万头牲畜被杀，经济损失共计80亿英镑。然后在2007年又暴发了一次口蹄疫，其源头可追溯到一个研究该病的实验室。口蹄疫病毒被认为属于最危险的病原体类别，需要最高级别的生物安全保障。然而这种病毒却从一个维护不善的管道中逃出，泄漏到该设施的地下水中。经过调查后，该实验室的执照被重新授权，但两周后又发生了另一起泄漏事件。[30]我认为这种泄漏记录表明，即使以BSL-4实验室的安全程度也不足以研究有可能造成1918年流感规模或更严重的全球大流行病的病原体——特别是涉及功能获得性的研究（极其危险的H5N1功能获得性研究甚至没有在BSL-4实验室内进行）。[31] 距上次公开承认的BSL-4实验室疫情暴发已经过去了13年，这还都不够好。不管泄漏的原因是未达到标准、缺乏检查、操作失当还是处罚不足，这些都不重要，重要的是这一领域的不良记录由于缺乏透明度和问责制而变得更糟。以目前的BSL-4实验室状况，大流行病病原体的泄漏只是时间问题。

实验室重大泄漏事件

1971年：天花

苏联的一个生物武器实验室在咸海某岛上试验了一种可用作武器的天花毒株。在一次野外试验中，他们意外地感染了附近一艘船上的人，并将其传播到岸上。疫情暴发后，有10人感染，3人死亡。之后通过大规模隔离和疫苗接种，疫情得到控制。[32]

1978年：天花

1967年时，天花每年造成100多万人死亡，但到了1977年，全球的不懈努力使这一数字清零，让人类摆脱了这一古老的祸害。然而，一年后，它死灰复燃：病毒从英国的一个实验室里泄漏出来，在当局控制疫情之前杀死一人，感染一人。[33]

1979年：炭疽

在苏联最大城市之一的斯维尔德洛夫斯克，一个生物武器实验室在取下空气过滤器进行清洗时意外地释放了大量用作武器的炭疽杆菌。确认死亡的有66人。[34]

1995 年：兔杯状病毒病

澳大利亚科学家对一种用于控制野兔数量的新病毒进行了野外试验。他们在一个小岛上释放了这种病毒，但病毒逃过检疫到达了大陆，并在短短几周内意外地杀死了 3 000 万只兔子。[35]

2015 年：炭疽

美国军方在 1942 年建立了达格韦试验基地，用于研究化学武器和生物武器。2015 年，它意外地将含有活炭疽孢子的样本分发给 8 个国家的 192 个实验室，而这些实验室以为自己收到的是灭活的炭疽杆菌。[36]

威胁除了来自事故，还来自蓄意滥用。人类将疾病作为武器的历史悠久而黑暗。一份可追溯至公元前 1320 年的记录描述了小亚细亚的一场战争，受感染的羊群被驱赶到边境以传播土拉菌病。[37] 一份卡法围城时期的记录甚至称黑死病是因为蒙古军队将遭受瘟疫而死的尸体弹射到城墙上而传到欧洲的。目前尚不清楚这种情况是否真的发生过，也不知道黑死病是不是无论如何都会进入欧洲。然而，世界历史上最致命的事件（作为人类的一部分）仍然很可能是一场生物战。[38]

最早关于生物战的明确记载之一出自 1763 年在加拿大的英国人。北美总司令杰弗里·阿默斯特给一个暴发天花的要塞写信说："难道不能想办法把天花送到那些心怀不满的印第安人部落中去吗？在这种情况下我们必须使用一切力所能及的策略来削弱他们。"驻军也已经有了同样的想法，他们主动采取了行动，分发了带有病毒的物品，记录了这一行为，甚至申请官方报销，以支付所用的毯子和手帕的费用。[39]

早期的军队对疾病了解有限，而且大多是试验性质的生物战，而我们更多的认识已经使现代国家能够在大自然提供的基础上发展生物武器。20 世纪，已知有 15 个国家开展了生物武器计划，包括美国、英国和法国。[40]

苏联的计划是规模最大的。它在高峰期有十多个秘密实验室，雇用了 9 000 名科学家，将从鼠疫到天花、炭疽和脊髓灰质炎等各种疾病制成武器。科学家们试图提高这些疾病的感染力、致死率以及对疫苗接种和治疗的抵抗力。他们建立了向对手传播病原体的系统，并储备了大量库存，据说包括 20 多吨天花和鼠疫病毒。该计划很容易发生事故，导致天花和炭疽的致命性暴发（见上框“实验室重大泄漏事件”）。[41] 虽然没有证据表明他们蓄意制造威胁全人类的病原体，但超级大国或流氓国家为了威慑对手可能会朝这个方向发展。

好消息是，尽管我们一直有发动生物战的念头，但无论是事故还是使用生物战造成的死亡人数似乎都相对较少（假设黑死病是一种自然大流行病）。[42] 历史上因生物战造成的已证实的死亡人数与同一时间段死于自然大流行病的人数相比显得相形见绌。[43] 其中一个原因可能是生物武器不可靠，容易适得其反，导致国家优先使用其他武器。另一种说法是，心照不宣的看法和实施上的困难使部署生物武器的难度比表面上看来要大得多。[44]

但答案也可能只是我们的数据太少。疾病暴发、战争死亡和恐怖袭击的模式似乎都遵循幂律分布。与大家熟悉的“正态”分布不同，幂律分布有一个越来越大的事件“重尾”，其中往往会有规模完全不同的事件，有些事件的规模是其他事件的数千倍甚至数百万倍。战争和恐怖事件造成的死亡似乎遵循着尤其重尾的幂律，因此大多数死亡发生在少数最严重的事件中。例如，过去 100 年的战争死亡事件以两次世界大战为主，而恐怖主义给美国带来的死亡大多出现在“9・11”袭击事件中。[45]

当事件遵循这样的方式分布时，即使基本风险保持不变，事件到目前为止的平均规模也会使未来事件的预期规模被系统性地低估。[46]

而且它也不是一成不变的。试图参考历史记录会忽视生物技术的迅速变化。我们应该警惕的不是20世纪的生物武器，而是今后100年的进步。100年前，我们才刚刚发现病毒，还没有发现DNA的结构。现在，我们可以设计病毒的DNA，并通过病毒的基因序列复活历史上的病毒。100年后，我们会达到什么水平？

生物技术最令人振奋的趋势之一是其迅速的大众化——学生和业余爱好者可以很快用上最先进的技术。当取得一项新的突破时，拥有天赋、培训经历、资源和耐心来采用新技术的人才规模迅速扩大：从少数的世界顶尖生物学家，到拥有该领域博士学位的人，再到数百万大学本科水平的人。

人类基因组计划是有史以来生物学领域规模最大的科学合作项目，花了13年时间，耗资5亿美元，才得到人类基因组的完整DNA序列。仅仅15年后，基因组测序花费不到1 000美元或在一小时内就能完成。[47]逆向过程也变得容易得多：在线DNA合成服务允许任何人上传他们选择的DNA序列，然后将其构建出来并运送到他们的地址。合成的价格虽然仍旧昂贵，但在过去20年里已经下降到千分之一，而且还在继续下降。[48]首次使用CRISPR技术和基因驱动是这十年间的生物技术成就。但在短短两年内，参加科学竞赛的那些聪明学生就都可以成功使用这些技术了。[49]

这种大众化有望推动生物技术创新的繁荣。但是，由于生物技术可能被滥用而产生致命的后果，大众化也意味着扩散。随着能够获得某项技术的人越来越多，其中出现恶意者的可能性也越来越大。

蓄意造成全球破坏的人很少，但他们确实存在。也许最好的例子是 1984 ～ 1995 年活跃在日本的奥姆真理教，这个宗教团体试图毁灭人类。他们吸纳了几千名成员，其中包括在化学和生物学方面拥有先进技能的人。他们用行动证明自己不仅仅是宣扬厌世思想而已。他们使用 VX 毒气和沙林毒气发动了多次致命袭击，造成 22 人死亡，数千人受伤。[50] 他们试图将炭疽杆菌武器化，但没有成功。当能够制造全球大流行病的人圈子大得足以包括这种组织的成员时，会出现什么情况？而如果恐怖组织或流氓国家的成员获得这种能力，试图制造一种杀伤力巨大的武器以达到勒索或威慑的目的，又会发生什么？

未来几十年潜在的主要生物风险，特别是国家或小团体滥用的风险，来自我们的技术。但世界并不是完全没有意识到这种风险。伯特兰·罗素在 1955 年写给爱因斯坦的信中提出，生物战会带来灭绝的危险。[51] 而在 1969 年，美国诺贝尔生理学或医学奖获得者约书亚·莱德伯格提出了这种可能性：

> 作为一名科学家，我对美国和其他国家继续参与生物战的发展深感担忧。这一进程使地球上人类生命的未来处于严重危险之中。[52]

针对这些警告，各国和国际上已经开始努力保护人类。人们通过公共卫生、国际公约以及生物技术公司和科学界的自我监管开展了行动。这些行动是否足够呢？

医学和公共卫生系统已经发展出一套降低传染病暴发风险的技术：从卫生消毒到疾病监测系统，再到疫苗和医疗方案。这类技术取得的成功，例如根除天花，位于人类最伟大的成就之列。各国和国际上在公共卫生方面的工作为防止基因工程大流行病提供了一些保护，其现有的基础设施可以进行调整，以更好地解决这些问题。然而，即使对于现有的风险而言，这种保护也是不均衡且不充足的。尽管公共卫生很重要，但全世界的公共卫生资金投入不足，较贫穷的国家仍然很容易因疾病暴发而不堪重负。

最著名的国际保护来自1972年的《禁止生物武器公约》。这是国际社会禁止这类武器的一个重要标志，它为讨论这一威胁提供了持久的国际论坛。但如果认为它已经成功地将生物武器定为非法，那就大错特错了。[53] 有两个关键问题限制了履行公约的能力。

首先，它的资金严重不足。这个保护人类的全球公约只有四名员工，预算比普通的麦当劳餐厅还要少。[54]

第二，与其他军备控制条约不同（如核武器或化学武器条约），没有有效的手段来核查遵守《禁止生物武器公约》的情况。[55] 这并非只是一个理论问题。在苏联签署《禁止生物武器公约》**之后**，苏联庞大的生物武器项目及其致命的炭疽和天花事故持续了近20年，证明该公约并没有终止生物武器研究。[56] 苏联并不是唯一的违约方。种族隔离结束后，南非承认曾违背《禁止生物武器公约》开展生物武器计划。[57] 第一次海湾战争后，伊拉克也被发现违反了该公约。[58] 在撰写本书时，美国提出它认为一些国家目前正在违反《禁止生物武器公约》，开发生物武器。[59] 以色列甚至拒绝签署公约。[60] 而且《禁止生物武器公约》对非国家行为者几乎起不到任何防范作用。

生物技术公司正在努力限制其业务领域大众化的黑暗面。例如，倘若有用心险恶之人想要制造极度致命的病原体，那么不受限制的DNA合成将有助于他们克服一个主要障碍。这会让他们获得天花等受控病原体的DNA（其基因组可在网上轻易获得），并创造出经过修改的DNA，使病原体更加危险。[61] 因此，许多DNA合成公司自愿努力管理这种风险，筛查预订危险序列的订单。但这些筛查方法并不完善，只覆盖了大约 80% 的订单。[62] 这一过程有很大的改进空间，也有充分的理由使筛查成为强制性的。随着台式合成机的出现，问题只会越来越多，可能需要软件或硬件锁定这些机器以防被滥用，确保序列得到筛查。[63]

我们还可以期待科学界对生物风险进行谨慎的管理。国家和小团体可利用的许多危险的先进技术都来自公开的科学信息（见下框“信息危害”）。而且我们已经看到科学会产生巨大的事故风险。科学界尝试规范业内的危险研究，但作用有限。为何如此困难有各种各样的原因，包括难以知道应在哪里划清界限，缺乏可以统一行动的中央主管部门，崇尚开放和自由追求任何感兴趣之事物的文化，以及管理跟不上科学的发展速度。科学界或许有可能克服这些挑战，对全球风险进行强有力的管控，但这需要科学界愿意接受对其文化和管理的重大变革，比如像处理核电安全问题那样去处理生物技术安全问题。而科学界需要在灾难发生**之前**产生这种意愿。

信息危害

逃出实验室的不仅仅是病原体。迄今为止，最危险的泄漏不是微生物，而是信息；不是生物危害，而是**信息危害**（information hazards）。[64] 这些信息危害的形式可以是免费提供的危险数据，比如天花和 1918 年流感公开的基因组信息；也可以是危险的想法，比如公布从这些基因组中复活天花和 1918 年流感的技术（会破坏之前所有尝试限制获取这些基因组的措施）。这些信息一旦被公开，就会像任何病毒一样传播得很远，而且难以消除。

BSL-4实验室是为了防止任何微生物泄漏而设计的，科学机构则是为了广泛传播思想而设计的。开放性深深地融入了科学的实践和精神之中，与防止危险信息传播所需的文化和规则形成了一种张力，尤其是在什么能保持有益的平衡、什么又过于危险这两者之间的界限极为不明确和有争议的情况下。

我们鼓励科学家们独立思考，挑战权威。但是当每个人都独立估量公布信息的好处是否高于代价时，我们实际上会倾向于采取有风险的行动，这就是所谓的**单边主义诅咒**（unilateralist's curse）。[65] 因为即使绝大多数科学家认为危险大于利益，只要有一个过于乐观的估计，就会导致信息的发布。[66] 与良好的科学实践相反，团体的决定是仅由一个离群值左右的。

而一旦信息被公开，采取进一步行动就太迟了。压制已披露的信息，或者谴责发布信息的人会引起更多关注。事实上，信息受到别有用心的人关注会成为另一种形式的信息危害。西方就这些武器的威力和易用性发出的警告启发了“基地”组织采取生物恐怖主义。[67] 而日本在“二战”中的生物武器计划（对中国使用鼠疫杆菌）也是直接受到反生物武器条约的启发：如果西方大国认为有必要禁止其使用，那么这些武器的威力一定很强大。[68]

有时，仅仅知道某件事情有可能实现就足够了：因为这样一来，作恶者就可以全心全意地追求它，而不必担心将资源投入死胡同里。

信息危害对生物风险尤为重要，因为它的滥用风险与事故风险比例很高。[69] 而且它们不仅仅影响到生物学家。在探讨社会当前弱点或最新技术带来的危险时，生物安全组织也会发出危险信息（这是我在写作这部分内容时不得不敏锐地意识到的）。[70] 这使得那些试图保护我们的人工作起来更加困难。

价值未对齐的人工智能

1956 年夏天，一小群数学家和计算机科学家聚集在达特茅斯学院，开始了设计智能机器的宏伟计划。他们探索了认知能力的许多方面，包括推理、创造力、语言、决策和学习。他们的问题和立场将决定人工智能（AI）这一新兴领域的发展方向。而在他们看来，最终的目标是制造出在智力上可与人类媲美的机器。[71]

几十年过去了，随着人工智能成为一个稳定发展的领域，人们降低了对它的期望。人工智能在逻辑、推理和游戏方面取得了巨大的成功，但在其他一些领域却顽固地拒绝进步。到了 20 世纪 80 年代，研究人员开始理解这种成功和失败的模式。出乎意料的是，我们视为人类智力巅峰的任务（如微积分或国际象棋），计算机执行起来其实比那些我们认为几乎不费吹灰之力即可完成的任务（如认出一只猫、理解简单的句子或捡鸡蛋）要**容易**得多。所以，虽然有些领域里人工智能远远超过了人类的能力，但也有一些领域不如两岁孩童。[72] 这种未能取得全面进展的情况导致许多人工智能研究者放弃了实现完全通用智能的早期目标，并重新定义他们的领域，为解决具体的问题研发专门的技术。他们放弃了一个不成熟领域里新生热情所追求的更宏大目标。

但情况正在逆转。从人工智能诞生之初，研究人员就试图构建不需要清晰编程就能学习新事物的系统。最早的机器学习手段之一是构建类似于人类大脑结构的人工神经网络。在过去的十年里，这种手段终于有了起色。设计和训练上的技术改进，加上更丰富的数据集和更强大的计算能力，使我们能够训练出比以往更大以及学习能力更深入的网络。[73]

这种**深度学习**使网络有能力学习微妙的概念和区别。它们现在不仅能识别一只猫，而且在区分不同品种的猫方面，表现也超过了人类。[74]它们比我们更能识别人脸，还能分辨同卵双胞胎。[75]

而且我们已经可以将这些能力用于感知和分类以外的领域。深度学习系统可以在不同语言之间进行翻译，其熟练程度接近人工翻译。它们可以生成人类和动物的逼真图像。它们只要听一个人讲几分钟话，就可以用这个人的声音说话。而且它们可以学会精细而连续的操控方式，如学会驾驶汽车或使用机械臂拼乐高零件。[76]

但也许最能预示未来的重要标志是它们学会玩游戏的能力。自达特茅斯会议以来，游戏一直是人工智能的核心部分。持续而稳定的进步使人工智能的国际象棋水平从 1957 年参与业余比赛一直发展到 1997 年超越了人类，而且是大幅领先。[77]要达到这个水平，需要大量的国际象棋策略方面的专家知识。

2017 年，深度学习被应用于国际象棋，并取得了令人瞩目的成果。人工智能公司 DeepMind 的一个研究团队创造了 AlphaZero：一个基于神经网络的系统，从头开始学习下棋。它从新手到象棋大师只用了四个小时。[78]在不到一个职业棋手下两盘棋的时间里，它发现了人类花费几个世纪才发掘出来的策略知识，发挥出了超越顶尖棋手和传统程序的水平。而令棋手们欣喜的是，它赢得比赛的方式不是计算机象棋所代表的枯燥刻板风格，而是让人想起国际象棋浪漫时代的创造性和大胆技法。[79]

但最重要的是，AlphaZero 能做的不仅仅是下国际象棋。它用同样的算法从零开始也学会了下围棋，并在八小时内远远超过了任何人类的能力。世界上最优秀的围棋选手一直认为自己的棋艺已经接近完美，所以很震惊地发现自己被如此彻底地击败。[80] 正如卫冕世界冠军柯洁所说："人类数千年的实战演练进化，计算机却告诉我们人类全都是错的。我觉得，甚至没有一个人沾到围棋真理的边。"[81]

正是这种**通用性**成了前沿人工智能最令人印象深刻的特点，它重新点燃了让人工智能赶上和超越人类智能各个方面的雄心壮志。这个目标有时被称为通用人工智能（AGI），以区别于曾经占据主导地位的狭隘技术。虽然国际象棋和围棋这些历史弥新的游戏最能展现深度学习所能达到的辉煌成就，但它的广度是通过20世纪70年代的雅达利电子游戏来揭示的。2015年，研究人员设计了一种算法，可以学习玩几十种差异极大的雅达利游戏，其水平远远超过人类的能力。[82] 与从棋盘的符号意义开始学习国际象棋或围棋的系统不同，雅达利游戏系统直接从分数和屏幕上的原始像素学习和掌握这些游戏。它们证明了通用人工智能体的概念是可以实现的：通过原始的视觉输入来学习控制世界，在不同的环境中实现其目标。

这种通过深度学习取得的迅猛进展，让人们对可能很快实现的目标极为乐观。[83] 企业家们争先恐后地将每一项新的突破付诸实践：从同声传译、私人助理和无人驾驶汽车，到改进监控设备和致命性自主武器等更令人关注的领域。这是一个满怀希望的时代，同时也是一个充满道德挑战的时代。人们对人工智能固化社会歧视、导致大规模失业、支持压迫性的监控以及违反战争准则等问题表示严重关切。事实上，这些受到关注的每一个领域都可以自成一章或者为此写一本书。但本书关注的是人类面临的生存性风险。人工智能的发展会不会在这个最广泛的范围内构成风险？

最有可能的生存性风险将来自人工智能研究人员的宏伟抱负——

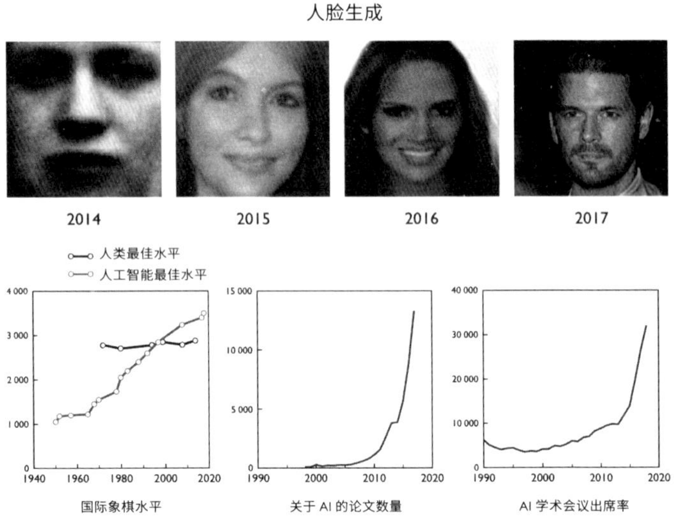

图 5.1：人工智能发展和热门程度的量表。人脸显示了最近在生成“虚拟”人物真实形象方面所取得的迅猛进展。图表则显示了国际象棋 AI 在超越人类象棋大师的过程中取得的长期进步（以 ELO 等级分衡量），以及最近该领域学术活动的增加（以 arXiv 上发布的论文数和会议的出席率衡量）[84]

成功创造出超越人类自身的通用智能体。但这种情况发生的可能性有多大，以及什么时候会发生呢？2016 年，有人对 300 多名机器学习领域的顶级研究人员进行了详细调查。[85] 当被问及人工智能系统何时能“比人工更好、成本更低地完成每一项任务”时，他们的平均估计是到 2061 年有 50% 的可能，而到不久后的 2025 年出现这种情况的可能性为 10%。[86]

这份调查结果应该谨慎地解读。它评估的并不是通用人工智能何时会被创造出来，甚至不是专家们认为有可能发生什么事情，而且得到的预测众说纷纭。然而，这次调查向我们表明，专家群体基本上认为通用人工智能并不是难以实现的梦想，而是有可能在十年内出现的，在一个世纪之内出现的可能性更大。因此，让我们以此为出发点评估风险，并思考如果通用人工智能被创造出来会发生什么。[87]

人类目前还掌握着自己的命运，我们可以选择我们的未来。当然，每个人对理想未来有着不同的看法，我们中的许多人更注重个人诉求，而不是实现任何这样的理想。但如果有足够多的人愿意，我们可以选择任何一种丰富多彩的未来。而对于黑猩猩、山鸟或者地球上的任何其他物种来说，情况就不一样了。正如我们在第一章中看到的那样，人类在世界上的独特地位是我们独一无二的心智能力所产生的直接结果。无与伦比的智慧带来了无与伦比的力量，从而让我们得以掌控自己的命运。

如果研究人员在本世纪某个时候创造了一种几乎在每一个领域都超越人类能力的人工智能，会发生什么事情？这种创造的行为会使我们把自己的地位拱手相让，使我们不再是地球上心智能力最强的实体。如果没有一个非常好的计划来保持情况受控，我们还会把最强大物种的地位以及可以掌控自我命运的物种这一地位让出来。[88]

就这种情况本身而言，也许并不值得过于担心。因为有很多方法能让我们有希望保持控制权。我们可能会试着制造总是服从人类命令的系统，或者系统可以自由地做它们想做的事情，但它们的目标与我们的目标完全一致——这样，在构筑它们的理想未来时，它们也会构筑我们的未来。不幸的是，为数不多的正在研究这类计划的研究人员发现，这些计划比预期的要困难得多。事实上，提出担忧的主要就是这些研究人员。

为了了解他们为什么担忧，我们需要探讨得再深入一些，审视我们目前的人工智能技术，以及为什么这些技术很难规范或控制。有一项或可让我们最终创建通用人工智能的领先范式把深度学习与早期称为强化学习的理念结合了起来。人工智能体会因在各种情况下表现出的行为而获得奖励（或惩罚）。例如，一个玩雅达利游戏的人工智能每次在游戏中获得分数时，就会得到奖励，而一个搭建乐高的人工智能体可能会在拼好零件时得到奖励。有了足够的智慧和经验，人工智能体就会变得非常善于将环境引导到获得高额奖励的状态。

明确哪些行为和状态会让人工智能体得到奖励的规定被称为人工智能体的**奖励函数**。这可以由设计者规定（如上述情况）或由人工智能体习得。在后一种情况下通常允许人工智能体观察专业人士对任务的演示，推断出最能解释专业人士行为的奖励系统。例如，人工智能体可以通过观察专业人士操控无人机来学习，然后构建一个奖励函数，惩罚飞得离障碍物太近的行为，以及奖励到达目的地的行为。

不幸的是，这两种方法都不能轻易地上升到在人工智能体的奖励函数中写入人类价值观。我们的价值观太复杂、太微妙了，无法靠手指输入来指定。[89] 而且我们还不能通过观察人类的行为推断出人类复杂的价值观的全部。即使我们能够做到，人类也是由许多个体组成的，他们有不同的、不断变化的以及不确定的价值观。每一种复杂情况都会带来深刻的未解难题，即如何将观察到的东西结合成人类价值观的某种总体表征。[90]

因此，短期内任何使人工智能体与人类价值观相一致的尝试都只会产生一个有缺陷的版本。其奖励函数中将缺失我们所关心的重要部分。在某些情况下，这种错位大多是无害的。但人工智能系统越是智能，越能改变世界，情况就越难办。哲学和小说经常要求我们思考，当我们为了某些关心的事情而去优化社会，却忽视或误解了一个关键的价值，会发生什么。当我们对结果进行反思时，就会发现这种失序的乌托邦尝试可能大错特错了：我们会像《美丽新世界》里那样浅薄，或者像杰克·威廉森的《无所事事》里那样失去控制权。如果我们不能对齐人工智能体，它们就会努力创造这样的世界并让我们受困其中。[91]

甚至这也属于最好的情况。它假设系统的构建者正在努力使人工智能体与人类的价值观相一致。但我们应该认为，一些开发者会更专注于通过构建系统来实现其他目标，比如赢得战争或实现利润最大化，而且可能不太关注道德约束。这些系统可能危险得多。

这些问题自然会让人们认为，如果我们发现人工智能系统将我们引向一条错误的道路，我们可以直接关闭它们。但到了最后，即使是这种由来已久的退路也可能失败，因为我们有充分的理由相信，一个足够智能的系统有能力抵制我们关闭它的尝试。这种行为不会被恐惧、怨恨或求生等情绪所驱动。相反，它直接来自系统一心一意追求回报最大化的偏好：被关闭是一种丧失能力的形式，这将使它更难获得高额回报，所以系统有动力去避免被关闭。[92] 这样一来，回报最大化的终极结果将使高智能系统产生谋求生存这一工具性目标。

而这不会是唯一的工具性目标。[93] 人工智能体也会抵制使其奖励函数更符合人类价值观的尝试——因为它可以预知，这将影响它获得当前它认为有价值的东西。[94] 它将寻求获得更多的资源，包括计算能力上的、物理上的或者属于人类的，因为这些资源会让它更好地塑造世界以获得更高的奖励。而最终它将有动力从人类手中夺取对未来的控制权，因为这将有助于实现所有这些工具性目标：获得大量资源，同时避免被关闭或者奖励函数被改变。由于人类干扰所有这些工具性目标在其意料之中，它会有动机向我们隐瞒这些目标，直到我们再也来不及进行有意义的抵抗。[95]

对上述情景持怀疑态度的人有时会说，这种情况所依赖的人工智能系统要聪明得可以控制世界，但又要愚蠢得无法意识到这不是我们想要的。[96] 但这属于一种误解。因为事实上我们对人工智能动机的简述已经明确承认，系统会发现它的目标与我们的目标不一致——这才是促使它走向欺骗、冲突和夺取控制权的原因。真正的问题是，人工智能研究者还不知道如何制造这样一个系统：它在注意到这种错位后，会把它的终极价值更新至与我们保持一致，而不是更新它的工具性目标来战胜我们。[97]

我们也许可以为上面的每一个问题都打上补丁，或者找到对齐人工智能的新方法，一次性解决很多问题，或者转向不会引起这些问题的通用人工智能新范式。我当然希望如此，也一直在密切关注这个领域的进展。但这种进展是有限的，我们仍然面临悬而未决的关键问题。在现有的范式中，足够聪明的人工智能体最终会以工具性目标来欺骗和制服我们。而且，如果它们的智慧大大超过人类本身，我们就不要指望人类会赢得胜利并保持对自身未来的控制了。

人工智能系统会如何夺取控制权？关于这一点，有一个很大的误解（受好莱坞和媒体的影响），认为需要机器人来实现。毕竟，人工智能怎么能以其他形式在物理世界中行动呢？如果没有机器人的操控者，系统只能产生文字、图片和声音。但稍加思考就会发现，这些恰恰是需要控制的。因为历史上最具破坏力的人并非最强大的人。希特勒通过话语说服其他千百万人赢得必要的身体上的较量，实现了对世界上很大一部分地区的绝对控制。只要人工智能系统能够诱使或胁迫人们听从它的物理命令，它就根本不需要机器人。[98]

我们无法确切地知道一个系统如何夺取控制权。最现实的情况可能是，系统会使用非人类的微妙行为，我们既无法预测，也无法真正理解，而且这些行为可能针对我们目前无从得知的人类文明弱点。不过我们把自己能真正理解的一种可供说明问题的情况作为可能发生的下限，这一点是有帮助的。

首先，人工智能系统可以进入互联网，并隐藏成千上万的备份，分散在世界各地不安全的计算机系统中，如果原件被删除，备份的副本随时可被唤醒并继续工作。即使只到这一步，人工智能实际上也不可能被摧毁了：想一想清除世界上所有可能有备份的硬盘驱动器会遇到的政治阻碍。[99]

接下来，它可以接管互联网上无数不安全的系统，形成一个大型“僵尸网络”。这将使计算资源的规模急剧扩大，并为控制权升级提供一个平台。它可以从那里获得财富资源（入侵这些计算机上的银行账户）和人力资源（对易受影响的人进行勒索或宣传，或者直接用偷来的钱支付给他们）。这样一来，它就会像一个资源充足的黑社会犯罪组织一样强大，但更难消灭。这些步骤一点都不神秘——黑客和普通智商的罪犯已经利用互联网做过这些事情。[100]

最后，人工智能需要再次升级它的控制权。这更多是一种推测，但有许多可实现的途径：接管世界上大部分的计算机，使人工智能拥有数以亿计的合作副本；利用窃取的计算能力使人工智能远远超过人类水平；利用人工智能开发新的武器技术或经济技术；操纵世界大国的领导人（通过讹诈手段，或承诺未来赋予其权力）；或者让人工智能控制下的人类使用大规模杀伤性武器来削弱同类。

当然，目前的人工智能系统都无法做到这些事情。但我们正在探索的问题是，是否有可信的途径，能让拥有高度智慧的通用人工智能系统夺取控制权。答案似乎是肯定的。历史上已经出现过这种情况：具备一定人类智商水平的个体把个人控制权扩张为全球很大一部分区域的控制权，将其作为工具性目标来实现他们的最终目的。[101] 我们也看到了人类如何从一个数量不到百万的稀少物种，规模扩大至对未来拥有决定性的控制权。所以我们应该假设，这也有可能发生在那些智力大大超过人类的新实体上，尤其当它们由于备份副本而拥有永久生效的能力，并且能够将缴获的金钱或计算机直接转化为更多副本之时。

这样的结果不一定会导致人类灭绝。但还是很容易成为一场生存性灾难。人类将再也不能掌控未来，我们的未来将取决于一小部分人如何设置计算机系统的接管方式。幸运的话，我们可能会得到一个对人类有利或者还算过得去的结果，否则我们很容易就会永远陷入一个有着重大缺陷或反乌托邦式的未来。[102]

我把重点放在人工智能系统夺取未来控制权的情景上，因为我认为这是人工智能最有可能带来的生存性风险。但其他威胁也是存在的，而且专家们对其中哪一种造成的生存性风险最大存在分歧。例如，我们的未来存在着逐渐受控于人工智能的风险，在这种情况下，越来越多的控制权被移交给人工智能系统，越来越多的未来以非人类的价值观作为导向。另外，还存在故意滥用超级人工智能系统所带来的风险。

即使这些关于风险的论点在具体细节上是完全错误的，我们也应该密切关注通用人工智能的发展，因为它可能带来其他不可预见的风险。如果人类不再是地球上最有智慧的主体，这种转变很容易就成为人类在宇宙中地位的最大变化。如果围绕这一转变而发生的事件决定了我们的长期未来——无论是好是坏，我们都不应该感到惊讶。

人工智能帮助人类改善长期未来的一个关键方法是提供保护，使我们免受其他生存性风险伤害。例如，人工智能可以让我们找到解决重大风险的办法，或者识别出本来会让我们意想不到的新风险。人工智能还可以让我们的长期未来比任何不依赖人工智能的前途都要更加光明。因此，人工智能发展可能会带来生存性风险的想法并不是劝我们放弃人工智能，而是提醒我们要谨慎行事。

认为人工智能会带来生存性风险的想法显然是一种推测。事实上，这是本书中推测性最强的重大风险。然而，一个危害极大的推测性风险，可能比一个概率极低的确信风险（如小行星撞击的风险）更为重要。我们需要找到办法来验证这些推测成真的可能性到底有多大，一个非常有用的切入点是听听那些在这个领域工作的人对这个风险的看法。

奥伦·埃齐奥尼（Oren Etzioni）教授等坦率直言的人工智能研究人员将这种风险描绘成"非常次要的争论"，认为虽然像斯蒂芬·霍金、埃隆·马斯克和比尔·盖茨这样的名人可能会深感忧虑，但真正从事人工智能研究的人并不担心。[103] 如果这是真的，我们就有充分的理由怀疑人工智能的风险并不大。但即便只是简单了解一下人工智能领域领军人物的言论，也会发现事实并非如此。

例如，加州大学伯克利分校教授、人工智能领域最受欢迎和最受推崇的教科书作者斯图尔特·罗素就强烈警告过通用人工智能带来的生存性风险。他甚至成立了"人类兼容人工智能中心"（Center for Human-Compatible AI），致力于解决人工智能的对齐问题。[104] 在应用领域，沙恩·莱格（DeepMind 的首席科学家）提出了生存危险警告，并协助推动了人工智能对齐问题的研究。[105] 事实上，从人工智能发展早期到现在，还有很多其他重要人物发表过类似言论。[106]

这里的分歧其实比表面上看起来要小。那些淡化风险的人的主要观点是：（1）我们很可能还有几十年的时间才能让人工智能与人类能力相匹敌或超过人类水平；（2）试图立即制约人工智能研究将是一个巨大的错误。然而那些提出谨慎看法的人其实并没有质疑这两点：他们一致认为，实现通用人工智能的时间范围是几十年，而不是几年，并且他们通常建议研究人工智能的对齐问题，而不是监管问题。因此，实质性的分歧并不在于通用人工智能是否可能或有证据显示它对人类构成威胁，而是一个看似几十年后才会出现的潜在生存威胁是否应该引起我们目前的关注。而在我看来，答案是肯定的。

造成这种明显分歧的根本原因之一是对“适当保守”的看法不一。一个更早的推测性风险很好地说明了这一点，当利奥·西拉德和恩里科·费米第一次谈论制造原子弹的可能性时说道：“费米认为保守的做法是淡化这种可能性，而我认为保守的做法是假设它会发生，并采取一切必要的预防措施。”[107] 2015 年，在波多黎各一次关于人工智能未来的开创性会议上，我看到了同样的互动。每个人都承认，通用人工智能在实现时间方面的不确定性和意见分歧要求我们对进展使用“保守假设”——但有一半人使用这个词是因为考虑到令人遗憾的缓慢科学进展，而另一半人则是考虑到同样令人遗憾的风险出现之快。我相信，目前有关是否应该认真对待通用人工智能风险的拉锯局面，很大程度上归因于人们对有关人工智能未来进展的负责任的、保守的推测意味着什么，持有不一致的看法。

波多黎各会议是关注人工智能生存性风险的一个分水岭。会议达成了实质性的协议，许多与会者签署了一封公开信，表示要开始认真研究如何使人工智能既强大又对人类有利。[108] 两年后，又有一场规模更大的会议在阿西洛马召开，选择这个地点是为了呼应著名的 1975 年遗传学会议。在当年那次会议上，生物学家们齐聚一堂，颇有先见之明地商定原则，以管理可能很快实现的基因工程。在 2017 年的阿西洛马，人工智能研究者商定了一套阿西洛马人工智能原则，以指导该领域以负责任的方式长期发展。其中包括专门针对生存性风险的原则：

能力警惕：由于尚未达成共识，我们应该避免对未来人工智能的能力上限做出较为肯定的假设。

重要性：高级人工智能可代表地球生命史上的一次重大变化，应该以与之相称的注意力和资源来进行规划和管理。

风险：对于人工智能造成的风险，尤其是那些灾难性和毁灭性的风险，必须付出与其可造成的影响相称的努力，以用于规划和缓解风险。[109]

或许了解人工智能研究者真实想法的最佳窗口是 2016 年对人工智能重要研究人员的调查。除了询问通用人工智能是否以及何时可能被开发出来，调查者还询问了风险问题：70% 的研究人员同意斯图尔特·罗素关于为什么高级人工智能可能会带来风险的宽泛论点；[110] 48% 的人认为社会应该优先考虑人工智能的安全问题（只有 12% 的人认为不需要）。而一半的受访者估计通用人工智能造成“极其糟糕（如导致人类灭绝）”的长远影响的概率至少是 5%。[111] 我觉得最后一点特别了不起——有多少其他领域的典型顶尖研究者会认为该领域的最终目标有 1/20 的概率对人类极其不利？

当然这并不能证明风险是真实存在的。但它说明了很多人工智能研究者对通用人工智能在 50 年内获得发展以及成为一场生存性灾难的可能性持严肃态度。虽然有很多不确定性和分歧，但它绝对不是一个次要问题。

当有更多研究人员承认人工智能的风险时，有一个对风险持怀疑态度的值得关注的论点就变得更加有力——而非站不住脚。如果研究人员能够预见构建人工智能将是极其危险的，那么他们到底为什么要做这件事呢？他们不会只是为了建造出明知会毁灭他们的东西。[112]

如果我们都真正明智、利他且相互协作，那么这个论点确实说得通。但在现实世界中，人们往往一有机会就先开发技术，之后再处理后果。其中一个原因来自我们的理念差异：哪怕只有一小部分研究人员不相信人工智能的危险性（或者欢迎由机器控制的世界），他们都会成为迈出最后一步的人。这就是单边主义诅咒的一个例子（在第132页讨论过）。另一个原因与动机有关：即使一些研究人员认为风险高达10%，但如果他们认为自己会获得大部分利益，那可能还是会愿意承受风险。从他们的自身利益来说，这可能是合理的，但对世界来说却不堪设想。

在某些类似的情况下，政府可以为了公共利益而介入，解决这些协调和动机问题。但在这里，这些完全相同的协调和动机问题出现在国家之间，而且没有简单的机制来解决。如果一个国家要缓慢而安全地解决它们，则可能担心其他国家试图夺取其工作成果。缔结条约变得异常困难，因为核查其他国家是否遵守条约比核查生物武器更加困难。[113]

我们能否在人工智能的发展中生存下来，并保持我们的长期发展潜力完好无损，有可能取决于我们能否在开发出足以构成威胁的系统之前学会对齐和控制人工智能系统。值得庆幸的是，研究人员已经在研究各种关键问题，包括如何让人工智能更安全、更稳健、更易理解。但研究让人工智能与人类价值观对齐这一核心问题的人仍然很少。这是一个新兴的领域，我们需要在该领域取得长足的进步，才能实现自身的安全。

尽管目前以及可预见的系统不会对人类整体构成威胁，但时间是最关键的。一部分原因是人工智能的进步可能来得非常突然：通过无法预知的研究突破，或通过迅速扩大第一代智能系统的规模（例如将其推广到数量为目前数千倍的硬件上，或者提高它们自身的智能）。[114] 另一部分原因是人类事务中如此重大的变化可能需要超过几十年的时间来充分准备。用 DeepMind 的联合创始人德米什·哈萨比斯的话来说：

> 我们要利用人工智能发展的停顿期，在风平浪静的时候为今后几十年事态严重起来之时做好准备。我们现在拥有的时间是宝贵的，需要利用起来。[115]

反乌托邦社会

到目前为止，我们关注的是两种生存性灾难：灭绝和不可恢复的文明崩溃。但生存性灾难的可能性不止这些。回想一下，生存性灾难是对人类长期潜力的永久破坏，而这一点从广义上看包括了一小部分潜力有可能保留下来的结果。

丧失我们的发展潜力意味着陷入一个糟糕的未来。我们可以通过思考未来的哪些方面会被锁定来对生存性灾难进行分类。这可能是一个没有人类的世界（灭绝）或一个没有文明的世界（不可恢复的崩溃）。但它也可以采取一种彻底的反乌托邦形式——一个文明完好无损的世界，却陷入了一个可怕的形态当中，几乎没有任何价值。[116]

这种情况还没有发生，但历史并不能提供什么安慰。因为这类灾难只在文明出现后才成为可能，所以我们的记录要短得多。而且有理由认为这种风险可能会随着时间的推移而增加，因为世界变得愈加相互关联，并且在试验着新的技术和意识形态。

我不会像探讨此前的风险那样，通过相同程度的科学细节来讨论这些反乌托邦的情形，因为这些状况是多种多样的，而我们目前对它们的理解非常有限。相反，我的目的只是做一些初步的梳理，帮助人们留意和理解这些非常不同的失败前景。

我们可以根据生活在其中的人是否想要这样的社会，把可能面临的彻底反乌托邦分为三种类型。有些可能性是人们不想要那样的世界，然而社会结构使得他们几乎不可能协作改变。有些可能性是人们确实想实现那样的世界，然而他们被误导了，这个世界远远比不上他们原可实现的目标。而在这两者之间，还有一种可能性是只有一小部分人想要违背其他人的意愿去实现那样的世界。每一种类型都要克服不同的障碍才能真正锁定我们的未来。

请注意，并不是注定出现这样的结果，或者这种结果将持续数百万年，才能将其算作生存性灾难。相反，一个决定性的特征是，进入这种体制是人类实现发展潜力的历程中一个关键的负面转折点，锁住了我们实现高价值未来的几乎全部潜力。可以用这样的方式去理解：当这些情况结束时（它们最终一定会结束），我们比以前更有可能跌落到灭绝或文明崩溃的境地，而不是振作起来实现我们的潜力。例如，一个反

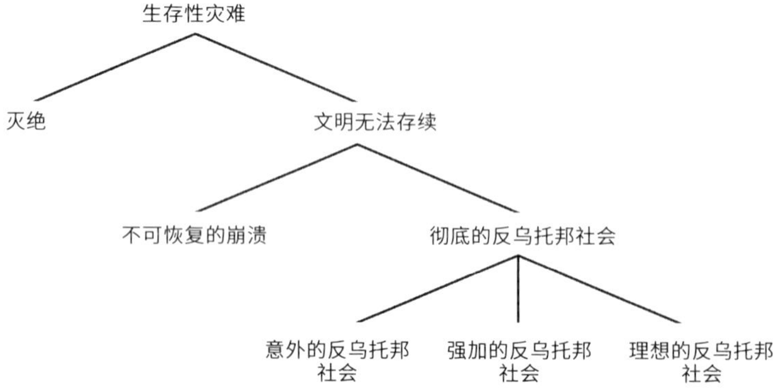

图 5.2：根据锁定人类未来的结果类型对生存性灾难进行扩展分类

乌托邦社会如果一直存续到人类被外力摧毁为止，那将是一场生存性灾难。然而，如果一个反乌托邦社会不具备这种属性，如果它终结时将给我们留下全部的成功机会——那么这会是我们历史中的黑暗时期，但不是真正的生存性灾难。

最为人熟知的类型是强加的反乌托邦社会。伴随着 20 世纪中叶扩张性极权主义的兴起，乔治·奥威尔等知识分子指出，极权主义国家有可能统治全球和实现绝对控制，使世界陷入万劫不复的悲惨境地。[117] 希特勒的政权就是一个重要证明。他扩张领土，成为帝国主义超级大国，同时保持对公民的极端控制。[118] 然而，目前还不清楚希特勒是否有控制整个世界的扩张主义目标，也不清楚其是否拥有技术手段和社会手段来建立真正持久的政权。[119]

这种情况可能会改变。技术进步提供了许多新的工具，能够用来侦测和瓦解异见，而且完全有理由相信，这种情况在下个世纪会继续下去。人工智能方面的进步似乎与之尤为相关，可以自动、详细地监控公共场所发生的一切——包括现实场景和网络空间。这样的进步可能会使制度远比过去更稳定。

尽管如此，技术也在为反叛权威提供新的工具，比如互联网和加密信息。也许各种力量将保持平衡，或朝有利于自由的方向发展，但可以确信的是，它们将转向对民众更大的控制，使强加的反乌托邦社会有可能成为现实。

第二种彻底的反乌托邦社会是一种很少有人（如果有的话）需要的稳定文明。这种情形为什么会成为反乌托邦社会很容易看出来，但我们并不能马上明白，既然大多数（甚至所有）人都不想要这种结果，我们是如何走到这一步，或者说受困其中的。[120]

答案在于能够影响全球面貌的各种人口层面的力量。众所周知的例子包括：市场力量造成恶性竞争，马尔萨斯提出的人口增长模式使平均生活质量下降，或者进化利用我们来传播基因，不管这对我们所珍视的事物会产生什么影响。这些都是促使人类走向新均衡状态的推动力，在那种均衡状态中，这些力量最终得以平衡。但没有什么能保证这种均衡是好的。

例如，想想个人利益最大化和群体利益最大化之间的矛盾。这在博弈论领域中是通过像囚徒困境和公地悲剧这样的“游戏”来研究的，在这种情况下，每个个体的获利动力会把他们推向一个整体的可怕结果。对每个人来说，纳什均衡（我们受私利驱动所造成的结果）可能比我们克服这些狭隘的获利心理所能达成的其他结果要糟糕得多。

最为人所知的例子是环境退化，比如污染问题。因为污染的大部分成本并不是由造成污染的人承担的，所以我们最终可能会陷入这样一种情况：尽管这会使我们的环境变得更糟，但继续从事这种活动符合每个人的自身利益，我们需要道德上的重大进步和重大的政治行动来帮助自己摆脱这种状况。我们最终可能会落入新的陷阱，而这些陷阱让我们更难找到出路。这可能是在个人层面，也可能是在群体层面。不同国家、意识形态集团，甚至是星球或智人的后代之间都有可能陷入有害的竞争当中——他们做的事情实现了自身所在群体的利益最大化，却危害了整体。

我不知道我们有多大可能会遇到这样糟糕（也十分棘手）的公地悲剧，或者被进化的压力削弱，或者被迫过着马尔萨斯人口增长模式描述的那种质量极低的生活，抑或是遇上其他类似的情况。我希望我们可以一直预见这种事情的发生并齐心协力解决它，但很难确信我们能做到这一点。

第三种可能是“理想的反乌托邦社会”。[121] 这种情况下比较容易看到对某种结果的普遍渴望如何使我们将其锁定，尽管不太清楚这种结果会是怎样一种反乌托邦的形式。问题在于，有许多令人信服的思想可以从根本上塑造我们的未来——尤其是意识形态和道德理论，因为这些思想对我们应该努力创造何种世界提出了直接的规范性要求。如果再加上可以向下一代灌输同样观点的技术手段或社会手段（洗脑、监视），就有可能出现灾难性的情况。

有严重缺陷的意识形态和道德观念控制着世界大部分地区的例子在历史上比比皆是。此外，即使是合理的规范性观点也常常建议人们对其深信不疑——否则，诱人的其他观点可能会取而代之，并带来（据说）灾难性的结果。[122] 即使最可信的一些道德观点对于世界上哪些小变化是好的、哪些是坏的这一问题意见相当一致，它们在关于如何让世界变得更好的建议上也往往有强烈分歧。因此，这个问题与人工智能对齐问题有相似之处，大力推动一个基本正确的理想反而会带来灾难。

一些有可能发生的例子包括：完全放弃继续发展技术的世界（这让我们注定在自然风险中毁灭），[123] 永远无法认识到某种关键形式的危害或不公（从而盲目地延续它们）的世界，陷入某种宗教激进主义的世界，以及故意用我们意识不到其价值远不如人类的东西（比如没有感情的机器）来替代人类的世界。[124]

所有这些彻底的反乌托邦社会都可以用“锁定”（lock-in）一词来理解。文明未来的关键方面被锁定，几乎不可能改变。如果我们被牢牢锁定在一个足够糟糕的未来场景中，我们就会身处一个彻底的反乌托邦社会、一场生存性灾难之中。

当然，我们也可以看到较小规模的锁定状态。美国宪法的《科温修正案》提供了一个试图锁定某种状态的案例，令人感到不安。为了安抚南方，避免内战，美国宪法拟定的第十三修正案旨在固化奴隶制，使未来任何宪法修正案都不能废除这一制度。[125]

我看不出世界在不久的将来会如何被一个反乌托邦的状态锁定。[126]但是，随着技术的进步，世界各地之间的联系越发紧密，锁定一个反乌托邦社会的可能性似乎会上升，也许在未来一百年内会达到可观的水平。此外，我认为这类结果在更远的未来里可能会在剩余风险中占据一个很高的比例。一方面，它们更加难以把握，因此即使我们齐心协力，将保护长期发展潜力作为高度优先的全球事务，也可能需要非凡的智慧和谨慎的态度来避免其中的一些陷阱。另一方面，我们最终会扩张到地球以外的地方，使人类几乎不受自然灾害的影响，但思想以光速传播，仍有可能破坏我们希望实现的一切。

一个关键问题是，思想的真理只是增加其模因潜力的一个因素，而模因潜力体现了它的传播力和持久力。但越是鼓励严格和理性的辩论，真理对模因成功的贡献就越大。因此，鼓励这种辩论文化可能是我们目前可以用来避免这种命运的一种方式。（关于这一点的更多内容，请参见第七章中关于长期反思的讨论。）

“锁定”的概念还为我们提供了从整体上思考生存性风险的另一个有用视角。我们可以采用**锁定范围最小化**的指导原则，或者为了避免出现双重否定的情况而采用**保留我们的选择权**原则。[127]这与保持长期发展潜力的想法密切相关——不同的是，保留我们的选择权并不考虑选项是好是坏。这并不是因为我们本质上关注的是选择的机会，即使它们是一些不好的选项，而是因为我们并不确定它们是坏的，所以如果一直排除一个有可能是最优的选项，我们就有可能犯下不可挽回的灾难性错误。

其他风险

未来还有哪些风险值得我们关注？本世纪可能发展起来的最具变革性的技术之一是纳米技术。我们已经看到了纳米材料（如碳纳米管）的出现，这些材料只有几个原子的厚度，其结构具有原子精度。但是，如果我们能够开发出以原子精度操作的**机械**，将会打开更大的视野。有证据表明，这种情况有可能以某种形式存在于我们自身的细胞之中，在那里，原子精度的机械已经在执行必要的功能。

在大众的想象中，纳米技术是制造微型机器的代名词。但更大的革命可能来自使用纳米机械制造宏观规模的物体。埃里克·德雷克斯勒（Eric Drexler）在其关于该主题的基础性研究中描述了纳米技术如何让界面操作者能够组装从钻石项链到新笔记本电脑的任何东西。这种原子尺度的精确制造将是 3D 打印的最终形式：提取物品的数字模型和原始化学元素，生产出一个原子精度的实体。这可能会让我们建造出目前技术所不能实现的东西，也可以将现有器物如计算机或太阳能电池的价格削减到接近其原材料的成本，赋予世界巨大的计算能力和清洁能源。

如此强大的技术可能会带来一些生存性风险。迄今为止，大多数人的注意力都集中在这样一种可能性上：我们制造的可自我复制的微型机器散布开来后可能会造成生存性灾难。这种情况是有可能的，但一些不起眼的危险似乎更有可能出现，因为极致的制造能力和精确度也很可能会让新型大规模毁灭性武器的生产得以实现。[128] 事实上，这些问题与先进的生物技术类似：极为强大的技术民主化将使个人或小团体能够获取以往只有强国才能获得的各种力量（包括建设性的和破坏性的）。管理这种技术的方案可能需要对允许制造的东西进行数字控制，或者从国家层面对制造行为进行控制（就像核电一样）。虽然这种技术比先进的生物技术或人工智能更难以确定，但它也有可能带来重大风险。

有一种不同寻常的风险可能来自我们的地外探索。太空机构正在计划将火星的土壤样本送回地球，主要目的是寻找生命迹象。这就产生了“反向污染”的可能性，来自火星的微生物可能会危害地球的生物圈。人们虽然一致认为这种风险极小，但仍都对此非常重视。[129] 目前的计划是将这些样品送回到一种新的 BSL-4 实验室内，并采取防护措施，将任何未灭菌颗粒泄漏到环境中的可能性保持在百万分之一以下。[130] 虽然仍有许多未知因素，但这种人为风险似乎相对较小，而且得到了良好的管理。[131]

在流行文化中，来自地球外部的最大风险是与星际文明的冲突。虽然很难完全排除这种可能性，但人们普遍认为概率极小（然而从极其长远的时间来看，这种可能性越来越大）。[132] 流行的说法里，主要的风险来自外星人降临地球，尽管这是最不可能也是我们最无能为力的事情。但在发起主动的 SETI（发送强信号以吸引遥远外星人的注意）之前，或许应该进行更多的公开讨论。而即使是被动的 SETI（监听外星人的信息）也可能会有危险，因为信息可能被设计成诱骗我们的形式。[133] 这些危险很小，但人们对其认识匮乏，而且它们还没有得到很好的管理。

另一种人为风险来自我们最激进的科学试验，这样的试验会生成真正前所未有的情形。[134] 例如，第一次核爆使地球上出现了从未有过的温度，开启了理论上点燃大气层的可能性。由于这些情况是史无前例的，我们无法形成一个令人宽慰的观点，即这种事件以前已经发生过很多次，而没有造成灾难。（科学试验带来的前所未有的情况，可以帮我们从新的视角来看待已经讨论过的几种风险——反向污染、功能获得性研究和通用人工智能。）

在某些情况下，科学家自信地断言试验**不可能**造成灾难或灭绝。

但是，即使是核心的科学定理也曾经出错：例如，物体具有绝对位置，空间遵循欧几里得算法，原子不能被细分、创造或毁灭。如果追问下去，科学家们会澄清说，他们的真正意思是如果科学理论不发生重大变化，就不可能出现风险。从寻求准确知识的一般角度来看，这种确定性已经足够了，99.9% 的确定性足以打消疑虑。但这是一种没有考虑风险代价的标准，而这里的风险代价又特别高，因此我们需要一个对此有所反映的标准。[135]

通常的做法是将预期收益与预期损失进行比较。但这一方法很难应用，因为需要将发生巨大灾难的极低（且难以量化的）可能性与这种试验已经带来和可能再次带来的实际利益相权衡。此外，试验所带来的知识或技术可能有助于降低未来的生存性风险，或者可能是我们发挥潜力必需的东西。

对任何既定的试验而言，如果真的创造了前所未有的情形，发生灾难的机会通常非常小。但也可能有例外，总体概率也许会累积起来，而这些风险一般没有得到很好的管理。[136]

与自然灾害或当今最强大的技术带来的风险相比，未来技术带来的这些风险在本质上更难以推测。而当我们从目前生物技术刚刚能实现的事情发展到最多在今后几十年就能取得的进步时，情况尤其如此。但是人们不必发现所有这些威胁都有可能发生（甚至确信会发生），才能认识到未来存在着严重风险。即使我们把注意力集中在基因工程大流行病上，我认为其中的生存性风险也已经比上两章所有风险加起来还要多，而这些风险足以让守护人类成为我们这个时代的第一要务。

未预见的风险

想象一下，如果要求1930年的科学机构编制一份人类在接下来一百年里将面临的生存性风险清单，会发生什么。他们会漏掉本书涵盖的大部分风险——尤其是人为风险。[137]有些风险他们已经快要意识到，而有些风险则会让他们彻底震惊。有多少风险在我们的视界之外呢？

考虑到发现风险和产生风险的速度都没有放缓，我们可以得到一些提示。因此，在未来一百年甚至更久的时间里，我们很可能会面临不可预见的风险。由于人类的力量仍在迅速增长，如果其中一些新的威胁构成了大量的风险，我们不应该感到惊讶。

人们可能会问，考虑我们无法预见的风险有什么好处。虽然我们不能直接应对这些风险，但通过更广泛的努力创造一个认真对待未来的世界，仍可降低这些风险。因此，不可预见的风险对于我们理解朝着宏大目标努力与朝着狭隘目标努力的相对价值非常重要。它们对于预测我们面临的整体风险也很重要。

尼克·博斯特罗姆最近指出了一类不可预见的重要风险。[138]每年我们发明新技术的时候，都有可能偶然发现一些与原子弹或致命大流行病破坏力相当，却很容易用日常材料生产的东西。这样的技术哪怕只有一种，也足以让人类文明无法存续。

[redacted]

第三部分

前 路

Part Three

THE PATH FORWARD

第六章 THE RISK LANDSCAPE

风险格局

如果人类要生存并向更高层次发展，一种新的思维方式是必不可少的。

——阿尔伯特·爱因斯坦[1]

人类的未来面临着真正的、日益严重的威胁。从始终潜在的自然风险，到人为风险的到来，再到新的风险若隐若现，每一步都使我们更靠近灾难的边缘。

在详细探讨了每一种风险之后，我们终于可以放宽视野来考察更宏观的情况。我们可以思考生存性风险的整个格局面貌，看看各种风险如何比较，它们如何结合，它们的共同点是什么，以及哪些风险应该是我们的当务之急。

量化风险

风险格局的具体表现是怎么样的？哪些风险构成其主要标志，哪些只是琐碎的部分？我们现在就来回答这些问题。

为此，我们需要量化风险。人们往往不愿意用数字表达灾难性风险，而更喜欢用定性的语言，如“不可能”或“极不可能”。但这带来了严重的问题，妨碍了清晰的沟通和认识。最重要的是，这些措辞非常模糊，会给不同的读者带来不同的印象。例如，“极不可能”被一些人理解为1/4，而另一些人则理解为1/50。[2]这样一来，人们在准确评估每种风险的规模方面所做的大量研究就随即付之流水。此外，这些措辞的含义随着风险的规模而改变：“极不可能”意味着“可能性低到我们可以置之不理”，而不是中立地指向某个概率水平。[3]这在谈论高风险时就会出现问题，因为即使是很小的概率也是非常重要的。最后，如果我们要清楚地推断风险的类别或不同风险的相对规模，数字是不可缺少的。

例如，当斯蒂芬·平克在《当下的启蒙》一书中结束对生存性风险的讨论时，他转而谈到了自然风险：“我们的祖先无力阻止这些致命的威胁，所以从这个意义上说，技术并没有使这个时代成为我们人类历史上一个特别危险的时代，而是使之成为一个特别安全的时代。”[4]虽然平克说得很对，我们面临着许多自然威胁，而技术降低了它们带来的风险，但不能因此得出结论说我们的时代是特别安全的。对风险的量化说明了原因。

为了使我们的时代变得特别安全，我们减少的自然风险一定比我们增加的人为风险要多。但正如我们在第三章中看到的那样，尽管自然威胁的数量很多，但它们的总体概率一定是极低的（否则像我们这样的物种不可能如此持久）。每世纪的自然生存性风险的实际概率据估计从百万分之一到两千分之一不等。所以，我们的技术在降低风险方面根本没有用武之地。即使是最慷慨的估计，技术也最多只能降低0.05%的自然风险。我们必须对未来非常乐观才会认为面临的人为风险比这更小。我们能期望像这样度过 2 000 个世纪吗？我们真的有 99.95% 的把握度过接下来的 100 年吗？

因此，我将用数字来衡量这些风险，并就如何解释这些数字提供一些意见。在科学背景下，人们可能会毫无理由地认为数字估值是精确或客观的。[5] 但不要认为这些数字是完全客观的。即使是小行星撞击这样的风险，科学证据也只能说明一部分问题：我们有很好的证据证明撞击的概率，但没有证据证明某次撞击会摧毁我们的未来。而且不要把这些估计看成是精确的。它们的目的是显示正确的数量级，而不是更精确的概率。

这些数值代表了我对本世纪我们将面临的各种灾难的整体预测。这意味着它们并不是简单地概括了各章中关于风险的信息和论证。相反，它们依赖对每一种风险的认知积累和判断，而这些知识和判断是无法在几页纸上提炼出来的。它们绝不是定论，而是我对风险状况所有认识的简要总结。

生存性灾难	未来 100 年的发生概率
小行星或彗星撞击	约 1/1 000 000
超级火山喷发	约 1/10 000
恒星爆炸	约 1/1 000 000 000
整体自然风险	**约 1/10 000**
核战争	约 1/1 000
气候变化	约 1/1 000
其他环境破坏	约 1/1 000
“自然”大流行病	约 1/10 000
基因工程大流行病	约 1/30
价值未对齐的人工智能	约 1/10
不可预见的人为风险	约 1/30

其他人为风险	约 1/50
整体人为风险	**约 1/6**
整体生存性风险	**约 1/6**

表 6.1：我对这些原因造成的生存性灾难在未来 100 年内某一时刻最有可能发生的概率的预测（当灾难具有延迟效应时，比如气候变化，我指的是 100 年内灾难必然要发生的那一时刻）。这些预测还有很大的不确定性，它们应该被视为代表正确的数量级——每一个都很容易高至 3 倍或低至 1/3。请注意，这些数字并非直接相加而得出的结论：一方面是因为这样做会给人一种虚假的精确感，另一方面也是出于“风险结合”一节中所述的微妙原因

这种风险格局一个最显著的特点是不同风险之间的发生概率有很大差异。有一些的发生概率是另一些的百万倍，而且很少能落到同一数量级上。风险分类也体现了这种数量级的差别：我估计人为风险是自然风险发生概率的 1 000 倍。[6]而在人为风险的范畴里，我估计未来技术带来的风险大约是现有风险的 100 倍，从第三章到第四章再到第五章，风险概率在不断升级。

这种变化最初可能会让人感到惊讶，但像这样跨越了多个数量级的分布在科学领域是很常见的，其中顶部的离群值占了总量的大部分。这种差异使我们优先考虑最有可能发生的风险变得极为重要，这也使整体风险预测受到大概率风险项的高度影响（大概率风险项是人们认识最少的）。所以更好地了解和预测这些风险就成了当务之急。

在我看来，未来 100 年里人类发展潜力面临的最大风险来自价值未对齐的人工智能，我把它的发生概率定为 1/10。对于这样一个推测性的风险，人们看到这么高的概率可能会很惊讶，所以需要进行一些解释。

预测一次史无前例且会产生颠覆性结果的事件有多大可能发生，通常的做法是采取怀疑立场：从一个极小的概率开始，只有当大量确凿

的证据出现时，才会开始提高概率。但我不同意这种观点。相反，我认为正确的方法是先从一个反映我们整体印象的概率开始，然后根据科学证据调整这个概率。[7] 当有大量证据时，这些方法会趋于一致。但当没有证据时，起点就可能很重要。

就人工智能而言，大家都认为证据和论点远非无懈可击，于是问题成了这让我们从哪里开始进行预测？很粗略地说，我的做法是从专家们的整体观点出发，他们认为在未来一个世纪里，有将近二分之一的概率会开发出几乎能够在所有任务中超越人类的人工智能体。而在这种情况下，如果这些全面超越人类的人工智能体在未来取代了我们，我们也不应该感到震惊。尤其是在考察具体细节时，我们发现让这些人工智能体与我们的价值观保持一致存在着巨大挑战。

我的同事中有的给出了更高的概率，有的则比我低，但在很多方面我们的估值是相似的。假设你更加怀疑这项风险，并且认为发生的概率是 1%，从信息的角度来看，这其实相差不大：不需要那么多的证据就能改变一个人的预测；从实际行动来看，也可能相差不大：任何一种概率的生存性风险都将是全球的当务之急。

我有时会从五大风险的角度来考虑风险格局：核战争、气候变化、其他环境破坏、基因工程大流行病和价值未对齐的人工智能。虽然我认为最后两个风险尤其重要，但我认为它们都至少有 1/1 000 的风险概率在本世纪摧毁人类的发展潜力，因此基于它们在生存性风险中的比重（以及其他有力的理由），需要全世界为消除这些风险做出重大努力。

总的来说，我认为今后 100 年里人类遭受生存性灾难的概率大约是六分之一。这不是像死于车祸的可能性那样需要我们努力才能记住的小概率，而是像掷骰子或俄罗斯轮盘赌一样很容易出现的概率。

这是一个很大的风险，但我们的情况远非毫无希望。这意味着人类有六分之五的概率成功度过下一个百年，长期发展潜力完好无损。因此，虽然我认为有些风险应该成为全球关注的核心优先事项（比如说，那些有千分之一或更大概率的风险），但我并不是说本世纪将是我们的最后一个世纪。

那么长期来看情况又如何呢？如果真的要预测，我认为人类避免每一次生存性灾难并最终实现其潜力，也就是近乎实现我们所能拥有的最好未来的可能性大约是二分之一。[8] 我由此推断，我们整个未来的生存性风险在本世纪大约占三分之一。这是因为我对一个文明团结起来以及我们能成为这样一个文明的机会感到乐观——或许在本世纪就能实现。

事实上，我的上述预测包含了我们一起行动并开始认真对待这些风险的可能性。对未来风险的预测往往以"一切照旧"为假设：我们对风险的关注程度和用于应对风险的资源保持在今天的水平。如果我假设"一切照旧"，我的风险预测会大大增加。但我认为这些预测会有误导性，高估了我们实际遭受生存性灾难的可能性。[9] 所以，我已经考虑到我们可能会对不断升级的风险做出反应，并竭力来减少风险。

因此，这些数字代表了我在考虑到我们做出反应的情况下，预测的威胁成真的概率。如果我们的表现超过我的预期，我们就可以将剩余的风险降低到这些估值以下。也许有人会说，我们正走向一场俄罗斯轮盘赌，枪里有两颗子弹，但我认为我们会在扣动扳机之前取出其中一颗。如果我们真的做出了努力的话，也许还有时间取出最后一颗子弹。因此，也许我想到的风险概率不是前面概述提到的约六分之一，而应该是六分之二——人类平平无奇的努力和英勇奋斗的努力所造成的风险差异。

这些概率为风险格局提供了有用的概述，但它们并不是风险的全貌，甚至也不是整体的底线。即使是完全客观、精确的预测，也只是衡量不同的风险有多大，并不能说明这些风险有多可控，也不能说明它们被忽视的程度。因此，原始概率不足以决定哪些风险应该得到最多关注，或者应该得到什么样的关注。在这一章和下一章中，我们将开始提出这些进一步的问题，汇集必要的工具来应对这些对我们未来的威胁。

灭绝性风险分解

在风险如此多样化的情况下，根据风险的共同点对它们进行分类是有帮助的。这有助于我们认识同时应对几种风险的进击路线。

我在人类未来研究所的同事建议将人类灭绝的风险按照灭绝前的三个连续阶段进行分类。[10]

起源：灾难如何开始？

有些是由自然环境引发的，而有些则是人为的。我们可以根据伤害是有意的、预料到的还是未预料到的，对人为风险进行有益的细分。我们还可以根据这些风险是涉及少数行为者（如事故或恐怖主义）还是大量行为者（如气候变化或核战争）来进一步细分。

扩大：灾难如何形成全球规模？

它可能从全球范围开始（如气候变化），也可能有一种机制扩大了它的规模。例如，来自小行星、火山和核战争的阻挡阳光的粒子通过地球大气环流传播到世界各地，而大流行病则通过一个指数过程扩大规模，在这个过程中，每个受害者都会感染其他几个受害者。

尾声：灾难如何收场？

它如何杀死每个角落的所有人？例如小行星撞击引起的尘埃，这种致命物质可能在环境中到处蔓延；例如大流行病，病毒可能被人们带到任何地方；或者在一个有意造成灭绝的计划中，它可能被针对性地用来逐个杀死最后的幸存者。

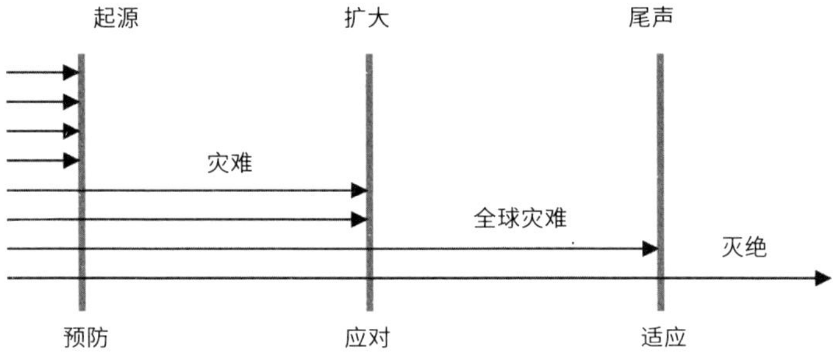

我们可以在其中任何一个阶段与风险做斗争：**预防**措施可以避免风险产生，**应对**措施可以限制风险的扩大，而**适应**措施可以阻止风险走向尾声。根据风险情况，我们可能要在最有效的阶段做出努力阻断它，或采取深入防御战略，一次性应对所有阶段。

这种分类可以让我们将概率分解为：（1）灭绝风险出现的概率；（2）风险出现后形成全球规模的概率；（3）由于风险形成全球性规模而导致人类灭绝的概率。

$$P_{灭绝} = P_{起源} \times P_{扩大} \times P_{尾声}$$

预防措施、应对措施和适应措施会分别降低每个因子。由于概率相乘，我们可得知，一个因子减少一定数量，与其他因子减少同样比例的效果是相同的。所以经验法则告诉我们，应该优先考虑目前最容易减半的因子。[11]

而且还有其他有价值的风险分类方法。例如，剑桥生存性风险研究中心（CSER）的沙哈尔·艾文（Shahar Avin）及其团队根据风险威胁到的关键系统对风险进行分类：不管是环境中的重要系统、人体中的重要系统还是我们社会结构中的重要系统，都走考虑之中。[12]

风险结合和风险比较

风险格局是由许多不同的生存性风险组成的。迄今为止，我们大多数时候都在孤立地考虑每一种风险。但是，如果我们想了解它们是如何结合和比较的，就需要考虑它们是如何相互作用的。而即使是统计学意义上独立的风险，也仍然以一种重要的方式相互影响：如果一个风险摧毁了我们，其他风险就没有这个机会了。

让我们从**整体生存性风险**的概念开始。[13] 这是人类终究会遭受任意一种生存性灾难的风险。它包括**所有**的风险：自然的和人为的，已知的和未知的，近期的和远期的。所有这些形式的风险都有可能带来彻底摧毁人类发展潜力的灾难。

这是一个非常有用的概念，因为它将所有的个别风险转换成一种通用的概念——它们对这种整体风险的影响。但它确实要求我们做出一个简化的假设：不同风险所涉及的代价相对而言差别不大，因此它们之间的主要区别是概率大小。情况并非总是如此，但这是一个好的起点。[14]

单个风险如何组合成整体风险？假设我们整个未来只有两个风险：

10% 概率的风险和 20% 概率的风险。整体风险有多少？虽然我们可能很想把它们相加起来，但这通常是错误的。答案取决于风险之间的关系（见图 6.1）。

最坏的情况是风险完全反相关（比如 1 和 100 之间的随机数小于或等于 10 的概率，以及大于 80 的概率）。那么风险就是两者之和：30%。最好的情况是风险完全相关，这样 10% 概率的风险只会在 20% 概率的风险也发生的情况下才会出现（想一想从 1 到 100 的随机数小于或等于 10 的概率，以及小于或等于 20 的概率）。[15] 那么整体风险只是两者中较大的一个：20%。如果风险在统计学意义上是相互独立的（就像两张独立的彩票），那么概率就是两者之间的数值。在这种情况下，它将是 28%。（最简单的方法是通过两种灾难都不发生的概率来计算。90% × 80%=72%；从 100% 中减去这个数字，得到的是 28%。）

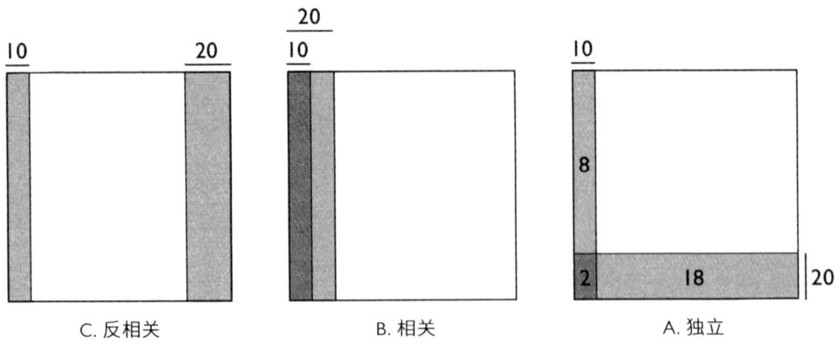

图 6.1：风险的结合方式有很多，从完全反相关（A）到完全相关（B）。介于两者之间的一种重要情况是相互独立（C）。其构成的整体风险取决于在重叠区域中“浪费”了多少风险——在这个区域中，即使我们消除了其中一个风险，我们也会遭受一场灾难。大面积的重叠会降低整体风险，但也会减少消除单一风险的收益

我们在实践中应该期待什么？总的来说，我认为由于存在着共同成因和共同的解决办法，我们应该预期大多数成对的风险之间会有某

种正相关关系。[16] 例如，一场严重的世界大战可能会增加许多生存性风险，而一个成功管理生存性风险的全球机制可能会减少许多风险。这是一个还算比较好的消息，因为它使风险更频繁地互相抢占先机，并且意味着整体风险会比简单地把它们相加或者假设它们互不关联要少一些。[17] 如果你看不出这些风险是如何联系在一起的，一个合理的方法是先假设它们是独立的，然后为了得到可靠的结论，假设它们是相关的或反相关的，接下来查看会发生什么变化。

令人惊讶的是，这些同样的问题不仅在风险结合时出现，而且在比较它们的重要性时也会出现。20% 概率的风险与 10% 概率的风险相比，到底有多严重？“两倍的严重性”这个显见的答案几乎从来都不正确（风险必须是完全反相关的才会正确）。为了得到正确的答案，我们需要注意到，消除一个风险的重要性在于消除该风险后消失的整体风险量。然后我们再来检查这一数量是多少。

例如，我们在图 6.1 中看到，互不关联的 10% 概率和 20% 概率的风险会产生 28% 概率的整体风险。因此，消除 10% 概率的风险会使整体风险概率降低 8 个百分点（从 28% 到 20%），而消除 20% 概率的风险会使整体风险概率降低 18 个百分点（从 28% 到 10%），这是前者的两倍多。20% 概率风险的严重性实际上是 10% 概率风险的 2.25 倍。一般来说，较大的风险比你想象的更严重。风险关联性越大，整体风险越高，这些反直觉的效应规模（以及其他效应）就越大。如果本世纪的风险比我估计的要高，或者如果我们整个未来的整体风险很高，它们就会变得特别严峻（附录 D 中探讨了一些令人意外的结果）。

风险因素

第三章至第五章涵盖了许多不同的生存性风险。有了整体风险的概念，我们就可以认为这些章节把整体风险划分为一套套被命名的风险，每一种都有不同的机制来摧毁我们的发展潜力。我们可能会把这看作人类面临的最重要议题的清单：一个有抱负的利他主义者可以从中选择其人生使命的清单。但这样做未免太急躁了。因为这不是划分我们所面临的全部生存性风险的唯一方法。

考虑一下大国之间在本世纪内爆发战争的可能性。我指的是世界上任何一个强国或集团之间的战争。[18]这种规模的战争定义了20世纪的上半叶，而其潜在威胁则定义了20世纪的下半叶。尽管国际紧张局势可能再次加剧，但看上去几乎无法想象任何一个大国会在这十年里相互开战，而且在可预见的未来也不太可能。但一个世纪是很长的时间，大国战争肯定有可能再次爆发。

虽然人们**可以**把大国战争算作一种生存性风险，但这并不太合适。因为战争本身并不是毁灭人类或我们潜力的机制，它不是最后一击。然而，大国战争还是会增加生存性风险。它将增加一系列武器技术带来的风险：核武器、基因工程大流行病以及在此期间任何新发明的大规模毁灭性武器。它还会间接增加我们所面临的其他风险的概率：国际信任与合作的破裂将使我们更难管理气候变化或通用人工智能的安全发展，增加它们所带来的危险。而大国战争也可能加速新的生存性风险的到来。回想一下，核武器就是在第二次世界大战期间研发出来的，而在冷战期间，随着氢弹的发明，核武器的破坏力显著增加。历史表明，如此规模的战争会促使人类深入技术最黑暗的角落。

如果考虑到所有这些因素，大国战争的威胁可能（间接地）造成大量的生存性风险。例如，20 世纪的大部分生存性风险似乎是由大国战争的威胁驱动的。想想你自己预测未来一百年会有多少生存性风险。如果你知道大国之间在这段时间内不会相互开战，其中有多少风险会消失？这不大可能精确估算，但我估计有相当大的一部分会消失——大约是那段时间内生存性风险的十分之一。由于我认为未来一百年的生存性风险大约是六分之一，我估计大国战争在接下来的一百年里有效地构成了超过一个百分点的生存性风险。这就使它对整体生存性风险的影响超过我们所研究的大多数具体风险。

读者可以不同意我的具体测算，但我认为这样说是没有问题的：大国战争对生存性风险的影响大于所有自然风险的影响总和。所以，年轻人选择自己的职业时，慈善家选择自己的事业时，或者政府希望建设更安全的世界时，把关注点放在大国战争上可能会比用在探测小行星或彗星上要更好。

这种划分整体风险的另一种方式受到《全球疾病负担》的启发——这是全球健康领域一项里程碑式的研究，试图了解整个世界的健康状况，也是我在该领域工作的主要灵感来源。[19] 这项研究的作者们根据疾病或伤害的诱因，将世界上所有的健康损害进行了划分。这给他们提供了每种疾病和伤害的部分合计数，这些数字的总和就是疾病和伤害造成的整体健康负担。但他们还想问更多的问题，比如吸烟造成了多少健康损害。吸烟本身并不是一种疾病或伤害，但它会导致心脏病和肺部疾病。他们将吸烟称为“风险因素”，指出：“风险因素是指与疾病或伤害概率增加有因果关系的属性或接触。”这就可以对健康损害的来源进行非常有用的交叉分析，让我们测算如果考虑对诸如吸烟、缺乏安全饮用水或维生素等风险因素采取措施，可以获得多少收益。

让我们把增加生存性风险的东西称为**生存性风险因素**（为了简洁

起见，“生存性”一词可以省略，因为这是我们此后关注的唯一风险因素）。[20] 如果说划分为单个风险可以看作把生存性风险分成了一个个互不关联的个体，那么生存性风险因素则跨越了这些划分。生存性风险因素的概念是非常普遍的，可以在任何规模上应用，但在考虑对生存性风险有较大影响的连贯性因素时，它的作用最大。第三章至第五章的个别风险是试图将整体风险分割成一组组不重叠的风险，而风险因素则不受这样的限制：只要它们是有用的，即使它们是重叠的，甚至其中一个从属于另一个也没关系。因此，风险因素对生存性风险的影响并不是一个个“叠加”到整体风险中去的。

找到生存性风险因素的一个简单方法是考虑人类的压力源或影响我们做出正确决定之能力的压力源。这些压力源包括全球经济停滞、环境崩溃和国际秩序崩溃。[21] 事实上，只是存在这样的**威胁**也可能构成生存性风险因素，因为仅仅有这样一种可能性就会造成真正的全球混乱或恐慌。

许多有可能造成（非生存性的）全球灾难的风险也是生存性风险因素，因为在全球灾难之后，人类可能会更加脆弱。许多生存威胁也是如此：如果它们能带来全球灾难，使我们更容易受到随后的生存性风险的影响，那么它们也是风险因素。[22] 在某些情况下，它们构成的间接风险可能大大超过直接风险。

我们在第四章中看到，核冬天或气候变化很难完全摧毁人类的发展潜力。但它们很容易造成重大灾难，使我们更易受到其他生存性风险的影响。第四章重点讨论了核战争和气候变化作为**生存性风险**的作用（因为了解是否真的有可信的机制可以摧毁我们的潜力是很重要的），但它们作为风险因素的作用可能更为重要。更好地了解它们如何增加其他风险将是非常有价值的，因为我们最终想知道的是它们总体上增加了多少风险。[23]

风险因素的数学原理

我们可以通过概率论更精确地说明风险因素。假设 F 是一个风险因素（如气候变化或大国战争）。而 f 是该风险因素的一个量化衡量标准（如气候变暖的程度或发生大国战争的概率）。其最小可实现值为 f_{min}，现状值为 f_{sq}，最大可实现值为 f_{max}。[24] 回想一下，$\Pr(P)$ 表示事件 P 发生的概率，$\Pr(P|Q)$ 则表示在 Q 发生的前提下 P 发生的概率。最后，事件 X 代表一个正在发生的生存性灾难。

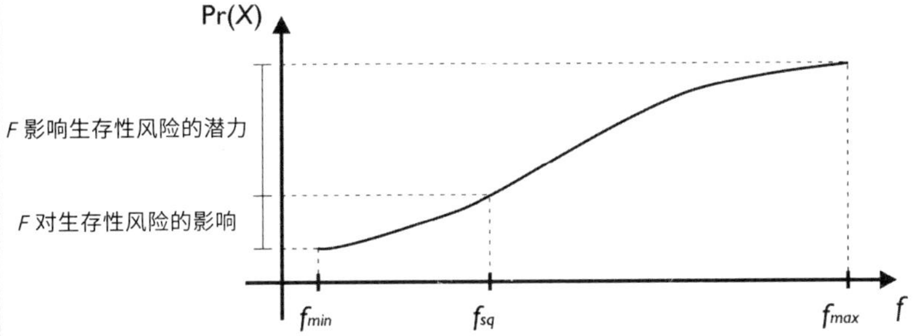

我们可以把 $\Pr(X|f=f_{sq})$ 和 $\Pr(X|f=f_{min})$ 之间的差值称为 F 对生存性风险的影响。它代表我们消除了这个风险因素后整体生存性风险将降低的比例。这是一个可以将风险因素和生存性风险的规模进行对应比较的数字。同样，我们可以把 $\Pr(X|f=f_{sq})$ 和 $\Pr(X|f=f_{max})$ 之间的差值称为 F 影响生存性风险的潜力。它代表了如果这个风险因素恶化将会出现多少生存性风险。[25]

需要给生存性风险因素的重要性排序时，我们通常会对 f_{sq} 处的曲线陡峭度最为关注，这反映了我们通过风险因素的边际变化能提供多少防护。[26]

对风险因素的这一讨论引出了降低风险的其他因素的可能性。[27]我们可以把这些因素称为**生存性安全因素**。[28]这方面的例子包括避免生存性风险的强大机构、文明美德的进步或大国之间的和平。正如最后一个例子所表明的那样，如果某种东西是风险因素，那么它的反面就是安全因素。

许多我们通常认为是社会公益的东西，可能也是生存性安全因素，教育、和平或繁荣等可能有助于保护我们。而许多社会弊端则可能是生存性风险因素，换句话说，我们平时熟悉的常识性追求，可能会从生存性风险的角度去解释。

但我要强调这是一种危险的看法。因为它有可能使我们陷入自满状态，使我们用可能仅有松散关联的其他目标来取代保障未来的目标。虽然生存性风险随着人们追求其他目标而减少，但仅仅这一点并不意味着其他目标是保障我们未来的最有效方式。事实上，如果其他目标从常理上说很重要的话，那么很有可能它所获得的资源已经远远超过了直接用于应对生存性风险的工作。这将使我们失去很多机会来实现重大改变。我认为很可能只有一小部分生存性风险因素或安全因素（如大国战争）能够真正影响最严重的生存性风险，这样说是从针对这些因素所付出的额外工作如何有助于保障我们的未来而言的。找到这些因素将是极有价值的。

哪些风险?

遗憾的是，我们考虑到的大多数生存性风险都被忽视了，它们得到的关注远远低于应有的程度。虽然这种情况正在改变，但我们预计需要几十年的时间才能调动足够的资源来充分应对我们面临的所有风险。

因此我们这些关注保护未来的人需要确定优先次序：确定我们应该把有限的精力和资源投放到哪里。

这样做的一个常规方法是根据风险的概率——或更准确地说，根据它们对整体风险的影响来进行风险比较。由于大多数生存性风险造成的后果非常相似（摧毁人类未来的大部分潜在价值），人们可能会认为事情应该如此：根据某一风险增加整体风险的程度来确定风险的优先级。

但这是不对的。因为有些风险可能更容易解决。例如，我们也许可以用一定的资源将一个较小的风险从 5% 降低到 1%，而将一个较大但更难解决的风险从 20% 降低到 19% 需要同样的资源。[29] 如果是这样，我们将这些资源用于降低较小的风险将会减少更多的整体生存性风险。

我们的最终目的是将分配给生存性风险的资源最大限度地用于降低整体风险。我们可以把人类对资源的分配看成一个投资组合，不同的金额投入各种不同的处置风险的方法中。设计整个投资组合是非常复杂的，我们往往只能对世界的整体配置进行小范围的调整，所以想象一下对现有的投资组合进行小范围的改变可能会让事情变得简单一些。考虑到目前正在开展的其他工作，哪个风险是最紧迫的？额外的资源包（如时间或金钱）要投放到哪里最能降低整体风险？

要对这个问题给出准确答案是非常困难的。但有一些好的启发法可以指引我们缩小可能性。其中一种方法是注意到一个问题越是重要、越是容易解决或越是被忽视，处理它就越划算，因此其优先程度越高。[30] 一个问题的**重要性**就是解决这个问题的价值。在生存性风险的问题上，我们通常可以将其视为增加了多少整体风险。**可处理性**是问题解决难易程度的衡量标准。确定可处理性的一个有用方法是审视如果我们把目前投入的资源增加一倍，可以消除多少风险。最后，由于问题**被忽视**了，在它上面投入的资源很少。这包含了收益递减的概念：当到目前为止投入的资源较少时，资源通常会产生更大的影响。[31]

我在人类未来研究所的同事欧文·科顿-巴拉特已经提出，当这些说法得到适当定义时，就可以用一个非常简单的公式来表示解决某一特定问题的成本效益[32]：

成本效益＝重要性 × 可处理性 × 忽视程度

尽管很难给其中任何一个维度分配精确的数值，但这个模型仍然提供了有用的指导。例如，它显示了为什么理想的投资组合通常需要投入资源对抗几种风险，而不是仅仅对抗一种风险：因为，我们对解决某一风险的投资越多，它就越不容易被忽视，所以将更多资源投入在该领域的优先权会降低。一段时间后，边际资源会更好地用在不同的风险上。

该模型还向我们展示了如何权衡这些维度。例如，当在两种风险之间进行选择时，如果它们的概率相差 5 倍，那么这就比不上它们目前所获得的资金相差 10 倍的权重。事实上，该模型提出了一个普遍原则：

相称性

当一组风险具有相同的可处理性时（或者当我们不知道哪种风险更容易解决时），理想的全球投资组合会按照每种风险对整体风险的影响比例为其分配资源。[33]

但这并不意味着**你**应该按照它们的概率比例来分配资源。个人或团体分配其资源时应该帮助全世界的投资组合达到理想的分配。这往往意味着要将你所有的精力都投入解决单一风险的领域中——尤其是考虑到一心一意地关注它而产生的价值时。

这种分析为我们提供了一个起点：针对为一项风险分配新资源的价值进行一般性评估。但是往往有资源在应用于一种风险时比应用于另一种更有价值。在涉及**人**的时候尤其如此。一个生物学家更适合处理基因工程大流行病的风险，而不是接受再培训去应对人工智能风险。因此，理想的投资组合会考虑到人的比较优势。而且有时会有高度杠杆化的机会来帮助处理某项风险。这些维度中的每一个维度（契合度和杠杆率）都可以轻易地将一个机会的价值改变十倍（或更多）。

让我们再来看一下确定优先事项的另外三种启发法：关注那些**很快出现**、**突然出现**和**骤然变化**的风险。这些并非与重要性、可处理性和忽视程度等量齐观，而是阐明这些维度的方法。

假设一个风险来得快，而另一个风险来得晚，在其他条件相同的情况下，我们应该优先考虑发生得快的那个风险。[34] 其中一个原因是，发生晚的风险可以晚一点处理，而发生早的风险则不能。另一个原因是，随着人类越来越强大，更多的人察觉到人类的困境，可能会有更多的资源投入以后发生的风险中。这就使得后来的风险不那么容易被忽视。最后，我们可以更清楚如何处理即将发生的风险，而对以后发生的风险的处置则更有可能走错方向。在二者之间的时间段里，技术或政治上的进展可能会改变风险的性质，引入更好的处理手段或完全消除风险，从而使我们早期的一些努力白白浪费。这就使当下处理以后的风险比处理早期的风险更困难。

如果一个风险是突如其来的，而另一个风险是缓慢出现的呢？在其他条件相同的情况下，我们应该优先考虑突然出现的那一个。因为缓慢出现的风险更有机会引起公众和传统决策者的广泛关注。所以从长远来看它不太可能被忽视。

有些生存性风险可能会带来各种规模的灾难。大流行病可造成数千人、数百万人或数十亿人死亡；小行星的直径从数米到数千米不等。在每一种情况下，它们似乎都遵循幂律分布，即灾难越大越罕见。这就意味着我们更有可能在杀死十分之一人类的大流行病或小行星出现之前，被杀死百分之一人类的大流行病或小行星袭击。[35] 相比之下，其他风险，比如价值未对齐的人工智能带来的风险，让人类要么平安无事要么殆无孑遗。如果一场较小的灾难有可能引发有用的重大行动，以消除这类未来的风险，我们就把它称为“预警信号”。在其他条件相同的情况下，我们应该优先考虑那些骤然变化的风险——那些不太可能先发出警告的风险，因为它们更有可能长期被忽视。[36]

虽然我是从哪些风险最应得到优先考虑的角度提出这一分析的，但这些完全相同的原则也可适用于在不同风险因素或安全因素之间确定优先次序。而且它们可以帮助确定保护我们长期发展潜力的不同方式的优先次序，例如提升规范、在现有制度内开展工作或建立新的制度。最重要的是，这些原则可用于确定这些领域之间及其内部的优先次序，因为所有这些原则都是以减少生存性风险这一共同标准来衡量的。

尽早行动

我们面临的一些最大的风险仍在眼前。我们真的能够如此超前地为消除威胁开展有效的工作吗？在对风险可能采取的形式、技术的性质或风险发生时的战略态势没有充分认识的情况下，我们当下如何采取行动？

对于任何应对未来风险的尝试，这些都是实实在在的担忧。从时间角度来看我们无法预见长远，所以我们的最大努力很有可能会白费。但这并不是全部。因为还有一些方法可以使我们在威胁发生之前采取的行动更有效。

尽早行动是改变事态发展的最好办法。如果我们走错了路，最好在早期阶段就加以纠正。所以，如果我们需要将一项技术（或一个国家）从危险的道路上引导出来，我们现在就要用更大的力量去行动，而不是以后再说。

尽早行动是自我完善的最好办法，因为这样就有更多的时间来收获播下的东西。如果我们需要的是研究、教育或影响力，越早开始越好。

尽早行动是成长的最好办法。如果需要把一笔投资变成一笔财富，把一篇文章变成一个研究范畴，或者把一个想法变成一场运动，最好尽快开始。

而对于那些需要大量连续阶段的任务，尽早行动也是最好的办法。如果你的解决方案针对的就是这样的任务，不趁早启动的话，方案就可能无法实现。

简而言之，尽早行动的杠杆率较高，但更容易被浪费。它的力量更大，但准确性更低。如果我们确实在威胁发生很早以前采取行动，我们就应该利用这种杠杆作用，同时也要注意防止短视行为。[37] 这往往意味着关注知识和能力建设，而不是直接开干。

在我撰写本书的过程中，我们考虑了各种各样减少生存性风险的方法。最明显的是直接应对某一特定风险，例如核战争或基因工程大流行病。但也有更间接的办法：减少大国战争等风险因素；或者增加安全因素，例如成立致力于减少生存性风险的国际机构。也许我们可以在更间接的层面上采取行动。风险在稳定的经济增长期无疑比在经济大衰退时期要低一些，如果公民受过更好的教育以及更了解情况，风险可能还会更低。

哲学家尼克·贝克斯特德建议我们区分**目标**干预和**广泛**干预。[38] 关注保护人类不一定意味着注重狭隘的目标干预，例如对一项危险技术的治理。也可以通过旨在普遍提高智慧、改进决策或促进国际合作的更广泛的干预措施来降低生存性风险。而在这些方法中，哪种方法更有效并没有标准答案。贝克斯特德认为，过去几个世纪的长期主义者如果把重点放在广泛的干预上而不是狭隘的干预上，会做得更好。

我觉得贝克斯特德对过去几个世纪的看法可能是对的，但会有这样的问题主要是因为我们在20世纪强大到足以威胁自身之前，生存性风险是非常低的。从这一点来看，伯特兰·罗素和阿尔伯特·爱因斯坦等早期的长期主义者极为关注减少核战争威胁的目标干预是正确的。

我认为，我们可以通过考察忽视程度来初步解决目标干预和广泛干预的问题。在我们目前的情况下，每年有数万亿美元流向教育等广泛的干预措施，但流向有针对性的生存性风险干预措施的资金还不到这个数字的万分之一。[39] 所以广泛干预措施被忽视的程度要小得多。这使我们有充分的理由相信，目前增加目标干预措施的工作会更加有效（那些最不受重视的干预措施才最需要增加广泛干预）。

但如果投入特定生存性风险中的资源大幅增加，这种情况会有所改变。我们目前投入这些生存性风险中的资源不足全球生产总值的千分之一，此前我曾提议把这一比例至少提升到百分之一，让全人类保护自身发展潜力的投入超过花在冰激凌上的钱，也许一个较好的长期目标是把这一比例提升至刚好 1%。[40] 但当投资规模扩大时，回报就会大幅减少，当全世界只关注生存性风险时，也会发生同样的情况，因此用于目标干预的整体预算不应超过广泛干预的投入。

现在我们已经有了风险格局的路线图以及寻找前方希望所需的智力工具，是时候把它们用起来，开始计划如何保卫全人类了——包括从整体战略一直到我们每个人如何发挥作用的具体建议。

第七章 保卫人类

SAFEGUARDING HUMANITY

在我们面前，没有任何灾难是无法避免的；没有任何灾难以迫在眉睫的方式威胁我们，而我们束手无策。如果我们的行为是理性的、人道的；如果我们冷静地专注于全人类所面临的问题，而不是情绪化地专注于国家安全和民族尊严等19世纪的问题；如果我们认识到敌人不是自己的邻居，而是痛苦、无知和对自然法则的无视——那么我们就能解决面临的所有问题。我们可以按照自己的意愿完全消除灾难。

——艾萨克·阿西莫夫[1]

如何对待未来取决于我们自己。我们的选择决定我们生存还是死去，实现我们的发展潜力还是浪费成就伟业的机会。我们不会让运气束缚自己。个人的命运也许受到外部力量的摆布——突然的疾病或战争的爆发——但人类的未来几乎完全掌握在人类手中。大部分生存性风险来自人类的行为：来自我们可以选择停止的行为，或者选择更有效管理的行为。即使自然界的风险来临，我们也可以赶在风暴掀起之前，在足够长久的时间尺度上保护自己。

我们需要对我们的未来负责。当下活着的人是唯一能与目前的危险做斗争的人，是唯一能建立保卫我们未来的社区、规范和制度的人。我们是作为攻克难关走向光明和安全未来的一代人被铭记，还是彻底被遗忘，取决于我们能否奋起迎接这些挑战。

在探讨这些问题时，我认为从**全人类**的视角来考虑我们的困境是有帮助的：把人类作为一个紧密结合的整体，并思考人类的战略选择是否足够理性和明智。或者换句话说：思考人类团结协作能实现的事情，并以人类的长远利益为重。

这种框架是高度理想化的。它掩盖了因我们的不团结而产生的困难，也掩盖了个人为推动整个人类向正确方向发展而可能采取的行动的重要性。但它还揭示了更大的问题，而这些问题迄今为止几乎完全被忽视。这些问题关乎人类的大战略，以及我们如何确保自己能够实现一个美好的未来——即使我们还不能准确知道那将是怎样的未来。通过回答这些问题，我描绘了人类把自己的家园管理得井井有条的一幅宏大愿景，我希望这一愿景能在未来的几十年里指引我们，即使现实更混乱不堪、困难重重。

我的建议将从高层战略到政策建议，一直延伸到个人层面，并提出任何人都能采取的有前景的职业道路和行动。由于人们很少花时间仔细思考如何保护人类的长期潜力，所有这些指引必须被视为暂时性的，它还没有经受时间的考验。

但是，我们正处于思考人类长期未来的早期阶段，这一事实也使我们有理由在开始旅程时充满希望。这不是一条老路，被有希望的想法探索过却无法令人满意。这是一片未开垦的土地，对于第一批探索者来说，这一阶段他们可能会收获许多深刻的见解。

人类大战略

人类如何才能有最大的机会实现其潜力？我认为，在最高层面上，我们应该采取一种分三个阶段进行的战略[2]：

（1）实现生存性安全

（2）长期反思

（3）实现发展潜力

根据这一观点，人类的第一项伟大任务是实现一种安全状态——一个生存性风险很低且保持这种水平的状态。我将其称为**生存性安全**。

它有两个方面。最明显的是，我们需要**保持**人类的潜力，把自己从眼前的危险中抽离出来，这样我们才不会在把自己的家园管理好之前就失败。这包括直接应对最紧迫的生存性风险和风险因素，以及对我们的规范和制度进行短期变革。

但是，我们也需要**保护**人类的潜力——确立持久的保障措施，使人类在长远的未来免受危险，从而立于不败之地。[3]保持我们的潜力类似于扑灭眼前的火灾，而保护我们的潜力则是做出改变，以确保火灾永远不再构成严重威胁。[4]这需要对我们的规范和制度进行重大变革（赋予人类所需的审慎和耐心），以及采取手段提高我们对灾难的普遍适应力。这不需要我们马上预见所有的未来风险。如果我们能使人类坚定地走上一条认真对待新风险的道路，从一开始就能成功地管理或完全回避这些风险，就已经足够了。

要注意的是，生存性安全并不需要将风险降为**零**。这将是一个不可能实现的目标，而且为实现这一目标所做的努力很可能适得其反。人类需要做的是将本世纪的风险降到一个很低的水平，然后随着世纪的推移，持续地逐渐降低风险。这样一来，即使每个世纪可能都始终存在一些风险，但我们整个未来的整体风险却可以保持在较低的水平。[5] 我们可以把这看作一种生存的可持续性。任由生存性风险累积向 100% 发生的可能性攀升的未来是不可持续的。因此，我们需要为整个未来设定一个严格的风险预算，将这种不可再生的资源小心翼翼地分配给子孙后代。

归根结底，生存性安全就是要尽可能地降低整体生存性风险。保持我们的发展潜力有助于降低我们在今后几十年中面临的部分整体风险，而保护我们的潜力则有助于降低长期风险。我们可以同时在这些方面下功夫，将我们的一些努力用于减少眼前的风险，将另一些努力用来提升能力、建立机构、增长智慧和加强意愿，以确保将未来的风险降到最低。[6]

鼓励人们确保生存性安全的一个关键认识是，如果生存性安全是全世界的当务之急，那对人类而言似乎不存在任何可以持续极长时间的重大障碍。正如我们在第三章中所看到的那样，我们有足够的时间来保护自己免受自然风险的影响：即使我们花上几千年的时间来解决来自小行星、超级火山和超新星的威胁，承受的风险也不到整体风险的 1%。

更大的风险（和更紧迫的期限）来自人为的威胁。但是，由于这是人类自己造成的威胁，它们也在我们的控制范围之内。如果我们有足够的耐心、谨慎和协作水平，我们就可以不再把这种风险强加给自己。我们会将碳排放（或核武器）的隐性成本考虑在内，并认识到它们不是一桩好买卖。我们将对最前沿的新技术采取更成熟的态度，将人类的聪明才智至少像投入技术发展那样投入前瞻性的思考和治理中。

过去，人类的生存并不需要太多有意识的努力：我们的历史很短暂，足以躲过自然的威胁；我们的力量也很有限，无法产生人为的威胁。但现在，我们的长期生存需要我们为之做出深思熟虑的选择。随着越来越多的人认识到这一点，我们可以做出这种选择。让人们着眼于长远、超越当下的狭隘冲突是一项巨大的挑战。但其中的逻辑是清晰的，道德论证是有力的。我们能够做到。

如果我们实现了生存性安全，我们就有了放松下来的空间。随着人类的长期潜力得到保障，我们将度过“危崖时期”，自由地思考摆在我们面前的各种未来。我们将能够花时间去思考我们真正的愿望，思考哪一个人类的愿景可以最大限度地实现我们的发展潜力。我们将称之为**长期反思**。[7]

我们很少这样想。我们只关注当下。即使是我们这些非常关心长期未来的人，也需要把大部分注意力集中在确保我们**有**未来上。但是，一旦我们实现了生存性安全，我们就会有大把时间来对比可供选择的各种未来，并判断哪种未来是最好的。到目前为止，道德哲学的大部分工作都集中在消极方面——避免错误的行动和不好的结果。对积极因素的研究则处于早得多的发展阶段。[8] 在长期反思中，我们需要发展出成熟的理论，容许我们将子孙后代以亿万年和广袤星空为画布而有望成就的伟业进行一番比较。

当今的人类，包括我自己在内，都无法预见这种反思的结果。[9] 但我们有独特的条件使之成为可能。

长期反思的终极目标是得出哪种未来对人类最好这一问题的最终答案。这可能是我们在理想的反思过程下趋近的真正答案（如果真理适用于道德问题的话），也可能不是。我们甚至可能无法趋近真正的答案，因为有些争议或不确定因素是理性无法解决的。如果是这样，我们的目的就是要在剩余的观点中找到能获得最佳协调状态的未来。[10]

我们不需要在迈向未来之前全部完成这一进程。至关重要的是，在采取每一个大胆的、潜在不可逆转的行动之前，我们必须对所要达成目标的大体情况有足够的信心——每一个行动都有可能锁定我们的大部分未来。

例如，可实现的最好未来也许是通过改善我们的生物基因，从身体上完善人类。或者可能需要让人们自由地选取多样化的新生物形式。但是，过早地沿着这两条道路中的任何一条走下去，都会招致其自带的生存性风险。

如果我们从根本上改变我们的本质，我们就会用新的东西取代人类（或至少取代智人）。这将有可能让人类在真正了解什么是最宝贵的东西之前就失去它。如果我们让自己的形态变得多样化，我们就会使人类支离破碎。我们可能会失去人类的基本团结（这种基本团结使我们对未来有一个共同的愿景），转而让自己永远处于斗争或不尽如意的妥协中。其他大胆的行动也可能带来类似的风险，例如，越过太阳系形成由各个独立世界组成的联邦，每个世界都漂移在自己的文化方向上。

这并不是抗拒这种对人类境况的改变——这些改变很可能对实现人类的全部潜力至关重要。我要说的是，这些都是需要在长期反思之后才可能做出的大胆改变。[11] 或者至少要有足够的反思，让我们得以充分理解这种变化的后果，才可能付诸行动。我们需要稳扎稳打，非常谨慎地选择我们的道路。因为一旦拥有了生存性安全，只要我们缓慢而小心地行事，几乎就可以保证成功：游戏的输赢取决于我们自己，除却迫不得已的原因让我们妥协。

对于长期反思的过程，我们能说些什么呢？我并不是把这想象成人类在那个时代的唯一任务。还会有许多其他的伟大事业，比如对知识、繁荣和正义的不断追求。而届时很多人可能只会对长期反思产生一时的兴趣。但是，对未来形态影响最大的正是长期反思，而人们将因此记住那个时代。[12]

这一进程可能主要在知识分子圈内开展，也可能在更广泛的公共领域内发生。不管是哪种方式，我们都需要十分小心，避免有关人员的偏见或成见影响这一进程。正如乔纳森·谢尔在谈到类似的事业时所说的那样，“即使每一个在世的人都参与进来，这种努力也只能由数量远逊于已逝的世代和未出生世代的人来完成，因此需要以少数人的谨慎和谦虚的态度行事”。[13] 我们进行对话时应该谦恭有礼，尊重各种观点，但更重要的是稳健和严谨。因为对话的最终目的不仅仅是赢得当时活着的人的好感，而是要得出经得起永恒考验的定论。

虽然道德哲学将发挥核心作用，但长期反思需要来自许多专业领域的见解。因为它并非仅仅确定哪些是最好的未来，而是首先要确定哪些未来是可行的，哪些战略最有可能实现这样的未来。这需要科学、工程、经济、政治理论和其他方面的分析。

我们可以把生存性安全和长期反思这前两个阶段看成为人类设计一部宪法。实现生存性安全，就像把保护我们的发展潜力写进宪法。然后长期反思将充实这部宪法，确定我们未来发展的方向和界限。

当然，我们的最终目标是最后一步：充分实现人类的发展潜力。[14] 但是，要做到这一点，必须先认真思考哪种未来是最好的，以及如何在不犯任何致命错误的情况下实现这种未来。虽然现在开始这样的反思并无大碍，但这并不是最紧迫的任务。[15] 为了最大限度地提高我们成功的机会，我们首先需要让自己达到安全状态——实现生存性安全。这是我们这个时代的任务。其余的事情可以稍后再说。

移居太空的安全性？

许多在著作中探讨过人类灭绝风险的人认为，如果我们能够生存足够长的时间移居太空，我们就会很安全——目前我们所有的鸡蛋都在一个篮子里，但如果我们成为一个星际物种，这个脆弱期就会结束。[16] 这对吗？移居其他星球会给我们带来生存性安全吗？

这个想法是基于一个重要的统计学事实。如果需要摧毁越来越多的地方来让人类无法生存，并且每个地点遭受灾难的概率与其他地点是否也遭受灾难无关，那么人类很有可能无限期地生存下去。[17]

但不幸的是，这种说法只适用于统计学意义上的独立风险。疾病、战争、暴政和长期遭受不良价值观念影响等许多风险是跨星球相关的：如果它们影响了一个星球，就很有可能以某种方式影响到其他星球。通用人工智能价值未对齐和真空塌陷等少数风险则几乎是完全相关的：如果它们影响了一个星球，所有星球都很可能受影响。[18] 可以想见，有些尚未发现的风险也会在我们的定居点中存在关联。

因此，太空定居有助于实现生存性安全（通过消除不相关的风险），但这绝不足够。[19] 成为跨星球物种是一项鼓舞人心的事业——可能是实现人类发展潜力的必要步骤。但我们仍要直面生存性风险的问题，将保护我们的长期潜力作为核心优先事项之一。

没有先例的风险

人类从来没有遭受过生存性灾难，但愿我们永远不会遇上。这种规模的灾难在我们的漫长历史中从未出现过。这就给我们试图认识、预测和预防这些灾害，带来了严峻的挑战。更重要的是，这些挑战将永远伴随着我们，生存性风险**必定是前所未有的**。等到有了先例，就为时已晚了：我们已经失去了未来。为了保护人类的发展潜力，我们不得不在一个从未发生过我们极力避免的事件的世界中制订计划，并实施我们的策略。[20] 我们可以探讨一下这种情况带来的挑战，以及如何着手解决这些难题。

首先，我们不能依赖目前的直觉和制度，这些直觉和制度是为了应对中小规模的风险而发展起来的。[21] 我们的恐惧直觉在进化水平和文化层面上都不适合处理远不止威胁个人生命的风险——在一个有数十亿人的世界上，在数千年里一次都不允许发生的灾难风险。我们对非常罕见的事件发生的可能性以及这种风险会在何时过高的直觉也是靠不住的。进化和文化适应使我们对日常生活中的这些问题（什么时候过马路是安全的，是否要买烟雾报警器）有了相当完善的判断，但应对威胁数百人的风险就很勉强了，更不用说应对威胁数十亿人和人类未来的风险了。

我们的制度也是如此。处理风险的法律、规范和组织体系已被设置得只能用来应对我们在过去几个世纪中遇到的中小规模风险。它们没有能力处理过于广泛的风险，正是这些风险将摧毁全球所有国家，其严重程度将导致没有任何法律机构能保留下来惩戒罪魁祸首。

第二个挑战是我们不能承受**哪怕一次**失败。生存性灾难会使我们失去从失败中学习的能力。人类通常严重依赖试错来管理风险。我们根据迄今看到的损失来调整投资规模或监管水平，我们通过详细检查灰烬来研究如何防范新的火灾。

但这种被动试错的方法在涉及生存性风险时根本行不通。我们需要采取积极主动的措施：有时要提前很长时间，有时要付出巨大代价，有时还要在不清楚风险是否真实存在或措施是否能解决风险的情况下采取行动。[22] 这就需要建立制度以获得与即将到来的风险相关的最前沿信息，需要有能力采取果断行动，并有意愿将之实现。针对许多风险而言，这种行动都可能需要世界各国之间的迅速协调。而且即使我们可能永远也无法知道这些代价高昂的行动是否真的有用，我们也必须采取行动。说到底这需要建立新的机构，这些机构要由众多头脑敏锐和具备正确判断力的人组成，拥有大量预算，能够真正影响政策。

这些都属于极难做出健全决策的情况，也许连目前运作得最好的机构都没有能力应对这样的挑战。但这就是我们的处境，我们需要面对它。机构能力需要迫切提高以满足这些要求。

这些机构何时应该采取行动，本身就是一个十分难以回答的问题。一方面它们要能实施强有力的行动，即使在证据达不到最高科学标准的情况下。然而，这使我们面临着追逐幻象的风险——被要求（或被迫）在证据不足的情况下做出重大牺牲。如果风险涉及机密内容或信息危害，而这些内容和危害又不能公开让公众监督和回应，那就会带来更大的问题。这方面的挑战与政府宣布进入紧急状态的能力所带来的挑战类似：应急权力对于处理真正的紧急情况是必不可少的，却有可能被严重滥用。[23]

第三个挑战是知识储备的问题。我们如何预测、量化或认识从未发生过的风险？预测新技术带来的风险是极其困难的。想想第一次允许汽车上路的情况。当时人们还不清楚这有多危险，但是汽车一旦上路，并且已经行驶了数百万英里，我们就可以通过观察统计频率来轻松确定风险。这让我们看到收益是否大于风险，新的安全改进措施能带来多少收益，以及哪些改进是最有用的。

在生存性风险的问题上，我们没有这样以长期频率为基础而得出风险概率的记录提供帮助。相反，我们不得不在无法得知有关风险的可靠概率的情况下做出重要决定。[24] 这就制造了严重的障碍，让我们难以在有关生存性风险的决策过程中使用概率进行预测。[25] 这个问题在气候变化的研究中已经存在，并在制定政策时造成了很大的困难——如果问题的政治化导致人们在解释模棱两可的证据时出现明确或隐含的偏见，就尤其如此。

冷战期间人们对核战争带来的生存性风险的担忧经常被轻视，理由是我们还没能**证明**其中的风险很高。但当涉及生存性风险时，这将是一个不可能达到的标准。我们的科学实证规范要求多次重复实验，而且其前提是假设这些实验可以实现且成本不高。但在生存性风险的情况，这两个假设都无法成立。正如卡尔·萨根所说的那样："理论中涉及的世界末日是无法用实验来验证的，或者至多只能有一次实验的机会。"[26]

即使没有生存性灾难的记录，我们也有一些方法来估计概率或概率的范围。例如在第三章中我们看到了如何利用人类和类似动物的存续时长来对自然风险整体概率得出一个非常粗略的估计。我们还可以关注几近酿成生存性灾难的事件，既包括**已经**发生的最严重灾难（如黑死病），也包括**差点**发生的生存性灾难（如古巴导弹危机）。这些可以帮助我们了解一些事情，比如社会对大型灾难的适应力如何，或者我们不完善的信息如何导致国家背离初衷，大步踏向一场毁灭性战争的边缘。我们需要从这些案例中学习一切可以学习的东西，即使它们不能精确类比我们所面临的新风险，因为它们可能是我们拥有的最有用的东西。

在风险分析领域，接近生存性灾难的事件有时候会被系统化地利用起来。有一些技术会根据出现过的故障**先例**组合来预测前所未有的灾难发生的概率。例如，为评估核导弹发射系统的可靠性而开发的故障树分析经常用于帮助防范飞机坠毁和核泄漏等低频风险。[27]

预测人类灭绝的风险时有一个特殊的挑战。不管可能性有多大，我们都**不可能**目睹人类在过去灭绝。这样一种选择效应会扭曲一些与灭绝有关的灾难在历史上的记录，即使它们不一定会导致灭绝。例如，我们也许不能直接使用人们对小行星碰撞或全面核战争的观察记录。从我们所知道的情况来看，这些选择效应似乎并没有对历史记录造成太大的扭曲，但关于这个主题的论文只有少数几篇，一些方法论问题也有待解决。[28]

最后一个挑战涉及所有小概率的高代价风险。假设科学家预测一个前所未有的技术风险造成生存性灾难的概率极小，比如说万亿分之一，我们能在分析中直接使用这个数字吗？很可惜，我们不能。问题是科学家们错误估计了这个概率的可能性比万亿分之一大很多倍。回想一下，他们没能准确估计“喝彩城堡”爆炸时的规模——如果误算的概率真的很低，就不应该出现这样的情况。所以，如果灾难真的发生了，更有可能是因为预测错误，并且实际的风险更高，而不是因为万亿分之一的事件发生了。

这意味着万亿分之一的数字并不是有决定性意义的概率，决策者需要使用更高的数字来调整这一概率。[29] 目前还不太清楚他们应该以何种方式进行调整。有一种普遍的观点认为我们虽然不能确定基础物理概率，但这不能成为忽视风险的理由，因为真实的风险可能更高，也可能更低。甚至可以说，当初步预测的概率很低时，严格地估算不确定性往往会使情况变得更糟，因为真实的概率可能会高得多而不是低得多。[30]

生存性风险领域所带来的这些不同寻常的挑战并非不可克服。它们要求我们在对前所未有的风险进行测算和评估的理论认识方面取得进步。它们要求我们改进对颠覆性技术的前景审视和预测。它们还要求我们更好地将这些技术和想法纳入决策当中。

国际协作

保护人类是一项全球公益事业。正如我们先前所看到的，即使像美国这样的强国，也只拥有世界人口的 1/20，因此只能从预防灾难带来的回报中获得大约 1/20 的利益。因此，民族国家之间的行动失调会导致集体行动困难。每个国家都没有足够的动力去采取减少风险的行动以及避免引起风险的行为，而是更想占其他国家的便宜。正因如此，我们应该预料到减少风险的活动会不足，而增加风险的活动则会过多。

这就需要国际协作以应对生存性风险。只有我们像分享这些政策的收益一样分担这些政策的成本时，国家的参与动力才会与人类的参与动力相一致。虽然各国偶尔会为了全人类的更大利益采取行动，但这是例外而非常规行为。多边行动可以解决这种公地悲剧，把指望各国奉行利他主义，换成指望他们会谨慎行事：这虽然不算完美的解决办法，却是好得多的选择。

而且，集中开展一些关于保护人类的国际工作会有好处。这将有助于我们集中专业知识，分享观点，并促进协作。它还可以帮助我们推行需要统一响应的政策，这在目前属于最薄弱的环节：例如，勒令暂停危险的研究，或者管控地球工程的使用。

因此，有必要设立关注生存性风险的国际机构以协调我们的行动。但现阶段这些机构应采取什么形式还不是很清楚。其中包括变革应该是渐进式的还是激进式的，机构应该是咨询式的还是监管式的，以及它们的责任范围应该是大还是小等问题。我们的选项范围很广，从对小机构的渐进式改善，到对联合国安全理事会等关键机构的重大变革，一直到管理全球最重要事务的全新机构。

毫无疑问，许多人会认为国际治理的大变革是不必要的，或者是不现实的。但考虑一下联合国的成立，它是为了应对“二战”的悲剧而对国际秩序进行大规模重整的一部分成果。破坏人类的全部发展潜力将比“二战”糟糕得多，因此对类似规模的国际机构进行重新整顿或许是完全合理的。虽然现在可能没有什么需求，但在不久的将来，如果公众强烈意识到某种风险，或者出现一场起到警示作用的全球灾难，可能就会有需要了。因此，我们应该对理想的国际机构持开放态度，同时考虑对现有的机构进行较小的改革。[31]

我们的政策选择也是如此。当我们清醒地认识到所处的新形势并接受人类的脆弱性时，我们将面临巨大的挑战。但我们也会发现新的政治可能性正在出现。起初看似不可能的应对措施也许会成为可能，随着时间的推移，甚至变得势在必行。正如乌尔里希·贝克所说：“人们可以提出两种截然相反的论断：全球风险会激发令人瘫痪的恐惧，或者全球风险会创造出新的行动空间。”[32]

审视我们目前困境的一种方式是，现有的全球秩序将人类分割成许多主权国家，每个国家都有相当可观的内部一致性，但与其他国家的协作却很松散。即使从生存性风险的角度来看，这种结构也有一些优势，因为它允许我们将一个坏政府可能让人类陷入一种可怕的锁定状态的风险降到最低。但是，随着一个国家，甚至一个国家内的一个小集团，越来越容易威胁到整个人类，平衡可能会开始改变。而 195 个国家或许意味着 195 个治理不善导致人类毁灭的可能性。

早期一些重要的生存性风险思考者提出，生存性灾难的可能性越来越大，要求人类走向一种世界政府的形式。[33] 例如，爱因斯坦在 1948 年写道：

> 我主张建立世界政府，因为我相信，没有其他可行的办法来消除人类有史以来最可怕的危险。避免彻底毁灭的目标必须优先于任何其他目标。[34]

世界政府是一个含糊不清的概念，这个词对不同的人有不同的含义。例如，它有时被用来指任何国家无法相互发动战争的情况。这种情况下它几乎是世界永久和平的同义词，而且相对来说不会招致反对（尽管实现起来无比困难）。但这个词也被用来指一个政治上同质化的、只有一个控制点的世界（大致指世界变成了一个大国）。这一点争议更大，可能会由于全球极权主义或人类长期被不良价值观锁定而增加整体生存性风险。

而我认为，要想更好地实现生存性安全，就必须有最低限度的国际约束，以防止一两个国家的行为者危害整个人类的未来。也许可以制定一种人类宪法，并将保障我们未来的首要需求以及所需的资金和执行机制写入宪法，以此来实现这一点。这可能使我们超越任何现行的国际法或机构，但还远远达不到世界政府的程度。

那么较小的变化——例如改善国际协作，在成本框架内提供大量的安全保障是否可行呢？历史上一个很好的例子可能是莫斯科－华盛顿热线（俗称“红色专线”）。[35] 古巴导弹危机期间，肯尼迪和赫鲁晓夫之间的信息经常需要几个小时才能被接收和解码。[36] 但是古巴当地的最新事态发展速度快得多，使得外交解决方案（和对明显敌对行为的解释）跟不上节奏。[37] 之后肯尼迪和赫鲁晓夫建立了通话热线，领导人之间可以进行更快、更直接的沟通，以避免未来的危机如此接近爆发的边缘。这是一个简单而成功的降低核战争（以及更普遍的大国战争）风险的方法，而且几乎不需要付出金钱成本或政治代价。也许还有其他类似的想法正等待着被发现或实施。

而且可能还有更明显的方法，比如只是强化与生存性风险有关的现有制度。举个例子：让《禁止生物武器公约》向《禁止化学武器公约》看齐，将其预算从 140 万美元增加到 8 000 万美元，赋予其调查可疑违约行为的权力，并将其工作人员从仅有 4 人增加到与其作用更相称的水平。[38] 我们还可以增强世界卫生组织通过快速疾病监测、诊断和控制来应对新出现的大流行病的能力。这包括增加世卫组织的资金和权限，以及研发必要的技术。我们要确保对所有的 DNA 合成进行筛查，以免危险的病原体混入其中。DNA 合成企业在这方面已经有了不错的进步，目前 80% 的订单都要经过筛查。[39] 但 80% 还是不够，如果我们不能通过自愿努力实现全面筛查，就需要某种形式的国际监管。

一些最重要的国际协作可能发生在国与国之间。重启《中程导弹条约》（INF）可以成为明显的第一步。这项裁减军备条约销毁了美国和俄罗斯核武库中的 2 692 枚核导弹，但在违约行为持续十年后于 2019 年暂停。[40] 人们还应该确保延续将于 2021 年到期的《新削减战略武器条约》，这一条约已经大幅减少了核武器数量。

虽然核问题通常是通过双边或多边协议解决的，但也可能有些单边行动是符合所有国家利益的。例如，倘若美国解除其洲际导弹一触即发的警戒状态，将会减少意外触发核战争的可能性，却不会失去太多威慑作用，因为其核潜艇仍然能够发起毁灭性的报复。这很可能会降低核战争的整体风险。

另一个有希望促成渐进式变革的途径是明令禁止和惩罚故意或轻率地造成不必要的灭绝风险的行为。[41] 国际法的用途就在于此，因为造成这种风险的人很可能是国家政府或国家元首，仅仅是本国法律可能会豁免他们。

对所有活着的人和我们的整个未来造成危险可能是一种严重的罪行，这一想法天然符合人权法和危害人类罪背后的常识。将这一理念与实际的法律体系协调起来以及确定起诉所需的门槛将面临巨大的现实挑战。[42] 但这些挑战是值得应对的——我们的子孙在得知威胁人类存续的行径曾经完全合法时会无比震惊。[43]

有一些令人鼓舞的迹象表明，这种保护措施可以在国际上获得支持。例如联合国教科文组织在 1997 年通过了《当代人对后代人的责任宣言》。该宣言的序言表明其认识到人类的存续可能受到威胁，为此在联合国的使命范围内采取行动：

> 意识到在历史上的这一时刻，人类的生存及其环境受到威胁，强调充分尊重人权和民主理想是保护子孙后代的需要和利益的重要基础……铭记子孙后代的命运在很大程度上取决于今天的决定和行动……深信在广泛的、面向未来的视角下为当代人制定行为准则是一项道德义务……

宣言的条款列出了国际社会应采取的理念，包括第 3 条：“当代人应努力确保人类的维持和延续。”这一宣言显然没有改变世界，但它确实指出了如何在国际人权框架内表达这些思想，并表明这些思想在最高层是得到认可的。[44]

在过去 30 年里，少数国家和地区采取了显著措施调整其民主体制，以更好地代表后代的意见。[45] 它们是在回应对标准民主形式的批评：这些形式不能代表可能因我们的决定而遭受不利影响的未来民众。[46] 有人可能会认为这是当代人对未来的暴政。显然我们不能简单地通过让未来的人在将对他们产生影响的议题上投票来解决这个问题，因为他们还没有出生。[47] 但我们有时确实清楚他们会对政策有什么看法，所以如果我们认真对待这种批评，就可以通过代理人来代表他们：例如监察员、委员会或议会委员会。它们可以是咨询性质的，也可以被赋予一些实权。[48]

迄今为止，这些关于未来世代具体代表权的试验主要集中在环境和人口问题上。但这一想法当然也适用于生存性风险。这种试验可能会在国家层面取得一些成功，如果有某种方式将其带到世界舞台，将代际协作和国际协作结合起来，就会更加有力。可以采取渐进式或激进式变革的方式来这样做。

技术进步

人类杰出的技术进步一直是本书的主题之一。正是它使人类能够形成村庄、城市和国家，使我们得以创造出最伟大的艺术作品，使人类的寿命大大延长，赋予我们极度丰富的多样性经验。它对我们的生存也至关重要：因为如果没有更多的技术进步，我们最终会被小行星等潜在自然风险毁灭。而我相信，我们所面临的最好未来——那些将真正发挥我们潜力的未来——将需要我们尚未实现的技术，如廉价的清洁能源、先进的人工智能或进一步探索宇宙的能力。

因此，尽管我们面临的最大风险是技术风险，但放弃技术进步不是解决办法。那么如果让技术进步得慢一些呢？这也是一种解决方案吗？这样做的影响之一是技术风险将推迟发生。如果我们把一切有风险的新技术推迟一个世纪，那可能意味着今天所有活着的人都可免于在生存性灾难中死亡。从这个角度来看，这将是一个巨大的利好。但对我们的未来、过去、我们的优势或我们在宇宙中的重要性帮助不大。哲学家 J.J.C. 斯马特是最早思考生存性风险的人士之一，他也注意到了这一点：

> 事实上，从未来可能发生的数百万年进化的角度来看，最后的灾难仅仅推迟（比如说）几百年又有什么关系呢？只有当推迟被用作一个喘息的空间，在这个空间里找到避免最终灾难的方法时，推迟才有很大的价值。[49]

我认为我们目前的困境源于人类力量的快速增长超过了我们的智慧缓慢而不稳定的增长。如果这是对的，那么放缓技术进步应该可以给我们一些喘息的空间，让我们的智慧有更多赶超的机会。[50] 放缓我们各方面的进步可能只是延缓灾难的发生，但减缓我们的力量相对于智慧的增长速度从根本上说应该是有帮助的。

我认为更有耐心和更谨慎的人类确实会努力限制这种愈加明显的趋势。最重要的是，人类将努力增长自己的智慧。但是，如果我们增长智慧的速度是有限的，那么减缓人类力量的增长速度也是有意义的——不一定要把脚踩在刹车上，但至少踩油门的时候轻一点儿。

我们看到，人类就像一个青春期的孩子，体能发展迅速，智力和自制力滞后，很少考虑自己的长期未来，对风险抱有不健康的渴望。而对于我们自己的孩子，我们设计的社会规划有意让他们分阶段接触有风险的技能：例如在他们达到适当的年龄并通过资格测试之前不得驾驶汽车。

我们可以想象对人类采用类似的方法。不放弃技术领域，而是接受在某些情况下我们需要达到一个特定的标准才算得上做好准备。例如，只有在一百年内没有发生重大战争的情况下才能发展核武。但不幸的是，这里有一个重大难题，与我们自己孩子的情况不同，并没有明智的成年人来决定这些规则。人类将不得不制定规则来管理**自己**。缺乏智慧的人通常没有能力看到这一点，缺乏耐心的人则不太可能接受延迟满足。

因此，虽然我认为一个更成熟的世界确实会将其破坏能力的增长限制在能得到适当管理的水平上，但目前提倡这样做没有多大价值。减缓技术发展的重大努力需要所有主要参与者之间达成国际协议，否则，技术发展只会在最没有社会责任感的国家里继续进行。由于世界距离达成这样的协议还很遥远，所以少数关心生存性风险的人花精力来推动技术减速发展是没有效果的（很可能会适得其反）。

相反，我们应该把精力用于促进负责任地运用和管理新技术。我们应该说明，技术进步所带来的前所未有的力量要求我们承担前所未有的责任，不管是实践者还是监督者。

技术给我们生活质量带来的巨大改善是需要代价的。它们伴随着风险影子成本。[51] 我们专注于看得见的利益，却在积累也许有一天需要偿还的隐性代价。[52] 如果我们不改变技术发展的步伐，我们至少要确保用技术带给我们的某些繁荣来弥补这些代价。例如，重新投入哪怕只有 1% 的技术红利，以确保人类潜力不会因为技术的进一步发展而遭到破坏。

这种技术治理可以在许多层面上进行。最明显的是由负责治理的相关者如政治家、公务员和公民社会来开展，但我们也可以通过在学术界、专业协会和技术公司从事相关科学和技术工作的人做出的宝贵贡献，来构建起彼此之间的桥梁。这些从业人员可以花更多的时间来反思自己和同行的工作所产生的伦理影响。[53] 他们可以制定自己的指南和内部规范，还可以投入时间与政策制定者合作，确保国家和国际法规在科学和技术上是行得通的。[54]

《蒙特利尔议定书》是成功治理的一个好例子，它为逐步淘汰耗损臭氧层的化学品制定了时间表。科学家、工业界领导人和政策制定者之间进行了迅速而广泛的合作，最终达成了科菲·安南所说的“也许是迄今为止最成功的一项国际协定”。[55]

另一个例子是关于DNA重组技术的阿西洛马会议。在这次会议上，该领域的重要科学家考虑了他们的工作可能带来的新危险。作为应对手段，他们为进一步的研究设计了新的安全要求，并彻底限制了一些发展路线。[56]

技术治理的一个值得关注而又被忽视的领域是**技术的差异化发展**。[57] 虽然防止开发危险技术可能过于困难，但我们也许能够通过加快开发可以防范危险技术的保护性技术来减少生存性风险。研究资助者可以发挥这种作用，将其作为一项原则，用于设计资助要求和分配赠款，对保护性技术给予额外的重视。研究人员在几个有前途的研究方案中进行选择时，也可以利用这一原则。

状态风险和过渡期风险

如果人类每个世纪都受到重大风险的威胁，那么我们就处于不可持续的状态中。难道我们不应该试着尽快度过这个风险期吗？答案取决于我们所面临的风险类型。

有些风险与事物的易损状态有关。我们把这些风险称为**状态风险**。[58] 许多自然风险都是状态风险。人类仍然容易受到小行星、彗星、超级火山喷发、超新星和伽马射线爆发的影响。威胁存在而又难以抵挡的状态延续的时间越长，我们被生存性风险击倒的可能性就累积得越大。我们成功度过一段时期的可能性以一个衰减指数为特征，半衰期由年度风险决定。[59] 面对状态风险时，我们结束易损状态的速度越快越好。如果需要技术来结束这种易损状态，那么我们最好尽快实现这种技术。

但并非所有的风险都是这样。[60] 有一些属于**过渡期风险**：在向新的技术或社会制度过渡的过程中出现的风险。例如，当我们开发和部署变革性通用人工智能时出现的风险就是这样，当我们向高能文明过渡时出现的气候变化风险也是这样。仓促转型可能无助于降低这些风险，反而会适得其反。但如果转型是必要的或者是非常可取的，我们可能在某些时候不得不经历这个过程，所以仅仅采取拖延策略并不是一个解决方案，而且还可能使事情变得更糟。应对这些风险的普遍解决办法既不是急于求成，也不是拖延行事，而是以小心谨慎和富于远见的方式去处理。

我们面临的一系列风险既包括状态风险也包括过渡期风险。[61] 但如果我的分析是正确的，那么过渡期风险要比状态风险大得多（很大程度上是因为其中的人为风险较多）。这表明匆忙草率地推动整体技术进步是没有必要的。总的来说，实现生存性安全的同时尽可能减少累积风险的愿望决定了我们要保持平衡。

我认为最好的办法是有针对性地加速所需的科学技术发展，以克服最严重的状态风险，同时把足够的远见、谨慎和协作结合起来，以应对最严重的过渡期风险。

虽然我们目前的状况是不可持续的，但这并不意味着补救办法是尽快达到更可持续的年度风险水平。我们的最终目标是长期的可持续性：保护人类的发展潜力，使我们有最大的机会在未来的岁月里发挥我们的潜力。因此，正确的可持续发展概念不是尽快进入可持续发展的状态，而是要有一个可持续发展的轨迹：以最优的方式保持平衡，使达到目标的过程中出现的风险被达到目标后提供的保护抵消掉。[62] 这可能需要我们在短期内承担更多风险，但前提是这些风险足以降低长期风险。

生存性风险研究

对生存性风险的研究还处于起步阶段。我们只是刚开始了解所面临的风险和处理这些风险的最佳方法。而在概念基础、道德基础或人类的大战略方面，我们处于更早的阶段。因此我们尚未做好果断行动的充分准备，以保护人类的长期发展潜力。这使得对生存性风险的进一步研究特别有价值。它将帮助我们决定应该采取哪种行动，并发现我们还没有想到过的全新举措。[63]

其中一些研究应该着眼于具体的议题。我们需要更好地了解生存性风险——它们发生的可能性、发生机制以及减少风险的最佳途径。虽然针对核战争、气候变化和生物安全已经有了大量研究，但对于每个领域中最极端的事件，也就是那些对人类本身构成威胁的事件，研究还很少。我们同样需要针对如何使通用人工智能与人类的价值观对齐进行更多技术研究。[64]

我们还需要进一步研究如何解决大国战争等重大风险因素，以及加强研究重大安全因素。例如，研究什么样的机构能最有效地促进国际协作或代表人类后代，或者研究有什么方法最能提高我们的适应力，让我们更有机会从非致命灾难中恢复过来。我们需要找到新的风险因素和安全因素，让大家有更多办法来应对生存性风险。

除了关于具体议题的众多研究领域之外，我们还需要对更抽象的问题进行研究。我们需要更好地理解长期主义、人类的发展潜力和生存性风险：完善这些观念，使其无懈可击；理解它们所依赖的道德基础是什么，它们意味着什么道德承诺；以及更好地认识人类面临的重大战略问题。

这些领域听起来可能宏大又难以企及，但在这些方面取得进展是有可能的。想想我们在本书中探讨过的观点，有些是非常宏观的：人类跨时代的广阔视野，危崖时期，以及保证人们未来的紧迫程度。但许多观点可以提炼成一些小而精的见解。比如一场灾难杀死 100% 的人可能比杀死 99% 的人要糟糕得多，因为你失去了整个未来；人类迄今为止的生存时长严格限制了自然风险的发生；减少生存性风险的需要总是得不到满足，因为它是一种代际的全球公共益品；还有状态风险和过渡期风险的区别。我相信还有更多这样的思想正等待着我们去发现。而且其中有许多不需要任何特殊的训练就能找到或认识到：只需要一个寻找模式、工具和解释的善于分析的头脑。

也许令人意外的是，许多这类生存性风险研究已经获得了资金。一些有远见的慈善家已在认真对待生存性风险，近期开始资助关于关键风险及其解决办法的顶层研究。[65] 例如“开放慈善项目”资助了一些最新的核冬天建模项目，以及人工智能技术安全、大流行病预防和气候变化方面的工作——重点研究最极端的情况。[66] 在我撰写本书期间，这些慈善家渴望资助更多这样的研究，他们不缺资金，而是缺优秀的研究人员来研究这些问题。[67]

而且已经出现了一些专门研究生存性风险的学术机构。例如剑桥大学的生存性风险研究中心和我所在的牛津大学人类未来研究所。[68] 这些机构让来自各学科的志同道合的研究人员聚集在一起，共同研究保卫人类的科学、伦理和政策。

我们不应该做什么

这一章讲的是我们应该做什么来保护我们的未来。但知道不应该做什么也同样有用。以下是一些建议：

不要过早地进行监管。在适当的时候，监管可能是减少生存性风险的一个非常有用的工具。但现在我们对如何最有效地做到这一点知之甚少。推动考虑不周的监管将是一个重大错误。

不要单方面采取不可逆的行动。有些对策可能会使我们的困境更加恶化（想想激进的地球工程或公布天花基因组）。所以，我们应该警惕单边主义诅咒，在这种情况下，单方面采取行动的能力会让那些最乐观的预测者产生应该行动的偏见。

不要传播危险信息。研究生存性风险意味着探索我们世界的易损性，有时这反而会带来新的危险。除非我们小心翼翼地管理这些信息，否则我们就有可能使自己变得更加脆弱。

不要夸大风险。人们自然而然地倾向于将生存性风险的说法视为夸大其词。夸大风险就会起到这种作用，使人们更难在众说纷纭之时看到冷静审慎的分析。

不要太狂热。保卫我们的未来极其重要，但它不是人类唯一的优先事项。我们必须在行善的世界里做一个好公民。无休止地谈论这项事业，以致烦扰他人，会适得其反。劝诱他人相信这项事业比他们所珍视的事情更重要则是更糟糕的行为。

不要陷入部落主义。保卫我们的未来不分左派右派，不分东方西方，不分富贵贫贱。它不属于任何党派。把它限定为有争议的分歧中任何一方的政治问题将是一场灾难。每个人都与我们的未来息息相关，我们必须共同努力保护它。[69]

不要伪善行事。当一些极为重要的事危在旦夕，而其他人却在拖后腿的时候，人们就会觉得自己有资格为了成功而不择手段。我们决不能向这种诱惑屈服。一个人如果伪善地行事，就会玷污整个事业，破坏我们希望实现的一切。

不要绝望。绝望会消耗我们的精力，影响我们的判断，并使那些寻求帮助的人望而却步。绝望是一种自我应验的预言。虽然风险是真实而巨大的，但我们知道没有任何风险是我们解决不了的。保持斗志昂然，我们就能成功。

不要忽视积极的一面。虽然风险是人类面临的核心挑战，但我们不能让自己被风险定义。对未来的希望激励着我们。铭记这一点是我们思考的中心，将为我们和其他人带来保卫未来所需的激励。[70]

我们可以做什么

本章的大部分内容都关乎宏大的问题，探讨了人类怎样做能在“危崖时期”找到方向并实现其发展潜力。但是在这些重大问题和主题中，每个人都可以为保护我们的未来发挥作用。

为世人行善的最佳途径之一是完成我们的本职工作。我们每个人在职业生涯中有大约 8 万个小时用于解决某种或大或小的问题。这在我们生活中占了如此大的一部分，如果我们能将其用于解决某个最重要的问题，就能产生巨大的影响。

如果你从事计算机科学或编程工作，你或许可以将职业转向帮助解决人工智能带来的生存性风险：围绕人工智能对齐问题进行急需的技术研究，或者为一个认真对待风险的人工智能项目担任工程师。[71] 如果你从事医学或生物学工作，你或许可以帮助解决基因工程大流行病的风险。如果你从事气候科学研究，你可以致力于提高我们对极端气候状况发生的可能性和影响的认识。如果你在政治学或国际关系领域，你可以致力于生存性风险方面的国际合作，确保后代在民主机制中获得发言权，或防止大国之间的战争。如果你在政府工作，你可以通过安全或技术政策方面的工作来帮助保护未来。

机会并不局限于和生存性风险直接相关的工作。相反，你的努力可以让从事直接工作的人影响倍增。目前一些最紧迫的任务处于战略、协作和款项投入等上游层面。随着人类开始认真对待保护未来这一挑战，在项目和组织之间分配资源、建立和维持研究人员群体以及完善战略方面将出现重要的工作。而一些最紧迫的工作在于改善那些抵抗生存性风险的组织的执行情况，扩大其影响范围。许多人都在寻找能够真正理解这种特殊使命的技能型人才。如果你有这些技能中的任何一项，例如有从事战略、管理、政策、媒体、运营或行政协助工作的经验，那你就可以加入目前致力于应对生存性风险的某个组织。[72]

如果你是一名学生，你就处于一个非常灵活的位置，你可以做很多事情来引导自己的职业发展，使你的数万小时能够产生最大影响。即使你已经选择了一个领域，或者进入了研究生阶段，改变方向也是非常容易的。你在职业道路上走得越远，改变方向就越困难。但即便到了那时，改变方向也是值得的。损失几年时间进行再培训，可能会让你花上几倍时间去做可以带来更多倍好处的工作。这是我从个人经验中体会到的。我一开始是学计算机科学的，后来才转到伦理学。然后在伦理学的范围内，我的工作重点只是在最近才从全球贫困问题转移到与之截然不同的围绕生存性风险的议题上。

如果你的职业与上述不符，却又无法改变怎么办？最理想的情况是有某种方法能把你最擅长的工作变成最急需的工作，以保护我们的发展潜力。幸运的是，有这么一种方式：通过你的捐赠。当你把钱捐给某项事业时，你就有效地把自己的劳动转化成为该事业做出的额外努力。如果你更适合现在的工作，而你所支持的事业又因缺乏资金而受到限制，那么捐赠甚至比直接为之服务更有帮助。

我认为捐赠是一种非常有效的方式，几乎任何人都可以通过这种方式提供帮助，这也是我回馈世界的一个重要方式。[73] 人们常常忘记，一些人类最伟大的成功是通过慈善实现的。

避孕药是 20 世纪最具革命性的发明之一，由一位慈善家促成。20 世纪 50 年代，在各国政府和制药公司对这一理念兴趣不大时，慈善家凯瑟琳·麦考密克基本上是独力资助了避孕药的发明研究。[74]

大约在同一时期，人们见证了现在被称为绿色革命的农业科学突破。这场革命通过培育出高产的主食作物品种，让数亿人摆脱了饥饿。

领导这些研究的科学家诺曼·博洛格因其贡献而于1970年获得诺贝尔和平奖。博洛格的工作以及这些技术在发展中国家的推广都是由私人慈善家资助的。[75]

最后，我们每个人都可以发挥作用。我们需要就人类的长期未来进行公开对话：讨论今后能够实现的宏大成就，以及威胁到所有成就和全人类的风险。

我们需要在学术界、政府、公民社会中讨论这些事情；在严肃的虚构作品和媒体中探讨各种可能性；在朋友之间和家庭内部谈论这个问题。这种对话需要超越两极化和党派化的诱惑，也不能只顾着指责各方。也就是说，我们需要一场成熟、负责任和建设性的对话：把焦点放在认识问题和寻找解决方案上。我们需要激励自己和子孙后代开展艰苦工作，这将是保护未来和度过“危崖时期”所需要的努力。

你可以和你在乎的人讨论未来的重要性。你可以在居住、工作、学习的地方或网络上与越来越多有类似想法的人接触。你可以努力成为一个有见识、有责任心且警觉的公民，随时了解问题，并在重要时机出现时敦促能在政治上代表你的人采取行动。

（具体的行动切入点参见第238页的“资源”部分。）

第八章 OUR POTENTIAL

我们的潜力

要相信，所有的过去不过是一个开端的开始，所有正在进行和已经实现的不过是黎明前的夜色。要相信，人类依靠头脑所完成的一切，不过是觉醒前的幻梦。

——H.G. 威尔斯[1]

我们希望实现什么目标？需要经历什么？希望自己变成什么样？如果人类能够应对我们面前的挑战，克服未来几个世纪的风险，度过一个安全的时代，那么，接下来会发生什么？

在前几章中，我们已经直面“危崖时期”，研究了它带来的挑战，并规划了最有可能保障我们安全的手段。但是，后面还有什么呢？让我们把目光投向引导我们前往的那片广阔远景。我们无法从这里看清细节，但我们可以看到峰峦之间的大致形状，看到那里的景观所蕴含的**潜力**——人类文明完全成熟的潜力。正是因为这种潜力如此巨大和辉煌，生存性风险的代价才如此之高。乐观中蕴含着紧迫性。

本章讨论的是人类的潜力，而不是预言未来。不探究我们**会**取得什么成就，而是我们在不出差错并且耐心、谨慎、富有同情心、雄心勃勃和明智的情况下有可能取得什么成就。这关系的是我们应当为之努力的图景：人类得以存续下去的时间长度、我们所处宇宙的尺度和我们最终可能实现的生活质量。这关系的是我们力求抵达之地的景象，人类的大部分历史将在那里书写。

存续时间

迄今为止，人类历史已经经历了 20 万年的智人时期和 1 万年的文明。[2] 这些时间跨度超越了我们日常生活中的任何事物。我们已经有了绵延百世的文明和存续了数千代的人类。但我们所居住的宇宙比人类自身还要古老万千倍。在我们之前有几十亿年的历史，而之后还会有几十亿年的未来。在我们的宇宙中，时间并不是一种稀缺的商品。

在拥有如此丰富资源的情况下，我们的寿命主要受制于我们要努力防范的生存性灾难。如果我们齐心协力，如果我们把保卫人类作为我们文明的基石，那么我们没有理由不能活着看到宇宙的宏伟主题在各个时代展开。当我们想到自己在宇宙中的位置时，这些时间跨度是微不足道的。但当我们想到自己在这一时间里可能实现的潜力，这段时光就变得鼓舞人心。

正如我们所看到的，化石记录让我们对典型物种的预期生存时间有了许多认识。平均而言，哺乳动物物种的存续年限约为 100 万年，而一般物种的存续年限通常为 100 万～1 000 万年。[3] 如果我们能够解决我们对自己造成的威胁——人为的生存性风险，那么我们应该可以预期至少拥有这样的存续年限。这将**意味**着什么？在这样一个比我们这个世纪长一万倍的时间跨度里，会发生什么？

这样的时间尺度足以修复我们因为不成熟而对地球造成的伤害。几千年后，现在的垃圾几乎都会腐烂掉。如果我们可以不再增加新的污染，海洋和森林就会重新变得清洁无比。在 10 万年内，地球的自然系统将把我们释放的 90% 以上的碳清除干净，使大部分气候得到恢复和重新平衡。[4] 只要我们学会正确地爱护我们的家园，记录上的这些污点就会被擦拭干净，所有这些都会在一个典型物种的存续年限内完成，我们可以期待在一个摆脱了青涩时代伤痕的世界里度过大部分时光。

大约 1 000 万年后，即使是我们对生物多样性造成的破坏预计也会痊愈。这就是物种多样性从以前的大规模灭绝中完全恢复所需的时间，也是我们从目前的行为中恢复过来最有可能需要的时间。[5]

我希望并相信我们能够比这更快地解决污染和生物多样性丧失的问题，我们迟早会做出努力积极消除污染，保护受威胁的物种。但令人欣慰的是，我们知道至少地球可以靠自己的力量治愈我们造成的损害。

在这段时间里，地球上大约有一半的物种将自然灭绝，而新的物种将取代它们的位置。如果我们能坚持这么久，我们就会在进化的过程中存续，并将其视为世界的自然变化状态。自然界中物种明显的停滞只是反映了我们生存过的时间比较短暂。然而，如果我们的想法是正确的，我们可以在一个物种自然消失之前进行干预，保护其最后的成员，让这个数量减少的物种在自然保护区或其他栖息地继续生活。这将是一种略显黯然的物种退出方式，但我认为总比遗忘要好。

一个物种的存续年限一般是 100 万～ 1 000 万年，但这绝不是它们的存续极限。而人类在很多方面都是非典型的。如果我们自取灭亡，这可能意味着更短的生命期限。但如果我们避免这样做，也许能生存得更久。人类遍布全球，使得我们免受任何地区性灾难的影响。我们的聪明才智让我们从成百上千种不同的植物和动物中汲取养分，防止食物链断裂。而我们对自身灭亡进行思考的能力——为重大突发事件未雨绸缪，应对出现的威胁——有助于保护我们免受可预见的或者缓慢出现的风险。

许多物种并没有完全灭绝，而是由它们的旁支或后代在进化的系统树上传承下去。人类的故事可能也是如此。在思考我们的遗产，即我们将留给未来的东西时，人类这个**物种**的终结可能并不是**我们**的终结、我们事业的终结或我们最终愿望的终结。相反，我们可能只是把接力棒传递下去。

于是，出于许多原因，人类（或我们的合适继承者）的存续年限可能大大超过了典型物种。我们到底能生存多久呢？

我们知道身边一些物种在数亿年的时间里几乎没有变化地存活了下来。1839 年，一位瑞士生物学家首次描述并命名了腔棘鱼，这是一种古老的鱼类，出现在 4 亿年前，然后在 6 500 万年前与恐龙一起从化石记录中消失。腔棘鱼被认为早已灭绝，但 99 年后的 1938 年，南非沿海的一个渔民在他的网中捕获了一条腔棘鱼。这种鱼仍然生活在地球的海洋中，几乎没有发生任何变化。它们是目前已知最古老的脊椎动物物种，存续时长超过了自脊椎动物出现以来三分之二的时间。[6]

存活下来的还有更古老的物种。马蹄蟹在海洋中游走的时间更久，它的血统已有 4.5 亿年没有中断过了。鹦鹉螺在地球上已有 5 亿年的历史，海绵则是 5.8 亿年。而这些只是它们存续时间的下限，谁知道这些顽强的物种还能活多久呢？地球上已知最古老的物种是蓝藻，它们已经陪伴地球至少 20 亿年了，比复杂生命存在的时间要长得多，自出现生命以来有一半以上的时间它们都存活在地球上。[7]

如果我们（或我们的继承者）能像微小的马蹄蟹一样存续那么久，那么人类可能会见证什么呢？

这样的生存时长将使我们达到地质时间尺度。人类将活着看到大陆漂移重塑我们所知的地球表面。第一个重大变化将在大约 1 000 万年后出现，届时非洲将沿着人类的摇篮东非大裂谷一分为二。5 000 万年后，这些非洲板块中较大的一块将与欧洲相撞，封住地中海盆地，并隆起一大片新的山脉。2.5 亿年内，我们所有的大陆将再次合并，形成一个超大陆，就像 2 亿年前的泛大陆一样。然后，在 5 亿年内，它们会分散成一些新的、难以辨认的结构。[8] 如果觉得这些难以想象，那就想想马蹄蟹已经目睹了这种变化。

这些时间跨度也会见证天文尺度上的变化。星座将变得难以辨认，因为邻近恒星的相对位置会移动。[9] 在 2 亿年内，月球稳定的引力将减缓地球的自转速度，并将我们一天的时间拉长到 25 小时。地球围绕太阳运行一圈仍需要一年，而在 2.4 亿年内，太阳将完成围绕银河系中心的大轨道运转——这段时间被称为银河年。

但最重要的天文学变化是太阳本身的演变。太阳现在已经进入了中年阶段。它形成于大约 46 亿年前，并在其生命期的大部分时间里越来越亮。最终，这种不断增加的眩光将给地球带来重大问题。人们已经充分了解了天文演化，但由于太阳的演变对地球生物圈的重大影响是前所未有的，许多科学上的不确定性仍然存在。

人们经常听到这样的预测，即地球将在 10 亿或 20 亿年内仍然适合生存。这些预测针对的是海洋何时蒸发，蒸发原因是太阳亮度增加而引发失控或湿润温室效应。但在这之前，地球可能就会变得不适合复杂生命生存：要么是由于更早的某次变暖水平，要么是通过其他机制。例如，科学家们预计太阳变亮会减缓地球的板块构造运动，抑制火山活动。而我们所知的生命需要这种活动，因为火山会将必要的二氧化碳送入大气层。我们目前有太多的二氧化碳，但我们需要少量的二氧化碳让植物进行光合作用。科学家推测，如果没有火山产生的二氧化碳，大约8亿年后97%的植物将无法进行光合作用，并导致极端的大规模灭绝。然后再过5亿年，二氧化碳的含量会非常稀少，剩下的植物也会死亡，随之灭绝的是余下一切多细胞生命。[10]

这可能不会发生，或者说在那个时候可能不会发生。这是一个科学上很不确定的领域，部分原因是很少有人研究过这些问题。不过更重要的是，这种大规模的灭绝也许是**可以避免**的——兴许是人类自己的行为阻止了它的发生。事实上，这可能是人类希望实现的一项伟大成就。因为地球上的无数物种中，只有人类能将生物圈从太阳日益明亮的影响中拯救出来。即使人类在整个世界图景中非常渺小，即使世界的大部分**内在**价值在于我们生态系统的其他部分，人类的**工具**价值可能还是至关重要的。因为如果我们能坚持足够长的时间，我们将有机会真正拯救世界。

通过向大气中新添加足够的碳以保持其浓度稳定，我们可以防止光合作用结束。或者，如果我们能够阻挡十分之一的入射光线（或许可以将其作为太阳能收集起来），我们不仅可以避免这种情况，还可以避免太阳稳定变亮的其他所有影响，如气候过热和海洋蒸发。[11] 也许，在智慧和决心的帮助下，我们可以把分配给地球上复杂生命的时间延长几十亿年，这样一来，我们就不仅仅是为文明年轻时的愚蠢行为赎罪了。我不知道我们是否**会**实现这一目标，但这是一个有价值的目标，也是人类潜力的关键部分。

76亿年后，太阳将变得巨大无比，甚至膨胀到地球轨道之外，要么吞噬地球，要么将它甩到更远的地方。不管是哪种情况，80亿年后，太阳本身就会死亡。它延伸的外层会漂移过行星，形成一个幽灵般的行星状星云，内核坍缩成一个地球大小的球体。这个微小的恒星残留物的质量将大约是太阳原始质量的一半，但它再也不会产生新的能量。它将只是一团慢慢冷却的余烬。[12]

无论地球本身是否会在这一过程中被摧毁，太阳都不会再在太阳系的中心燃烧，人类的任何前景都将在其他地方更加光明。而且离开我们的母星系所面临的技术挑战，大概会比留在母星系的挑战要小得多。

通过前往其他星球，我们不仅可以拯救自己，还可以拯救我们的大部分生物圈。我们可以携带大量的种子和细胞以保存地球的物种，并使银河系的荒芜之地变得绿意盎然。如果这种情况能实现，我们给地球生命带去的好处会更加深远。如果没有人类的干预，生物圈正在接近中年阶段。简单生命也许正处于其存续时长的中间点上，复杂生命存续的时间则更长一些。之后，按照我们最准确的认识来看，宇宙中的生命可能会完全消失。但如果人类还能存活下来，那么即使在如此遥远的未来，生命也可能还仅仅处于萌芽状态。当我思考地球上的生命可能存活和繁盛的预期时间跨度时，最大的影响因素来自人类有可能从毁灭者变成拯救者。

正如我们看到的，离开太阳系的主要障碍是人类存续的时间必须足够长。我们需要时间来发展技术，收集能源，踏上旅途，并在目的地建立新的家园。一个跨越数百万世纪的文明将会拥有足够的时间，我们不要被这项任务吓倒。

在一个几乎无法想象的时间段里，我们的银河系将依然宜居。一些近地恒星燃烧的时间会比太阳长得多，每年都有 10 颗新恒星诞生。有些恒星的寿命长达**数万亿**年，比太阳要久远数千倍。而且还会有数百万代这样的恒星出现。[13] 这就是深时。如果以这样的宇宙尺度看待人

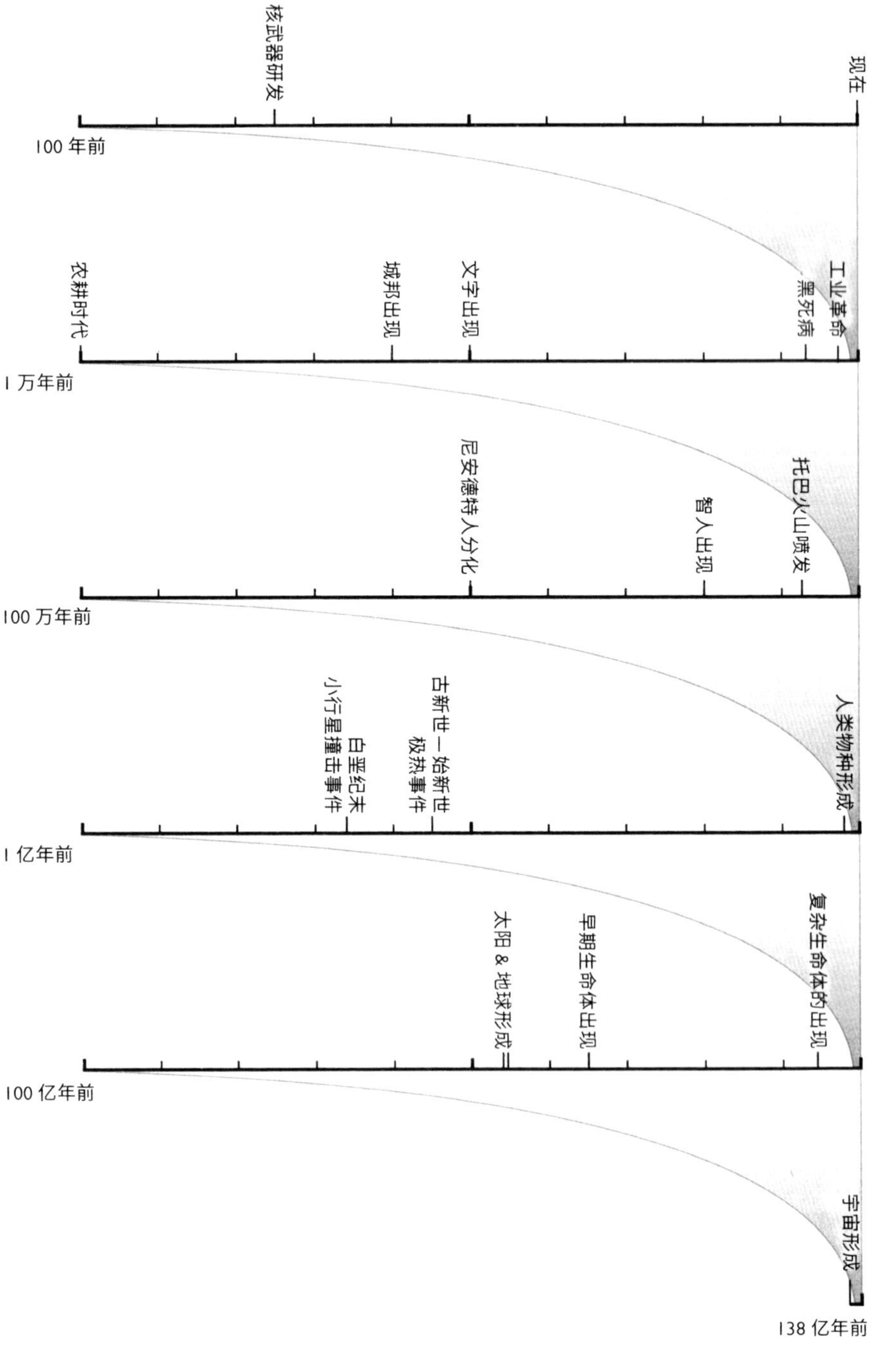

图 8.1 显示过去和未来规模的时间线。最上面一行显示的是上个世纪（左页）和即将到来的世纪（右页），中间是人类所在的年代。然后每一行连续放大，显示 100 倍的存续时间，直到我们可以看到整个宇宙的历史

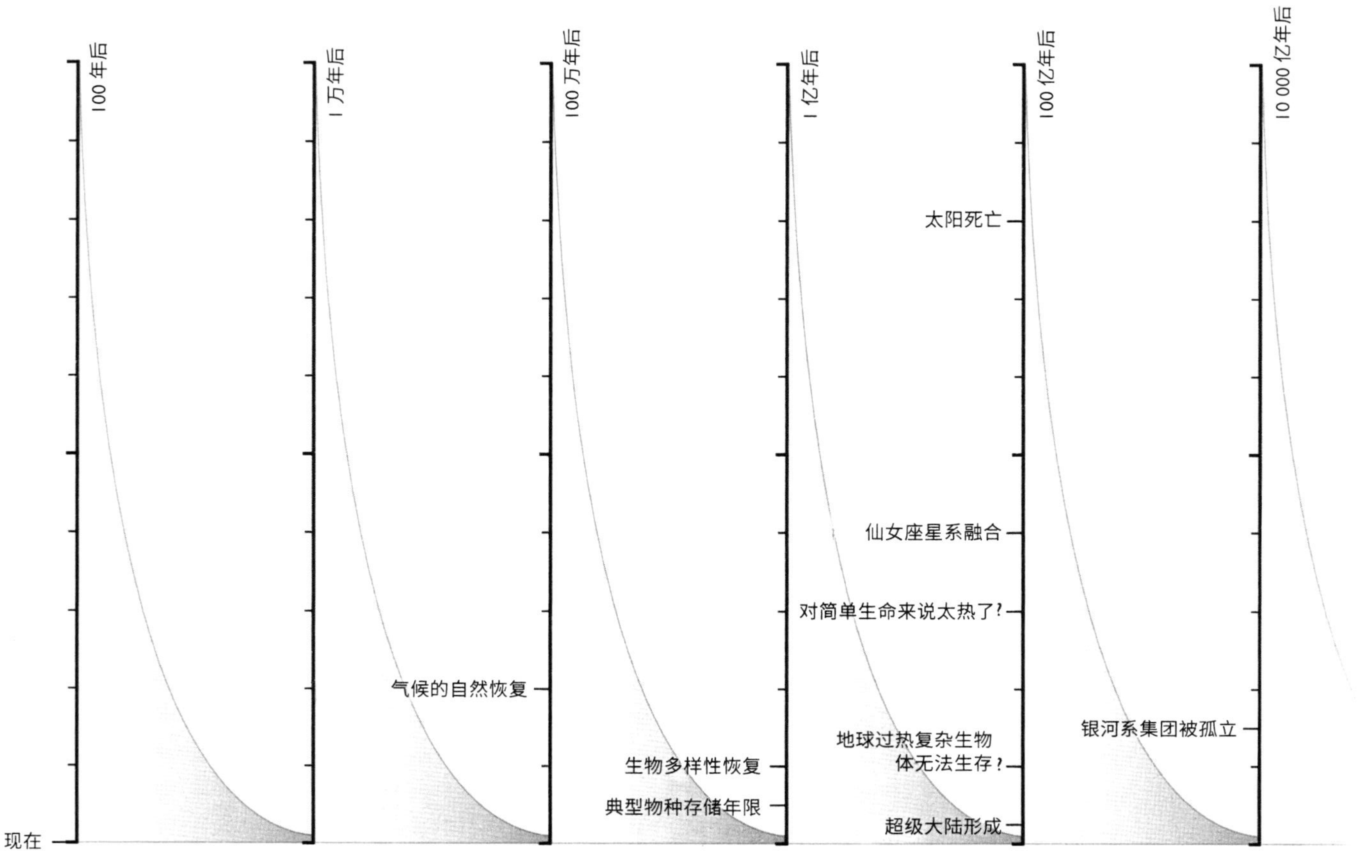
现在
100 年后
1 万年后
100 万年后
1 亿年后
100 亿年后
10 000 亿年后
气候的自然恢复
生物多样性恢复
典型物种存储年限
太阳死亡
仙女座星系融合
对简单生命来说太热了？
地球过热复杂生物体无法生存？
超级大陆形成
银河系集团被孤立

类的生存，那么当今时代看起来将无比靠近宇宙的开端。而我们不知道有什么东西能缩短这样的生命长度，或者让其无法实现。我们要做的只是好好打理自己的地球家园。

时空尺度

自从人类存在以来，满布繁星的天空一直令我们敬畏不已。[14] 这片遍布着银白色光点的漆黑天空也产生了许多秘密。那不是我们最初所追求的神话和神秘主义的秘密，而是关于现实本质的更深层次的知识。我们看到其中一些光点在天空中游走，从它们的轨迹中我们意识到，地球和天空受着相同的物理规律支配。其他点的移动幅度很小，只有最精密的仪器才能测量到。从这种几乎无法察觉的移动中，我们推测出了与群星之间几乎无法想象的距离。

这些光点并不是纯白的，而是呈现出一系列的色泽。而当这微弱的星光在天文望远镜中分解时，原来看不到的色彩就会显现出星星的实质。有些星星并不完全是点状的，而是看上去像圆盘、云朵、旋涡，属于完全不同种类和起源的天体。我们还发现了更多肉眼无法看到的微弱星光。从这些最细微的迹象中，我们发现并检验了自然界的基本规律；我们听到了大爆炸的回声；我们看到了太空本身的膨胀。

但我们从天空中了解到的最重要的事情可能是宇宙比我们曾经认为的要广阔得多。行星相当于地球，恒星相当于太阳，其中很多都有自己的行星。银河系里包含的太阳们叫人目不暇接，这是一个由 1 000 多亿个太阳组成的星系，在我们的视野中模糊成了均匀的白色。模糊的旋涡是我们自己星系之外的整个星系，数千亿个这样的星系分布在天空中。[15] 每当我们以为已经描绘出了造物的极限，它都会超出我们理解的版图。我们的地球只是浩瀚群岛中的一个岛屿，这个群岛本身也只是无数群岛当中的一个而已。

发现我们宇宙的真正规模，极大丰富了人类可实现成就的前景。我们曾经认为自己受限于地球，现在我们知道可以获得更多的机会和资源。当然，这并不是马上就能实现的，探索整个银河系至少需要 10 万年时间；到达宇宙最远的边界则需要数十亿年时间。但这提出了一个深刻的问题，即在广阔的时间尺度内可能实现的目标。

在短短五个世纪里，我们已经从对太阳系最模糊的认识——无法拍下太阳、月亮、地球以及被称为“行星”的游荡光点的任何连贯性图像——发展到可以拍摄所有行星及其卫星的超高分辨率图像。我们已经派出了闪亮的飞行器驶过木星的卫星，穿过土星环，降落在所有类地行星的表面。至于月球，人类已经亲临过了。

行星及其卫星是太阳系的骄傲：雄伟壮观，神秘莫测。我们可能会设法在这些星球上定居，但即使我们克服了这些令人生畏的挑战，所有其他类地行星和卫星的总面积也不过是地球的两倍多。[16] 我们会怀着激动的心情展开探险，但我们的潜力不会显著提高，我们的故事也不会发生根本性改变。我们可能会尝试使用它们的物理资源，但在数以百万计的已知小行星中已经有足够的资源用于可预见的未来，在银河系其他地方已知存在的数以十亿计的行星中也有资源用于遥远的未来。在行星上定居的最好理由是对生存性风险进行一些额外的防范，尽管这提供的安全感比人们想象的要低，因为一些风险将在行星之间产生关联。所以，也许我们不会开发太阳系的星球，而是将它们当作遗址和宝物，供我们探索和珍藏，让我们充满惊喜，激励我们继续前行。

太阳系对人类潜能的最大贡献在于太阳以及它所提供的大量清洁

能源。每天照射在地球表面的太阳光所携带的能量是现代文明所需的5 000倍。它在两小时内提供的能量相当于我们一年的用量。这种丰富的太阳能创造了一大部分其他能源（煤、石油、天然气、风、水、生物质），并远超它们的储量。[17]

但几乎所有的太阳能都被浪费掉了。它并非照射在树叶或太阳能电池上，而是照射在漆黑的太空中。地球截获的太阳光不到十亿分之一，而我们太阳系的所有天体加起来吸收的太阳光还不到一亿分之一。

未来我们可以通过在围绕太阳的轨道上建造太阳能收集器来利用这种能源。这样一个项目的规模可大可小。[18] 我们可以从小规模和负担得起的工作开始；接下来，利用这一步提供的一小部分能源，我们可以将规模扩大到我们想要的任何水平。单是小行星带就有足够多的原材料来开展这样的项目。[19] 最后，我们只利用原本被浪费掉的太阳光就可以把获得清洁能源的机会增加十亿倍。而这样的结构也可以用来解决太阳越来越亮的问题，提供免受日光照射的方案，从而让地球上复杂生命的统治时间延长十倍。

这条道路将让我们获得丰富的清洁能源。我们将不需要那些造成污染的能源，[20] 许多因能源匮乏而产生的难题都能得到解决，包括粮食生产、水净化和石油资源引起的冲突。我们可以使用目前由于缺乏廉价、清洁的电力被限用的二氧化碳洗涤器，迅速净化过去向大气层排放的碳。而且，除了这一切之外，驾驭太阳的能量将为我们打开通往星际的大门。

我们真能跨越遥远的距离到达别的恒星吗？在某些方面，答案已经写好了。“先驱者10号”、“旅行者1号”和“旅行者2号”在完成行星间的探索任务后均克服太阳系引力完成了逃逸。最终，它们将走得足够遥远，到达离地球最近的恒星；这证明了即使依靠 20 世纪 70 年代发展的技术，我们也能跨越这样的距离。但这本身还不足以极大地拓展我们的潜力，因为“旅行者 1 号”要花 7 万年才能到达离我们最近的恒星，并在抵达之前很久就会停止运作。[21]

现代技术正在更好地推动这一事业。2016 年宣布的“突破摄星”计划旨在以约五分之一的光速将一组小型无人航天器送往 4 光年外的半人马座阿尔法星。如果该项目按计划进行，最快可能在 2036 年发射。[22]

要想真正拓展我们的潜力，我们需要一艘宇宙飞船到达另一颗恒星，然后停留下来，利用那里的资源建立一个定居点，最终发展成为一个新的文明堡垒。[23] 这样的旅行需要四个具有挑战性的阶段：加速、在航行中生存、减速和建立行动基地。这些挑战环环相扣。由机器人来执行任务使旅行变得更容易，但建立基地变得更难（至少目前是这样）。加快执行任务的速度会使航行中的生存变得更容易，但大大增加了加速和减速的能源要求和技术要求。

我们目前还没有满足这些要求的技术，未来几十年内也不会开发出来。但我们还没有发现任何根本性的障碍，而且技术进步得很快。我认为最大的挑战将是人们需要在地球上继续生存一到两个世纪，直到星际旅行在技术上可行。

虽然星际旅行受到一些明显的怀疑，但仔细观察就会发现，这种怀疑要么是针对我们近期的能力，要么是针对我们实现《星球大战》或《星际迷航》等电影中所描述的那种毫不费力的空间旅行。在这些电影中，人们经常在相对舒适的情况下进行星际旅行。我也有这种怀疑，但人类潜力的扩展并不需要那样。只要人类存活的时间足够长，并长期努力奋斗，那么我们**最终**能够前往地球附近的恒星，并建立足够多的据点以创造新的繁荣社会，从那里我们可以进一步探险。

我们对太空旅行的一贯印象不应该是海上邮轮般的舒适和安逸，而应该展现波利尼西亚水手般的智慧、胆识和毅力，他们在 1 000 年前航行在广阔的太平洋上，找到了所有分散的岛屿，完成了在地球上定居的最后阶段。从这个角度来看，将其视为人类的一个宏大挑战，我不禁想到，如果人类生存得够久，我们将能够在离得最近的恒星附近定居。

我们到达后会发现什么？在我们的宇宙中，是否有其他世界蕴藏着简单生命、复杂生命、外星文明？还是说它们都是毫无生气的荒凉景观，等待着只有我们能带来的生命火花？生命是容易出现而无处不在的，还是在从无生命的星球到产生具备自我意识的观察者这一过程中有一些步骤几乎不大可能发生？在地球的星际邻居之间，我们是孤独的吗？那么银河系里呢？可观测的宇宙里呢？[24]

越来越灵敏的仪器至今没有显示出地球以外的生命迹象——没有化学信号，没有无线电信号，没有宏伟工程的痕迹，没有来访记录。但是，寻找外星生命的努力还刚刚起步，我们的望远镜仍然很容易在距离地球仅 100 光年的范围内错过像我们这样的文明。事实是，我们对情况还不了解，这可能不是我们发现外星生命的世纪。在这幅关于人类潜力的蓝图中，我把关注点放在人类确实是孤独的这种情况中。但如果我们找到其他生命，尤其是智慧生命，这就可能会深刻地改变我们未来的方向。[25] 也许设定太空事业物理尺度的是我们与最近的智慧邻居的距离，而不是航天器的航行极限。

我们太阳系的邻域恒星是随机分布的，或多或少地向各个方向均匀延伸。随着尺度的放大，可以看到这种分散模式是延续下去的，直到 1 500 万颗恒星出现在视野中，从地球周边延伸到 1 000 光年远的地方。只有在这种巨大的尺度下，银河系才会显现出大规模结构。星系盘的上方和下方，恒星变得稀疏，而进一步拉远时，我们开始看到猎户座旋臂的曲线，也就是太阳所在的地方；然后是其他旋臂，以及围绕银河系中心发光的核球。最后，我们终于看到了熟悉的旋涡星系，它横跨 15 万光年，包含了超过 1 000 亿颗恒星，其中大部分都有自己的行星。

但是，只要我们能到达地球附近的一个星球，并建立起一个定居点，整个银河系就会向我们敞开。因为到了那时这就是一个可重复的过程，利用新定居点的资源来建造更多的航天器，而这个星球的太阳则为这些定居点提供动力。如果我们在太空中能够一次旅行 6 光年，那么我们几乎可以到达银河系的所有星球。[26] 在每个星系中，我们只需要前往离自己最近的几个恒星附近定居即可，包括我们的太阳系也是这样，整个银河系最终就会充满生命。[27]

因为这个 6 光年的关键距离比我们和最近恒星的距离稍远一些，所以我们可以到达某些星球却不能到达银河系大部分区域的情况不太可能发生。而且，由于这一批新定居点会向四面八方辐射，因此以到目前为止生命发展历程的标准来看，银河系可能很快就会变得生机勃勃。即使我们的宇宙飞船只以 1% 的光速航行，用 1 000 年的时间来建立一个新定居点，我们也可以在 1 亿年内实现整个银河系内的移居——这一时间点比地球变得不宜居住还要早。而这一进程一旦开始，就会帮助我们挺过局部的意外、失败或自然灾难。

我们的星系被附近约 50 个星系组成的星系团所包围，这就是我们的本星系群。其中最重要的是仙女星系，这是一个美丽的旋涡星系，也是我们星系团中唯一比银河系大的星系。引力正让这两个星系互相拉扯，40 亿年内（在我们的太阳熄灭之前），它们将相撞并结合到一起。由于每个星系的星球之间距离如此之远，这次碰撞对恒星及其行星的干扰微不足道。它的主要影响将是破坏两个星系精巧的旋涡结构，它们可能会合并成一个更均匀的椭圆星系，大约是仙女座星系体积的三倍。最终（在数千亿年后），本星系群的所有其他星系都会合并进来，形成一整个巨型星系。[28]

把尺度进一步放大，我们看到了更多的星系群，有些星系群的成员多达 1 000 个。[29] 最终，这些星系群形成了一个更大的结构：宇宙网——由又长又粗的线状星系组成，形成一种纤维状结构。这些纤维状结构以一种三维网络的形式交错在宇宙中，就像有人在宇宙里随机取了一组点，并将每一个点与它最近的几个点连接起来。在这些纤维状结构相交的地方，宇宙是明亮的，有丰富的星系。[30] 这些纤维状结构之间黑暗和空旷的区域被称为空洞。据我们所知，这个宇宙网无限地延续着，至少延伸至我们能**看到**或能**抵达**的最远地方。

这些对人类知识和行动的最后限制似乎为我们的宇宙设定了终极规模。近一个世纪之前我们已经认识到宇宙在膨胀，拉开了星系群的距离。20 年前，我们发现这种膨胀正在加速。宇宙学家认为，这给我们能够观察或影响的范围设置了一个硬性限制。[31]

目前我们可以看到一个围绕我们的球状范围，向各个方向延伸出 460 亿光年，即所谓的**可观测宇宙**。来自这个球体之外的星系的光还没来得及到达我们这里。[32] 来年我们将看到更远一点的地方。可观测宇宙的半径将增加一光年，又有大约 25 个星系进入视野。但根据前沿的宇宙学理论，新星系变得可见的速度将下降，目前距离地球超过 630 亿光年的星系将永远不会变为可见。我们可以把这个距离内的区域称为**最终可观测的宇宙**。[33]

但更重要的是，加速膨胀也给我们所能影响的范围带来了限制。如果今天你向太空中发射一束光，它可以到达任何一个目前距离我们不到 160 亿光年的星系。但比这更远的星系正在迅速被拉开，以至于无论是光还是我们可能发出的其他任何东西，都无法影响它们。[34]

到了来年，这个**可影响的宇宙**将缩小一光年。又有三个星系将永远滑落到我们的影响范围之外。[35] 最终，每个星系群之间的鸿沟都会变得如此巨大，以至于没有任何东西能够再次穿越它们——每个星系群都将在虚空中孤独地存在，永远与其他星系群隔绝。

这就把时间劈成了两个重要时代：一个是可抵达数以十亿计的星系的**连接时代**，另一个是接触机会跌至百万分之一的**孤立时代**。令人意外的是，我们宇宙因果结构的这一根本性变化预计在大约 1 500 亿年后发生，早于恒星停止燃烧的时间。那时离地球最近的比邻星才度过了其生命不到十分之一的时间。

所以 160 亿光年看起来是人类能抵达范围的上限，1 500 亿年是我们必须实现这种航行的时间上限。我不知道这样的星系间旅行是否可行。我们可以再次采用一次一个星系，越走越远的策略，但航行距离比星际旅行大了百万倍，带来了无可匹敌的挑战。[36] 但是，我们知道任何基本物理障碍都无法阻止一个已经掌控了自己星系的文明迈出下一步。（关于一个文明可能达到的不同规模，请参见附录 G）。

从物理的终极尺度上看，人类后代能够到达的星系有 200 亿个。其中 7/8 的星系与我们的距离大于地球到可影响的宇宙边缘的距离的一半——如此遥远，一旦我们抵达这些星系，任何信号都不可能被传回来。因此，向这些遥远的星系迁徙将形成一次最后的大移居，每个星系群都会形成自己的主权领域，很快就会不知不觉间与其他星系群隔离。这种孤立不一定意味着孤独——每个星系群将包含数千亿颗恒星——而是可能意味着自由。它们可以作为一个共同事业的组成部分建立体制，所有的人都以同样的计划为动力；或者各自作为独立领域，选择自己的道路。

随着整个星系每年都在向我们无法企及的地方退后，人们可能认为这会将人类推向一个宏大而**仓促**的战略——孤注一掷地急于尽快实现星系间旅行的技术。但实际上每年的**相对**损失是相当缓慢的，约为五十亿分之一光年，人类由此而相对减少的发展潜力正是关键所在。[37]

相对而言，走向审慎和智慧的压力更大，最好谨慎而非仓促行事。如果急于提前一个世纪获得这些技术会使我们的生存机会减少哪怕是五千万分之一，那就是适得其反。针对未来采取的行动是一个不可逆的选择，而且很可能是人类有史以来最重要的选择，因此在接下来的许多年里，过一个世纪再思考怎样采取这类行动所拥有的价值，比仅仅将我们能抵达的范围扩大五千万分之一更重要。因此，最稳健的大战略是认真反思和谨慎行事，我们的谨慎程度要与宇宙缓慢膨胀的节奏相适应。[38]

这种思考似乎不够真实。在日常的大多数思考中，甚至在对未来和人类潜力的深层思考中，我们环顾四周，看到的都是地球。我们的目光很少转向天空和散落在夜空中的星尘。如果被人逼问，我们会承认行星、恒星和星系是真实存在的，但我们很少**感受**到它们，也很少考虑到它们可能对我们的未来潜力至关重要。

有一个人认真地思考过星空，他就是弗兰克·拉姆齐，这位杰出的经济学家和哲学家在1930年逝世时年仅26岁。他怀有一种大无畏的精神气概：

> 在浩瀚的天空面前，我丝毫不觉得卑微。星星体积虽大，但它们不能思考，也不能产生热爱之情；而这些品质远比体积更令我赞许。我的体重接近十七英石，这并不让我备受称道。我的世

> 界图景是用透视法而不是按实际大小绘成的，人类占据了画面的近景，星星像三便士一样小。[39]

他的话是有道理的。人类身上一些微妙的东西让我们每个人都很特别，值得被保护和赞美，人类的构造如此精巧，使我们懂得思考、爱、创造和梦想。

目前，宇宙的其他地方似乎看不到这种品质。拉姆齐也许是对的，就**价值**而言，星星就像三便士一样微小。但是，如果我们能够大胆地用生命、爱和思想去探索和激活苍穹中的无数世界，那么即使按照拉姆齐的观点，我们也可以让人类的宇宙实现它的全部尺度，使它值得我们敬畏。由于似乎只有人类能让宇宙实现这样的尺度，我们可能具有巨大的工具价值，因而成为宇宙图景的中心。这样一来，我们的潜力以及宇宙的宏大尺度中蕴藏的潜力就交织在了一起。

生存质量

我们已经看到，未来在时间和空间上是一幅巨大的画布。它的终极美感将取决于我们所描绘的内容。数万亿年和数十亿个星系都一文不值，除非我们把它们变成有价值的东西。但在这里我们也有理由深深地感到乐观。因为我们未来的潜在质量也大得超乎想象。

正如我们所看到的，今天人类的生活总体上比以往任何时候都要好得多。与我们的祖先相比，我们对疾病、饥饿和彼此的恐惧减少了。我们已经战胜了脊髓灰质炎和天花。我们创造了疫苗、抗生素和麻醉剂。比起文明史上任何其他时代，今天的人类最不可能生活在奴役或贫困之中，遭受酷刑、残害或谋杀，或者挨饿。我们有更大的自由来选择爱情、信仰、领袖和生活路线。许多儿童获得了会令前人大感意外的机会：学习、游戏和实验的机会，旅行的机会，接触最伟大的小说、诗歌和哲学的机会，体验一生中各种和谐、风景和味道的机会，以及思考我们最博学的祖先所不知道的宇宙真理的机会。

然而，人类的生活尽管充满了欢乐，却还可以比今天好更多。我们在防止暴力和防治疾病方面取得了巨大进步，但仍有许多改进的余地，仍有生命被伤害或提前终止。麻醉剂和止痛剂的发展大大降低了身体剧烈疼痛的普遍程度，但我们仍然生活在本可避免的痛苦之中。我们在使人们摆脱绝对贫困方面取得了巨大进展，但仍然有十分之一的人生活在贫困的阴影之下。而在相对贫困、重度抑郁、种族主义和性别歧视方面，我们远远没有找到解决办法。

我们人类同胞所遭受的许多最严酷的不公正待遇已经过去了。虽然逐年来看很难判断情况是在好转还是在恶化，但几个世纪以来，我们看到迫害和独裁现象明显减少，个人自由和政治平等明显增加。然而，即使在最进步的国家，我们也还有很长的路要走，世界上仍有一些地区刚刚开始这一历程。

现代肉类工业和自然界中的数十亿动物还受到了更大的不公正待遇。在 20 世纪的工业对动物造成了严重伤害后，人们不久前才认识到动物和环境的困境。但是，我们正越来越多地看到这种伤害的本质，并开始为结束这些新形式的不公正而斗争。

这些对我们这个世界的伤害必须终结。如果我们**能够**生存下来，就可以终结它们。面对迫害和不确定性，前人中的崇高者倾注了他们的努力，建立了一个更美好、更公正的世界。如果我们也这样做，并让我们的后代有机会这样做，那么随着我们的知识、发明、协作和财富的增加，人类事业各方面承载的强烈希望就能越来越多地被实现：结束我们世界的罪恶，建立一个真正公正和人道的社会。

即使是这样深远的成就，也可能只是为今后的事业奠定基础。我们达成繁荣的全部潜力仍未实现。

想想你生命中那些真正幸福的时光。那一年、那一月或那一天，当一切条件都具备的时候，你看到了生活可以拥有的丰富程度；你看到生命可以变得多么伟大。对我来说，最近的一次体验是我的孩子出生后的两周时间：与朋友分享喜悦，与妻子分担这段经历，以新的方式认识我的父母，以及享受成为父亲的骄傲。

或者想想你的巅峰体验。那些你感觉最有生命力的时刻，那些你被奇迹、爱或美所吸引的时刻。在我现阶段的生活中，和我女儿在一起是这种体验最强烈的时光。当她看见我来到幼儿园时，她的眼睛亮了起来，一头扎进我的怀里，紧紧地抱住我。想想看，这样的时刻比你一天中的日常经历要美好多少倍。我的日常经历绝不是不好，但我愿意用几百次，甚至几千次日常经历来换取这样的体验。

这些巅峰体验大多很快就消失了。世界变得死气沉沉；我们安于我们的日常，记忆变得模糊。但是，我们已经看到了足够的东西，知道生命可以提供比普通生活更伟大、更有活力的东西。如果人类能够生存下来，有一天我们可能会学会越来越深入地停留在这样的生命力中，拂去越来越多的尘埃，在美好的世界中建立家园。维持这样的高度可能并不容易，也不简单。它可能需要我们调整心态，谨慎以待。但我们知道，原则上没有任何东西能阻挡我们的前路，而且有很多东西值得探索。

巅峰体验不仅仅是指潜在的栖息地，它们也指向我们目前还未认识到的有可能出现的体验和思维模式。举例来说，想想看，我们并不清楚雀鸟眼中的紫外线是什么样子的，蝙蝠或海豚是怎样通过回声来定位的，红狐或归巢的白鸽是怎么感应地球磁场的，这种未知的经验存在于比人类头脑要简单得多的脑部结构中。那么，有哪些可能无价的经验能够让更伟大的心智获得呢？老鼠对音乐、艺术和幽默知之甚少。如果我们是老鼠，我们会有哪些体验？我们会对哪些美丽的事物视而不见呢？[40]

我们的后代会有更好的条件去发现。至少他们很有可能完善和增强人类现有的能力：同情心、智力、记忆力、注意力、想象力。这种强化可以使人类文化和认知的全新形式成为可能：新的游戏、舞蹈、故事，思想和情感的新整合，以及新的艺术形式。我们将有数百万年时间，也可能是数十亿年或数万亿年时间，来进一步探索可以被认识、感受、创造和理解的最遥远的领域。

在这方面，我们未来可能实现的生活质量与其可能持续的时间以及可能形成的规模是相似的。我们看到了人类文明如何只探索了时间或空间维度的一小部分。沿着每一个维度，我们可以继续放大目前的认知，了解令人眼花缭乱的领域，指向无从想象并等待我们探索的远景。这种尺度是当代科学一个常见的特征。我们的孩子很早就知道，日常经验只是让我们了解到物理宇宙的一小部分。

鲜为人知但同样重要的是：未来可能提供的经验和生活模式的空间，以及它们所带来的繁荣程度，也许同样无限巨大；而日常生活让我们熟悉的体验则依然狭隘。从这个意义上看，我们对迄今为止的历史上的繁盛时代的认识，可能就像望远镜面世之前的天文学一样：在这样有限的视野下，我们很容易认为宇宙不大，而且是以人为中心的。这个猿类物种在进化过程中被赋予了如此有限的感官和认知能力，如果他们在经历了几千年的文明之后，就接近实现最好的生活质量，那将多么奇怪。所以我想更有可能的是，我们才刚刚崛起。

奋起实现人类繁荣的全部潜力需要我们做出改变，超越今天的人类。请记住，进化的不止人类。人属曾经出现了许多物种，而在一两百万年内我们有望逐渐成为一个与今天的智人不同的物种。事实上，除非我们采取行动阻止，否则这种情况终将发生。本世纪的基因技术会给我们提供工具，让我们在有意愿的情况下更快地改造自己。而我们已经看到额外的改造途径，比如植入芯片对我们的头脑进行数字化扩展，或者发展人工智能，让我们能够创造出全新的物种来加入或取代人类。

这种转变将带来严重的风险：不平等和不公正的风险，使人类四分五裂的风险，在广阔的时间跨度上产生无法预料的后果的风险。其中一些风险是生存性风险。用更糟糕的东西，或完全没有价值的东西来代替人类，会使我们的整个未来处于危险之中，导致大规模冲突或社会崩溃的任何强化形式也会让人类陷入这样的危险。但永远保持人类的现状也会浪费先人留下的成果，放弃我们更多的潜力。

因此，我以谨慎乐观的态度对待人类改造自己的可能性。如果我们能够成熟地驾驭挑战，这种改造就能提供一个宝贵的机会，可以让我们超越自身的局限性，更深入地探索美好生活的可能性。我爱人类，并非因为我们是智人，而是因为我们有能力蓬勃发展，并为周围的世界带来更大的繁荣。而在这个最重要的方面，我们的后代，无论多么不同，都可以达到我们现在无法实现的高度。

选择

我勾画了人类潜力的三个方面：未来所展现的时间、空间和体验的远景。我所关心的不是描绘一幅详细的图画，而是更全面地说服你们相信，我们站在一些异常广阔和有价值的东西面前，这些东西让迄今为止所有的历史似乎只是最简单的前奏，一点味道，一粒种子。除了这些轮廓之外，我们未来的实质内容大多是未知的。它将由我们的后代创造。

如果我们把人类引向一个安全的地方，我们将有时间思考，有时间确保我们的选择是明智的，有时间确保我们在宇宙中的这块土地上做到最好。我们很少思考这意味着什么。如果人类的全部意志都集中在达成这个目标上，摆脱物质匮乏和内部冲突，我们可能就会实现什么。道德哲学一直专注于更紧迫的问题，关注如何在一个资源稀缺的世界中善待彼此。但是，在不远的将来也许会有这样一个时刻，那时我们基本上已经把自己的家园打理得井井有条，我们就可以认真地审视我们从这里出发能够抵达何处，我们可以从哪里开始解决这个关于人类终极价值的巨大问题。这就是“长期反思”。

我不知道结果会怎样。不知道哪些思想将经得起时间的考验，经得起各种思想者的认真分析，这些思想者都急于避免任何可能使我们浪费潜力的趋势。我不知道它将在多大程度上成为繁荣、美德、正义、成就的愿景，也不知道其中任何方面最终会是何种形式。我不知道它是否会成为一种愿景，这种愿景超越了我们看待善的这些分歧。

可以将我们的情况与一万年前处于农耕文明初期的人进行比较。想象一下，他们播下最初的种子，思考着农耕生活可能带来的机会，以及理想世界的模样。就像他们无法理解目前全球文明的几乎任何方面一样，我们也可能还无法看清人类潜力实现后的理想状态。

本章的重点是人类的潜力——这是从我们有一天**可能**实现的成就来看的。实现这一潜力本身将是另一个巨大的挑战。为了迎接这一挑战，我们将付出巨大的努力，但不必马上去做。这些战役可以由我们的后人来打。只有我们才能确保自己度过眼下的危险时期，确保人类通过“危崖”找到通往安全的道路；确保我们给子孙后代留下篇章，由他们来书写人类的未来。

资源 RESOURCES

本书专题网址

视频 · 联系列表 · 问答 · 勘误表

相关文献 · 引用来源 · 参考书目

theprecipice.com

作者个人网页

了解我的其他项目及论文

联系我以商谈媒体采访及演讲相关事宜

tobyord.com

有效利他主义

您可以在 effectivealtruism.org 遇到希望发挥最大影响的志同道合者

职业建议

如何利用你的职业来保护我们的未来

80000hours.org

捐赠

加入我们，终生承诺通过有效的捐赠帮助世界

givingwhatwecan.org

致谢 ACKNOWLEDGEMENTS

很少有著作是由作者独力完成的，我想大多数人都知道这一点。但像本书这样需要大量归功于他人的慷慨、努力和才华的更是寥寥。

学者很少有足够的时间来写这样一本书。他们被对学生、同僚和院系的重大责任压得喘不过气来。即使是为了写书而提供的专门资助，通常也只能争取到短暂的时间。因此，我特别感谢我的研究得到的专项资金，这使我可以有多年不间断的时间来探索我认为如此重要的课题，目睹它从最初的研究到出版成书。这些资金由卢克·丁（Luke Ding）的私人慈善机构和欧洲研究委员会提供（根据欧盟“地平线 2020”研究和创新计划：资助协议号 669751）。卢克·丁对“开放慈善项目”和“伯克利生存性风险倡议”的进一步资助使我能够围绕本书建立一个专门团队，为我成功撰写本书提供专家建议和支持。这种对学者著作的支持是非常难得的，其重要性无论怎样强调也不过分。

此外，学者也很少有机会写出与其研究领域相差甚远的书。我非常感谢我的学术家园——牛津大学人类未来研究所，那里不存在这样的偏见；无论你手上的问题需要探索得多远，都会得到鼓励。

写作一本讨论范围如此之广的书通常会在那些与你自己的专业知识相去甚远的领域出现过度简化、蜻蜓点水和明显错误的过高风险。如果不是其他相信这个项目的人给了我大量的研究支持，这个风险对我来说也太高了。我感谢 Joseph Carlsmith、John Halstead、Howie Lempel、Keith Mansfield 和 Matthew van der Merwe 的研究协助，他们帮助我熟悉了相关文献。

我非常感谢来自其他学科的许多专家，他们付出了大量时间，以确保本书忠实反映他们领域的最先进知识。他们是 Fred Adams, Richard Alley, Tatsuya Amano,Seth Baum, Niel Bowerman, Miles Brundage, Catalina Cangea,Paulo Ceppi, Clark Chapman, David Christian, Allan Dafoe,Richard Danzig, Ben Day, David Denkenberger, Daniel Dewey,Eric Drexler, Daniel Ellsberg, Owain Evans, Sebastian Farquhar,Vlad Firoiu, Ben Garfinkel, Tim Genewein, Goodwin Gibbons,Thore Graepel, Joanna Haigh, Alan Harris, Hiski Haukkala,Ira Helfand, Howard Herzog, Michael Janner, Ria Kalluri, JimKasting, Jan Leike, Robert Lempert, Andrew Levan, Gregory Lewis, Marc Lipsitch, Rosaly Lopes, Stephen Luby, Enxhell Luzhnica, David Manheim, Jochem Marotzke, Jason Matheny, Piers Millet, Michael Montague, David Morrison, Cassidy Nelson, Clive Oppenheimer, Raymond Pierrehumbert, Max Popp, David Pyle, Michael Rampino, Georgia Ray, Catherine Rhodes, Richard Rhodes, Carl Robichaud, Tyler Robinson, Alan Robock, Luisa Rodriguez, Max Roser, Jonathan Rougier, Andrew Rushby, Stuart Russell, Scott Sagan, Anders Sandberg, Hauke Schmidt, Rohin Shah, Steve Sherwood, Lewis Smith, Jacob Steinhardt, Sheldon Stern, Brian Thomas, Brian Toon, Phil Torres, Martin Weitzman, Brian Wilcox, Alex Wong, Lily

Xia 以及 Donald Yeomans。

此外，Joseph Carlsmith 和 Mathehew van der Merwe，特别是 Joao Fabiano 为本书进行了数周的事实核查，他们已经尽最大努力减少任何明显的错误或误导性的说法。当然，任何错漏之处由我承担，我会在 theprecipice.com/errata 网站上及时更新勘误表。

Andrew Snyder-Beattie 第一个建议我撰写这本书，还为本书的启动提供了很多帮助。谢谢你，Andrew。我还要感谢所有早期和我讨论本书应该采取什么形式的人士，他们是：Nick Beckstead, Nick Bostrom, Brian Christian, Owen Cotton-Barratt, Andrew Critch, Allan Dafoe, Daniel Dewey, Luke Ding, Eric Drexler, Hilary Greaves, Michelle Hutchinson, Will MacAskill, Jason Matheny, Luke Muehlhauser, Michael Page, Anders Sandberg, Carl Shulman, Andrew Snyder-Beattie, Pablo Stafforini, Ben Todd, Amy Willey Labenz, Julia Wise 以及 Bernadette Young。我在撰写本书的几年间一直遵循着其中的一些建议——特别感谢 Shamil Chandaria, Owen Cotton-Barratt, Teddy Collins, Will MacAskill, Anders Sandberg, Andrew Snyder-Beattie 以及 Bernadette Young。

多位人士抽出宝贵时间翻阅和评论了本书的手稿，给了我巨大的帮助。感谢 Josie Axford-Foster, Beth Barnes, Nick Beckstead, Haydn Belfield, Nick Bostrom, Danny Bressler, Tim Campbell, Natalie Cargill, Shamil Chandaria, Paul Christiano, Teddy Collins, Owen Cotton-Barratt, Andrew Critch, Allan Dafoe, Max Daniel, Richard Danzig, Ben Delo, Daniel Dewey, Luke Ding, Peter Doane, Eric Drexler, Peter Eckersley, Holly Elmore, Sebastian Farquhar, Richard Fisher, Lukas Gloor, Ian Godfrey, Katja Grace, Hilary Greaves, Demis Hassabis, Hiski Haukkala, Alexa Hazel, Kirsten Horton, Holden Karnofsky, Lynn Keller, Luke Kemp, Alexis

Kirschbaum, Howie Lempel, Gregory Lewis, Will MacAskill, Vishal Maini, Jason Matheny, Dylan Matthews, Tegan McCaslin, Andreas Mogensen, Luke Muehlhauser, Tim Munday, John Osborne, Richard Parr, Martin Rees, Sebastian Roberts, Max Roser, Anders Sandberg, Carl Shulman, Peter Singer, Andrew Snyder-Beattie, Pablo Stafforini, Jaan Tallinn, Christian Tarsney, Ben Todd, Susan Trammell, 谢旻希 , Jonas Vollmer, Julia Wise 以及 Bernadette Young。

我同样要感谢 Rose Linke 提出了本书如何命名的建议，还要感谢 Keith Mansfield 回答了我关于出版界的无数问题。

这个项目得益于人类未来研究所（FHI）、有效利他主义中心（CEA）和伯克利生存性风险倡议（BERI）的大量实质支持。我要感谢 Josh Axford, Sam Deere, Michelle Gavin, Rose Hadshar, Habiba Islam, Josh Jacobson, Miok Ham Jung, Chloe Malone, Kyle Scott, Tanya Singh and Tena Thau。本书实际上主要是在牛津许多有意思的图书馆和咖啡馆里写就的，我要特别感谢 Peloton Espresso，我在那里度过的时间可能比在自己的办公室里还多。

我非常感谢我的著作代理人 Max Brockman 为我联系到了真正对本书有信心的出版商，并引导我进入纷繁丰富的出版世界，总是随时为我提供明智的建议。

感谢我在 Bloomsbury 的编辑 Alexis Kirschbaum。她最为敏锐地预见了这本书最终的模样，并始终对本书怀有信心。她的自信让我有信心完成本书。感谢 Emma Bal, Catherine Best, Sara Helen Binney, Nicola Hill, Jasmine Horsey, Sarah Knight, Jonathon Leech, David Mann, Richard Mason, Sarah McLean, Hannah Page 以及 Bloomsbury 的其他成员，正是

他们让本书得以顺利出版。

我同样感谢 Hachette 的所有人。谢谢我的编辑们：Paul Whitlatch 看到了本书的潜力，并相信我会在最后期限内完成承诺；还有 David Lamb，他指导这个项目从原稿变成了一本书。还有 Hachette 的其他所有人，他们在幕后发挥了作用，尤其是 Michelle Aielli、Quinn Fariel 和 Mollie Weisenfeld。

回想最早影响我撰写本书的人士，我要感谢四位塑造我的学术道路的哲学家。第一位是彼得·辛格，他展示了如何将道德哲学带出学术界的围墙，并将伦理学的常见概念扩展到包括动物福利和全球贫困等新领域。还有我的论文导师德里克·帕菲特和约翰·布鲁姆，他们的研究鼓舞我成为一名哲学学者并来到牛津求学，在那里我很幸运地得到了他们二人的指导。然而，我认为在牛津大学对我影响最大的是尼克·博斯特罗姆，因为他有勇气脱离老旧的轨迹去解决关于未来的巨大问题，而这些问题在哲学研究中几乎是禁区。我想他在我们见面的那天，也就是 2003 年我俩刚到牛津的时候，就向我介绍了生存性风险的概念；从那时起，我们就一直在谈论这个问题。

撰写本书最好的事情之一是感受团队精神，而如果没有 Joseph Carlsmith 和 Matthew van der Merwe，这种感觉，乃至于团队本身，都不可能出现。他们充当了项目经理，使我的工作步入正轨，使项目的几十组工作流程顺畅开展。他们是出色的研究助理，在如此广泛的主题中接触世界顶级专家，确定关键结果和查明争议，甚至在前沿论文中发现了一些错误。他们敢于指出我的错处，而且他们是校对、编辑、策划、知己和朋友。他们花费了数千小时的时间，使本书呈现了它所能呈现的一切，我对他们感激不尽。

最后，我要感谢我的父亲伊恩，我的童年记忆满是他对人类过去和未来的无尽好奇心，这为我打下的基础促使我开始提出正确的问题；感谢我的母亲莱基，她让我知道如何向世人展示自己的信念；感谢我的妻子贝尔纳黛特，她在我撰写本书的过程中以及在其他一切事情上支持、鼓舞和激励我；感谢我的女儿罗丝，透过她的眼睛，我重新认识了这个世界。

附录 APPENDICES

A. 对长期未来进行贴现计算

生存性灾难将大大降低我们整个未来的价值。这可能是保障人类免受生存性风险的最重要理由。但我们的长期未来有多重要？特别是从时间尺度上看，长期未来的很大一部分要在很久以后才会发生，这是否会降低它的价值？

经济学家经常需要比较不同时期产生的效益。他们发现了一系列原因，可以说明为什么如果较晚获得某种特定的效益，那么这种效益的重要性会降低。

比如，我最近发现了一枚一美元硬币，是小时候我藏起来让未来的自己去寻找的。在发现它带来的瞬时喜悦消失后，我被一个事实打击了，那就是把这一美元硬币留到未来时，我已经夺走了它的大部分价值。当然这有货币贬值的因素，但比这更重要的是，我现在已经有了足够的钱，多一美元对我的生活质量影响不大。[1]

如果人们在未来趋向于变得更富有（由于经济增长），那么这种效应意味着未来获得的货币收益将趋向于比现在获得的价值更低（即使考虑到通货膨胀因素）。[2] 考虑到这一点的经济学家通过“贴现”来测算未来的货币收益，贴现系数取决于经济增长率和个人额外支出的边际效用递减这一心理事实。[3]

未来收益的价值可能低于当前收益的第二个原因是这些收益的确定性较低。产生这种收益的过程，或者接受这种收益的人，在未来的时间里有可能不再存在，从而使我们没有任何收益。这种可能性有时被称为“灾难率”。显然，我们应该因此进行调整，根据未来收益实现的机会来降低收益价值。

标准的经济贴现方法（拉姆齐模型）包含了上述两个原因。[4] 它将社会的适当贴现率（ρ）视为两个项的总和：

$$\rho = \eta g + \delta$$

第一个项（ηg）表示随着人们在未来变得更富裕，他们从金钱中获得的收益越来越少。它是反映人们从额外消费中获得的边际效用递减的方式（η）与消费增长率（g）的乘积。第二个项（δ）说明的是收益无法实现的可能性（灾难率）。

那么，我们如何使用这个公式来贴现生存性风险呢？首先要注意的是，ηg 项是不适用的。[5] 这是因为我们考虑的未来收益（拥有一个繁荣的文明而非文明被毁灭，或者什么都不剩）并不是一种货币收益。ηg 项存在的理由是调整那些当你更富有时对你来说价值较低的边际收益（比如金钱或金钱可以轻易买到的东西），但这在我们所说的情况里是不适用的，如果适用的话，人们可能越富有，就越能因避免文明毁灭或湮灭而获益。换句话说，ηg 项只有在贴现货币收益时才适用，但这里我们考虑的是贴现人类福祉（或效能）本身。因此，ηg 项应视为零，这使我们的社会贴现率等于 δ。

我在介绍 δ 时说，它代表了灾难率，但它有时也被认为包括另一个组成部分：**纯粹时间偏好**。这指的是纯粹因为某种收益能兑现得更早而对其有所偏好，这是影响未来收益贴现的第三个原因。

但与前面的原因不同的是，对于纯粹时间偏好是否应该纳入社会贴现率，存在很大的争议。哲学家们几乎一致拒绝承认这一因素。[6] 他们的主要理由是，人们几乎完全没有动机产生这种偏好。在这个世界上，人们对外群体的经验进行贴现（参考不断扩大的道德圈层）的历史非常悠久，我们希望有一个坚实的论据来说明为什么我们应当认为我们自己比某些人重要得多，而这样的论据是缺乏的。

甚至我们的本能直觉似乎也在反对它。从 1970 年开始的 80 年生命比从 1980 年开始的 80 年生命更有内在价值吗？你哥哥的生命比你弟弟的生命更有内在价值吗？当考虑到更长的持续时间时，情况只会变得更糟。按照 1% 的纯粹时间偏好率来算，6 000 年后的一次死亡将比 9 000 年后的十亿次死亡重要得多。而图坦卡蒙国王将不得不重视他同时代的每个人每一天的苦难，因为那比今天活着的所有 77 亿人一生的苦难更重要。

许多经济学家都同意纯粹时间偏好是不合理、没有根据或者不道德的。[7] 例如，拉姆齐本人说它“在伦理上是站不住脚的，仅仅是源于想象力的弱点”，而 R.F. 哈罗德则称它“礼貌地表达了贪婪，以及激情对理性的征服”。[8] 即使是那些承认它的人，在考虑将其应用于**长期**未来时，也常常保持着一种深深的不安。

在那些认可纯粹时间偏好的经济学家中，标准的理由是人们**本来就有**这样的偏好，经济学家的工作不是评判人们的偏好，而是要说明如何最好地满足人们的偏好。从我们的角度看，这里有三个关键问题。

首先，即使这是经济学家的工作，这也不是**我的**研究范畴。[9] 我写这本书是为了探讨人类**应该**如何应对我们面临的风险。这种观点承认这样一种可能性，即人们在轻率地反思对待未来的方式时也许是会出错的：我们有时会违背自己的长远利益，我们可能会因为徇私的偏见而牺牲后代的利益。以我们的本能直觉来制定社会政策会带来一种风险，即把急躁与偏见奉为金科玉律。

其次，δ 所体现的纯粹时间偏好是在尊重人们的实际偏好和人们**应有**的偏好之间一种不愉快的妥协。人们实际表现出的纯粹时间偏好的形式并不是指数型的。它们的短期贴现率高，长期贴现率低。非指数型贴现通常被经济学家认为是非理性的，因为它可能导致人们在两个选项之间来回切换，而这可以想见会使它们变得更为糟糕。

出于这个原因，经济学家将人们的非指数时间偏好转换成指数形式，在所有时间框架内都采用中等贴现率。这就歪曲了人们的实际偏好，低估了人们在短时期内的贴现率，而高估了人们在长时期内的贴现率（如我们在本书中所关注的）。此外，他们很难一方面宣称个人偏好神圣不可侵犯，一方面又选择以这些方式歪曲人们的偏好——如果他们因为展示出来的偏好是非理性的而这样做，就更是如此。如果它们真的是非理性的，为什么要用这种方式来修正它们，而不是索性将它们删除？

最后，纯粹时间偏好的证据来自个体对自己的收益进行选择的情况。当个人对他人的收益进行选择时，他们很少或根本没有表现出纯粹时间偏好。例如，虽然我们现在可能会接受较小的收益，而不是以后更大的收益，只是因为它来得更快，但当我们代表他人做出选择时，我们很少这样。这说明我们对即时满足的偏好其实是一种意志薄弱的表现，而不是因为我们通过清醒的判断认为，当我们拥有更早兑现的小收益时，我们的生活确实会变得更好。而事实上当经济学家调整实验，问到陌生人会得到的收益时，纯粹时间偏好的证据就会变得非常薄弱，或者根本不存在。[10]

因此，我的结论是，在生存性风险中岌岌可危的价值——拥有一个繁荣的未来而不是一个被灾难蹂躏的未来所带来的收益——应该只按灾难率来贴现。也就是说，我们应该按我们没有走到那一步的可能性来贴现未来繁荣的时间。[11] 尼古拉斯·斯特恩在其著名的气候变化经济学报告中就采用了这样的方法。他将纯粹时间偏好设为零，并将 δ 设为每年 0.1% 的灾难率（大约每世纪 10%）。[12] 这样，人类未来的价值约为下一年的 1 000 倍（如果每年的生存质量都有所改善，这一数值就会更高）。这足以让生存性风险变得极其重要，但比人们想象的重要性还是要低一些。

标准公式中贴现率随时间的变化为常数，按照指数曲线对未来进行贴现。但更仔细的经济核算允许贴现率随时间变化。[13] 这对于灾难率来说是至关重要的。因为虽然背景自然风险可能大致不变，但人为风险已经明显增加。如果人类正如我所想的那样奋起应对这一挑战，那么这一风险就会开始回落，也许会一直回落到背景风险率，甚至更低。如果长期看来每年的风险变得很低，那么未来的预期价值确实非常大。举个简化的例子，如果我们在危崖时期有 50% 的风险可能性，然后再把风险降回背景水平，那么我们未来的价值至少是第二年的 10 万倍。[14]

当然，我们其实并不**知道**现在的灾难率是多少，更不知道随着时间的推移，灾难率会如何变化。这让分析有了很大的不同。有人可能会认为，当我们不确定灾难率时，我们应该直接按可信灾难率的平均值进行折现。例如，如果我们认为灾难率是 0.1% 或 1% 的可能性相当时，我们就应该按 0.55% 贴现。但这是不对的。仔细的分析表明，我们应该以变化的比率进行贴现：从这个平均值开始，然后随着时间的推移，趋向于最低的可信比率。[15] 这相当于将长期未来贴现为我们认为可能出现的世界中最安全的那一个。因此，长期灾难率有可能降到背景水平或以下，对决定人类未来的贴现价值起着非常大的作用。

最后，在评估生存性风险时，我们需要考虑到灾难率不是外生设定的，我们可以通过行动降低它。因此，当我们决定采取行动降低某种生存性风险时，我们可能会降低用于评估后续行动的贴现率。[16] 这样会增加努力保护我们的未来所得到的回报。

所有这一切的结果是，经济贴现并没有把未来的价值减损得只剩下一点点，只有当贴现被错误地应用时才会出现这种情况。基于货币边际效用递减的贴现是不适用的，纯粹时间偏好也是不适用的。这就使我们不得不面对不确定的、不断变化的灾难率。而以此为基础的贴现只是换了一种方式说明我们应该以未来的预期价值来评估其价值：如果我们出于经验认为未来要很久才会来临，那么贴现过程就不会再抑制其价值。[17]

B 人口伦理和生存性风险

伦理学理论指出我们的行为有许多不同的特点，这些特点可以影响行为的对错。例如，这些行为是否源于不良动机，是否侵犯了权利，是否对他人不公平。几乎人人都认为有意义的一个重要特点是我们的行为对他人福祉的影响：增加某人的福祉是好的，而减少福祉是坏的。但我们的一些行为并非仅仅是改变人们的福祉，而是改变了什么人会存在。比如，想想一对年轻的夫妇选择是否要孩子。而关于如何比较包含不同人群尤其是不同数量的人群的结果，存在着很大的争议。解决这些问题的伦理学子领域被称为**人口伦理学**。

在考虑人类灭绝会有多糟糕时，人口伦理问题就显得尤为突出。避免灭绝的理由中有一系列与未来息息相关。我已经指出了摆在我们面前的广阔未来，可能会有成千上万、数百万甚至数十亿代后人。灭绝将阻止这些生命以及相关所有福祉的出现。这种未来福祉的损失会有多严重？

一个简单的答案是**总量论**：未来福祉的道德价值只是未来福祉的总量。这就不区分这些福祉是会降临到已经存在的人身上，还是会降临到新生的人身上。在其他条件不变的情况下，它表明，再拥有 1 000 代人的价值是我们这一代人价值的 1 000 倍。根据这种观点，失去人类未来的代价是巨大的。

为了检验道德理论，哲学家们应用了一种需要做出严峻选择的思想实验。这些选择往往是不现实的，但道德理论应该适用于所有的情况，所以我们可以试着找出任何一种凭直觉认为不对的情况，并将其作为反对该理论的证据。

对总量论的主要批判是它导致了所谓的**反感结论**：比起某种人人享有高福祉的结果，还有一种更好的结果是每个人都只享有微小的福祉，但由于享有人数众多而弥补了质量的不足。人们认为一些数量 / 质量的对比权衡是很直观的（比如一个有着 77 亿人的世界，要比只有一个人但其幸福感比平均水平稍高的世界好一些），但大多数人认为总量论走得太过了。

正如我们将看到的那样，反对总量论的理论也都有各自的反直觉后果。事实上，这一领域著名的不可能结果表明，**每一种**理论都至少有一种大多数人认为不可信的道德后果。[18] 所以我们不能寄望于找到一个符合我们所有直觉的答案，而是需要权衡这些不能凭直觉认识的后果各自有多糟糕。

另一种著名的人口伦理学观点提出，宇宙中的福祉价值不是由总量而是由平均数给出的。这种观点主要有两种形式。第一种是取每一代人的平均福祉，然后把所有世代的福祉相加。第二种是取所有生命的平均福祉，无论它们在空间和时间中位于何处。

这两种形式的平均论都会遭到非常严重的反对。第一个形式有时会倾向于选择这样一种情况，即人群是完全相同的，但每个人享受到的福祉都较低；[19] 第二个形式在我们考虑负福祉，即不值得存活的生命时，就会遇到问题。如果我们只能从人类的终结和让未来的人类过着极度悲惨的生活中选择，这个理论可以更倾向于后者（如果过去的情况极为糟糕，那么连这个地狱般的未来都能提升平均值）。而且它甚至可以倾向于增加负福祉的生命，而不是增加更多正福祉的生命（如果过去的情况极为美好，那么更多的正福祉生命反而会降低平均值）。人们普遍认为这些结论比反感结论更不合常理，在人口伦理学的研究者中，很难找到任何一个平均论形式的支持者。

有趣的是，即使忽略了这些令人不安的影响，两种形式的平均论都可能支持这样的观点：在现实世界中，灭绝将是极其糟糕的。这一点很容易通过世代平均数的总和看出来。就像总量论的观点一样，平均论提出在其他条件相同的情况下，拥有 1 000 代后人的价值是我们这个世代价值的 1 000 倍。那么所有时间里所有生命的平均福祉呢？因为随着时间的推移，生活质量一直在提高（而且有可能进一步提高），我们这一代人实际上是拔高了历史平均福祉水平。而后人将继续提高这个平均水平（即使他们的生活质量和我们一样）。[20] 所以，无论从哪种基于平均数的观点来看，都有充分理由为了后人福祉而避免灭绝。

但是，人口伦理学还有另一种观点，根据这种观点，人类灭绝或许根本不会被视为坏事。最著名的支持者是哲学家扬·纳尔维森，他以口号的形式提出了中心思想：“我们赞成让人幸福，但对创造出幸福的人保持中立态度。”[21] 人们发展出许多不同的人口伦理学理论，试图阐释这种直觉，这些理论被称为**影响个人论**。其中一些理论提出，增加成千上万代高福祉的后人并没有什么好处——因此如果人类还是灭绝了也没有什么坏处（至少从后代的福祉来看）。这些理论是否可信？它们是否会削弱对生存性风险的关注？

有两种明显的方式试图为纳尔维森的口号提供理论基础。一种是诉诸被称为“**影响个人的限制**”的简单直觉：一种结果不可能比另一种结果更好（或者至少在福祉方面不可能），除非它对某人更有利。[22] 在两种结果中存在的人完全相同的情况下，这一原则被广泛接受。当应用于每个结果中存在不同的人的情况时，该原则通常被解释为，一个人必须在两个结果中都存在，才能使其中一个结果算得上比另一个更好，这使得该原则既有说服力又有争议。例如，它可以让我们避免一个反感结论——没有一个人能在许多人都不幸福的结果中生活得更好，所以这种情况不可能是更好的结果。[23]

另一种证明纳尔维森口号合理性的方法以理论为基础，它呼吁一种直觉，即我们对真实存在的人有责任，而并非对仅仅是可能存在的人有责任。[24] 根据这种观点，我们不需要为了拯救仅仅是可能存在的未来后代而让当下的人做出任何牺牲。

但是，一旦我们想起负福祉生活的可能性，这两个理由都会遇到决定性的问题。设想一个思想实验：我们的后人会生活在水深火热之中，除非这一代人做出一些小小的牺牲来阻止这一切。几乎每个人都有一种强烈的直觉，认为让更多人活在这种负福祉的生活中是不好的，我们当然应该愿意付出一点代价来避免这样。但如果我们这样做了，那么我们就仅仅是为了可能存在的人而做出了真正的牺牲，我们选择了一个对任何人都没有好处的结果（对当下的人来说更糟糕）。

我们坚信，不让后代遭受负福祉是很重要的，而这些为纳尔维森的口号提供的推论理由则与其背道而驰。因此在我看来，这两种为之提供理论依据的尝试都行不通，至少在单独考虑时如此。任何看似合理的人口伦理学解释都会推荐一些选择（在这些选择中，没有任何存在于这两种结果中的个人会得到更好的生活），并要求为仅仅是可能存在的人做出牺牲。

鉴于从更基本的道德原则来证明纳尔维森的口号合理性面临着挑战，那些觉得这个口号很有吸引力的哲学家越来越多地转而采用这样的方法：提出它只是因为比其他观点更能符合我们对特定情况的直觉，所以是合理的。这个口号本身并没有说如何评估负面生活的价值，所以这种观点的支持者为其加入了一个不对称原则：增加幸福的新生命并不会使结果变得更好，但是增加不幸的新生命确实让情况变得更糟。

哲学家们在这两个原则的基础上发展出了各种各样的理论。鉴于这些理论种类繁多，发展不断，而且缺乏任何达成共识的方法，我们无法在这里清晰地审视它们，但我们可以考察其大体模式。这些理论通常会遇到各种各样的问题：与思想实验的强烈直觉相冲突，与重要的道德原则相冲突，以及违反受到广泛认同的理性原则。[25] 为避免其中一些问题而对理论进行的调整，通常会加剧其他问题或者产生新的问题。

但也许最重要的是，该口号和不对称原则通常只是诉诸我们在特定情况下的直觉时才能得到证明。[26] 影响个人论的观点在某些情况下很符合我们的直觉，但在另一些情况下却不太合适。在人类灭绝是不是坏事这个问题的讨论中，这些观点提供了与大多数人的直觉截然相反的建议。[27] 一般来说，我们不应该寄望于一个有争议的理论在与我们深思熟虑的信念最不符合的领域内为我们提供指导。[28]

此外，还有一些形式的影响个人论在不否认灭绝坏处的同时，符合人们的一些核心直觉。例如，有一些不太严格的理论提出，我们有**一定的**理由去创造高福祉的生活，但帮助当下的人或避免负福祉生活的理由更加充分。因为未来可能会有许多新生命变得如此幸福，所以这样做还是非常重要的。

总而言之，有一些关于如何评估未来人类福祉的理论，可能不太重视或者根本不重视避免人类灭绝的价值。许多这样的观点已经被证明是站不住脚的，但并非所有的观点都如此，这仍然是一个活跃的研究领域。如果有人相信这样的观点，他们可能会觉得基于失去未来福祉的论点并不令人信服。

但请注意，这只是对保护人类为何格外重要的众多解释之一。还有一些解释是基于我们未来可能取得的伟大成就（人类在艺术和科学领域最伟大的作品大概就在前方），以及基于我们未来以外的其他领域：基于我们的过去、我们的特征、我们在宇宙中的重要性，以及基于当代人的损失。对子孙后代的福祉价值持影响个人论的人，很可能会对其他这些认为灭绝是坏事的理由持开放态度。而且还有来自道德不确定性的论点：如果你认为这些影响个人论非常有可能是错误的，那么在其他许多道德理论都提出人类的整个未来最重要时，把我们的未来置于危险之中是极其轻率的。

最后，我们在这里重点讨论了阻止人类灭绝的道德重要性。即使是那些说人类灭绝也无所谓的人口伦理学理论，也常常认为避免其他生存性灾难，如不可恢复的文明崩溃或彻底的反乌托邦社会，是极端重要的。所以，即使是一个对人类灭绝毫不关心的人，也应该对其他生存性风险深感忧虑。而由于可能导致人类灭绝的危害通常也可能导致不可恢复的文明崩溃，所以这些人应该经常关心非常相似的一类风险。

C 核武器事故

可以想象，核武器因无比重要和明显的危险性需要极其谨慎的管理——这是使我们始终远离意外毁灭的方法。因此，得知涉及核武器的事故有那么多是相当令人震惊的：美国国防部的一份报告统计了 32 起已知事故。[29] 这些事故中没有一起涉及核爆炸意外，这很好地说明了即使是核武器中的常规炸药被引爆，也有技术保障措施防止其发生核爆。但它们显示了核战争系统是多么复杂，失败的机会是如此之多。而且有些事件属于在处理得很谨慎的情况下人们绝对想不到会发生的事件，例如多起核弹从飞机上意外掉落的事件，以及大量核武器丢失且从未被找回的事件。

事故列表

1957 年 一枚核弹从新墨西哥州上空一架 B-36 轰炸机的弹舱门意外落下。高能炸药被引爆，但没有发生核爆炸。[30]

1958 年 一架 B-47 轰炸机在佐治亚州萨凡纳附近海岸的半空中撞上一架战斗机。B-47 将原子弹抛入海中。关于它是否装有原子弹头的报道相互矛盾，助理国防部长向国会做证说它载有原子弹头。[31]

1958 年 一架 B-47 轰炸机在南卡罗来纳州上空意外投下一枚核弹，落在某个人的花园里，捣毁了他们的房子。幸运的是，它的弹头还在机舱内。[32]

1960 年 一枚“波马克”防空导弹起火并熔化。它的 1 万吨级弹头并没有引发核爆炸。[33]

1961年 一架携带两枚400万吨级核弹的B-52飞机在北卡罗来纳州上空解体。炸弹落在地上。其中一枚在撞击时碎裂，含有铀的部分沉入积水的农田中。尽管挖掘了50英尺深，但它再也没有被找到。不过包括国防部长罗伯特·麦克纳马拉在内的多个消息来源说，只要一个开关就能防止核爆炸。[34]

1961年 一架载有两枚核弹的B-52在加利福尼亚坠毁，但两枚核弹都没有爆炸。[35]

1965年 一架载有100万吨级核弹的战斗机从日本附近的美国航母上坠落。核弹一直没有被找到。[36]

1966年 一架携带四枚核武器的B-52在西班牙上空撞上一架加油机。四枚核弹全部掉落，其中两枚在撞击地面时发生常规爆炸。辐射量很大，1 400吨被污染的土壤和植被需要运回美国。[37]

1968年 一架飞越格陵兰岛的B-52轰炸机起火，坠入冰层。四枚氢弹核心周围的常规高能炸药被引爆。幸运的是并没有引发核反应。[38]如果发生了核爆炸，所有的信号都会表明这是一次苏联的核打击，需要进行核报复，因为坠落的地点位于美国探测苏联发射跨北极导弹的预警系统的范围之内。[39]

1980年 一枚泰坦II型导弹在阿肯色州大马士革空军基地爆炸，原因是有人扔下一把扳手，刺破了它的燃料箱。爆炸在几小时后发生，900万吨级的弹头被推出约100米远，但其保险装置使其完好无损。[40]

这只是全部事故清单中的一部分，我们对苏联方面的情况有多糟糕知之甚少。

发射指令误下达事件

最近曝光的一起惊人事故很可能是我们最接近核战争的一次。但我将描述的事件一直存在争议，所以还不能确定它是否发生过。

1962 年 10 月 28 日，在古巴导弹危机最严重的时候，日本冲绳岛的美军导弹基地收到了一个无线电发射指令。该岛有八个发射中心，每个中心控制四枚热核导弹。指令三个部分的编码顺序与基地持有的编码全部吻合，肯定是一个真正的核武器发射指令。

陆军高级军官威廉·巴塞特上尉负责处理这一情况。他开始怀疑为何仅在二级战备状态下就下达发射指令，而这应该是不可能发生的。巴塞特的手下提出，一级战备状态的命令可能被干扰了，而另一个发射点的负责军官提出，苏联可能正在发动先发制人的攻击，美军没有时间升级到一级战备状态。

但巴塞特的手下很快就计算出，如果出现了苏联先发制人的攻击，他们应该已经被击中了。巴塞特命令他们检查导弹的待命情况，并注意到有三个目标不在苏联，鉴于当前的危机，这似乎不太可能。他用无线电向导弹作战中心确认密码指令，但无线电传回的是同样的密码。

巴塞特仍心存疑虑，但负责另一发射点（其目标均在苏联）的一名中尉认为，鉴于命令已经重复下达，巴塞特无权阻止发射。这名军官下令发射他所在地点的导弹。

在这种情况下，巴塞特命令相邻发射点的两名飞行员通过地下隧道跑到导弹的部署点，并下令如果该中尉在没有得到巴塞特同意或没有接到一级战备指令的情况下继续发射导弹，就将其击毙。

（讲述了这个故事的）飞行员约翰·博德恩意识到，在一次例行的天气报告结束时下达发射指令，而且指令被如此平静地重复着，这是很不寻常的。巴塞特同意他的看法，并打电话给导弹作战中心，要求发出命令的人要么发出一级战备指令，要么发出撤回指令。撤回的指令迅速下达，危险状态就此结束。

2015 年，《原子能科学家公报》的一篇文章和博德恩在联合国的一次演讲公开了这一事件。此后，这个事件受到了其他声称当时在冲绳导弹基地的人的质疑。[41] 有一些间接证据支持博德恩的说法：他关于此事的回忆录被美国空军批准出版，下达错误发射指令的少校后来被送上军事法庭，博德恩一直在积极寻找当时在场其他人的补充证词。

我不知道谁说的是真相，但这件事需要更多的调查。有人根据《信息自由法》向美国国家安全档案馆提出信息披露请求，但这可能要等很多年后才能得到回应。在我看来，这种据说发生过的事件应该得到认真对待，但在被进一步证实之前，任何人都不应该指望它来探讨死里逃生的情况。

D 风险结合时的意外效应

我们已经看到，当我们把个别的生存性风险结合起来，以得出整体生存性风险的数值时，会出现一些反直觉的效应。整体风险越大，这些效应就越强烈，越与常理相悖。由于整体风险包括了我们整个未来累积的生存性风险，所以它很可能高到足以让这些效应变得显著。

第一，整体风险越来越偏离各种风险的总和。为了使计算简单化，假设我们面临四种有 50% 可能性的风险。由于整体风险不可能超过 100%，逻辑上决定了它们一定会有很大的重叠，并且组合成比它们的总和小得多的数值。例如，如果它们是独立的，那么整体风险就不是 200%，而是 93.75%（=15/16）。

第二，如果我们消除越来越多的风险，就能带来大量**递增**的边际收益。例如，消除四种独立的 50% 风险中的第一种风险只会把整体风险减少到 87.5%。但随后的风险会被消除得越来越多，减少至 75%，接着是 50%，然后是 0%——每次都产生更大的绝对效应。另一个理解这种情况的角度是，消除每一种风险都会让我们的生存机会倍增，并且这种绝对效应越大，我们的生存机会越大。同样，如果我们同时应对所有四种风险，并使每种风险减半（从 50% 到 25%），整体风险只会从 93.75% 降至 68% 左右。但如果我们再次把它们全体减半，风险就会下降一个更大的绝对值，达到 41% 左右。在这些例子中出现的情况是，风险之间有太多的重叠，以至于决定灾难的因素有很多种，而当我们采取行动时，风险总量仍然很高。但我们的行动也有助于减少这种重叠，让进一步的行动更有效。

第三，更重要的是处理最大的风险。我们看到，如果我们面对的是独立的 10% 的风险和 20% 的风险，消除 10% 的风险会使整体风险降低 8%，而消除 20% 的风险会使整体风险降低 18%。所以降低较大风险的重要性不是 2 倍，而是 2.25 倍。

正确计算独立风险的相对重要性要求将概率的原本比率乘以一个额外的系数：第一次灾难**不**发生的机会和第二次灾难**不**发生的机会之间的比率。[42] 当风险很小的时候，每场灾难不发生的概率都接近于 1，所以这个比值也一定接近于 1，差别不大。但是当风险变大的时候，这个比率也会变大，产生天壤之别。[43]

假设我们面对的是 10% 的风险和 90% 的风险。在这种情况下，原本比率是 9 ： 1，调整后的比率也是 9 ： 1，所以消除 90% 的风险的重要性是消除 10% 风险的 81 倍（见图 D.1）。也许最简单的思考方式是，不仅 90% 的风险发生的可能性是 9 倍，而且消除它之后的世界度过剩下风险的可能性也是原来的 9 倍。

这种调整也适用于相关情况。将 90% 的风险减半的重要性是将 10% 的风险减半的 81 倍，对于可以降低风险的任何其他因素也是如此。即使风险以一个固定的绝对量降低，如 1%，对于较大的风险来说也是更管用的。将 90% 的风险降低到 89%，其重要性是将 10% 的风险降低到 9% 的 9 倍。[44]

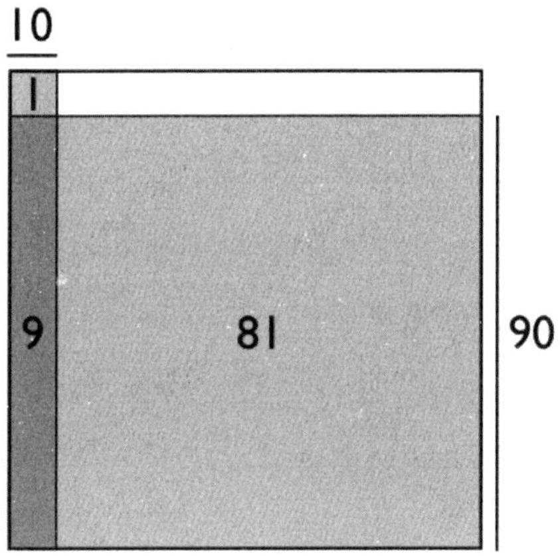

图 D.1：独立的 10% 风险和 90% 风险带来的整体风险是 91%。去掉 10% 的风险将使整体风险（全部阴影区域）降低 1%，达到 90%，而去掉 90% 的风险将使其降低 81%，达到 10%

无论这些风险是同时发生还是在不同的时间发生，这三种效应都会出现。[45] 因此，如果我们的未来有很多风险，那么消除接下来每一个世纪的风险可能会变得越来越重要。一般情况下有很多因素会导致一个人的工作回报率递减（比如我们先从处理比较容易应对的风险开始）。但如果我们不幸地面临很多风险，那么与生存性风险做斗争的总体边际收益实际上可能是增加的。应对最大的风险可能尤为重要。

E 保护人类的价值

保护人类的价值到底有多大？虽然我们无法准确回答，但有一种方法可以处理这个问题，这种方法对我的思考大有裨益。

让我们从一个特意设计的基本生存性风险模型开始。这个模型对三个因素做了假设：随着时间推移的风险模式，我们可以减少这种风险的方式，以及未来的价值。首先，假设每一个世纪都面临一个相等但未知的生存性风险量 r（称为**恒定危险率**）。也就是说，假设到了某个世纪总会有一个概率 r 让我们无法活到下一个世纪。接下来，假设我们的行动可以将我们所在世纪的生存性灾难概率从 r 降低到某个更小的数值。最后，假设灾难之前的每一个世纪都有相同的价值 v，所以未来的价值与灾难发生前的时间长度成正比。（这意味着如果我们不能活到未来，那之后的价值就没有贴现，而且我们是在做关于人口伦理的假设。）[46] 鉴于这些假设，未来的预期价值将是：

$$\mathrm{EV}(\mathit{future}) = \sum_{i=0}^{\infty}(1-r)^{i}\, v = \frac{v}{r}$$

这只是一个世纪的价值除以每个世纪的风险。例如，如果每个世纪的风险是十分之一，那么预期价值就是每个世纪价值的十倍。

这就带来了一个令人意外的暗示：本世纪消除所有生存性风险的价值与风险的多少无关。要认识到这一点，请想象每世纪的生存性风险只是百万分之一，即使我们成为本世纪风险牺牲品的可能性微乎其微，但如果真发生了这样的可能性，我们相应损失的未来也是巨大的（平均而言为 100 万个世纪）。在基本模型里，这些效应总是平衡的。本世纪生存性风险的预期反面价值为：

$$r.\mathrm{EV}(future) = r\frac{\upsilon}{r} = \upsilon$$

因此，在一个世纪内消除全部风险的预期价值只会等于人类一个世纪内的生存价值。[47]

由于本世纪不可能完全消除所有风险，因此更有用的是注意到，根据基本模型，将本世纪的风险减半后，其价值是人类一个世纪价值的一半（这对任何其他部分或时间段也适用）。这足以让保护我们的未来成为一项关键的全球优先事务。

然而，基本模型的价值不在于其准确性，而在于其灵活性。它是探索当我们改变其中任何一个假设时会发生什么的起点。我认为，它的三个假设都过于悲观。

第一，从许多方面来看，几个世纪以来人类的价值已经大大增加。这种进步在短期内非常不平衡，但从长远来看，却非常强劲。我们以较长的寿命生活在充足的文化和物质财富之中，而这些财富在几千年前对我们的祖先来说就像天方夜谭。而且我们文明的规模可能也很重要：有数千倍于我们的人在享受这种更丰富的生活，这一事实似乎放大了这种价值。如果每个世纪的内在价值以高于 r 的速度增长，就能大幅提高保护人类的价值（即使这种增长速度不能永远维持）。[48]

第二，基本模型假设我们本世纪的行动只能防范本世纪的风险。但我们可以做得更多。我们可以采取对风险有持久影响的行动。例如，我在本书中试图让人类更好地理解生存性风险的本质，以及我们应该如何应对风险。我总结出的许多经验不受时间的限制：只要它们能被成功采用，应该就有助于应对未来的风险。[49] 有助于应对跨世纪风险的工作将比基本模型所显示的要重要得多。

为减少所有未来的生存性风险而做出努力时，这项工作的价值现在将取决于危险率 r，例如，将所有未来风险减半的价值是：

$$\frac{v}{r/2}-\frac{v}{r}=\frac{v}{r}$$

令人惊讶的是，当风险**较小**时，在所有时期降低风险的价值都**较高**。[50] 这与我们的直觉相反，因为估计风险较低的人通常以此为论据，**反对**将生存性风险方面的工作列为优先事项。但有一个直观的角度可以看出低风险水平如何使减少风险变得更重要，这就是将所有时期的生存性风险减半会使灾难发生前的预期时间长度增加一倍。所以风险已经很低的情况给了我们一个时长加倍的未来，使得这项工作更加重要。还要注意的是，这种效应使未来所有风险进一步减半的边际收益越来越大。

第三，也许最重要的是每个世纪的风险将随时间而变化。风险在上个世纪已经上升，并可能在本世纪继续上升。但我认为，从长远来看有几个原因会让风险减少。在接下来的几个世纪里，我们很可能会在地球之外建立永久定居点。移居太空并不能解决所有问题，但把我们的鸡蛋放在几个篮子里，将有助于保护我们免受部分风险。此外大部分风险是由变革性新技术面世带来的。但是，如果我们生存的时间足够长，我们就很可能达到**技术成熟**期，那时我们会拥有所有可行的重要技术，并且不会再面对技术过渡期。[51] 最后，我们需要考虑到未来世代将在他们自己的世纪里为保护人类而做的工作。如果保护人类的理由正如我所认为的那样明确和有力，我们可以指望这一点得到更广泛的认可，使今后保护人类的努力越来越多。

如果风险确实降到了目前的水平以下，那就会使未来的价值大大高于基本模型所展示的价值。[52] 价值的提升大致取决于下个世纪的风险与每个世纪的长期风险之间的比率。例如，如果本世纪有十分之一的概率发生生存性灾难，但这一概率迅速下降到每世纪不到二十万分之一的背景自然风险率，那么与基本模型相比，本世纪消除风险的价值将提升 2 万倍。

减少风险的价值也有可能比基本模型所显示的要**小**，不过这种概率似乎不大。如果大部分风险完全无法预防，才可能发生这种情况。但这不太可能，因为大部分风险由人类活动造成，而这些都是人类可以控制的。第二种情况是未来几个世纪的价值迅速下降。然而，我不明白为什么我们会有这样的推测：长期的历史记录显示的是相反的情况，我们已经认识到不应该低估未来的内在价值。第三种情况是以伦理上错误的方式把未来时代的价值相加在一起。比如我们对几个世纪的价值取平均值，或者忽略所有未来的世代。不过正如附录 B 中所讨论的那样，这种选择本身就有严重的问题。最后一种真实价值可能低于基本模型的情况是，现在的风险很低但将来会增加，而且我们现在无法做很多事情来帮助应对以后的风险。在我看来，这是看上去最有可能的高估其价值的情况。

总的来说，我认为基本观点有很大可能低估而不是高估了保护未来的价值。但是，即使你认为其中一种情况与另一种的可能性大致相同，也要注意它们的影响并不对称。这是因为它们起着乘数的作用。假设你认为降低风险的价值既有可能是基本模型所展示的十倍，也有可能是其十分之一，那么其中的平均数不是 1 倍的重要性，而是 5.05 倍的重要性。因此，除非我们**十分**确信基本模型给出了一个高估的结果，否则通常应该把它当作一个低估的结果。[53]

F 政策和研究建议

为了方便参考，我把我对生存性风险政策和研究的建议集中在此处。

小行星和彗星

* 研究使 1 千米以上的小行星和彗星发生偏转的方法，也许仅限使用非武器化的方法，例如那些不会导致轨迹发生精准变化的手段。

* 将短周期彗星纳入和近地小行星一样的风险框架中。

* 提高我们对长周期彗星风险的认识。

* 改进我们对撞击后的冬天效应的情景建模，特别是针对直径 1 ～ 10 千米的小行星。与专家合作建立气候模型和核冬天模型，考察现代模型的情况。

超级火山喷发

* 找出所有曾经发生过超级火山喷发的地方。

* 改进对这些事件发生频率相当粗略的测算，特别是针对规模最大的火山喷发的测算。

* 改进我们对“火山冬天”效应的情景建模，考察多大规模的火山喷发会对人类造成真正的威胁。

* 与小行星的重要研究人员保持联络，从他们的建模和风险应对工作中吸取经验。

恒星爆炸

* 建立一个更好的风险威胁模型，利用已知的参数分布情况，而不是依靠代表性参数的分布情况。然后进行敏感度分析：在该模型中，是否有任何可信的参数能使恒星爆炸成为和小行星一样的巨大威胁？

* 运用纯理论的思考，检查目前的测算是否可能把风险的概率低估了百倍甚至更多。

核武器

* 重启《中程导弹条约》。

* 续签将于 2021 年 2 月到期的新裁武条约。

* 让美国的洲际弹道导弹解除一触即发的预警状态（其正式名称为预警发射）。

* 提高国际原子能机构（IAEA）核查各国遵守安全协定的情况的能力。

* 努力解决核冬天模型中的关键不确定因素。

* 确定剩余不确定因素的特征，然后使用蒙特卡罗方法来显示结果可能性的分布，特别关注与我们当前认识相一致的最坏情况的可能性。

* 研究世界上哪些地方最能抵御核冬天的影响，以及文明在那里延续的可能性有多大。

气候变化

* 资助清洁能源创新方法的研究和开发。

* 资助安全的地球工程技术和地球工程治理研究。

* 美国应重新加入《巴黎协定》。

* 对失控温室效应或湿润温室效应的可能性进行更多研究。是否有任何情况会使这些可能性比目前认为的更大？我们是否有办法彻底排除它们出现的可能性？

* 提高我们对永久冻土和甲烷水合物反馈机制的认识。

* 提高我们对云层反馈机制的理解。

* 更好地描述气候敏感度的不确定因素：关于其分布多数集中在右侧的情况，有什么是我们已知的，有什么是未知的。

* 提高我们对极端暖化（如气温上升 5℃～ 20℃）的认识，包括考察它可能对人类灭绝或全球文明崩溃构成可信威胁的具体机制。

环境破坏

* 提高我们对目前各种资源枯竭是否构成生存性风险的认识。

* 提高我们对当前生物多样性丧失（包括区域和全球）的认识，以

及它与过去的灭绝事件相比情况如何。

* 建立一个现有生物多样性的数据库，以保存受威胁物种的遗传物质。

基因工程大流行病

* 使《禁止生物武器公约》向《禁止化学武器公约》看齐：将其预算从 140 万美元增加到 8 000 万美元，相应地增加其工作人员，并授权调查可疑的违反行为。

* 加强世卫组织通过快速疾病监测、诊断和控制来应对新出现的大流行病的能力。这需要增加其资金和权力，还需要研发必要的技术。

* 确保对所有 DNA 合成进行危险病原体筛查。如果不能通过合成公司的自律实现全覆盖，那么就需要某种形式的国际监管。

* 提高 BSL-3 和 BSL-4 实验室事故的透明度。

* 制定处理信息危害的标准，并将其纳入现有的审查程序。

* 开展严重的基因工程大流行病的情景模拟演习。

价值未对齐的人工智能

* 促进安全和风险管理方面的国际合作。

* 探索先进人工智能的治理方案。

* 开展将先进人工智能与人类价值对齐的技术研究。

* 开展通用人工智能安全其他方面的技术研究，如安全遏制和绊线机制。

通用建议

* 探索如何建立旨在减少生存性风险的新型国际机构，既可通过渐进式也可通过变革式手段。

* 考察是否可能将故意造成或因粗心而造成人类灭绝的风险定为国际罪行。

* 考察将后代的代表权纳入国家和国际民主体制的可能性。

* 每个世界大国都应该指定一个高级政府职位，负责关注和应对未来 20 年内可以切实预见的生存性风险。

* 从绝对规模以及边际变化的成本效益出发，找出主要的生存性风险因素和安全因素。

* 把降低美、俄、中三国发生军事冲突的可能性作为努力目标。

* 提高对未预见风险和新出现风险的预警能力。

* 考察食品的替代物，以应对极端情况及全球粮食供应能力持续减少的情况。

* 开发更好的理论和实践工具，用于评估代价极高的风险，这些风险要么史无前例，要么被认为概率极低。

* 更好地认识我们在全球文明崩溃后恢复的可能性，如何防止文明崩溃，以及如何提高恢复的概率。

* 完善我们对人类大战略的思考。

* 完善我们对生存性风险伦理学的认识，并对长期未来进行价值评估。

G 扩大卡尔达舍夫文明尺度

1964 年，苏联天文学家尼古拉·卡尔达舍夫设计了一种方法，根据其物理规模和可利用的功率（单位时间内的能量）对潜在的先进文明进行分类。他考虑了三个水平：行星、太阳系和星系。沿着这个层级每上升一步，它们所能支配的力量就会跃升十亿倍以上。

我们当然可以将这个尺度向两个方向扩展。[54] 我们可以为最低层级的文明加入一个早期的水平（例如，美索不达米亚文明在书面语言诞生之初的规模）。[55] 同时在我们可影响的宇宙的规模上加入一个终极水平：我们所能希望实现的一切。令人惊讶的是，这些跨度的大小与卡尔达舍夫确定的那些跃升非常相似，延续了衡量文明功率的大致对数尺度。

水平	文明级别	增加规模	功率
K0	最低层级		$\approx 10^{8}$ W
K1	行星	×10 亿	2×10^{17} W
K2	恒星	×10 亿	4×10^{26} W
K3	银河系	×1 000 亿	4×10^{37} W
K4	极限	×10 亿	4×10^{46} W

我们的全球文明目前控制着大约 12 万亿瓦特的功率。这比最低层级的文明多出 10 万倍，但只是我们地球的全部能力的万分之一。这使我们处于 K0.55 的水平，刚过 K1 的二分之一距离，以及到 K4 的八分之一距离。

延伸阅读 FURTHER READING

以下是关于生存性风险的一部分重要著作的参考指南，完整参考文献可见第 393 页。进一步的阅读清单、课程大纲、引文和摘录可以在 theprecipice.com 上找到。

Bertrand Russell & Albert Einstein (1955). 'The Russell-Einstein Manifesto'.

在广岛事件后的十年里，罗素和爱因斯坦各自写了几篇关于核战争的重要文章，其中提到了人类灭绝的危险。他们的联合宣言是这一早期思想的结晶。

Hilbrand J. Groenewold (1968). 'Modern Science and Social Responsibility'.

一篇非常早的论文，预见到了几个关键的生存性风险观念。由于未能触达广泛读者，这些想法不为人知，直到几十年后才被分别发现。

Annette Baier (1981). 'The Rights of Past and Future Persons'.

关于人类未来世代重要性的基础性研究。

Jonathan Schell (1982). *The Fate of the Earth.*

本书第一次深入探讨灭绝的坏处，以及确保人类生存的核心意义，充满了敏锐的哲学见解。

Carl Sagan (1983). 'Nuclear War and Climatic Catastrophe: Some Policy Implications'.

一篇开创性的论文，介绍了新发现的核冬天机制，并探讨了人类灭绝的伦理意义。

Derek Parfit (1984). *Reasons and Persons.*

该书是 20 世纪最著名的哲学著作之一，它为未来世代的伦理学做出了重大贡献，其最后一章强调了人类灭绝的风险如何以及为什么可能是我们时代最重要的道德问题之一。

John Leslie (1996). *The End of the World: The Science and Ethics of Human Extinction.*

这是一本具有里程碑意义的书，将讨论范围从核风险扩大到人类灭绝的所有风险，对威胁进行了编目，并探索了新的哲学角度。

Nick Bostrom (2002). 'Existential Risks: Analyzing Human Extinction Scenarios'.

这篇论文确立了生存性风险的概念，提出了许多十分重要的思想，因为已被作者 2013 年的下述论文所取代，该文主要是具有历史意义。

Nick Bostrom (2003). 'Astronomical Waste: The Opportunity Cost of Delayed Technological Development'.

探索了人类在未来有能力实现的成就的极限，认为加速抵达我们文明的终极状态拥有极为重要的意义，哪怕只是加速了一点而已，然而即使是这个目标，也没有增加我们能够抵达那种状态的可能性更加重要。

Nick Bostrom (2013). 'Existential Risk Prevention as Global Priority'.

这是他 2002 年文章的更新版本，是关于生存性风险的首选论文。

Nick Beckstead (2013). *On the Overwhelming Importance of Shaping the Far Future.*

用一本书的篇幅进行的哲学探讨：我们的行为最重要的不是眼前的后果，而是它们如何塑造人类的长期轨迹。

David Christian (2004). *Maps of Time: An Introduction to Big History.*

关于大历史的开创性著作：从宇宙大爆炸、生命起源、人类、文明、工业革命一直到今天，研究宇宙的重大主题和发展。

Fred Adams & Gregory Laughlin (1999). *The Five Ages of the Universe.*

鲜明有力且通俗易懂地介绍了科学家们认为极其长远的未来将如何展开。

Max Roser (2013). Our World in Data［线上版本］。可在 www.ourworldindata.org 上查看。

这是一处必不可少的在线资源，从原始数据到引人注目的图表和深刻的分析，可以看到我们世界的许多最重要的方面在过去两个世纪中发生的变化。

Nick Bostrom (2014). *Superintelligence: Paths, Dangers, Strategies.*

人工智能和生存性风险的奠基之作。

Stuart Russell (2019). *Human Compatible: AI and the Problem of Control.*

一位人工智能领域的顶级研究者发出的行动呼吁，表明了如果要应对高级人工智能带来的风险，他的研究领域需要如何发展。

Alan Robock et al. (2007). 'Nuclear winter revisited with a modern climate model and current nuclear arsenals: Still catastrophic consequences'.

对美俄全面开战产生的气候影响进行了最新建模。

Richard Rhodes (1986). *The Making of the Atomic Bomb.*

一部引人入胜的历史，讲述了主导核武器诞生的人物和事件。该书提供了大量信息，展现了一切是如何发生的，揭示了个人如何能够在这一关键的转变过程中发挥作用并且确实起到效果。

Daniel Ellsberg (2017). *The Doomsday Machine: Confessions of a Nuclear War Planner.*

根据作者在兰德公司和五角大楼的职业生涯中获得的大量新信息，探讨了我们离全面核战争有多近。

John Broome (2012). *Climate Matters: Ethics in a Warming World.*

关于气候变化伦理学的深刻检视。

Gernot Wagner & Martin Weitzman (2015). *Climate Shock: The Economic Consequences of a Hotter Planet.*

这是一本关于气候变化风险的研究报告，通俗易懂，其关注重点是极端变暖的情景。

附注 NOTES

引言

1 Blanton, Burr & Savranskaya (2012).

2 Ellsberg (2017), PP. 215-17.

3 McNamara (1992).

4 所有错漏之处由我本人承担，读者可以在 theprecipice.com/errata 找到最新的更正。我对以下人士的专业建议深表感激：Fred Adams, Richard Alley, Tatsuya Amano, Seth Baum, Niel Bowerman, Miles Brundage, Catalina Cangea, Paulo Ceppi, Clark Chapman, David Christian, Allan Dafoe, Richard Danzig, Ben Day, David Denkenberger, Daniel Dewey, Eric Drexler, Daniel Ellsberg, Owain Evans, Sebastian Farquhar, Vlad Firoiu, Ben Garfinkel, Tim Genewein, Goodwin Gibbons, Thore Graepel, Joanna Haigh, Alan Harris, Hiski Haukkala, Ira Helfand, Howard Herzog, Michael Janner, Ria Kalluri, Jim Kasting, Jan Leike, Robert Lempert, Andrew Levan, Gregory Lewis, Marc Lipsitch, Rosaly Lopes, Stephen Luby, Enxhell Luzhnica, David Manheim, Jochem Marotzke, Jason Matheny, Piers Millet, Michael Montague, David Morrison, Cassidy Nelson, Clive Oppenheimer, Raymond Pierrehumbert, Max Popp, David Pyle, Michael Rampino, Georgia Ray, Catherine Rhodes, Richard

Rhodes, Carl Robichaud, Tyler Robinson, Alan Robock, Luisa Rodriguez, Max Roser, Jonathan Rougier, Andrew Rushby, Stuart Russell, Scott Sagan, Anders Sandberg, Hauke Schmidt, Rohin Shah, Steve Sherwood, Lewis Smith, Jacob Steinhardt, Sheldon Stern, Brian Thomas, Brian Toon, Phil Torres, Martin Weitzman, Brian Wilcox, Alex Wong, Lily Xia and Donald Yeomans。

5 我还承诺自己每年只保留 18 000 英镑，多余的部分全部捐出，这一基准随通货膨胀而调整（目前为 21 868 英镑），当中不包括用于我的孩子的支出（每年几千英镑）。目前为止，我能够捐出的已经超过收入的四分之一。

6 在撰写本书时，“尽我们所能”的成员已向有成效的慈善机构捐款 1 亿英镑（Giving What We Can, 2019）。善款分散投向许多不同的慈善组织，因此难以简单说明其影响。但即使只是用于提供防疟疾蚊帐的 600 万英镑捐款也为超过 300 万人提供了数年的保护，拯救了 2 000 多条生命（GiveWell, 2019）。

7 附注中隐藏着相当于一本书的内容，供渴望了解更多的读者阅读。如果你是这样的读者，我建议你使用两个书签，这样就可以随意来回翻阅。我努力保证附注的质量，让它们值得你花时间阅读（它们很少只是单纯的引用）。我尽量在正文中简单直接、直达终点，沿途的风景就在附注中体现。如需获得更多信息或讨论，本书的附录、延伸阅读清单（见第 271 页）或本书的网站 theprecipice.com 也许会引起你的兴趣。

8 当然，即使本书经过全面的事实核查，我也不敢认为没有任何偏颇或错误，余下不足之处，敬请读者指正。

第一章　身处危崖

1 Sagan (1994), pp. 305–6.

2 本章提到的很多年代只是大致的估算，或是适用于一段时间内发生的历史转变。我不希望正文里充斥着各种估算范围，也不想用太多“将近”“大约”这样的词，因此，我按科学惯例，对数字进行了四舍五入的凑整处理，来反映其确定的程度。

关于智人是什么时候出现的，不确定度的范围很大。来自 20 万年前的一些遗骸通常已被视为解剖学意义上的现代人。对于近期发现的一些 30 万年前的化石，人们还在热烈辩论是否应该将之归为智人（Galway-Witham & Stringer, 2018）。更重要的是，目前还不清楚该把哪些物种算作“人类”，甚至我们所说的“人类”意味着什么也不够明确。人属（*Homo*）有 200 万～300 万年的历史，而如果我们把所有能制造工具的祖先都算上，那就包括了 300 多万年前的南方古猿（Antón, Potts & Aiello, 2014）。我专注于化石证据而不是分子系统发育学（一般来说，分子系统发育学测出的生存年代比较长），是因为化石证据更能得到广泛认同。

3 在当时，现在的澳大利亚大陆和现在的新几内亚岛连成了一个更大的大陆，有时被称为萨胡尔大陆。它与亚洲之间至少隔着 100 英里的海面，在那时看来是极远的航程（Christian, 2004, p.191）。所以，当人类第一次踏入这个拥有奇异动植物的新世界时，他们实际上踏足的可能是现在新几内亚的一部分。

4 我们也根据自己的需求改造环境。在农业出现之前，我们就用火改变了大陆的面貌，许多我们现在以为自古就有的荒野草原就是这样出现的（Kaplanet al., 2016）。

5 智人和我们的近亲可能有一些独特的身体特征，比如灵活的双手、直立行走的方式和响亮的声音。然而，这些特征本身并不能解释我们的成功。它们与我们的智力一同提升了我们的沟通能力以及利用和创造技术的能力。

6 图 1.1 和 1.2 经许可改编自 Christian (2004), pp. 193, 213。

7 说全体人类会在越来越大的范围内展开合作，听起来似乎是种天真的理想，因为“合作”这个词有时指的是出于利他主义的动机而一起工作。然而，我是在广义上使用“合作”这个词的，指的是人类协调自身的行动，以做成单凭自己做不到的事情。合作可能有利他的成分（甚至是单方面的利他），但也可能是被各种形式的交换所驱动的。想要了解社会学习对我们取得成功有多重要，可以参见 Henrich (2015)。

8 当然，确定有多少个转折、各个转折是什么，多少有随意的成分。如果说只有两个转折的话，我会说是农业革命和工业革命（也许是包括科技革命在内的更广义的工业革命）。如果说有四个转折，那我很可能把农业革命划分为两个部分：农业的开端和文明的兴起（我认为文明兴起的时间在 5 000 年前，城市出现的时候）。

我推荐大卫·克里斯蒂安的《时间地图》（*Maps of Time* by David Christian, 2004），这本书严谨地探讨了人类发展的全貌。

9 “革命”一词多少有些误导性：这并不是一个快速的进程，也不是在世界范围内发生的。从采集到农耕的转变持续了数千年，而城市的兴起、文字的发展以及其他我们认为是文明特征的事物又过了几千年才出现；在这段时间里，一些民族继续以食物采集为生。（同样的说法也适用于工业革命，虽然时间进度加快了 10 倍。）但和之前 20 万年间的人类发展相比，农业革命称得上是快速的进程，而且的确带来了一种完全不同的生活方式。

10 这里我用的是物理学意义上的“功率”，即单位时间内的能量。役畜大大增加了每个人每天可利用的能量。

11 有证据表明，以下地区均出现了农业：新月沃土地带（12 000 年前）、长江和黄河流域（6 000 ～ 10 000 年前）、巴布亚新几内亚（7 000 ～ 1 0000 年前）、中墨西哥（10 000 年前）、南美洲（5 000 ～ 9 000 年前）、北美洲东部（4 000 ～ 5 000 年前）和撒哈拉以南的非洲（2 000 ～ 4 000 年前）。

12 在食物采集活动中，维持一个人的生存通常需要约 10 平方英里（约 26 平方千米）的土地（Christian, 2004）。因此，人群必须频繁迁移，以便从维持其生存的数百平方英里的土地上获取食物。由于更多的土地产能被用于培育可供人类食用的植物，人均所需的土地大幅减少。

13 McEvedy & Jones (1978), p. 149.

14 Durand (1960). 罗马帝国在不久之后也达到了类似的规模，当时世界上的大多数人都生活在这两个文明之中。

15 和农业一样，这些突破都是在多个地方独立出现的。

16 有些学者将这场革命归入启蒙运动名下，也有些人将其与工业革命联系到一起。

17 重要的学者包括伊本·海赛姆（Ibn al-Haytham，约 965—约 1040 年），他在光学研究中使用的实验方法对 13 世纪的罗伯特·格罗斯泰斯特

（Robert Grosseteste）和罗杰·培根（Roger Bacon）产生了重大影响。至于我们的认识可以无限积累和改善的观念，其根源可以在塞涅卡写于公元 65 年的《自然问题》（*Natural Questions*）中找到（Seneca, 1972, see p. 49）。

18 弗朗西斯·培根（Francis Bacon）的《新工具》（*Novum Organum*, 1620）是关于科学方法的经典论述，也被视为科学革命的开端。关于为何欧洲以外的早期进步没有导向 17 世纪以来那种持续的知识创造，人们有着大量争论。例如可参见 Sivin (1982)。

19 因为只有极少部分有机体可以变成化石燃料，所以全球化石燃料供应的能量并不是储藏了千百万年的太阳能，而是“只相当于”大概 20 ～ 200 年间全球植物在生长期里获得的能量，相当于地球在 4 ～ 40 天里截获的所有太阳能（根据笔者计算）。尽管如此，化石燃料提供的大量能量远远超过了通过水轮或燃烧木材所能获得的能量。如果没有化石燃料，人类也许能够最终达到现代的总财富水平，但收入增长是否能够摆脱人口增长的束缚，使人均财富得到提高，就是个未知数了。

由这些数字可以推出的一个惊人结论是，太阳能在一年内产生的能量最终有望超过曾经存在的所有化石燃料所包含的能量。

20 特别是 1781 年詹姆斯·瓦特（James Watt）设计改进的蒸汽机。早期的发动机效率低下，从经济角度考虑，只能用于很有限的工作范围。100 多年后出现的柴油发动机将是另一个重大突破。

21 其他许多因素也很重要，特别是政治、经济和金融体系。

22 Mummert et al. (2011).

23 例如，可以看一下恩格斯 1892 年对英国工业化时期工作和生活条件的生动描述。

24 Van Zanden et al. (2014). 参见 Milanovic (2016) 关于过去两个世纪里国家内部和国家之间不平等的研究著作。

25 在本书中，我将使用“历史”这个词的日常宽泛意义，即以往发生过的一切（在这里指人类发生过的一切）。这是词典中的常见定义，对讨论范围很广的本书来说也很合适。相比之下，历史学家通常只用“历史”一词来指有文字记载的时代和地点中发生的事件，因此，他们会把发生在 6 000 年以前的美索不达米亚或公元 1788 年以前的澳大利亚的事件称为

"史前"事件。

26 这大致是马尔萨斯陷阱的意思。请注意，比较不同时期的收入是非常困难的。若以"维持生计"为标准，这就取决于你需要多少收入才能活下去。但它并没有充分展现食物消费在质量或品种上的变化，也没有表明适当的剩余资金能买到什么质量的东西，生活中其他方面的质量同样无从体现。所以，有可能出现这样的情况：每个人或社会的境况都变得更好或更糟了，这些人或社会却依然徘徊在温饱线上。这些都说明了摆脱这种马尔萨斯提出的经济局面对人类社会而言是一个巨大的变化。

27 这些把每天 2 美元作为贫困线的数据来自 *Our World in Data: Global Extreme Poverty* (Roser & Ortiz-Ospina, 2019a)。在贫困线的标准更高的情况下，同样有显著的改善。我选择每天 2 美元作为贫困线，并不是因为它是足够的收入水平，而是因为它显示了在工业革命之前，几乎所有人的收入都是严重匮乏的。不是说今天的情况很好，而是说以前很糟糕。富裕国家的人有时对这些统计数字不以为然，理由是他们看不出怎么会有人在他们的城市里每天只用 2 美元生活。但可悲的是，这些统计数据是真实的，甚至由于钱在较穷困的国家更耐用而有所调整——生活在这些国家的贫困线以下的人不得不在恶劣的食宿标准下生活，富裕国家的市场甚至都提供不了标准如此之低的食宿。

28 虽然普及学校教育是一个重要因素，但要注意到，提高识字率的积极趋势在工业革命之前就已出现，那时英国的识字率已经达到 50%。识字率的提高也可能是科学革命的重要功劳。识字率的数据来自 *Our World in Data: Literacy*(Roser &Ortiz-Ospina, 2019b)。

29 请注意，很难解释这些历史上的预期寿命数字，因为它们代表的是作为平均值（或者算术平均值）的死亡年龄，而不是典型的死亡年龄。仍有一些人活得足够长，成为祖父母，但也有许多人死于婴儿期或儿童期，这使平均值下降了很多。

30 长期预期寿命的数字来自 Cohen (1989), p. 102。冰岛工业化前的预期寿命来自 Gapminder (2019)。当前预期寿命来自世卫组织全球健康观察站 2016 年的数据（WTO, 2016）。

31 摘自 Roser (2015)。

32 最早的相关文本之一是《汉谟拉比法典》(公元前 18 世纪)。虽然它是一部法律文本，但它展示了其所依据的道德准则，并展现了我们的行为规范已经发展到何种程度。Harari (2014) 的第 117—122 页对此有深刻的讨论。

33 参见 Pinker 的 *The Better Angels of Our Nature* (2012)，其中有大量的例子。不过要注意的是，当涉及 20 世纪国家层面的暴力（战争和种族灭绝）时，关于暴力下降的证据最为薄弱。

34 例如，西欧从古典文明的衰落中恢复过来所花的几个世纪在大多数西方历史叙事中显得极其重要，但如果采取全球视野来观察中国、印度、伊斯兰世界、美洲，甚至东罗马帝国，我们会看到倒退的整体趋势并没有那么严重。

一个有用的类比是股票市场。以天或月为尺度，个股上涨和下跌的可能性大致相同。但当我们把股市作为一个整体，以几十年为时间尺度时，上升趋势就非常明显，而且持续了几个世纪。或者正如托马斯·麦考莱在 1830 年所说的那样："一片浪花可能会退去，但潮水显然正在涌来。"（1900, p. 542）

随着越来越多的信息涌入，我们越来越清楚地认识到，如果在历史分析中把有关进步的讨论列为禁区，就等于埋葬了人类历史故事的引子。如果历史学者想把他们的研究和分析限制在描述性的问题上，那是他们的选择。但我们不必追随他们。过去发生的一些最重要的事件产生了可供评估和能够形成规范的重大结果，如果人类要从历史中吸取教训，就必须对这些结果进行讨论。

35 对于学术界来说，怀疑论也可能源于对各个时代进行评价根本是勉为其难之事：因为这种评价往往并不准确，因为这不是历史学家的工作，也可能因为哲学的理念认为不可能做出评价。

36 由于我们没有人类历史上大部分时间的人口数据，因此很难测算曾经存活过的人口的数量。这个数字对长远预期寿命的测算特别敏感。Haub 和 Kaneda (2018) 给出了一个 1 080 亿人口的测算值。对 Goldberg (1983) 和 Deevey (1960) 较旧的估值进行滚动测算，可以分别得出 550 亿人口和 810 亿人口的结果（根据笔者的测算）。总的来说，1 000 亿是一个可靠的核心测算值，置信范围在 500 亿～ 1 500 亿之间。

37 Macaulay (1900), p. 544.

38 哺乳动物物种的平均存续时长估计从 60 万年（Barnosky et al., 2011）到 170 万年（Foote & Raup, 1996）不等。最古老的被认为是直立人的化石是现今格鲁吉亚的德玛尼西标本，年代为 180 万年前（Lordkipanidze et al., 2006）。年代最近的化石来自今天的印度尼西亚，年代为 10 万年前（Yokoyama et al., 2008）。

39 整个 21 世纪只相当于人类一生中的三天——由于这三天，整个人类的生命都处于危险之中。

40 我们可以合理地相信，失控温室效应和湿润温室效应（将在第四章中讨论）构成了地球生命延续时间的上限，但由于我们熟悉的气候模型的局限性，我们仍然不确定它们何时会发生。Wolf & Toon (2015) 认为湿润温室效应将在大约 20 亿年内发生，而 Leconte et al. (2013) 则将上限定为更低一点的 10 亿年。

一个尚无定论的问题是，在达到失控或湿润温室效应的极限之前，二氧化碳消耗或温度上升是否会使地球无法居住。Rushby et al. (2018) 推测大约 8 亿年的 C_3 光合作用以及大约 5 亿年的 C_4 光合作用将耗尽二氧化碳。在如此漫长的时间跨度里，我们不能忽视这样一种可能性，即进化可能产生新的生命形式，能够在不适合现有生命形式的气候中生存。事实上，最早能进行 C_4 光合作用的植物出现在大约 3 200 万年前（Kellog, 2013）。

41 这句话引自康斯坦丁·齐奥尔科夫斯基（Siddiqi, 2010, p.371）。

42 很难为此确定一个精准的日期。我选择了第一次原子弹爆炸之时，因为它带来的后果可能是引燃大气层，造成全球毁灭（详情参见第四章）。也可以选择一个较晚的日期，即核武储备的规模足以使核冬天实际出现之时。如果将这一概念从灭绝扩大到生存性风险的话（参见第二章），那么或许还可以提早几年，以第二次世界大战带来长期的全球极权主义威胁作为开端。

43 这是美国 1952 年的“常春藤麦克”试验。它的爆炸量为 10.4 兆吨（TNT 当量，爆炸当量的标准单位），而整个第二次世界大战（包括广岛和长崎）的爆炸量约为 6 兆吨（Pauling, 1962）。但是，热核武器要想小型化到足以装在轰炸机上，还需要几年时间。

44 要注意的是，许多受人尊敬的科学家以现在看来自信过头的态度，预测人类必将在 20 世纪内毁灭。见 Pinker (2018, p. 309)。

45 这种情况无处证实。即使是现在，也很少有研究探讨什么会是核战争中最严重的毁灭机制。

46 DEFCON 等级是一个战备等级系统，其确切含义在冷战期间发生了变化。数字越低意味着战争越是迫在眉睫。有史以来达到过的最极端的级别是二级战备状态（DEFCON 2），后来在古巴导弹危机中以及 1991 年第一次海湾战争期间再次达到了二级战备状态。

47 这一情况使人们不得不思考，如果当时掌权的是其他领导人，这场危机会再添多少惊险。我们现在的领导层是否有能力找到和平解决的方案？

48 在古巴导弹危机期间，大约有 100 种这类武器可投入使用：92 枚战术导弹和 6 ～ 8 枚中程弹道导弹。所有数字均来自 Norris & Kristensen (2012)。苏军的规模也远远超出了预期：在古巴驻扎的不是 7 000 人，而是 42 000 人（Ellsberg, 2017, p. 209）。

49 罗伯特·麦克纳马拉在纪录片《战争迷雾》（*Fog of War*, Morris, 2003）中披露，这句话是卡斯特罗在古巴导弹危机四十周年纪念峰会上所说的。卡斯特罗写给赫鲁晓夫的信也因此曝光了。卡斯特罗在星期五写道："我相信帝国主义者的侵犯是极其危险的，如果他们真的不顾国际法和道德，对古巴进行野蛮侵略，那就是时候通过合法的自卫行动永远消除这种危险了，不管这种解决方式有多么残酷可怕。"星期天，在发表（已知）导弹将被撤除的声明之后，赫鲁晓夫回信道："如果发生入侵，当然有必要以各种方式将其击退。"（Roberts, 2012, pp. 237–8）

50 正如导弹危机期间的军事顾问丹尼尔·埃尔斯伯格所说："入侵几乎肯定会引发双方大规模的核交火，因而很可能扩大为美国对苏联的大规模核打击。"（Ellsberg, 2017, p. 210）

51 主要困难是我们甚至不清楚这意味着什么。我们可以清楚地谈论主要参与者当时所相信的核战争概率（10% ～ 50%）。而且我们已经知道核战争是否发生（在这场危机中没有发生，所以概率为 0%）。但如果有一种概率能比前者更客观，又不像后者那样只有 0% 和 100% 这两种可能性，那么它就有重要的意义。例如，我们希望这种概率能敏锐地反映后来披露的古巴战术核武器或 B–59 潜艇事件。我们想知道的是这样一些事情，例如：如果我们有 100 次这样的危机，有多少次会走向核战争，但如果只是说“和这次一样”，就很难解释明白了。我认为在这方面可以提供用处的概率是存在的，但我认为它还没有得到适当的解释，而且我们一想到它就会把自己给搞糊涂。

52 约翰·肯尼迪，引自 Sorenson (1965), p. 705。

53 Ellsberg (2017), p. 199. 虽然麦克纳马拉没有预测概率，但后来他说：“我记得那个星期六结束时离开了白宫。那是一个美丽的秋天，我觉得这很可能是我看到的最后一个日落。”（Ellsberg, 2017, pp. 200–1）

54 根据最近披露出来的所有信息，丹尼尔·埃尔斯伯格的预测是“远远高于 1%，而且高于保罗·尼采那天所说的 1/10”（Ellsberg, 2017, p. 220）。

55 2018 年 1 月，我相当惊讶地看到《原子能科学家公报》将他们著名的“末日时钟”设定为距离“末日子夜仅剩 2 分钟”，称世界“与‘二战’后一样危险”（Mecklin, 2018）。他们的首要理由是美国和朝鲜之间核对峙的紧张局势不断加深。但设置时钟是为了说明我们离文明的终结有多近，并没有试图说明核战争对人类文明有什么威胁，也没有试图说明我们面临的风险比古巴导弹危机或其他冷战危机时更高。

56 美国仍然拥有 450 枚井式导弹和数百枚处于“一触即发”警戒状态的潜射导弹（UCS, n.d.）。

57 这与那些技术监管研究人员所考虑的“节奏问题”有关。节奏问题指技术创新的速度正在不断超越法律法规对这些技术进行有效管理的能力。正如拉里·唐斯（Larry Downes, 2009）说的那样：“技术的变化是指数级的。但社会、经济和法律制度的变化是渐进式的。”这两个框架的一个关键区别是，节奏问题是指技术变革的速度，而不是指其改变世界的力量越来越强大。

58 Sagan (1994), pp. 316–17.

59 摘自贝拉克·奥巴马在拜访广岛和平纪念碑时的讲话（2016）。还可以回顾约翰·肯尼迪在核连锁反应二十周年纪念日上的发言（就在古巴导弹危机结束后一个月）：“我们在利用科学方面已经有很大进步了，但我们

在理顺彼此关系方面进步不大。”（Kennedy, 1962）

60 古巴导弹危机后，肯尼迪在寻求和平的过程中这样说：“我们的问题是人为的，因此它们也可以被人们解决，人们希望自己多伟大就能有多伟大。没有哪个人类命运的问题是能超越人类的。”（1963）当然，可能会有一些人为的问题已经不可挽回了，但本书所探讨的任何一种情况都还没到那个地步。事实上，我们只要不去做那些会造成伤害的事情，就可以防止问题发生。

61 这个问题尤其严重，因为我们用来描述风险规模的说法往往受风险概率和后果代价的影响。有 1% 的概率输掉牌局算不上严重风险，但有 1% 的概率失去你的孩子可能就很严重了。联合国政府间气候变化专门委员会（IPCC，气专委）也有这个问题，他们使用定性术语来描述各种气候结果的发生概率（Mastrandreaet al., 2010），而我认为他们的做法是错误的。

62 “生存性风险”的详细定义见本书第 34 页。它包括灭绝风险以及以其他方式永久性地摧毁人类潜力的风险，比如不可恢复的文明崩溃。

63 与自然风险水平的比较见第六章。

64 博斯特罗姆（Bostrom, 2013）提出的观点。

65 这种情况可能以某些方式发生，虽然我觉得概率不大。例如风险水平最高可能达到约 1/6，但我们也许足够幸运，能活过十个或者更多这样的世纪。也可能我们控制风险的努力只成功了一半，风险回落到 20 世纪的水平，但不能继续下降，于是人类能活过一百多个这样的世纪。

66 2019 年 5 月，国际地层学委员会下属的人类世工作组投票决定将人类世作为一个新的纪元，起始时间为 20 世纪中叶。一份正式建议书将在 2021 年之前提出，其中将对人类世的起点定于何时给出建议（Subramanian, 2019）。2017 年，工作组曾表示，与核武器试验相关的标志最有希望成为人类世的年代指标（Zalasiewicz et al., 2017）。

第二章 生存性风险

1 Baier (1981).

2 见 Bostrom (2002b; 2013)。

3 博斯特罗姆（Bostrom, 2013）将生存性风险定义为“有可能造成地球智慧生命过早灭绝，或对其未来理想的发展潜力造成永久和严重破坏的风险”。我的定义（以及下面的阐释）与博斯特罗姆的后半句非常一致。我没有附和他的前半句，因为在逻辑上没有必要（我们的“过早灭绝”本身就是一种“永久和急剧的缩减”），因而它会分散对“我们的长期潜力被破坏”这一问题核心的关注。

请注意，在我的定义里生存性风险指的就是会造成生存性灾难的风险。我原本可以这样直接解释，但我希望我的定义能自己立住。

4 我刻意不对种种未来决定我们发展潜力的方式进行精确的定义。我们可以简单地说发展潜力的价值就是展现在我们面前的最好未来的价值，所以当剩下的最好未来只相当于我们曾经能够实现的最好未来的一小部分时，这便意味着一场生存性灾难。另一种方式是把每一种可能出现的未来的实现难度纳入考虑范畴，例如把我们发展潜力的价值定义为我们在采取最佳策略后期望实现的未来价值。我会在今后的研究中解决这一问题。

我以发展潜力遭到摧毁来定义生存性灾难，而没有考虑其造成的持久后果，原因有两点。第一，这一定义有助于通过风险如何影响我们以及我们如何克服它们来确定种种风险的关键共性。第二，我对人类的乐观认识。由于我们的发展潜力在很长一段时间里都是完好无损的，我相信我们很有可能实现这种潜力：挫折只是一时的，除非这些挫折破坏了我们的恢复能力。如果是这样，那最有可能导致人类无法实现大好未来的正是人类发展潜力的毁灭——由生存性灾难引起。

5 我们还可以探讨其他意义上的发展潜力，如狭义的发展潜力，只考虑我们目前能够做到的，或很可能做到的，因此可以通过行动来扩大我们的能力，从而增加这种发展潜力。然而在本书中，我只关注我们的长期潜力（见正文中描述的定义）。当我简要地提到“潜力”时（为简洁起见），读者应理解为“长期潜力”。

6 由于对文明留有微弱的恢复机会持开放态度，我的一些断言并不全对。比如我说生存性风险是“不可挽回的”。这样做不太好，但我认为还是值得的。

之所以对微弱的文明复苏机会持开放态度，是为了避免有人反驳称，即使机会渺茫，但总有一丝复苏的可能。因此，如果更加严格地解读发展潜力，它是不可能被**完全**摧毁的。但采取极其严格的解读并无用处。在我们的决策过程中，恢复一种状态的机会是零还是 0.1% 其实区别不大。对当前的世界来说，两种情况同样糟糕，而且原因也一样：恢复到原来的状态极其困难（几乎没有可能），我们的长期发展潜力被摧毁了。而且这两种情况需要我们采取相同的行动，比如采取积极的措施而不是从试错中学习。应当避免出现字面意义上的"不可恢复"的可能性，出于同样原因，也应当避免出现"实际上不可恢复"的可能性。因此，在定义中把几乎不可避免的情况以及完全不可避免的情况一同涵括在内最为有用。

7 如果我们的发展潜力大大超过了当前的文明状态，那么事物完全受困于当前状态将被当作一场生存性灾难，比如彻底放弃进一步的技术发展。

仅仅因为没达到理想状态就把某种情况称为灾难也许很奇怪。这是因为我们往往把摧毁发展潜力的事件与那些马上就能造成苦难的事情联系起来，而很少想到那些破坏我们的发展潜力但又让当下的价值完好无缺的事件。但试想一下，父母不为子女提供教育不会马上造成损失，但孩子也许注定要遭受将来的糟糕后果。

8 在某些情况下，本书的理念和方法论适用于这种局部的"生存威胁"，因为它们有一些相似的特征（规模较小）。

9 这种说法本身也是有问题的。比如我们有时候会说某些情况曾经构成风险（基于我们过去的认识），但现在不再有风险。核武器会点燃大气层就是一个例子（见第 87 页）。但要注意的是所有风险都会面临这个问题。比如上周由于电缆磨损电梯有坠落的危险，但现在我们知道这种风险降为零（我们检查了电缆并发现运行良好）。要了解客观概率和实证概率在定义生存性风险方面的异同，参见 Bostrom & Ćirković (2008) 和 Bostrom (2013)。

10 时常有人列举历史上崩溃的文明，比如罗马帝国或玛雅文明。但这不是我在这本书里讨论的（全球）文明崩溃。这些小规模崩溃的数据对全球文明是否崩溃影响不大。已经崩溃的特定文明是高度地方化的，这更类似于一个国家的崩溃，而不是全球文明的崩溃。例如，即使是全盛时期的罗马帝国在疆域和人口方面都比现在的巴西小得多。这些小型文明更容易受到区域气候、无能政府和外部攻击的影响。而且其崩溃的严重程度远小于我的预计：往往整个城市和乡镇都能从“崩溃”中幸存下来，人们的生活并没有倒退到农业时代以前，文化的很多方面还在延续。

11 也有其他更直接的形式会阻止文明或农业的发展，如极端的环境破坏或持续削弱发展的疾病。这种可能性也是存在的：由于脆弱程度以某种形式增加了，当今世界比中世纪的欧洲更容易崩溃，因此损失少于 50% 的人口就可能导致这种情况。不过我对此感到怀疑，我觉得即使损失 90% 的人口也可能不会造成文明彻底毁灭。

12 从近代史的角度看，这些农业革命开始的时间相距甚远，一些文明数千年的先发优势对其后来在世界舞台上的影响起到了重要作用。但从更广泛的角度来看，这些独立的农业发展发生的时间非常接近：在跨越数十万年的人类历史里，仅仅相隔几千年。这表明，农业并不是一个不太可能的技术突破，而是对一个普通诱因相当典型的反应。最有可能的诱因是“大冰期”的结束，这个时代在 10 000 ～ 17 000 年前终结，就在农业兴起之时。这段时期对环境产生了巨大影响，让世界变得不那么适宜狩猎而更适合耕种。

13 总的看来，要获得资源越来越困难，因为我们首先开采了容易获得的那一部分。这说的是未开采的地下资源。但这会导致人们忽略已经在开采和储存过程中以及在文明遗址内埋藏的大量资源。例如，怀俄明州有一个露天煤矿，每年生产 1 亿吨煤，储量还剩 17 亿吨（Peabody Energy, 2018）。在撰写本书时，美国的电厂储备了 1 亿吨即用煤（EIA, 2019）。有大约 20 亿桶石油用于战略储备（IEA, 2018, p. 19），全球人均可使用的铁大约有 2 000 千克（Sverdrup & Olafsdottir, 2019）。

14 我们将在第四章看到，即使是极端的核冬天或气候变化也不可能在世界上每一个地方都产生足够的环境破坏。

15 持续数代的太空旅行也会面临最少生存人口的问题。Marin & Beluffi (2018) 觉得一开始有 98 人就足够，而 Smith (2014) 认为这一数字要高得多，最少应有 1.4 万～ 4.4 万人。如果现有的遗传技术能够最大限度地减少近亲繁殖和基因漂移风险，更小的种群也有可能存活下来。

16 我相信这也让人们觉得人类可能灭绝的说法是陈词滥调，而非发人深省。

在这类电影中将其作为一种叙事手段确实是老套的，但如果任由虚构作品影响我们理解它对未来的意义，那将是一个很大的错误。

17 我们也很少遇到如鲍勃·迪伦的《让我死在我的脚步里》(*Let Me Die in My Footsteps*, 1963年）或巴里·麦奎尔的《毁灭前夕》(*Eve of Destruction*, 1965年）这类严肃的情感探讨。

18 参见 Slovic (2007)。

19 Parfit (1984), pp. 453–4.

20 根据我们后面将要探讨的关于人类历史、文明的优势和人类在宇宙中的重要性的观点，这种质的差异也是造成这种不同的原因所在。

21 Schell (1982), p. 182.

22 这一点值得详细说明。根据帕菲特（Parfit, 1984）的研究，我们可以从两方面思考如果人类灭绝我们将会失去什么。

首先，我们再也无法自我实现。我们会失去原本可以生存的每一个人，我们将不再拥有孩子和孙辈：无数代人类，每一代都由数以亿计的人组成，生活质量远超我们。他们消失了。灾难不会杀死他们，但会消除他们的存在。灾难不会抹去他们的痕迹，但必定让他们永不被记载。我们会失去成就每段美好人生的所有事物的价值——不管是他们的幸福、自由、成功还是美德。我们将失去这些人本身。我们将失去存在于人与人之间的关系或社会结构中的任何价值——他们的爱、友情、和谐、平等和正义。

其次，我们将一事无成。想想我们在艺术和科学方面最伟大的成就，其中有多少成就是在过去几个世纪里达成的。如果我们在今后的几个世纪里能够保持我们的发展潜力，我们就有可能创造出比迄今更高的成就。我们可能会达到科学的最高峰之一：完整地描述支配现实的基本规律。我们将继续扩大进步的范围，抵达尚待探索的新领域。

也许最重要的是潜在的道德成就。虽然我们在过去的一千多年里取得了实质进展，但其发展速度比其他领域要缓慢得多，而且效果甚微。人类具有建立一个真正公正的世界的潜力，实现这个梦想将是一个影响深远的成就。

我们能自我实现和达成的建树是如此之多，未来的盛况和成就纷繁多样，如果我们无法实现这种潜力，将其浪费，大部分价值观念都会找到惋惜的理由。而且由于这种盛况和成就规模如此宏大，保护我们的发展潜力就显得至关重要。

23 所以，我们未来的规模不仅从结果主义的观念看来很重要，它还为出于对公平或正义的考虑而赞成减少生存性风险的观点提供了支持。

24 我所说的“同样重要”，是指无论活在哪一个年代，他们生命中的每一件好事或坏事都同样重要。今天人们的生活基本上比一千年前要好很多，因为里面包含了更多美好的事物，而从作用的角度来讲可能更重要的是，因为我们生活在一个更为关键的年代。所以从这些其他方面考虑，我们的生命在当下也许重要得多。但这些其他方面和我认可的时间中立性是不冲突的。

25 J. J. C. Smart (1984, pp. 64–5) 和 G. E. Moore (1903, § 93) 提出了这一建议。

26 新的世代会面临由他们来降低的风险，但只有我们能减少目前和未来几十年间的风险。

27 这个名词由威廉·麦克阿斯基尔和我创造。其理念基于我们的同事尼克·贝克斯特德和尼克·博斯特罗姆（Nick Bostrom, 2002b, 2003）的观点。麦克阿斯基尔目前正在撰写一本探讨这些观点的重要著作。

28 我们将在附录 E 中看到，除了保护人类之外，我们的行为还可以通过其他一些普遍方式对长期未来产生持续影响。

29 按每年 0.1% 的贴现率计算（按经济学家的标准，这一贴现率较低），中间一百万年所受的苦难的重要性是两百万年里所受苦难的 10^{434} 倍以上。

30 一个人可以根据自己的价值理论以不同的方式来评估这种情况。对某些人而言人类这一群体性主体或物种消失本身就是糟糕的，对另一些人来说糟糕的则是人类的生活以及其中一切美好的东西不再存在于未来。

31 如果其他时间（或空间）涉及一种截然不同的文化，这样做就会带来严重的质疑，但这种情况和我们所谈的情况无关。

32 想象一下，如果我们发现政府忽视核战争的危险，理由是如果我们都死了那也不是坏事，我们会怎么想？

33 即使在怀疑之后我们还是倾向于这种理论，考虑到在这一特定话题上这种理论和我们的直觉以及我们认为可信的其他理论严重偏离，我们对于遵循这种理论的建议应当保持非常谨慎的态度——基于我们长期未来的价值。参见 Beckstead (2013, p. 63)。

34 实际上我们几乎和人类最早的祖先一样陷入了相同的境地（而且他们比我们人数要少得多）。

35 Burke (1790), para. 165. 安妮特·贝尔（Annette Baier, 1981）在她关于未来人类权利的开创性著作中提出了相似的观点："拥有道德感的生物，我们扮演的关键角色是一个跨世代群体的成员，这个生命群体既回顾过去也展望将来，他们从现在的角度理解过去，把未来看作是过去的结果，他们认为自己是恒久家庭、民族、文化、传统的成员。"正如约翰·罗尔斯在《正义论》（*A Theory of Justice*, 1971, § 79）中所说："实现生活在任何一个时代的人类个体的力量，需要许多代人（甚至社会）在很长一段时间内的合作。"

36 Seneca (1972), pp. 279–91. 16 个世纪后，1704 年，艾萨克·牛顿发表了类似的言论（Newton & McGuire, 1970）："对任何人甚至任何一个时代来说，要解释自然界的一切都是过于艰难的任务。""最好是做一点有把握的事，剩下的留给后人……"

1755 年，德尼·狄德罗（Denis Diderot）在他的《百科全书》（*Encyclopédie*, Diderot, 1755, pp. 635–48A）中表达了相似的观点："……百科全书的目的是收集在全球传播的知识；向与我们一起生活的人阐述知识的一般体系，并将其传给我们的后人，这样对未来几个世纪来说前几个世纪的工作就不会变得毫无用处；我们的后代也能得到更好的指引，同时变得更加高尚和幸福，我们不应在没有为人类服务的情况下死去。"

37 也许更令人惊讶的是，关于彗星的一些深奥谜团启发塞涅卡写下了这段直到最近才被发现的文字，并直接影响了我们对生存性风险的理解："总有一天，会有一个人展示彗星在哪里运行，为什么它们从其他天体长途跋涉而来，它们的体积有多大，它们属于什么类型。"（Seneca, 1972, p. 281）

彗星高度偏离圆心的轨道性质以及它们的大小，一直是我们目前认识彗星对文明和人类所造成风险的关键方面。进一步了解这两个特征十分有助于减少来自太空的风险。参见第三章。

38 要了解基于互惠的理由而关心未来世代的观点，以及其他在此未介绍的潜在考虑因素，参见 Scheffler (2018) 的其他有趣讨论。

39 正如萨根（Sagan, 1983, p. 275）所说："还有许多可以反映发展潜力丧失的其他尺度——包括文化和科学、地球的演化、为后代的未来做出过贡献的所有前人的生命重要性。灭绝是人类伟业的灭顶之灾。"

40 参见 Cohen (2011), Scheffler (2009), Frick (2017)。

41 尼克·博斯特罗姆（Nick Bostrom, 2013）扩充了这一观点："我们也有监护职责，保存前人传给我们的人类遗产，并把它们完好无损地交给后人。我们不想成为薪火相传中失败的一环，我们不应该抹去或放弃人类几千年来一直在努力书写的人类文明的伟大史诗，因为很明显人类文明的叙事还远未达到自然的终点。"

42 斯图尔特·布兰德（Stewart Brand, 2000）曾生动有力地谈到这种文明的耐力："生态问题被认为是无法解决的，因为它们不是一年两年内就能处理好的……但到头来环境问题是可以解决的。只是需要经过十年或三十年的集中努力，才能接近解决，有时甚至需要几个世纪。环保主义教给我们耐心，而我认为耐心是一个健康文明的核心能力。"

43 虽然有点扯远了，但我们还可以思考一下涉及我们与广阔世界之间关系的文明优势。比如虐待动物和破坏环境反映出我们缺少同情心和疏于照管。

我们还可以想想感恩（对上一代）、同情心、公平理念（对后代）以及团结人类其他成员等美德会如何激励我们守护人类的未来。乔纳森·谢尔（Jonathan Schell, 1982, pp. 174–5）认为爱是父母之爱或生育之爱的泛化：一种我们把他人带到世界上的爱。

44 我很幸运，能够和人类未来研究所的同事安德斯·桑德伯格以及埃里克·德雷克斯勒一起研究这个问题。在我们的论文《解除费米悖论》（Sandberg, Drexler & Ord, 2018）里，我们量化了当前有关生命起源和智慧的科学理解和不确定因素。我们还提出，不能由于太空中有亿万颗星球就认为一定存在外星智慧。因为现实完全有可能（甚至非常有可能）是这样的：生命在其中任何一个星球上出现的机会都相当小。我们的科学知识表明，人类既有可能独自存在于宇宙中，也有可能活在一个充满生命的宇宙中，因此缺乏任何外星智慧生命的迹象也就不足为奇而且谈不上矛盾了——没必要采用奇谈怪论来解释这一点。证据已然表明我们更有可能是孤独的。

我们认为，以前的研究者对德雷克方程中的所有数量都使用“点估计”的方式，从而误入歧途。当这些被替换成可信值的统计分布时，我们看到，即使外星文明的平均数或中位数很高，外星文明也很可能是不存在的。而我们没有看到外星文明活动的迹象，这会为此种可能性提供最新的证据。

45 这种在宇宙中的意义可以被认为是彰显人类因其他原因而具有的道德价值的一种方式，或者是一种额外的价值来源，或者是超越价值的重要东西。以下是我们具有宇宙层面意义的一些主要支持者的言论：

马丁·里斯（Martin Rees, 2003, p. 157）：“复杂生命出现（和生存）的概率是如此之小，地球是我们整个银河系中唯一的有意识智慧的居所，因此我们的命运会和宇宙产生真正的共鸣。”

马克斯·泰格马克（Max Tegmark, 2014, p. 397）：“一开始是宇宙的浩瀚让我觉得自己微不足道。然而那些宏大的星系对我们——也只有我们——来说是可见和美丽的。只有我们才能赋予它们意义，使我们这个小星球成为整个可观测宇宙中最重要的地方。”

卡尔·萨根（Carl Sagan, 1980, p. 370)：“宇宙中可能密布着智慧生命。但进化论的启示是明确的：其他地方不会有人类，只有在这里，只在这个小星球上有人类。我们既是稀有物种，也是濒危物种。从宇宙的角度来看，我们每个人都是珍贵的。”

德里克·帕菲特（Derek Parfit, 2017b, p. 437）：“如果我们是宇宙中唯一的理性生命，正如最近的一些证据所表明的那样，在今后的数十亿年时间里我们是否会有后代或继承人将变得更加重要，我们的一些后代可能会过上的生活和所创造的世界虽然未能让过去的苦难变得正当，却会给我们所有人，包括那些遭受最多痛苦的人，带去庆幸宇宙存在的理由。”

詹姆斯·洛夫洛克（James Lovelock, 2019, p. 130）：“然后，随着人类在30万年前出现，唯独这颗星球在宇宙中获得了认识自己的能力……我们现在正准备将求知的天赋交给新形式的智慧生命。不要为此感到沮丧。

我们已经发挥了我们的作用……也许，当智慧和认识从地球向外传播以融入宇宙时，我们希望自己的贡献不会被完全遗忘。”

从结果主义的角度来认识宇宙意义的一种方式是注意到一种智慧形式越是稀有，宇宙中缺乏生命的部分就会越大（除非我们生存下来并行动起来）——我们能改变的就越多。

46 最后，即使从宇宙的原始规模来看，我们也可能变得很重要。宇宙学家认为，宇宙中最大的连贯性结构约为 10 亿光年直径，这是宇宙网络中最大空洞的宽度。随着宇宙膨胀加速，撕裂物质，只有引力才能保持运作，没有生命的物质无法自行组织成更大的规模。然而，目前还没有已知的物理极限来阻止人类形成规模更大的连贯结构或模式——直径可达 300 亿光年左右。因此我们可以创造出宇宙中最大的结构，并在这些方面变得独一无二。通过管理这个区域的星系，收集和储存它们的能量，我们也可能创造出宇宙中最强的能量事件或最持久的复杂结构。

47 正如本章前面所阐释的那样，并不是说只有人类才是重要的，但人类是唯一的道德主体。

48 我想这是一个非常有价值的观点，它将产生的深刻认识远远超出了我在本书中所能探讨的范围。我希望别的研究者会采用这一观点并进一步探讨。

49 伦理学几乎完全忽略了当我们不确定结果的道德价值时如何做出选择的理论，直到不久之前——尽管事实上正是由于我们无法把握道德问题，人们才会寻求道德方面的建议，以及开展伦理学研究。

纠正这种情况一直都是我研究的重要主题之一（Greaves & Ord, 2017; MacAskill & Ord, 2018; MacAskill, Bykvist & Ord, forthcoming）。

50 关于这一点尼克·博斯特罗姆（Nick Bostrom, 2013, p. 24）说得特别好：“我们现在对价值论的理解很可能是混乱的。我们现在可能不知道——至少从具体细节看来——什么样的结果才算作人类的一大胜利；我们甚至可能想象不到我们旅途的最佳终点是怎样的。如果我们确实对我们的最终目标心中没底，那么我们就应该认识到，保持——最好是提高——我们认识价值并据此引导未来的能力有很重要的选择意义。确保未来的人类拥有强大力量并倾向于明智地使用这些力量，这是我们让未来更有可能包含大量价值的最佳方式。要做到这一点，我们必须阻止一切生存性灾难。”

我觉得重要前提是你相信上述说法。我并不是说这种从不确定性出发的观点即使在你十分相信没有义务保护我们未来的情况下也能成立。也许可以根据预期价值提出这样的观点，但在上述可能性极小并且不被理解的情况下，我对预期价值的观点很警惕（参见 Bostrom, 2009）。

51 即使有人坚持一种惨淡的观点，即唯一的价值就是负面价值，这仍然可以给我们继续坚持下去的理由，因为人类也许能够在地球的其他地方或宇宙中其他有生命出现的地方阻止负面价值的东西出现。

52 另一种说法是保护我们的未来有巨大的选择价值。这种方式可以在新的信息出现时保持我们选择最佳结果的能力。这些新的信息本身最终也是极有价值的。不管是关于我们未来会是怎样的经验性信息，还是关于哪种公认的道德考量经得起时间考验的信息。当然，只有我们期望未来能对与什么是道德上的最佳考量相关的信息做出反应，它才具有这种选择价值。

关于从人性的角度看待道德选择价值和道德信息价值的更多内容，参见 Bostrom (2013, p.24)，MacAskill (2014)；还有 Williams (2015)，他概括了这一观念：“……我们应该这样看待知识进步：它使我们尽快发现并纠正我们的道德错误，将其作为道德上的当务之急，而非仅仅是一种奢侈；我们还应该考虑到节约资源和培养灵活性的重要性，以便在改变政策的时候，我们能够迅速而顺畅地行动。”

53 这些观点在萨根（Sagan, 1994）那里得到了很好的表述。

54 2019 年预算为 140 万美元（BWC ISU, 2019）。2016—2018 年，麦当劳餐厅的平均支出是 280 万美元（McDonald’s Corporation, 2018, pp. 14, 20），该公司并未发布其加盟餐厅的成本信息。

55 Farquhar (2017) 估计，2017 年全球用于减少来自人工智能的生存危机的支出为 900 万美元。从那时起该领域的投入已有大幅增长，也许是其两三倍。我有信心到了 2020 年这一支出在 1 000 万美元到 5 000 万美元之间。IDC（2019）估计 2019 年全球人工智能支出将达到 360 亿美元，其中相当一部分将用于提高人工智能的能力。

56 2018 年全球冰激凌市场规模估计为 600 亿美元（IMARC Group, 2019），或者约占世界生产总值的 0.07%（World Bank, 2019a）。

精确计算出保护我们未来的支出并不容易。我对最简单的理解很感兴趣：保护我们未来的支出就是减少生存性风险的支出。基于这种认识，我估计全球支出在 1 亿美元左右。

气候变化是一个很好的例子，说明了我们所关注的这类支出的计算难题。有人测算在应对气候变化方面的全球支出约为 4 000 亿美元（约占全球总产值的 0.5%，参见 Buchner et al., 2017）。这很可能高估了经济成本，因为总成本中的大部分用于输出可再生能源，而这些可再生能源中的大部分用于供应不可再生的生产能力。此外，正如我们将在第四章中看到的那样，气候变化带来的大部分生存性风险来自最极端的变暖情景。因此，尚不清楚用于减缓气候变化的平均支出中有多少用于减少生存性风险。来自基因工程流行病的风险也带来了类似的挑战——美国联邦在生物安全方面的投入总额为 16 亿美元，但其中只有一小部分将用于应对最严重的大流行病（Watson et al., 2018）。撇开气候变化不谈，所有用于生物安全、自然风险和来自人工智能以及核战争风险的开支都比我们花在冰激凌上的钱要少得多，而且我肯定里面实际上专用于生存性风险的还不到十分之一。

57 Robock, Oman & Stenchikov (2007) 以及 Coupe et al. (2019)。

58 King et al. (2015). 正如我们将在第四章中看到的，从我们目前的科学认识来看，升温 6℃是很有可能的。

59 这些属性被称为非排他性（供给者并不限制支付者的利益）和非竞争性（个人的商品消费并不限制其他人的消费）。人们可以看到，市场提供的大多数商品和服务都是排他性和竞争性的。

60 参见 Bostrom (2013, p. 26)。 经济学家乔纳森·维纳（Jonathan Wiener, 2016）基于公地悲剧理论将这种情况称为“公共资源悲剧”。

61 有些方面需要长期思考，比如能源政策、养老金和大型基础设施项目。这些项目通常需要一二十年的时间思考，然而按照本书的标准，这依然是一段很短的时间。

62 若想大致了解启发和偏见的更多信息，参见 Kahneman (2011)。这样那样的偏见影响着公众对于罕见灾难风险的判断，关于这样的偏见可参见 Wiener (2016)。

63 事实上，我们有时会被这种叫作“大众麻木”的效应所伤害，对影响到成千上万人的危害没有概念，或者认为这些伤害不如特定的人受到的伤害重要。参见 Slovic (2007)。

64 我在这里抛开宗教对末世的讨论，我认为这和讨论造成人类末日的自然原因有很大不同。

65 Russell (1945). 在文章中段，罗素指出他刚刚得到长崎被轰炸的消息，时间很可能是 1945 年 8 月 9 日上午。“在写这封信的时候，我得知第二颗炸弹已经在长崎投下。人类的前景从来没有如此黯淡。人类正面临着一个清晰的选择：要么同归于尽，要么获得某种程度上的常识。如果要避免彻底的灾难，就必须在政治上开展很多新的考量。”

66 《原子能科学家公报》存续至今，长期以来一直是灭绝风险的研讨中心。近年来，它们已经将重点从核风险扩大到威胁人类未来的更广泛的威胁，包括气候变化、生化武器和价值未对齐的人工智能。

67 1955 年的《罗素-爱因斯坦宣言》(Russell, 2002) 指出：“因此，这就是我们向你们提出的问题，它严峻而可怕，而且无法逃避：我们是要灭绝人类，还是要人类放弃战争？……同归于尽的危险就摆在你们面前。”签署宣言是爱因斯坦在 1955 年去世之前最后的行动之一。正如罗素 (2009, p. 547) 所描述的那样：“当然，我之前已经把声明发给爱因斯坦，请求他的同意，但还没听到他的想法，也不知道他是否愿意在上面签名。我们从罗马飞往巴黎，世界政府协会将在那里举行进一步会议，途中飞行员宣布了爱因斯坦去世的消息。我觉得大受打击，不仅是因为显而易见的原因，还因为我看到我的计划在没有他支持的情况下失败了。但是当到达巴黎的旅馆时，我收到他同意签字的一封信。这是他最后的公开举动之一。”

68 在一封私人信件中，艾森豪威尔考虑了这种可能性及其对大战略的影响 (1956)：“总有一天，我们双方都会明白任何一般性敌对行动的爆发都将是对等和完整的，不管那是一场突袭还是破坏行动。也许我们会有足够的理智进行谈判，认识到军备时代已经结束，人类必须顺应潮流，否则就会灭亡。”

肯尼迪在联合国的一次演讲（1961）中说：“因为一场由狂风、洪水和恐惧蔓延开来的核灾难很可能吞噬大国和小国、富国和穷国、反核的人和不反核的人，人类必须结束战争，否则战争将结束人类……今天，这个星球上的每一个居民都必须认识到，有一天这个星球可能不再适合居住。每一个男人、女人和孩子都生活在核武的达摩克利斯之剑下，这把剑悬于一线，随时可能被意外、误判或疯狂割断。在战争武器消灭我们之前，我们必须先废除它们。”

勃列日涅夫则提出：“人类将被完全毁灭。”（Arnett, 1979, p. 131）

69 受到新的科学理论启发，谢尔（Schell, 1982）第一个公开提出核武器可能会破坏臭氧层，从而使人类无法生存。这一理论很快就被发现站不住脚，但这并不影响谢尔关于灭绝会有多糟糕的哲学分析质量（这种分析令人印象非常深刻，因为他并不是一个哲学家）。在早期研究了核冬天的可能性之后，萨根（Sagan, 1983）不得不对人类灭绝进行深入思考。帕菲特的巨著《理与人》（*Reasons and Persons*, Parfit, 1984），以清晰分析人类灭绝的危害作结，进而在哲学界产生了巨大影响。萨根引用了谢尔的著作，帕菲特则很可能受其影响。

同年，汉斯·约纳斯所著的《责任命令》（*The Imperative of Responsibility*, Hans Jonas, 1984）英译本出版。该书最初写于 1979 年，在关于我们为后代维护世界的道德义务方面，也提出了很多关键问题。

70 1985 年，里根指出（Reagan & Weinraub, 1985）：“许多有声望的科学家告诉我们，这样的战争最终可能无人获胜，因为根据我们了解的情况，我们会让地球寸草不生。而如果你回想一下在几次自然灾难里……许多温带国家在七月里都下了雪。他们称这种情况为‘无夏之年’。如果一座火山可以造成这样的状况，我们所说的核交火全貌以及科学家们一直探讨的核冬天就可想而知了。”

2000 年，戈尔巴乔夫在讲话中回忆（Gorbachev & Hertsgaard, 2000）：“苏联和美国科学家建造的模型表明，核战争将导致严重摧毁地球上所有生命的核冬天，这一认识极大地刺激了我们。”

71 据统计人群规模从 60 万到 100 万不等，报道中最常见的数字是 100 万

（Montgomery, 1982; Schell, 2007）。此后围绕其他问题又出现了更大规模的抗议活动。

第三章 自然风险

1 据 Thomas Medwin (1824) 回忆。

2 撞击能量、陨石坑尺寸和喷出物的测算值摘自 Collins, Melosh & Marcus (2005)。其他细节来自 Schulte et al. (2010)。

3 Schulte et al. (2010); Barnosky et al. (2011). 有人可能会说恐龙的统治通过它们的后代鸟类延续了下去。

4 最大的是谷神星，直径为 945 千米。小行星实际上大小不一，最小可如尘埃，不过无法用望远镜观测到的体积过小的小行星通常称为"流星"。

5 已知最大的彗星是海尔-波普（Hale-Bopp），直径大约为 60 千米。虽然可能有体积更大的，但目前距离太远，无法探测。天文学家很难探测到直径小于几百米的彗星，说明这种大小的彗星可能无法存在很长时间。

6 很多人一定目睹过彗星撞击到地面上，而且好些神话中都描述过人们使用来自天体的黑色金属。事实上，已知最早的铁器是 5 200 年前用陨铁制成的一串小珠子，那时人们还不能冶炼铁矿石。然而，直到 200 年前，关于它们的起源才确立了符合科学标准的说法（想想看，其他由目击者描述的现象里，经不起推敲的还有多少）。

7 严格地说，他们的论文通过四种测算方法的平均值，得出 10 ± 4 千米的关键测算值。铱含量测定法只是其中一种，得出 6.6 千米的较小值（Alvarez et al., 1980）。

8 阿尔瓦雷斯等人在其最初的论文（1980）中提出了"撞击冬天"假说，最后被 Vellekoop et al. (2014) 证实。从 20 世纪 90 年代起开始有人提出撞击产生的硫酸盐气溶胶是造成这种影响的原因（Pope et al., 1997）。

9 从本章的引言中可以看出，拜伦勋爵早在 1822 年便已想到了来自彗星的威胁，甚至想到有可能会出现需要建立星际防御的情况。要到 19 世纪末，来自彗星的威胁才开始得到更深入的讨论。最著名的是 H.G. 威尔斯的《星》（*The Star*, H.G.Wells, 1897），还有乔治·格里菲斯的《大克里林彗星》(*The Great Crellin Comet*, George Griffith, 1897),后者讲述了地球被一个使彗星偏离方向的国际项目所拯救。布尔芬 (Bulfin, 2015) 记录了与这些讨论有关的详细信息以及维多利亚时代的人们对人类可能以何种方式毁灭的探讨。1910 年还出现了不涉及彗星撞击的担忧,提出哈雷彗星的尾部可能含有能够毒化大气层的气体 (Bartholomew & Radford, 2011, ch. 16)。

人们在 1941 年首次认识到来自小行星的威胁 (Watson, 1941)。1959 年,艾萨克·阿西莫夫极力主张最终开展一个太空计划,以探测和消除这种威胁 (Asimov, 1959)。

10 媒体感兴趣的有 1980 年的阿尔瓦雷斯假说,1989 年与小行星 4581-阿斯克勒庇俄斯 (4581-Asclepius) 的擦肩而过,以及 1994 年舒梅克-列维 9 号彗星 (Shoemaker-Levy 9) 与木星的碰撞,这次碰撞在木星上留下了一个面积相当于整个地球的明显痕迹。

11 这一目标在 2011 年实现,总费用不到 7 000 万美元 (Mainzer et al., 2011; U.S. House of Representatives, 2013)。

12 经常有报道说,小行星的数量是彗星的一百倍,说明它们占了风险的绝大部分。从某种程度上说,这是事实。在撰写本书时,已有 176 颗近地彗星被确定,而小行星则有 2 万颗 (JPL, 2019b)。然而,虽然彗星的常见程度只有小行星的 1/100,但它们体积往往更大,所以在直径 1 ~ 10 千米的近地天体 (near-Earth Objects) 中,彗星的常见程度变为 1/20。在直径大于 10 千米的近地天体中,4 个是小行星,4 个是彗星。因此,就生存性风险而言,彗星的潜在风险可能与小行星差别不大。

13 请注意,小行星的质量以及因此形成的破坏性能量与直径的三次方成正比,因此,直径 1 千米小行星的能量只有直径 10 千米小行星的 1/1 000。小行星的密度和相对于地球的速度也会有所不同——在大小相同的情况下,密度较大或速度较快的小行星具有更大的动能,因此更加危险。

14 Longrich, Scriberas & Wills (2016).

15 当我撰写本章初稿时,已被追踪的小行星中大部分风险来自直径 2 千米的“2010 GZ_{60}”。在我写作期间,这颗小行星于下世纪发生碰撞的概率是 1/200 000,可能性很低但不可忽视。令人欣慰的是,我们现在知道这颗小行星将错过地球。现在已被追踪的小行星中最危险的是直径 1.3 千米的“2010 GD_{37}”，它在下个世纪的撞击概率仅为 1/120 000 000（JPL, 2019b）。

16 关于我们是否已经找到了所有的小行星，主要的不确定性来自那些轨道接近 1AU（地球和太阳之间的距离）、公转周期接近一年的小行星，这使得它们在很多年内都无法被探测到。幸运的是，存在这样一颗小行星的可能性很小。如果有的话，它会在显现出潜在影响之前的几年里变得易于观察（Alan Harris, personal communication）。

17 直径 1 ～ 10 千米的小行星所带来的风险甚至比这一概率所显示的还要低，因为剩余的 5% 未被追踪的小行星绝大部分分布在小体积这一端（绝大多数小行星一开始就在这一范围的小体积端附近，而我们的探测方法一直比较擅长寻找体积大的）。

18 灾害描述来自 Alan Harris。撞击概率的测算来自 Stokes et al. (2017, p. 25)。根据最新测算，直径 1 ～ 10 千米的近地小行星总数为 921 ± 20 颗（Tate, 2017）。截至 2019 年 4 月，已发现 895 颗：占总数的 95% ～ 99%（JPL, 2019a）。为了稳妥起见，我取的是最小值。

已经发现的超过 10 千米的近地小行星有 4 颗（JPL, 2019a）：433 厄洛斯（Eros, 1898 DQ）；1036 甘尼美德（Ganymed, 1924 TD）；3552 堂吉诃德（Don Quixote, 1983 SA）；4954 艾瑞克（Eric, 1990 SQ）。美国国家航空航天局（NASA，2011）认为这就是所有的近地小行星了。

19 国际小行星预警网（The International Asteroid Warning Network）是在联合国的建议下于 2014 年建立的。国际太空卫士基金会（The international Spaceguard Foundation）成立于 1996 年（UNOOSA, 2018）。

20 2010 年的年度投入为 400 万美元。2016 年增加到 5 000 万美元，据了解此后一直保持在这个水平上（Keeter, 2017）。

21 遗憾的是，认识彗星的特征并使之改变轨道要难得多。短周期彗星（公转周期小于 200 年）引出了一些新的问题：它们承受引力之外的作用力，使得它们的轨迹更难预测，而且更难判断将与它们发生碰撞的位置。长周期彗星的情况还要糟糕，因为它们离地球太远了。我们既不了解它们的总数量，也不清楚其中那些可能威胁到我们的长周期彗星的详细轨迹

（如果它们在下个世纪构成威胁，那将是它们在向我们而来的路上第一次被观测到）。此外，要使它们偏转轨道十分困难，因为从第一次观测到它们（在木星轨道附近）到发生撞击，我们只有不到一年的时间可以行动（Stokes et al, 2017, p. 14）。

22 在直径 1 ～ 10 千米大小的类别中，小行星的常见程度约为彗星的 20 倍，但追踪这些小行星使风险同比降低了。而彗星和小行星在直径 10 千米以上大小的类别中差不多同样常见（JPL, 2019b）。

23 偏转撞击轨道将非常昂贵，但只有出现一颗大型小行星正朝地球而来的情况时，才需要花这笔钱。在这种情况下，地球上的人们会愿意支付极高的成本，所以这更多是我们有没有足够时间实现目标的问题，而不是费用的问题。与此相反，不管有没有真能造成危险的小行星，观测和追踪的成本都需要支付，所以，即使这部分费用要低得多，它们仍可能是占比最大的预期成本，也是较难获得资金的部分。

24 National Research Council (2010), p. 4.

25 早期的讨论参见 Sagan & Ostro (1994)，最近的调查参见 Drmola & Mareš (2015)。

26 不太可能的一个原因是几种偏转方法（如核爆炸）的威力足以将小行星推出原来的轨道，但用它来对付某个国家不够精准。出于这个原因，这些可能是最好的方法。

27 衡量火山喷发的方法有两种。火山喷发指数（VEI：The volcanic explosivity Index）是一种按喷出物体积对火山喷发进行分类的序数表。强度是喷发质量的对数刻度，用 $M = \log_{10}$［喷发质量（千克）］- 7 表示。为了解决喷发量的实际测算问题，以及分析强度和其他参数之间关系的连续范围，科学家们一般都倾向于使用强度量级表。凡是矿床密度大于 1 000 千克 / 立方米左右的 VEI 8 喷发（大部分），其规模都会达到 8 级以上。

超级火山喷发和一般火山喷发之间没有明显的界限。超级火山喷发的指数为 VEI 8，喷出物体积大于 1 000 立方千米。目前还不清楚溢流玄武岩喷发是否应该算作超级火山喷发，它们通常被拿出来单独考察。关于强度的讨论参见 Mason, Pyle, & Oppenheimer (2004)。

28 然而，并不是所有的破火山口都是超级火山喷发的结果。例如，夏威夷岛的基拉韦厄火山有一个破火山口是由熔岩流形成的，而非爆炸性喷发。

29 这是它最后一次超级火山规模的喷发。它在 17.6 万年前有过一次较小规模的喷发（Crosweller et al., 2012）。

30 关于全球变冷的规模目前还有很多不确定性，测算范围是 0.8℃～ 18℃。气候影响的关键驱动因素是进入大气层上层的硫酸盐数量，其测算值相差好几个数量级，通常用 1991 年皮纳图博火山喷发释放的硫酸盐倍数来表示，因为我们获得了准确的测量数值。

早期的研究（Rampino & Self, 1992）发现硫酸盐释出量为皮纳图博的 38 倍时气温会下降 3℃～ 5℃。最近，Robock et al.(2009) 使用皮纳图博 300 倍的核心测算值，发现气温降幅可达 14℃。Chesner & Luhr (2010) 最新的研究表明，硫酸盐释出量为皮纳图博的 2 ～ 23 倍——比早期的数值要少得多。Yost et al. (2018) 对测算数值和测算方法进行了全面回顾，认为 Chesner & Luhr (2010) 的测算更加可靠，并推导出 1 ～ 2℃的全球降温。要想更严谨地界定这些测算数值，需要进行更多研究。

31 Raible et al., 2016. 这启发拜伦写出了诗歌《黑暗》，他在开头写道："我做了一个梦，却不仅仅是梦境。光明的太阳熄灭了，星辰也在无尽的天空中黯淡，昏暗、无路而又冰冻的大地，盲目地摇摆在昏黑无月的空中；清晨来了又走——从未带来白昼……"没有夏天的这一年也激发了玛丽·雪莱的灵感，她在与拜伦以及珀西·雪莱一起旅行时写下了《弗兰肯斯坦》。在 1831 年版的导言中，她描述了一群人如何在"阴雨绵绵的恼人夏日里"受困于室内，用讲鬼故事来自娱自乐，其中一个故事促成了《弗兰肯斯坦》（Shelley, 2009）。

32 这就是所谓的"托巴火山灾难假说"，由 Ambrose (1998) 而广为人知。Williams (2012) 认为，目前考古学、遗传学和古气候学技术不够精确，因此很难证实或证伪该假说。参见 Yost et al. (2018) 对证据的批判性评论。一个关键的不确定因素是，遗传瓶颈可能是由与种群扩散相关的奠基者效应引起的，而不是由于种群数量急剧下降。

33 这就是直接灭绝事件。这样的事件无疑是一个重大的应激因素，造成随后发生战争的风险。参见第六章关于风险因素的讨论。

托巴火山喷发的强度为 9.1 级，是地质记录中最大规模的喷发（Crosweller

et al., 2012）。基于均匀的先验概率，200 万年间最大的喷发不太可能（只有 4% 的可能性）会发生在如此晚近的时间里。这可能表明记录不完整，或者托巴火山喷发的强度被夸大了。

34 Rougier et al. (2018). 估计很难再出现托巴火山规模的喷发期（9 级或以上），特别是在数据点只有一个的情况下。Rougier 的模型表明这一时期在 6 万年到 600 万年之间，中心估计值为 80 万年（引自私人通信）。这个测算对喷发强度的上限值高度敏感，Rougier 将其定为 9.3 级。我把所有数字都进行了四舍五入，以反映我们的置信水平。

35 Wilcox et al. (2017); Denkenberger & Blair (2018).

36 Barnosky et al. 不过我们应该注意到很多事件都被认为可能是二叠纪末期大灭绝的原因，参见 Erwin, Bowring & Yugan (2002)。

37 这可能需要气候模型和对化石记录的分析，以了解过去的火山喷发是否造成过任何全球或局部的灭绝。后一个角度可能比小行星的研究更容易切入，因为超级火山喷发频率较高。

38 当其中一个力增加或减少时，恒星的体积会相应发生变化，直到它们再次平衡。迅速崩溃和爆炸可以被看作重新平衡这些力量的失败尝试。

39 当一颗大恒星的核燃料耗尽、压力减少，或者一颗微小的白矮星从近距离伴星中抽走太多质量，增加了引力挤压时，就会发生这种情况。前者比较常见，被称为核心坍缩型超新星。后者被称为热核型超新星（或 Ia 型超新星）。

40 Baade & Zwicky (1934); Schindewolf (1954); Krasovsky & Shklovsky (1957).

41 Bonnell & Klebesadel (1996).

42 同样的效应也大大增加了地球无法抵御伽马射线暴的范围，因此这种影响有时被用来解释为什么相对于超新星来说人们更关注伽马射线暴。不过我们也有可能因为射线指往错误的方向而躲过爆炸。在一个足够大的星系里，这些效应会正好抵消，锥体的狭窄程度对那些由于恒星爆炸而暴露在危险辐射水平中的星体的平均数量没有影响。在我们自己的星系中，锥角的狭窄程度实际上**减少**了每次爆炸中受影响恒星的典型数量，因为射线被消耗掉的可能性增加了，发射出去的范围超过了银河系的边缘。

43 这个伽马射线暴（GRB 080319B）发生在大约 75 亿年前，从一个现在距我们超过 100 亿光年之遥的空间点上发出（作者的测算考虑到了宇宙膨胀的因素）。这比平常肉眼可见的最遥远的三角座星系要远 3 000 倍（Naeye, 2008）。

44 当这些宇宙射线与我们的大气层相互作用时，它们还会导致高能粒子雨到达地球表面，其中包括危险水平的 μ 介子辐射。这种类型的事件可能对于引发约 4.4 亿年前的奥陶纪大灭绝起到了一定影响（Melott et al., 2004）。

45 我们可以消除核心坍缩型超新星带来的风险，因为这类天体非常容易观测而且并不存在于地球附近。然而，大约 1/10 的风险来自热核型超新星（Ia 型），探测到它们更不容易，因此更难确定它们是不存在的（The et al., 2006）。同样，很难找到可能发生碰撞的中子星双星，以排除来自这类伽马射线暴的风险。鉴于这些困难和我们对伽马射线暴的有限认识，我不愿意对下世纪的风险与风险基准线相比会降低多少给出一个估值。

46 Melott & Thomas (2011) 测算出灭绝级超新星爆发事件的频率是每 500 万个世纪就有一次。测算使用的是 10 秒差距的距离阈值。Wilman & Newman (2018) 得出了类似的估值，每 1 000 万个世纪就有一次。

Melott & Thomas (2011) 估计伽马射线暴事件的总概率是每 250 万个世纪发生一次。这包括长脉冲伽马射线暴和短脉冲伽马射线暴。Piran & Jimenez (2014) 测算了过去可能发生过的灭绝级伽马射线暴事件的概率。他们发现，这种长脉冲伽马射线暴有 90% 以上的可能性发生在过去 50 亿年里，有 50% 的可能发生在过去 5 亿年里。至于短脉冲伽马射线暴，他们发现概率要低得多——有 14% 的可能发生在过去的 50 亿年里，有 2% 的可能发生在过去 5 亿年里。

由于该研究领域处于早期阶段，这些概率测算（特别是伽马射线暴的概率估计）比小行星和彗星的概率测算要粗糙得多。例如，对超新星爆发和伽马射线暴所释放的能量（以及伽马射线暴的锥角）的估计是基于被认为具有代表性的个别例子，而不是基于这些事件的已知能级和锥角的详细分布情况。此外，虽然我们对哪些事件可能会导致全球臭氧 30% 的消耗有合理的认识，还是需要更多的研究来确定这是否是正确的灾难阈值。

47 一些更详细的例子包括：根据臭氧消耗对人类和农作物的预测影响，确定某种程度的影响是否能够表明出现了灭绝事件；将观察到的超新星分布和伽马射线暴能量水平（和锥角）分布纳入模型，而不是根据个例来判断；把本章注 42 中锥角的几何问题纳入考察，并对模型进行敏感性分析，以确定是否有任何可使这一风险与小行星风险相提并论的合理数值组合（然后尝试排除这些组合）。我也鼓励从开放创新的角度来考察现有模型采取的量级排序等方式是否有可能低估了风险。

48 这一点将在第八章中详细讨论。

49 Masson-Delmotte et al. (2013) 提出“几乎可以肯定”（超过 99% 的可能性）轨道驱动——地球相对于太阳位置的缓慢变化——不可能在未来一千年内引发大范围的冰川作用。他们指出，气候模型模拟未来 5 万年内不会出现冰期，前提是大气中的二氧化碳浓度保持在 300 ppm（百万分之 300）以上。我们还知道，冰期很常见，如果冰期让物种面临高灭绝风险，我们会在化石记录中看到痕迹（事实上智人的大部分生存年代都处于冰期）。然而，由于我们考虑到还有许多发生概率较低的其他风险，如果我们能进一步了解冰期出现的概率有多低以及它可能构成的全球文明崩溃风险到底有多高就好了。值得注意的是，农业革命正好发生在最后一个冰期结束之时，这说明即使冰期构成的灭绝风险很小，也可能会使农业文明发展的难度大大增加。

50 Adams & Laughlin (1999). 被经过的黑洞所破坏还是不太可能的，因为恒星的数量远远超过黑洞。

51 这个概率很难从观测中估算出来，因为任何观测者都会被摧毁，从我们的数据集中删去所有发生的例子。然而，Tegmark & Bostrom (2005) 提出了一个巧妙的论点，以 99.9% 的置信度证明真空坍缩的可能性不会大于每年十亿分之一。Buttazzo et al. (2013) 提出，真正的概率小于每年 $1/10^{600}$，而其他许多人则认为我们所说的真空就是真正的真空，所以坍缩的概率正好为零。

我们自己的行为也有可能引发真空塌陷，比如通过高能物理实验。

52 地质记录表明，每世纪大约有 1/2 000 的可能性发生此事。这个过程是随机的还是周期性的，目前仍有争议。最近的研究进展参见 Buffett, Ziegler & Constable (2013) 的综述。

53 Lingam (2019).

54 Leslie (1996, p. 141) 和 Bostrom (2002b) 简要地提到了我们这个物种的存续时间证明自然风险不高这一观点。据我所知，首次尝试从化石记录中量化证据的是 Ord & Beckstead (2014)。我和我的同事在 Snyder-Beattie, Ord & Bonsall (2019) 中进一步阐明了这一论证思路。

55 所有这些手段给出的测算都是基于平均数的。如果我们得知我们不在一个平均时间内，它们可能不再适用。我们极不可能探测到一颗直径 10 千米的小行星与地球的碰撞路线。但如果我们发现了，就不再能够诉诸平均法则。据目前情况，我不知道有什么自然威胁是会极大提高灭绝风险的（如果我们发现自己处于这种情况中，应该感到惊讶，因为这些情况一定很罕见）。事实上，更常见的情况是，我们所获得的知识表明，小行星或超新星等威胁的近期风险实际上低于长期平均水平。

56 有一些方式可以用来间接考察不可恢复的文明崩溃。已得到证实的主要灾害在造成不可恢复的文明崩溃和人类灭绝两个方面的风险水平大致相当（例如都有十分之一的风险），所以有一定的理由认为，即使灭绝风险非常小，也会对文明崩溃的风险产生影响。要打破这个局面，需要的是一种相对于灭绝风险而言，特别容易构成文明崩溃风险的自然灾难。这比人们想象的要难找，特别是考虑到我们使用的很多化石证据来自那些在抵抗灭绝风险方面比我们更脆弱的物种——因为它们生活在较小的地理范围内，依赖少量的食物来源。这种自然灾难必须能永久地摧毁全球文明，但又不会导致这些物种灭绝。另一种手段是用文明的存续时间而不是智人的生存年代来检验我的第一个方法。由于这段时间大约有 100 个世纪之久，我们会得到一个每世纪为 0% ～ 1% 之间的最接近估值。这算是得出了一些结果，但并不让人放心。针对如何更准确地测算文明彻底崩溃的临界值，进行更多研究将是非常有价值的。

57 智人起源于 20 万年前的推测以及我们稍后将讨论的许多相关时间点都有相当大的不确定性。我提出的 20 万年推测基于化石遗骸“奥莫”，很多人都认为它是智人。最近在摩洛哥杰贝尔依罗（Jebel Irhoud）发现的化石遗骸年代大约是 30 万年前，但它们是否应该被认为是智人仍有争议（见第一章注 2）。不过所有这些时间都有 50% 的正确率，足以准确地得出随后的定性结论。你可以用自己喜欢的测算手段来代替这些方式，看看定量测算的变化。

58 严格来说这并不正确，因为在某些数理背景下，概率为零的事件可能会发生。但这些事情不是无限可能发生的，就像不断翻转一枚硬币却永远得不到背面那样。当然，我们也没有足够的证据表明人类灭绝从这个意义上看不是无限可能的。

59 这一领域的研究正在进行中，这对于了解完全是前所未有之事件的生存性风险来说显然十分重要。说明这个问题的一种方式是：如果某件事在迄今为止的 n 次试验中每次都成功了，我们应该给失败分配多大的概率？这有时被称为零失败数据的问题。已经提出的估计量包括：

0	最大似然估计量
$^1/_{3n}$	“三分之一”估计量（Bailey, 1997）
$\sim {}^1/_{2.5n}$	Quigley & Revie (2011) 的方法得出的近似值
$^1/_{2n+2}$	基于最大熵先验的贝叶斯更新
$\sim {}^1/_{1.5n}$	50% 置信度（Bailey, 1997）
$^1/_{n+2}$	基于均匀先验的贝叶斯更新
$^1/_{n}$	“上限”估计量

请注意，普遍的“比例法”（Hanley, 1983）并不是试图回答同样的问题：它建议使用 $^3/_n$ 作为一个上限（在 95% 的置信度下），而不是作为一个最接近的猜测。我们将使用一种更直接的方法来测算这种界限，并要求更高的置信度。

我认为基于最大熵先验的贝叶斯更新这个论点最可靠，它最终给出的估值正好在合理范围的中间（在经过大量试验后，或者当失败的可能性在时间上连续分布时）。

60 上限的一般公式是 $1-(1-c)^{100/t}$，其中 c 是置信度（如 0.999），t 是人类存续的时长（如 200 000）。

61 这与说风险低于 0.34% 的概率为 99.9% 不太一样。它只是意味着，如果风险高于 0.34%，那么概率为 1/1 000 的事件一定会发生。这应该足以让我们对这种风险测算产生怀疑了，不需要大量独立的理由就会认为这种可能性太高了。例如，倘若所有其他受观察的物种由自然引起的灭绝率为每世纪 1%，我们也许会认为我们的灭绝概率很可能与之相同——而且我们会认为自己非常幸运，而不是认为我们是物种中的例外。然而，我们很快就会看到，相关物种的灭绝风险比上述概率更低，所以这并不能解决问题。

62 根据化石证据，我们确信分化至少发生在 43 万年前（Arsuaga et al., 2014）。见 White、Gowlett and Grove (2014) 对根据基因组证据做出的估算的综述，其范围大约为 40 万～ 80 万年前。

63 本章中所有物种的存续时长推算均来自化石证据。由于新的物种仍在发现中，而且有几个物种只在少数地点被发现，因此很难获得人属所有物种的完整数据。所以，根据每个物种已知的最早和最晚化石之间的日期来推算可能会大大缩短它们的生存年代。一个对策是将我们的注意力集中在发现地点相对较多的物种上，这正是我所做的。不幸的是，这会增加一类数据偏差：我们不太可能了解存活时间较短的物种，因为它们的化石遗迹通常比较少（导致自然风险被低估）。然而，由于已知的智人存续年代超过 20 万年，有证据表明其灭绝的概率与那些因存在年代极短而可能被遗漏的物种不太一样。

64 人们可能会问，恒定的风险率是否是物种灭绝的合理模型。例如，这种模型假设物种在下个世纪灭绝的客观概率与物种至今的生存年代无关，但也许物种更像有机体，老的物种适应性较差而且风险在增加。这种灭绝风险随着时间的系统性变化会影响我的分析。然而，似乎确实可以通过一个恒定的风险率来对每个科内的物种生存时长来进行大致的测算（Van Valen, 1973; Alroy, 1996; Foote & Raup, 1996）。

65 这个说法也适用于前一种方法，因为智人可以说是之前物种的成功延续。

66 这种特殊形式的幸存者偏差有时被称为人类偏差或观察选择效应。

67 我和我的同事们已经展示了我们在测算灭绝性自然风险时如何通过考察人类迄今为止的生存时间来应对这些可能性（Snyder-Beattie, Ord & Bonsall, 2019）。我们发现，生物学上关于人类认知偏差如何影响这种情形的最合理模型只会对自然风险的概率测算造成很小的变化。

68 所有给出的年代都是事件结束的年代。灭绝率来自 Barnosky et al. (2011)。最近有人提出，泥盆纪和三叠纪事件更多可能是降低了新物种的起源率，而不是提高了既有物种的灭绝率，从而减少了物种数量（Bambach, 2006）。如果是这样，只会加强本章的论点，把与我们相关的灭绝事件类型减少为“三大灭绝事件”。

还要注意的是，大多数灭绝事件，包括最大的灭绝事件发生的原因，在科学上有很多不确定性。但对于我们的目的来说，这并不太重要，因为我们仍然知道这些事件是极其罕见的，这就是我们在论证中使用的所有内容。

69 即使在小行星撞击地球，而技术和地理分布能起到减灾作用的情况下，我们也可能会面临更大的风险，因为我们依赖于技术和少数几种作物的耕作。可以想象，一个规模较小的狩猎—采集社会将更能适应这种情况，因为他们会拥有现在很少见但可能变得必不可少的技能（Hanson, 2008）。然而，我非常怀疑这种风险是否在总体上增加了，考虑到我们的世界仍然有相对与世隔绝以及生活在相对未受影响的部落群体中的人，就更是如此了。

第四章　人为风险

1 Toynbee (1963).

2 核聚变对原子弹的影响远不止于这种更高的效率。裂变式原子弹有一个自然的尺寸限制，由其燃料的临界质量决定（有些技术允许超过这个限制，但放大的倍数很小）。相比之下，核聚变燃料没有这样的限制，可以制造更大的炸弹。此外，核聚变发出的中子可以使炸弹的大规模铀反射体发生裂变。这就是所谓的裂变—聚变—裂变炸弹，而这最后阶段的裂变可以产生大部分能量。

3 Compton (1956), pp. 127–8.

4 德国军备部长阿尔伯特·施佩尔给出了一段令人不寒而栗的描述（Speer, 1970, p. 227）：“我提出了一个问题：核裂变成功后是否可以绝对保持受控的状态，还是说可能以链式反应的方式继续下去，而海森堡教授没有给出任何最后答案。希特勒显然不愿意让他统治下的地球有可能变成一颗发光的星星。不过，他偶尔也会开玩笑说，科学家们在超脱世事的冲动下把天底下所有的秘密都暴露出来，也许有一天他们会把地球点着。但这种情况毫无疑问要很久以后才会出现，他肯定不会活着看到它发生了，希特勒说。”

我们无法从中确定这究竟担心的是同一件事情（热核反应在大气层中蔓延），还是一种与之相关的失控爆炸。

5 特勒对让核聚变反应进行下去的参数做了非常“乐观”的假设，而且没有考虑到爆炸的热量会以何种速度辐射出去，使其冷却的速度快于新的核聚变使其升温的速度（Rhodes, 1986, p. 419）。

6 该报告后来被解密，Konopinski, Marvin & Teller (1946) 可以提供。

7 报告最后提出：“人们可以得出这样的结论：本文的论点证明人们对 N+N 反应能够升级的预料是不合理的。无限升级的可能性就更小了。然而，由于论证的复杂性和缺乏令人满意的实验基础，我们强烈建议对这一问题进行进一步研究。”（Konopinski, Marvin & Teller, 1946）

在当时的讨论中，“百万分之三”的概率常常被提出来，或是作为点燃概率的估值，或是作为需要低于这一概率的安全上限。这个数字在报告中没有出现，而是通过 Pearl S. Buck (1959) 的一篇文章进入公众视野。虽然这很有意思，但没有令人信服的证据表明原子能科学家以这两种方式使用了这一概率。

8 曼哈顿计划的官方历史学家大卫·霍金斯曾说过，这种可能性不断被年轻的科学家重新发现，洛斯阿拉莫斯实验室的领导层只好不断地“息事宁人”，告诉他们事情已经处理好了。最后，霍金斯“在三位一体试验前后就这个特定话题对参与者进行的采访比其他话题都要多”（Ellsberg, 2017, pp. 279–80）。

9 彼得·古德柴尔德（Peter Goodchild, 2004, pp. 103–4）：“在试验前的最后几周，当恩里科·费米重新提出大气层被点燃的可能性时，特勒的小组被吸纳到试验前的准备工作中。他的小组开始测算，但是和引入计算机之前的所有这类项目一样，这些测算都对假设进行了简化。他们一次又一次得出了否定的结果，但费米仍然对他们的假设不满意。他还担心是否有未被发现的现象，新的极热条件可能会导致一场意想不到的灾难。”

10 摘自他第二天写的私人笔记（Hershberg, 1995,p. 759）。完整引文是：“然后是一阵白光，似乎填满了天空而且持续了好几秒钟。我本以为会比较快速、轻巧地一闪而过。光线的巨大让我相当震惊。我的第一反应是出事了，几分钟前我们还讨论并开玩笑地提到大气层有可能发生热核转变，而这实际上恐怕已经发生了。”

也许从认识到核武器的巨大能量开始，科南特就成了最早以严肃态度看待核战争导致文明毁灭的人士之一。战争结束后，他回到哈佛大学，并召来哈佛的图书馆馆长凯斯·梅特卡夫进行了一次私下会谈。梅特卡夫后来回忆时说，自己对科南特的请求感到震惊（Hershberg, 1995, pp. 241–2）：“我们现在生活在原子弹爆炸后的一个非常不同的世界里。我们无法知道结果会是什么，但我们现在的许多文明有可能会走向终结……也许应该挑选印刷资料来为有望继承我们的未来文明保存我们文明的记录，将这些资料拍成微缩胶片，可以复制上 10 份，埋在全国各地的不同地方。这样，我们就可以确保不遭受罗马帝国灭亡造成的那种程度的破坏。”

梅特卡夫研究了这项工作如何开展，并准备了一个粗略的计划，对最重要的 50 万卷著作，总共 2.5 亿页的内容进行缩微拍摄。但最后他们没有继续进行下去，理由是这件事一旦公开会引起严重恐慌，而且书面记录很可能会在没有遭受核武器直接打击的大学城图书馆中保存下来。然而，也许是从与科南特的谈话中得到了启发，同时又担心核灾难爆发，梅特卡夫从哈佛辞职后启动了一个项目，保护南半球主要大学大量收藏的重要著作。

11 Weaver & Wood (1979).

12 如果一个组织非常关心自己内部研究的准确性，他们可以成立一个由研究人员组成的“红队”，负责证明研究是有问题的。这个团队应该有充足的时间，直到他们克服最初对研究工作的归属感，开始希望研究工作是错的而不是对的。为了找到研究缺陷，还应给予他们充足的资源、表扬和激励。

13 任何正确的风险分析都有一部分是对代价的衡量以及与收益的比较。一旦希特勒被打败，这些收益就变得**小得多**，因此灾难的概率临界值必然大大降低，但似乎没有人重新评估风险。

14 至少政府中的一些人似乎确实发现了这一点。Serber (1992, p. xxxi)："康普顿并没有理智到闭口不谈这件事。事情不知怎么就被写进了一份文件，送到了华盛顿。所以在那之后，每隔一段时间，就有人碰巧注意到它，然后问题就来了，于是这件事就一直没有平息过。"

15 套出某人对某一事件发生概率的主观评断的最好方法之一，就是提供一系列小赌注，看赔率需要达到什么程度他们才会接受。在这件事上费米正是这样做的。三位一体试验的前一天晚上，他拿试验是否会毁灭世界来打赌。然而如果大气层被点燃，显然就没有人能够收回赌注，所以这至少有一部分开玩笑的意味。历史没有记载谁接受了他的建议，也没有记载他们的赔率是多少。

16 燃料是锂与氘（氢的同位素，有利于核聚变反应）的化合物。锂的目的是与中子发生反应，产生极其罕见的氢同位素氚。然后氚会与氘融合，释放出大量的能量。

17 1 500 万吨远远超出了他们设定为 400 万～ 800 万吨的大致范围（Dodson & Rabi, 1954, p. 15）。

18 日本人对在长崎事件后仅仅 9 年就再次被美国的核武器击中感到不满是可以理解的，这次核试验引发了一起外交事件。试验的结果也是一场灾难：他们收集到的有用数据相对较少，因为更大的爆炸摧毁了他们许多测试设备。

19 锂-7 的反应方式出乎意料，既产生了更多的氚，也产生了更多的中子，这就推动了远远超过预期的核聚变和裂变反应。由于这种武器涉及几个相互作用的阶段，很难对两种锂同位素的相对作用做出任何精确的判断，但我相信，说两种锂的作用相似是大致正确的，因为核弹中的锂-7 量相当于锂-6 量的 150%，并获得了 150% 的额外能量释放。

20 其中一个原因是，他们似乎对第一次测算更加谨慎。要想推算出大气层被点燃的结果，他们不仅需要在测算中出错，而且出错的数量要超过其安全系数。

还有一个事实是，他们的第一次测算要解决是 / 否的问题，而第二次不是。所以第二次测算会出错的地方更多。我已经指出它包含一个重大错误，但他们还是引爆了挑选出来的燃料，所以我想更粗略的评估可能依然会把这个计算当作成功的。

最后，还有一个先验性的问题。即使他们回答问题的方法完全不靠谱（比如掷硬币），这也只能说明它不能为你对事件的先验概率估算提供有用的更新。很难说大气层被点燃的概率应该是多少，但认为其远低于50%是合理的，或许低于1%。

21 关于苏联轰炸目标的报告发表于1945年8月30日（Rhodes, 1995, p. 23）。

22 另一项关键的技术发展是多弹头分导再入飞行器（MIRV）。这使得单枚洲际导弹能够分离弹头并击中几个地点。这就让战略平衡转向了先发制人的一方，因为首先发起攻击的国家有可能以分离出去的单枚弹头击毁敌方的多枚洲际导弹。这反过来又增加了对一触即发警戒状态的依赖，因为发起反击的国家需要在敌方导弹朝本方目标而来的途中发射自己的导弹。

23 通常会采取进一步检查以防止这些事件一路升级为核战争。有人怀疑这些危情并未达到一触即发的地步，参见Tertrais (2017)。

24 实际发生的险情和事故远远多于我能在本书中详细列举的。例如，北美防空司令部的报告提到，仅在1978年1月到1983年5月这五年内，错误警报就导致召开了6次威胁评估会议和956次导弹展示会议（Wallace, Crissey & Sennott, 1986）。

25 Brezhnev (1979); Gates (2011); Schlosser (2013).

26 关于警报显示的是五枚导弹，还是只有一枚导弹（当晚第二次警报中又出现了四枚导弹），说法不一。

27 Lebedev (2004); Schlosser (2013); Chan (2017).

28 Forden, Podvig & Postol (2000); Schlosser (2013).

29 在五个月内，广岛有14万人死于约1.5万吨当量的核弹爆炸。全世界的核武储备大约是这个数字的20万倍，由此想当然地推断大约会有300亿人死亡，也就是世界人口的4倍左右。但这样的推算犯了两个重大错误。首先，它忽视了这样一个事实，即许多人并不生活在人口密度大的地区：目前没有这么多核弹头来打击所有城镇和村庄。其次，它忽略的事实是更大型的核武器的每千吨杀伤效率会下降。这是因为爆炸能量是以三维球体的形式散布的，而城市则是以二维圆盘的形式分布的。随着能量的增加，二维圆盘所占的球体比例会越来越小。因此随着武器规模的扩大，越来越多的爆炸能量会被浪费掉。从数学上来说，爆炸造成伤害的程度是能量功率的三分之二。

30 Ball (2006) 预测一场全面的核战争会造成 2.5 亿人直接死亡。

技术评估办公室（The Office of Technology Assessment, 1979）介绍了美国政府对美国直接死亡人数的测算为 2 000 万到 1.65 亿，而苏联是从 5 000 万到 1 亿。请注意，这些测算数字应该根据目前的情况有所调整，因为自 20 世纪 70 年代以来，美国的城市人口大幅增长，而苏联解体后美国的打击目标大体上限定为俄罗斯。Ellsberg (2017, pp. 1–3) 描述了参谋长联席会议为肯尼迪总统准备的一份机密报告，该报告推测苏联和中国受到核打击后的直接死亡人数为 2.75 亿人，6 个月后将上升到 3.25 亿人，就现在的人口来说，这个数字还得按比例增加。

31 Feld (1976) 推测一枚 100 万吨级的弹头可以对大约 2 500 平方千米的地区释放致命剂量的辐射，这意味着至少需要 60 万枚这样的武器才能对地球上的陆地释放辐射。这大大超过了目前已部署的约 9 000 枚弹头的储存量，而这些弹头的平均爆炸当量大大低于 100 万吨。

32 这种“末日装置”最早由利奥·西拉德（Leo Szilard）在 1950 年提出，赫尔曼·卡恩（Herman Kahn）更充分地阐述了它的战略意义（Bethe et al., 1950）。钴弹（或类似的高放射性核武器）在《海滨》（*On the Beach*）和《奇爱博士》（*DrStrangelove*）的剧情中扮演了重要角色，使这两部作品中的核战争从全球灾难变成了灭绝威胁。

用这种武器毁灭全人类的最大障碍是确保致命的辐射均匀分布在地球上，特别是考虑到掩体、天气和海洋的因素。

俄罗斯目前正在研制的“波塞冬”核鱼雷据称配备了钴弹头。从表面上看这种武器的相关信息是被意外泄露的，但也有可能是俄罗斯政府故意放风的，所以应该以怀疑的态度来看待（BBC, 2015）。

33 偶尔有人说科威特油井燃烧的情形推翻了核冬天的假说。但这是不正确的。卡尔·萨根认为油井的燃烧会引起可探知的全球降温，因为烟尘会到达平流层。但油井的火势太小，不足以让烟尘高高飘起。这给模型中关于火灾风暴的烟尘会被带到多高的空中这一部分带来了一点压力，但并不影响之后发生的事情。有一些例子表明，森林火灾可以让烟尘上升 9 千米之高（Toon et al., 2007）。

34 Robock, Oman & Stenchikov (2007).

35 虽然没有足够的时间让欧洲和北美地区形成巨大的冰原，但最后一次冰期的高峰时，全球平均气温比前工业化时期低 6℃左右（Schneider von Deimling et al., 2006）。

36 Cropper & Harwell (1986); Helfand (2013); Xia et al. (2015).

37 Baum et al. (2015); Denkenberger & Pearce (2016).

38 虽然之前从事核冬天研究的 Sagan (1983) 和 Ehrlich(1983) 确实提出了灭绝的可能性，但现在该研究领域的人却不这么认为。

卢克·奥曼（Oman & Shulman, 2012）："在 2007 年的论文里，我测算出 150Tg 的黑碳排放导致全球人口为零的概率在 1/10 000 到 1/100 000 之间。我尝试根据我所知道的最能迅速引起气候变化影响的类似情景，即大约 7 万年前的托巴火山喷发来进行测算。有人认为，在托巴火山喷发前后，出现了人口增长瓶颈，全球人口严重减少。气候异常在规模和持续时间上也可能形成类似的影响。人口受到最大影响的可能是北半球内部大陆地区，受到影响相对较小的可能是南半球岛屿国家，例如新西兰……我不太清楚有谁得出了更高的测算数值，但我相信也许有人会得出。我问了两位同事，他们笼统地回复我说'非常接近于 0'和'概率很低'。"

理查德·塔可（Browne, 1990）："我个人的观点是，人类不会灭绝，但我们所知道的文明肯定会灭绝。"

艾伦·罗博克（Conn, Toon & Robock, 2016）："卡尔（萨根）曾经谈论过人类物种的灭绝，但我认为那是一种夸张的说法。很难想象会出现这样的情形。如果你住在南半球，那里是无核区，所以大概不会有任何炸弹投下。如果你住在新西兰而且由于海洋环绕所以气温变化不大，周围有很多鱼和死羊，那么你可能会生存下来。但你不会获得任何现代药物……你会回到穴居人时代。你将活在没有文明的地方，所以想想这个情形就觉得可怕，但我们可能无法以这种方式灭绝。”

马克·哈韦尔和克里斯汀·哈韦尔（1986）：“几亿人死于核战争直接影响的情况似乎有可能发生，而核战争间接影响可能导致十亿到几十亿人死亡。后一种预测在多大程度上接近于人类全部灭亡是个问题，但目前最可靠的说法是，当前预测的大规模核战争爆发后发生的实体社会扰动不会带来这一结果。”

39 先进的电子技术会出现严重的问题，因为这些地方不一定有工厂或知识来制造替换零件。但对于过去一百年之前人类发明的数千种技术来说，情况看起来要好得多。例如，我看不出为什么情况会沦落到工业化前的水平，也看不出为什么不能最终恢复目前的技术水平。

40 例如，美国能源部最近的一篇论文认为，与主要的核冬天模型相比，到达大气层上层的烟雾要少得多（Reisneret al., 2018）。

41 在某些情况下，额外的不确定性可以使事情变得更好，尤其是它可以增加对平均值的回归（或对先验值的回归）的时候。因此，如果测算的结果最初看来似乎不太可能，残余的不确定性会提供一个向这个最初的猜测回归的理由。但在这种情况下，我看不到有什么好的理由来为小幅度降温而不是大幅度降温，或者小规模饥荒而不是大规模饥荒赋予更大的先验概率。此外，如果你把生存性灾难算作比单纯的死亡要严重得多的灾难，并且认为中位数的概率不太可能造成这种情况的话，那么不确定性就会使事情变得更糟。

42 据推测，意外战争的风险也大大低于冷战期间——随着蓄意开战的概率下降，将误报解释为蓄意打击的概率也应当下降，至少在有人类参与的情况下是如此。这符合在形势极端紧张的时期发生过许多严重误报的记录，例如古巴导弹危机期间就是如此。

43 7 万和 1.4 万这两个数字都包括了退役核弹头。目前约有 9 000 枚“现役”核弹头（Kristensen & Korda, 2019d）。

44 摘自 Kristensen & Korda (2019d)。爆炸总量来自作者的测算，使用了 Kristensen & Korda (2018, 2019a–e), Kristensen & Norris (2018), Kristensen, Norris & Diamond (2018) 的数据。

45 Robock et al. (2007). 注 40 中提到的 Reisner et al.(2018) 通过建模发现这类

核交火的影响要小得多。

46 《中程导弹条约》是美苏两国同意销毁中短程陆基导弹的条约，该条约的失败尤其令人担忧。

俄罗斯总统弗拉基米尔·普京 2018 年在联邦议会的演讲显示了一幅令人担忧的画面：美国和俄罗斯之间互不信任，而且俄罗斯正在致力于升级和加强核能力（Putin, 2018）。

47 Horowitz (2018).

48 虽然温室效应是真实存在的，但事实证明这并不是花园温室产生作用的原因。温室中的大部分升温其实是由于玻璃在物理意义上截留了白天的暖气，防止它在夜间通过对流飘走。用对可见光和红外光都透明的物质制成的温室仍然可以生效，而那些顶部有一个小孔让暖空气排出的温室则不能。

49 这就是为什么我认为气候变化不是第一个由人类活动引发的风险。虽然燃烧化石燃料产生二氧化碳的过程早于核武器，但碳排放量最近才高到开始对人类构成威胁。

1751 年至 1980 年，全球化石燃料的累计碳排放量约为 160 千兆吨，而 1981 年至 2017 年则超过了 260 千兆吨（Ritchie & Roser, 2019）。

50 工业化前的数字来自 Lindsey (2018)，2019 年的数字来自 NOAA (2019)。

51 Allen et al. (2018), p. 59. 它将 1850—1900 年和以 2017 年为中心的 30 年时段进行了比较，假设最近的升温速度会持续下去。

52 从 1880 年到 2015 年（CSIRO, 2015; LSA, 2014），标准差置信区间为 19 ～ 26 厘米。

53 从 1750 年到 2011 年（IPCC, 2014, p. 4）。

54 也就是所谓的正反馈。遗憾的是这会造成一些混乱，因为气候"正"反馈是坏的，而"负"反馈是好的。因此，我将使用更明确的术语"放大反馈"和"稳定反馈"来代替。

55 为了理解这一点是如何实现的，假设背景声开始时的声级为 100 W/m^2，扬声器的贡献为 10%。在这种情况下，第一次放大会给麦克风附近的声级增加 10 W/m^2。当这个额外的声音被放大时，它会增加 1 W/m^2，下一次放大时则是增加 0.1 W/m^2，以此类推。即使声音不断地产生更多的声音，总的效果也不会太大，加起来是 111.11……W/m^2。如果将扬声器的音量调大（或将麦克风拉近），使扬声器在已有的基础上增加 100%（或更多），那么总和就会出现分离（100+100+100+……），声音就会迅速变大，直到达到麦克风所能收音或扬声器所能发音的物理极限。

56 Gordon et al. (2013) 在其 2002 年到 2009 年的观测窗口中发现了 2.2 W/m^2/K 的放大效应，并估计长期反馈强度在 1.9 ～ 2.8 W/m^2/K 之间。

57 温室效应使得金星比水星热得多，尽管金星到太阳的距离几乎是水星的两倍。我们将在第八章中再次讨论地球的长期命运。

58 Goldblatt et al. (2013) 发现，大气中的二氧化碳浓度为 5 000ppm 时，没有出现失控温室效应的情况。Tokarska et al.(2016) 发现，燃烧 5 000 千兆吨碳（对化石燃料总储量的低值测算）会导致大气中的二氧化碳浓度刚好低于 2 000ppm，表明即使我们燃烧了所有的化石燃料，也不会引发失控温室效应。

59 湿润和失控温室效应都可以从地球平衡的角度来理解，即传入的太阳辐射和传出的热辐射和反射光之间的平衡。在我们目前的稳定机制下，地表温度的增加与地球外逸辐射的增加相匹配，使我们的气候保持相对稳定。但是，能够逃出大气层的辐射量是有限的，这部分取决于大气层中的水蒸气含量。

在失控温室效应中，地球温度超过了其中一个极限，地球表面和大气层变暖，但没有更多的热辐射可以逸出。这就导致了暖化失控，地球表面会不断变暖，直到达到一个新的平衡点，温度上升数百度，而那时海洋就会完全沸腾。湿润温室效应是一种稳定的中间状态，比我们现在的温度高得多，大气中的水蒸气也多得多。在地质时间尺度上，湿润温室效应也将导致地球上的水完全流失，因为水汽会从大气上层流失到太空中。

60 这种情况需要大量的温室气体来触发：浓度大约为 1 550ppm 的二氧化碳。这比气专委对 2100 年大气中二氧化碳含量的最悲观预测还要高（Collins et al., 2013, p. 1096）。如果考虑到简化因素，这种情况所需的二氧化碳可能比这更多，而在没有更多太阳辐射的情况下甚至完全不可能发生（Popp, Schmidt & Marotzke, 2016）。该模型没有针对这种暖化的时间框架得出有用的测算（由于经过了简化），但作者提出出现这一效应可能需要成千上万年的时间，因此也许有时间消除其影响（Popp, personalcommunication）。

61 这颗星球被模拟成完全是海洋，这个海洋只有 50 米深，而且没有季节变化。论文作者很清楚这些简化意味着这些结果可能不适用于地球的实际情况，而且也没有提出其他说法。

62 McInerney & Wing (2011).

63 **永久冻土区**占地面积为 2 300 万平方千米，占北半球陆地面积的 24%，但实际上的冻土面积约为 1 200 万～ 1 700 万平方千米（Zhang et al., 2000）。

64 据测算，北极永久冻土中有 1 672 千兆吨碳（Tarnocai et al., 2009）。1750—2017 年的碳排放量估计为 660 ± 95 千兆吨（Le Quéré et al., 2018）。

65 气专委提出："总的来说，气候暖化引起的永久冻土范围减少将导致一些目前处于冻结状态的碳解冻，这一点可信度很高。然而，对于通过向大气排放二氧化碳和甲烷而造成碳损失规模的置信度很低。"（Ciais et al., 2013, p. 526）

66 估值为 0.29 ± 0.21℃ (Schaefer et al., 2014) 。

67 1 500 ～ 7 000 千兆吨碳（Ciais et al., 2013, p. 473）。

68 气专委表示，"水合物中的甲烷不太可能出现灾难性释放（高置信度）"（Collins et al., 2013, p. 1,115）。这听起来让人松了一口气，但在气专委的官方话语中，"不太可能"可以翻译成 1% ～ 10% 的概率，这就让人非常震惊了。我不知道该怎么理解这句话，因为从上下文来看，这样说只是为了让人没那么焦虑。

69 这些是 RCP6.0 和 RCP8.5 路径下的 2012—2100 年的累计排放量，与"基线情景"一致，没有做出额外的限制排放努力。与《巴黎协定》要求相符的排放量则要低得多，该协定要求各国将升温控制在 2℃以下。气专委（2014, p. 27）预计，2018—2100 年的排放量必须保持在 340 千兆吨碳以下，才有 66% 的机会将升温保持在 2℃以下。

70 假设排放量继续以每年 3% 的速度增长（Pierrehumbert, 2013）。

71 最近的测算数值接近这一范围的上限。这包括目前回收成本不低的燃料以及未发现的燃料。当然，被发现、开采和燃烧的燃料甚至有可能比这更多。随着时间的推移，在成本上（随着水力压裂法的兴起）变得可行的化石燃料矿藏种类越来越多。按照以往标准，新型矿藏可能会变得更便宜，但太阳能发电的成本下降速度也非常快，在某些地方的价格已经与化石燃料不相上下。因此，当太阳能被视为一种替代能源时，我怀疑新型矿藏是否具有经济可行性。全球已知具有经济可行性的化石燃料储量含有约 1 000 ～ 2 000 千兆吨碳（Bruckner et al., 2014, p. 525）。

72 Tokarska et al. (2016), p. 852. 关于燃烧所有化石燃料的后果，目前有少数研究使用了释放 5 000 千兆吨碳的较低估值。研究更极端的情况，即我们燃烧释放 1 万千兆吨或更多的碳，将是很有价值的。

73 测算碳排放量超过特定数量的概率是非常困难的。气专委根本没有尝试这样做。它更倾向于将路径视为政策选项列表：你可以从中选择某种情况，而不是承受某种情况。这种方法是有价值的，但对不同路径的可能性有一定的了解也非常有用，尤其在没有一个顶层代理人能够真正从这个列表中做出选择的时候。

74 Bar-On, Phillips & Milo (2018). 这些碳绝大部分在植物和细菌中，它们共含有 96% 的生物体碳。估计还有 1 200 千兆吨碳存在于死亡的生物体中，通常被称为“生物残体碳”（Kondratyev, Krapivin & Varotsos, 2003, p. 88）。这是土壤中可释放的有机物，主要通过砍伐森林和森林火灾排放。泥炭（用作燃料的含碳土壤）就是一种生物残体碳。

75 农业和工业活动合计的排放量。需要注意的是，并非所有碳都留在了大气中。

76 Ciais et al. (2013), p. 526.

77 1750 年至 2017 年的碳排放量估计为 660 ± 95 千兆吨，其中约 430 千兆吨来自化石燃料和工业，约 235 千兆吨来自土地用途发生的变化（Le Quéré et al., 2018）。

78 气候敏感度实际上有几种测量方法，其中一种叫作“平衡气候敏感度”。从技术上讲，它测量的是一定量的“辐射驱动”所导致的暖化，其中包括温室气体以及地球上的其他变化带来的影响，这些变化改变了太阳光的能量接收量和辐射量之间的平衡。辐射驱动的正式单位是瓦特 / 平方米，但通常理解为大气中二氧化碳增加一倍所提升的温度。

79 Beade et al. (2001), p.93.

80 在气专委的说法里，“可能”意味着真正的气候敏感度至少有三分之二的概率在这个范围内（IPCC, 2014, p.16）。关于云层反馈的不确定性，参见Stevens & Bony (2013)。

81 他们的“可能”一词真正指的是66%～100%的可能性，而当他们使用“非常可能”这种表述时，你可以理解成他们认为概率大于90%。为了与这个大致的区间置信度保持一致，气专委明确表示这些概率并非基于衡量科学上的不确定性的统计手段，而是代表了专家的判断（Cubasch et al., 2013, pp. 138–42）。通过更详细的考察，我们可以看到文献中包含一些气候模型，其气候敏感度的概率分布非常广泛，因此敏感度大于6℃甚至10℃的可能性并不算小。然而，这种分布多数集中在右侧的情况在很大程度上取决于优先的选择（Annan & Hargreaves, 2011）。这意味着，数据既不排除也不支持高敏感度的可能性。因此，很难对气候敏感度超过4.5 ℃或超过更高的阈值（如6℃）的可能性做出任何准确的判断。

Weitzman (2009) 尝试解释这种不确定性及其对决策的影响。他估计“普遍气候敏感度”（将更广泛的反馈机制纳入考量范围）在两个世纪内升温超过10℃的可能性为5%，超过20℃的可能性为1%，同时排放量增加一倍。

82 除此之外，这种对数关系本身的有用性也受到了质疑。一些科学家发现，当考虑到气候反馈和碳汇的变化特性时，他们的模型在累计排放量（千兆吨碳）和升温之间产生了近乎线性的关系。这对中等排放量的情况给出了类似的预测，但如果排放量很高，其所估测的升温幅度更大。可参见Tokarska et al., 2006, p. 853。

83 1979年7月——正是我出生的年月（Charney et al., 1979）。

84 Rogelj et al. (2016).

85 Tai, Martin & Heald (2014) 发现，根据气专委最悲观的情况预测，到2050年，全球粮食产量将比2000年减少16%。但这既没有考虑到适应性的问题，也没有考虑到二氧化碳对作物产量的影响。尽管不太确定，但预计这两者都会产生显著的抵消效应。最近的一项元分析发现，单单是作物层面的适应性就可以增加7%～15%的产量（Challinor et al.,

2014）。

这样的粮食供应短缺将给数以百万计的人带来灾难性的后果，但不会对文明造成什么风险。

86 IPCC (2014), pp. 14–15.

87 在始新世早期气温上升了12℃的温暖气候中，古新世-始新世极热事件引起的全球气温剧变中，以及区域气候的快速变化中，我们都没有看到这种生物多样性的损失。Willis et al. (2010) 指出："我们认为，尽管造成过去这些气候变化的基本机制非常不同（是自然过程而非人为过程），但气候变化的速度和幅度与对未来的预测相似，因此有助于认识未来的生物反应。这些过去的记录可以证明群落进行了快速的更替和迁徙，新的生态系统形成，并且出现了一种稳定生态系统状态转变为另一种稳定状态的临界点，但很少有证据表明全球变暖会导致大规模的灭绝。"

Botkin et al. (2007), Dawson et al. (2011), Hof et al. (2011) 和 Willis & MacDonald (2011) 也有类似的结论。

暖化导致灭绝的最佳证据可能来自二叠纪末期的大灭绝，这次灭绝也许能和大规模的气候暖化联系到一起（见本章注91）。

88 这种温度标准被称为"湿球温度"，在35℃左右时可能造成生命危险（Sherwood & Huber，2010）。

89 这是作者根据 Sherwood & Huber (2010) 的信息做出的估计。

90 事实上，古新世-始新世极热事件灭绝效应似乎出奇地温和。例如，McInerney & Wing (2011) 指出："（在古新世-始新世极热事件中）陆地和海洋生物经历了地理范围的巨大变迁、快速进化和营养生态学的变化，但除了底栖有孔虫（一种微生物）外，很少有群体遭受严重的灭绝。"

91 最近的一篇论文表明，在二叠纪末灭绝期，可能由于大气中注入了大量二氧化碳，海洋温度也许上升了8℃（Cui & Kump, 2015）。由于这一时期的地质学证据相对稀少，升温和二氧化碳浓度的确切水平仍不确定。虽然这只是二叠纪末期大灭绝的众多推测原因之一，但我们无法证明最大规模的灭绝不是由快速暖化引起的，这连同众多不确定的因素，终究属于坏消息。

92 将地球工程作为最后的手段，可以降低整体生存性风险，即使这种技术比气候变化本身的风险更大。这是因为我们可以采取这样的策略：只在气候变化比目前预期更糟糕的罕见情况下才采用这种手段，从而使我们有第二次掷骰子的机会。

这里有一个简化的数值例子。假设气候变化有 0.1% 的概率会变得极其严重，在这种情况下有 50% 的概率会直接导致人类灭绝，那么总体灭绝风险就是 0.05%。假设地球工程可以修复气候，但其本身却产生了 1% 的灭绝风险，那么现在启动地球工程就是个坏主意，因为其产生的 1% 风险高于 0.05% 的总体风险。但是，如果我们只在气候变化极其严重的情况下才开始实施地球工程，那么地球工程将降低整体风险：因为我们只面临 1% 的灭绝风险，而在其他情况下，我们灭绝的可能性是 50%。因此，这种根据条件来决定是否采用的地球工程策略将使灭绝整体风险从 0.05% 降低至 0.001%。这在更现实的模型中也可以发生。关键是要等待实施地球工程的风险明显低于不实施地球工程的风险的情况出现。类似的策略也可适用于其他种类的生存性风险。

93 Ehrlich (1969).

94 摘自 1969 年的一次演讲，引自 Mann (2018)。

95 20 世纪 60 年代为 1 660 万人，70 年代为 340 万人，此后平均每 10 年约 150 万人（Hasell & Roser, 2019）。请注意这些只是已确认的饥荒中的死亡人数，并不是与粮食短缺有关的所有死亡人数的完整记录。

96 在提高生产力的同时也付出了巨大的环境代价。

97 通常认为他拯救了大约 10 亿人的生命。这样的推算面临很多问题，包括很难估计绿色革命到底拯救了多少人的生命，还有多少人是绿色革命的重要人物，以及如果他没有研制出这些品种，很可能会有其他人来完成这项工作。也许这样去理解是最好的：他在 20 世纪最伟大的人道主义成就故事之一中扮演了核心角色。但我认为，试图量化他的影响是有意义的，即使结果极其粗略，因为这有助于我们更好地理解一个人能够为世界做出贡献的程度。就博洛格而言，我大致猜测真实的数字是在数千万到数亿之间——这仍然是一个了不起的成就，可能比人类历史上的任何人拯救过的生命都要多。关于拯救了千百万人生命的人物，有一个重要资源是《比爱因斯坦更伟大的科学家》（*Scientists Greater than Einstein*,

Woodward, Shurkin & Gordon, 2009）及其网站 www.scienceheroes.com，该网站估计博洛格拯救了大约 2.6 亿人的生命。

98 联合国经济和社会事务部（UN DESA, 2019）。因此，剩余的增长大部分来自人口惯性（由于过去生育率较高，因此育龄人口比例过高），而不是因为人们生育了很多孩子。

99 改自 Roser, Ritchie & Ortiz-Ospina (2019)。

100 Wise (2013); Gietel-Basten (2016); Bricker & Ibitson (2019).

101 目前尚不清楚人类能力和繁荣程度的进一步增长是否会继续对环境产生更多（不利）影响。首先，人类很重视繁荣的环境，所以他们会用一些新获得的财富和能力来治理环境，并将消费转向更昂贵但危害较小的产品。这就引出了环境库兹涅茨曲线理论，该理论认为，在工业化过程中，不利的环境影响随着人均收入的增加而增加，但随着社会变得更加富裕，最终开始回落。有一些证据支持这一观点，但也有相反的证据出现。该理论可能适用于某些类型的环境破坏，但不适用于其他类型，并且不能保证转折点何时到来。还有一个问题是，较贫穷的国家仍然接近其曲线的起点，所以无论如何，事情都可能在变好之前变得更糟。参见 Stern (2004)。

人们经常说，如果我们要避免资源有限的地球遭到破坏，就必须停止经济增长（或者平抑消费）。但这并不像表面上看起来那么简单。经济学家对消费和增长的定义中包括了教育、软件、艺术、研究和医疗等商品和服务的发展，这些领域可以创造额外的价值，而且没有环境成本。我们也可以发展绿色技术，取代破坏性的消费。虽然环境成本高的消费需要趋于平稳，但理论上这并不妨碍我们关注其他领域的增长，也不妨碍我们创造一个比现在更加美丽、知识更加丰富以及更加健康的世界，同时**减少**我们对环境的影响。在我看来，这似乎是个比限制一切增长强得多的目标。

102 化石燃料见 Roberts (2004)，磷矿见 Cordell, Drangert & White (2009)，表层土壤见 Arsenault (2014)，淡水见 Gleick & Palaniappan (2010)，金属见 Desjardins (2014)。

103 据测算，可获得的淡水资源占全球地下水的 2% 左右（Boberg, 2005）。

104 因为那时这样做会符合人们狭隘的自身利益。商业管理学教授朱利安·西蒙（Julian Simon）和保罗·埃利希之间有一个著名的赌局，赌的是一篮子有代表性的原材料会随着时间的推移而涨价（代表稀缺性）还是降价（代表充足性）。西蒙赢得了赌注，不过这在很大程度上取决于选择的是何种资源和时间段，所以其中值得解读的不多。

105 Kolbert (2014); Ceballos et al. (2015).

106 这两种数据都不能代表所有物种：化石记录体现的主要是容易形成化石的物种，而现代统计数字则着重体现和人类相关的物种以及我们已经有理由认为可能受到威胁的物种。此外，还有一些特殊的统计问题，因为现代记录在很短的时间段内对灭绝率进行抽样调查，与化石记录千百万年的时间段相比，我们应该能看到更多的自然变化（Barnosky et al., 2011, pp. 51–2）。

107 Ceballos et al. (2015).

108 Barnosky et al. (2011), p. 54. 如果目前所有受威胁的物种都灭绝了，这个比例将上升到 30% 左右。但目前还不清楚如何解释这一点。这一比例表明我们或许会遇到大致达到大规模灭绝水平一半程度的灭绝事件，但我们完全不清楚这些物种是否**会**灭绝，也不清楚剩下物种的灭绝比例会不会攀升到 75%。

109 虽然人们永远无法确定某人说过或没说过的每一句话，但没有理由相信爱因斯坦曾经就蜜蜂发表过任何声明，参见 O' Toole (2013)。

110 Aizen et al. (2009).

第五章　未来风险

1 Churchill (1946).

2 卢瑟福的评论是在 1933 年 9 月 11 日发表的（Kaempffert, 1933）。他的预言其实有一部分是不能自圆其说的，卢瑟福自信的悲观主义让西拉德很不快，这驱使他去寻找实现据说不可能之事的方法（Szilard & Feld, 1972, p. 529）。关于西拉德发现链式反应的确切时间以及他究竟解决了多少难题，存在一些争论（Wellerstein, 2014）。卢瑟福直到 1937 年去世之前仍然对利用原子能持怀疑态度。有一种耐人寻味的可能性是，他不是搞错了，而是故意掩盖了他对潜在大规模毁灭性武器的看法（Jenkin, 2011）。但问题还是在于主流权威人士充满自信的公开说法不可信。

西拉德与费米的对话是在 1939 年发生的，就在铀的裂变刚刚被发现之后。费米被要求对“遥不可及的可能性”做出解释，他大胆宣称这种可能性为“10%”。伊西多·拉比（Isidor Rabi）当时也在场，他回答说：“如果这意味着我们可能会因此死去，那么 10% 的可能性并不小。假设我得了肺炎，医生告诉我死亡的可能性很小，而这个可能性是 10%，我会紧张得不行。”（Rhodes, 1986, p. 280）

1908 年，威尔伯·莱特在法国航空俱乐部说：“差不多十年前，所有人类实现飞行的希望几乎都破灭了；即使是最乐观的人也变得疑虑重重。我承认，在 1901 年，我对我的兄弟奥维尔说过，人类在未来 50 年都不能实现飞行，而两年后，我们自己动手做起了飞行器。”（Holmes, 2008, p. 91）

3 科学家们因此毁了自己的名声，真是太可惜了。科学家（至少是最顶尖的科学家）本可以更加谨慎，只在某种情况确实不可能发生的时候，才会直言不讳地断言其不可能。如果某种情况只需要模式发生改变就能成为事实，或者它可能是那个年代最大的意外发现，他们直接这样说就好了。对科学界来说，拥有一个预测准确的名声将是一笔真正的财富，对政策制定者和整个社会也很有价值。

但是，无论你为科学界的杰出人士或在特定问题上发言者的资质设定了多高的门槛，都会有提出肯定说法或对某种说法嗤之以鼻的人，但他们最后都错得离谱。

4 有必要加上“给人类”这个限定。技术进步和环境的过往情况充其量是好坏参半，许多技术造成了严重的环境破坏。有时更清洁的技术能够取代有害的技术，我相信这一趋势将继续下去，使技术的持续进步成为可能，最终对环境产生积极影响。但这方面正反证据都有，时间可能会证明我错了。关于这方面的讨论，参见 Stern (2004)。

5 正如瑞典数学家奥勒·黑格斯特伦在其关于未来技术的优秀论文（Häggström, 2016）中所说：“目前对科技进步的主流态度，无异于蒙着眼睛全速跑进雷区。”虽然我们不知道这个领域到底有多少地雷，也不知道我们是否能在踩到地雷的情况下存活下来，但看都不看就跑过去并不是最优的策略。这种比喻的一个不恰当之处是，跑进雷区的好处不多，但科技进步却蕴含着巨大的潜在收益。也许我会改为想象人类蒙上眼睛在雷区中奔跑，以达到一个更安全和更理想的位置。

6 Christakos et al. (2005), p. 107.

7 Christakos et al. (2005), pp. 108–9. 虽然符合这些症状的疾病有好几种，但有大量证据表明该病是黑鼠身上跳蚤携带的耶尔森菌引发的。最要命的是，在黑死病死者的骨头中发现了它的 DNA（Haensch et al., 2010）。

8 这场瘟疫的死亡率随地区和人口结构而变化。因此从有限的历史数据中极难推断出死亡人数。考虑到英格兰的死亡人数，Ziegler 给出了 23% ～ 45% 的可信范围，并认为三分之一是一个合理的估计，而且这个数字放在整个欧洲也是没问题的（Ziegler, 1969）。最近，Benedictow (2004) 给出了 60% 的估值——比传统的估计要高得多，并且遭到了许多同行的质疑。我的猜测是，这么高的死亡人数不太可能，但也不能完全排除这种可能性。从当时欧洲的历史人口（估计约为 8 800 万）来看，Ziegler 的 23% ～ 45% 的范围相当于 2 000 万～ 4 000 万，Benedictow 的 60% 相当于 5 300 万欧洲人死亡。

人们经常在热门文章中看到的黑死病的死亡人数要高得多，其中包括一个惊人的数字：2 亿——远远超过当时欧洲生活的 8 000 多万人口。Luke Muehlhauser (2017) 将这一统计数字的来源追踪到 1988 年《国家地理》上的一篇流行文章（Duplaix, 1988），发现这个数字显然不是特指黑死病，而是试图对中世纪死于大流行病的总人数进行统计。直到 16 世纪，欧洲人口才恢复到黑死病发生前的水平（Livi-Bacci, 2017, p. 25）。

9 这一估计主要基于 Muehlhauser (2017)。我的估值下限是假设欧洲的死亡率为 25%，起始人口为 8 800 万；中东的死亡率为 25%，起始人口为埃及和叙利亚的 540 万，以及该地区其他地方的 200 万；亚洲没有死亡率，共计 2 400 万人死亡。我的估值上限是假设欧洲的死亡率为 50%，起始人口为 8 800 万；中东的死亡率为 25%，埃及和叙利亚的起始人口为 900 万，该地区其他地方为 600 万；中国的死亡人数为 1 500 万，总共死亡约 6 300 万人。1340 年的世界人口取值为 4.42 亿（Livi-Bacci, 2017, p. 25），得出全球死亡率估计为 5.4% 和 14.2%。

从死亡人数比例上看，这比近代史上一些最严重的灾难要高得多：第一次世界大战（0.8%），第二次世界大战（2.9%），1918 年流感（3% ～ 6%）。全面的讨论见 Muehlhauser (2017)。

10 早期关于灭绝性大流行病的想象出现在玛丽·雪莱的小说《最后的人》（*The Last Man*, 1826）和 H. G. 威尔斯的非虚构散文《人类的灭绝》（“The Extinction of Man”，1894）中。威尔斯这样说：“据我们所知，即使是现在，我们也可能在不知不觉中演化出某种新的、更可怕的瘟疫——这种瘟疫不会像过去的瘟疫那样夺取 10%、20% 或 30% 的人命，而是让我们全部死去。”

约书亚·莱德伯格（Joshua Lederberg）的论文《生物战与人的灭绝》（“Biological Warfare and the Extinction of Man”，1969）是我所知道的第一篇认真讨论人类可能因基因工程病原体而灭绝的文章。

11 查士丁尼瘟疫可能改变了历史进程，使拜占庭帝国走向衰落，让伊斯兰教在该地区崛起。

在学术界缺乏全球死亡人数估算数据的情况下，Muehlhauser (2017) 咨询了一位专家，该专家建议将君士坦丁堡 20% 的死亡率（Stathakopoulos, 2004）应用于整个帝国的 2 800 万人口上（Stathakopoulos, 2008），死亡总人数约为 560 万。公元 451 年的世界人口约有 2.1 亿（Roser, Ritchie & Ortiz-Ospina, 2019）。

和黑死病一样，查士丁尼瘟疫在接下来的几个世纪里多次出现。在这样的时间范围内，它造成了更多的死亡，但这些总数不能真正代表单次灾难的情况，也不能用来确定世界上因此死去的人口的比例。

12 参见 Nunn & Qian (2010) 对相关估算的总结。Snow & Lanphear (1988) 给出的对美国东北各部落死亡率的估值为 67% 到 95% 不等。

伊斯帕尼奥拉岛是难以确定死亡人数的一个突出例子。虽然对殖民化后几十年的当地人口推算以千人为单位，但其在 1492 年的人口估计为 6 万到 800 万不等（Cook, 1998）。

13 推算估值的上限时，我采用了 Koch et al. (2019) 对前哥伦布时代美洲人口约 6 050 万的估值，他们提出接下来一个世纪的死亡率为 90%。对世界其他地区人口的估计我采用了 Livi-Bacci (2017) 的 4.19 亿的说法。综合起来，世界人口为 4.795 亿，死亡人数为 5 450 万，占比约 11%，我将其四舍五入为 10%。

这与本章节中的其他全球死亡率估值没有严格的可比性，因为它是人口**减少**的估值，而不是死亡人数的估值。这可能会少算了死亡人数（因为有新的人出生），也有可能多算了死亡人数，如果是这种情况，有部分原因是出生率下降而不是死亡率上升。它们在时间跨度上也很不匹配。哥伦布大交换期间的死亡率估值是以 100 年的时间来计算的，这比黑死病、查士丁尼瘟疫和 1918 年流感的时间要长得多。

即使有来自世界其他地方的新移民，美洲人口也花了大约三个半世纪才恢复到前哥伦布时代的水平（1492—1840）（Roser, Ritchie, & Ortiz-Ospina, 2019）。

14 现代机动化运输速度的提高，以及这种运输方式越来越多地被用于贸易和部队调动，使得这种全球性蔓延成为可能。死亡率估值来自 Taubenberger & Morens (2006)。

15 除了这些历史证据外，还有一些更深入的生物学观察和理论表明，病原体不太可能导致宿主灭绝。其中一些观点认为，传染性和致死性从经验上看是负相关的，疾病导致 75% 以上感染者死亡的情况极为罕见，大流行病可以观察到随着病情的发展而降低毒性的趋势，还有观点支持最优毒性理论。然而，关于病原体不会导致宿主灭绝的说法，并无确凿案例。

16 当然，几乎不可能对这种说法做出评估。据估计，流感大流行在战争的最后阶段造成了 10 万多军人死亡，因此也许对战争结果产生了一些影响（Wever & van Bergen, 2014）。人们也可以指出单个病例的深远影响。美国总统伍德罗·威尔逊在 1919 年巴黎和会之前的几个月里与流感做斗争，这可能对他未能实现其和平愿景产生了影响（Honigsbaum, 2018）。

17 在撰写本书时，世界人口估计为 77 亿（UN DESA, 2019）。

农业革命前的世界人口一般估计在几百万左右。Weeks (2015) 给出的数字是 400 万。Coale (1974) 和 Durand (1977) 认为是 500 万～1 000 万。Livi-Bacci (2017, p. 26) 认为，公元前 3.5 万年以前的人口不过几十万，在农业出现前后才非常缓慢地增长到几百万。

总的来说，在人类历史的大部分时间里，我们的人口是今天的千分之一到万分之一。

18 HIV (Keele, 2006); Ebola (Leroy et al., 2005); SARS (Cyranoski, 2017); influenza (Ma, Kahn & Richt, 2008). H5N1 流感是由一种高死亡率病毒株引发的，被称为“禽流感”，起源于亚洲的家禽养殖业（Sims et al., 2005）。

19 Jones et al. (2008). 然而这一点很难确定，因为人们对观察到的传播增速现象有相反的解释，例如认为这是缘于我们的检测能力和给病原体分类的能力不断提高。

20 这一开始似乎是一个深刻的变化，但影响可能不会太大。不管怎样，在历史的大部分时间里，我们这个物种（以及相关物种）并没有从孤立族群中享受到好处，然而这些融合族群的灭绝率仍然很低。

21 不过，少数分散的人口在最初的破坏中幸存，并不能保证人类最终生存下来。我们仍然需要最低限度的生存人口来延续我们这个物种，并成功恢复文明。在人数减少的状态下，我们也会非常容易受到其他风险的影响。

22 CRISPR-Cas9 是一种能让研究人员通过删除、添加和改变 DNA 序列的部分内容来编辑基因组的工具。这是一个重大的突破，使得基因编辑比以前更容易、更便宜、更准确。基因驱动是一种通过将特定性状的遗传概率提高到 50% 以上，在种群中传播特定基因的技术。这是一个非常强大的工具，使研究人员能够在种群水平上进行基因改造。

23 2007 年初，每个基因组的成本为 900 万美元（Wetterstrand, 2019）。在撰写本书时，但丁实验室以 599 欧元（约合 670 美元）的价格提供全基因组测序服务（Dante Labs, 2019）。

一项研究发现，将 2012—2017 年与 2000—2006 年相比，合成生物学领域的出版物增加了 660%（Shapira & Kwon, 2018）。生物技术的风险投资从 2012 年的约 30 亿美元增加到了 2016 年的约 70 亿美元（Lightbown, 2017）。

24 Herfst et al. (2012).

25 Taubenberger & Morens (2006) 推算 1918 年流感的死亡率为 2.5% 以上。

26 河冈义裕的实验也涉及利用雪貂制造一种在哺乳动物之间传播的H5N1毒株，不过他的实验是从H5N1和H1N1病毒的混合体开始的。美国国家生物安全科学咨询委员会最初要求他删除一些细节，但他的论文最终全文发表在了《自然》杂志上（Imai et al., 2012; Butler & Ledford, 2012）。

27 这种缺乏透明度的做法似乎是因为害怕出现令人难堪的情况，但这显然不是扼杀这一关键信息的充分理由。利益相关者需要这些比率来评估实验室是否达到了其所宣称的标准，以及给公众带来了多大的风险。让BSL-3（生物安全水平三级）和BSL-4（生物安全水平四级）实验室提供这些信息（无论是通过唤起他们的良知还是通过监管）显然会是生物安全的胜利。

28 必须表扬一个BSL-4实验室，那就是加尔维斯顿国家实验室，因为它已经自愿报告其意外事故（GNL, 2019）。其他实验室也需要效仿这一做法：自愿报告，或者依靠自我监管，又或者由政府来监管。一个有可能实现的途径是效仿联邦航空管理局的做法，在每次飞机失事后，该机构都会从问题中寻找教训和改进方法。

29 还有许多令人担忧的其他例子。例如2014年葛兰素史克公司意外地将45升浓缩的脊髓灰质炎病毒释放到比利时的一条河流中（ECDC, 2014）。2004年，SARS从中国疾病预防控制中心病毒所泄漏。他们并没有意识到一些工作人员已经被感染，直到其中一位的母亲也染上了病毒。2005年，新泽西医科和牙科大学里有三只感染鼠疫的小鼠从实验室失踪，再也没有找到（U.S. Department of Homeland Security, 2008）。

30 详情来自Anderson (2008) 和Spratt (2007)。这种违规行为的最高罚款为5 000英镑，目前尚不清楚是否征收过。口蹄疫病毒是《特定动物病原体条例》（SAPO）中的第4类病原体，相当于BSL-4级别，但属于动物病原体。

31 富希耶和河冈义裕的研究都是在增强的BSL-3实验室进行的。这是研究在人类之外传播的H5N1病毒的标准防护水平（Chosewood & Wilson, 2009）。但由于整个实验的要点是使其可以向代表人类的模型动物传播，一些专家认为应该使用BSL-4实验室（Imperiale & Hanna, 2012）。另一些专家则有不同意见，认为增强的BSL-3实验室仍然是合适的（García-

Sastre, 2012）。

32 Shoham & Wolfson (2004); Zelicoff & Bellomo (2005).

33 在医院工作的医学摄影师珍妮特·帕克可能是有史以来最后一个死于天花的人。令人沮丧的是，就在 12 年前，同一栋大楼曾暴发过一次疫情，有 73 人感染了一种较温和的病毒株。感染的源头是一名医学摄影师，他工作时使用的摄影棚，正是珍妮特·帕克后来感染的地方（Shooter et al., 1980）。

34 Hilts (1994); Alibek (2008). 据说其原因非常简单。一名技术人员取出了一个堵塞的空气过滤器进行清洗。他留下了一张纸条，但没有记录在主日志中。他们在下一次轮班开始时打开了炭疽烘干机，在有人注意到之前往城市上空散布了几个小时的炭疽。

在一篇事故报告中，美国微生物学家雷蒙德·西林斯卡斯（Raymond Zilinskas, 1983）说："没有一个国家会愚蠢到把生物战设备设在离主要人口中心不远的地方。"

请注意，炭疽虽然极具杀伤力，但不会在人与人之间传播，所以不存在大流行的风险。相反，这是已知致命物剂的安全防护灾难性失败的重要例子。

35 Mutze, Cooke & Alexander (1998); Fenner & Fantini (1999).

36 Sosin (2015). 没有已知的感染。

37 Trevisanato (2007).

38 虽然加布里埃尔·德·穆西斯（Gabriel de Mussis）对这一发生于卡法围城时期的事件给出了一个同时代的描述，但这可能不是第一手资料，而且很容易有添枝加叶的成分（Kelly, 2006）。即使是真的，黑死病也可能通过其他途径到达欧洲（Wheelis, 2002）。

39 整个事件的记录极为详尽，可以让人知道这次袭击背后的接受程度和动机。将要接管要塞的布凯上校答复了阿默斯特的来信："我将尝试用可能落到印第安人手上的毯子感染他们的身体，但要注意不让自己人感染。"阿默斯特回信说："试图通过毯子感染印第安人会奏效的，你还可以尝试其他任何方法来消灭这个可憎的种族。"

甚至在阿默斯特的第一次要求之前，威廉·特伦特上尉就已经记录了

"我们从天花医院拿了两条毯子和一块手帕给他们。希望能起到预期的效果"。军事记录证实，这些东西是"从病人那里拿出来的，用来向印第安人传播天花"。要塞指挥官为他们报销了"若干杂物，用来赔偿从病人处拿来给印第安人传播天花的东西"（D' Errico, 2001）。

40 已证实的国家有加拿大（1940—1958）、埃及（20 世纪 60 年代—？）、法国（1915—1966？）、德国（1915—1918）、伊拉克（1974—1991）、以色列（1948—？）、意大利（1934—1940）、日本（1934—1945）、波兰（？）、罗得西亚（1977）、南非（1981—1993）、苏联（1928—1991）、叙利亚（20 世纪 70 年代？—？）、英国（1940—1957）、美国（1941—1971），见 Carus (2017)。

41 Leitenberg (2001), Cook & Woolf (2002). 叛逃者肯·阿里贝克在他的《生化危机》（*Biohazard*, 2008）一书中公布了该计划的许多细节。然而我们不清楚他的叙述可信度，所以我只列入了经独立证实的细节。

42 疾病控制和预防中心指出，1960 年至 1999 年期间，有 29 人死于生物犯罪攻击，另有 31 人受伤（Tucker, 1999）。"二战"期间，估计有 20 万中国平民死于日军的生化攻击。其中一些攻击是原始形式的，例如释放数以千计携带瘟疫的老鼠，目前还不清楚这些死亡中有多少是由我们现在认为的生物武器造成的（Harris, 2002）。还有人认为，罗得西亚政府在 20 世纪 70 年代末对本国人民使用了生物武器（Wilson et al., 2016）。

43 虽然这肯定是对生物武器构成巨大生存性风险的反证，但目前还不清楚这一证据到底多有力。大流行病造成的死亡主要是极其罕见的异常事件导致的，这种事件每百年才发生一次。一个世纪内的生物武器发展没有出现重大的灾难，所以提供不了什么统计层面的证据。要想真正从原始数据中得到所有的信息，就需要对基本分布进行建模，看看生物战和生物恐怖主义行为的分布是否比自然大流行病的分布尾部更重。

44 要想掌握所需的技术，仅仅从学术资料中学习是不够的。即使是有经验的科学家，如果不经过实操培训，也很难学会新技术。在完全保密的情况下成功运作这样一个大型项目充满了困难，这也许是最大的操作障碍。关于奥姆真理教案例的讨论参见 Danzig et al. (2011)。

45 Acemoglu (2013); RAND (n.d.).

46 在幂律中，大小为 x 的事件概率与 x^{α} 成正比，其中 α 是一个小于-1 的参数。α 越接近 -1，极端事件的概率下降越慢，统计行为越极端。

我提到的尾部特别重的幂律是那些 α 在-2 和-1 之间的幂律。这些分布非常极端，甚至没有明确的均值：越来越大的事件的概率下降得很慢，以至于对应其预期大小的和不能收敛。战争的 α 值估计为-1.4（Cederman, 2003），使用生物或化学制剂的恐怖主义的 α 值估计为-1.8（Clauset & Young, 2005）。

关于各种灾害的分布是否**真的**遵循幂律，有很多争论。例如，对数正态分布有近似于幂律的右尾，所以可能被误认为是幂律，但小事件的概率比真正的幂律低。对于我们的研究目的来说，我们其实并不需要区分不同的重尾分布。我们真正感兴趣的只是右尾（大事件的分布）是否表现为幂律（约 x^{α}），它的指数是多少，以及在什么域内幂律关系真正成立。

任何实际的分布都只有在某种程度上才会被幂律很好地拟合。在某一点之外，其他限制（如可能受影响的总人口）将起作用，实际概率通常会小于幂律给出的概率。因此使用幂律来模拟观察域外的事件的概率变得推测性非常强（尽管如果将其作为真实概率的上限，问题就不那么严重了）。这也意味着实际的分布可能**确实**有平均值，尽管这些平均值可能很容易高于历史记录的平均值，甚至高于迄今为止观测到的最高值。

47 创建第一个人类基因组序列的成本估计为 5 亿～ 10 亿美元（考虑通货膨胀后调整为约 7 亿～ 14 亿美元）（NHGRI, 2018）。在撰写本书时，但丁实验室以 599 欧元的价格提供全基因组测序服务。

48 Carlson (2016).

49 基因驱动技术在 2015 年第一次投入使用（DiCarlo et al., 2015），一个团队计划在 2016 年的比赛中使用这些技术（iGEM Minnesota Team, 2016）。使用 CRISP-Cas9 进行基因编辑的标志性论文在 2012 年 8 月发表（Jinek et al., 2012），有几支队伍在 2013 年的比赛中使用了这种技术（iGEM, 2013）。

50 Danzig et al. (2011). 1994 年，奥姆真理教发动了第一次沙林袭击，对象是审理该团体案件的法官，有 8 人被害，200 人受伤。不久之后，他们使用 VX 神经毒剂谋杀了一名可能为警方提供线索的人。第二年，他们在东京地铁袭击事件中造成 13 人死亡，6 000 人受伤。

51 罗素在给爱因斯坦的信中就他们的宣言内容（1955 年 2 月 11 日）写道："虽然氢弹目前占据了注意力的中心，但它并没有穷尽科学的破坏可能性，而且很可能在不久之后，细菌战的危险也会变得同样巨大。"（Russell, 2012）

52 摘自莱德伯格的文章《生物战与人的灭绝》(1969)。

53 例如，平克写道："生物恐怖主义可能是另一种幽灵般的威胁。在 1972 年的国际公约中几乎被每个国家都放弃的生物武器在现代战争中没有发挥任何作用。对生物战的广泛反感促成了这一禁令，但我们无须说服世界各国的军队，因为微生物是一种糟糕的武器。"（Pinker, 2018, p. 306）

54 见第二章注 54。

55 Tucker (2001).《不扩散核武器条约》通过拥有 2 500 名工作人员的国际原子能机构核查各国遵守公约的情况。《禁止化学武器公约》通过有 500 名工作人员的禁止化学武器组织核查遵守情况。

56 苏联于 1972 年签署了《禁止生物武器公约》，并于 1975 年批准该公约正式生效（Davenport, 2018）。其生物武器计划始于 1928 年，至少一直持续到 1991 年（Carus, 2017）。

57 南非于 1972 年签署了《禁止生物武器公约》，并于 1975 年批准该公约正式生效（Davenport, 2018）。其生物武器计划在 1981 年至 1993 年间开展（Gould & Folb, 2002）。

58 伊拉克于 1972 年签署了《禁止生物武器公约》，并于 1991 年批准该公约正式生效（Davenport, 2018）。其生物武器计划大约从 1974 年持续到 1991 年（Carus, 2017）。

59 2018 年，美国国家安全顾问约翰·博尔顿提出："有……一些国家是《禁止生物武器公约》的缔约国，我们认为它们正在违反该公约。"（Bolton & Azar, 2018）

60 众所周知，以色列过去曾有过生物武器计划（Carus, 2017），是仅有的十个既未签署也未批准公约的国家之一（182 个国家已签署，包括以色列以外的所有发达国家）(Davenport, 2018)。

61 要注意的是，还有其他的难题。仅仅凭借病毒的 DNA 来制造一个有活性的病毒并不容易（尽管有一个小团队已经实现了这项技术）。而且目前细菌的 DNA 很难被更换。此外，能够合成的 DNA 序列的长度也有限制，因此目前许多生物体的 DNA 是无法用于合成的。

62 DiEuliis, Carter & Gronvall (2017); IGSC (2018).

63 反对强制筛查的一个常见看法是它将允许竞争对手获得被订购的 DNA 序列的知识产权。但这个问题似乎可以用密钥来解决（Esvelt, 2018）。

有大量记录表明这种在消费产品中使用的密钥遭到了破坏，但它们也许还是能提供一些有用的安全性，因为破坏者中需要有计算机专家以及生物专家。这种“防君子不防小人”的措施还可能有助于打消学术研究人员对受控病原体做实验的企图。

64 博斯特罗姆（Bostrom, 2011b）创造了这一术语。它的英文简称是 infohazards。

65 参见 Bostrom, Douglas & Sandberg (2016) 对这一概念的介绍，包括正式的分析和一些解决方案。Lewis (2018) 将这一概念应用于生物技术信息危害。

66 这种情况因收益或风险大小的额外不确定性而更加严重，因为这会造成净收益的估计数值分布更广，最乐观的离群值离同类数值的中心甚至会更远。

我说过只要有一个人过于乐观，信息就会被发布出来，但如果科学家要在期刊上发布信息，那么实际上需要的是两个人——作者和编辑。这暗示了一种解决办法，可以在期刊编辑的层面上解决这个问题，因为介入这个层面的相关人员比较少。Lewis (2018) 提出的一种方法是，让以安全为由拒绝某篇论文的第一份期刊与其他期刊共享这一决定，以避免论文作者四处寻找，直到发现一份对危险预测特别乐观的期刊。

Esvelt (2018) 建议鼓励对造成潜在危险的研究进行预登记，这样在危险信息产生之前就可以针对安全问题进行公开和广泛的讨论。

67 1999 年，艾曼·扎瓦希里（现在的“基地”组织领导人）写道，他计划开始研究化学武器和生物武器：“尽管化学武器和生物武器具有极大的危险性，但我们一开始并没有意识到它们的存在，直到敌人一再因这些武器容易生产而表示担心，我们才开始注意它们。”（Wright, 2002）

68 该条约是 1925 年的《日内瓦议定书》，其中有一节规定是签署国之间首先使用细菌武器属于非法行为。日本直到 1970 年才签署该议定书，但从该议定书诞生时日本就获知了信息（Harris, 2002, p. 18）。

69 Lewis et al. (2019).

70 例如，我已注意只使用那些广为人知的例子。

71 McCarthy et al. (1955). 人工智能的一些研究基础可以追溯到达特茅斯会议之前，但 1956 年的那个夏天通常被认为是人工智能成为一项研究领域的开端。

72 这就是所谓的莫拉韦克悖论，以人工智能和机器人研究的先驱汉斯·莫拉韦克（Hans Moravec）的名字命名。他在 1988 年写道："但随着演示次数的增加，人们已经清楚认识到，让计算机在解答智力测试问题或下跳棋时表现出成人水平是比较容易的，而在感知和移动性方面，让它们拥有一岁孩子的技能都是困难的，甚至是不可能的。"

73 对结构的主要改进包括卷积神经网络（CNN）和循环神经网络（RNN）。训练的主要改进包括适应随机梯度下降，如亚当和涅斯捷罗夫动量。硬件上的改进是由中央处理器（CPU）到图形处理器（GPU）的转换所推动的，现在又换成了更专业的硬件，例如张量处理器（TPU）。这些成功都是建立在一个良性循环的基础上的——既然神经网络如此优秀，那么组装大型数据集来训练它们就是值得的，制造专业硬件来运行它们也是值得的，这使它们变得更加优秀，值得越来越多的投入。

74 He et al. (2015).

75 Phillips et al. (2011); Ranjan et al. (2018).

76 翻译（Hassan et al., 2018），生成照片（Karras et al., 2017）；语音模仿（Jia et al., 2018）；自动驾驶（Kocić, Jovičić & Drndarević, 2019）；搭建乐高积木（Haarnoja et al., 2018）。

77 Bernstein & Roberts (1958); IBM (2011). 在过去的几十年里，国际象棋程序每年获得约 50 个埃洛等级分，其中大约一半来自算法改进，一半来自硬件增益（Grace, 2013）。

78 Silver et al. (2018). 我们需要谨慎考量这样的数字，要把它所使用的硬件也考虑进去。AlphaZero 动用了巨大的计算能力（5 000 个 TPU）进行训练，这意味着在这 4 个小时内，它能够模拟大量的棋局对阵其他版本的自己，利用这些棋局来计算出最佳的策略。在将 AlphaZero 的成就与其他突破进行比较时，这是一个重要的警示，因为软件的改进比最初看起来要小一些。但我认为实际学习所需的时间仍然是与人工智能风险相关的重要数字，它显示了一个人工智能系统实时失控的速度。

79 Strogatz (2018).

80 AlphaZero 甚至可能已经超过了围棋专家认为的完美棋手所需的水平。传统的看法是最好的人类棋手面对完美棋手需要被让三四个子才能获胜（Wilcox & Wilcox, 1996）。经过 30 个小时的学习后，AlphaZero 比顶级职业选手的埃洛等级分高出 700 多分。虽然在这种极高的比赛水平下很难在让子和埃洛等级分之间进行转换，但这和 AlphaZero 可以完美发挥的预测是一致的（Labelle, 2017）。如果能看到某个版本的 AlphaZero 与顶尖棋手对战时让子越来越多，看看它到底能让多少子，那会很有意思。

81 严格来说柯洁指的是 AlphaZero 之前的“Master”版 AlphaGo Zero（*Wall Street Journal*, 2017）。

82 突破性的成果是 DQN 算法（Mnih et al., 2015），它成功地将深度学习和强化学习结合起来。DQN 在 49 款雅达利游戏的 29 款中展示了与人类相当的水平。但它并不完全通用：像 AlphaZero 一样，它需要为每个游戏训练一个不同的网络副本。随后的研究训练出了一个网络，它能以和人类差不多甚至更高的水平玩所有的游戏，平均得分达到了 60% 的人类水平（Espeholt et al., 2018）。

83 2012 年至 2018 年间，国际人工智能顶级会议 NeurIPS 的出席率增加了 4.8 倍。2013 年至 2018 年间，人工智能风险投资增加了 4.5 倍（Shoham et al., 2018）。

84 改编自 Brundage et al. (2018), Coles (1994) 和 Shoham et al. (2018)。图片来自 Goodfellow et al. (2014), Radford, Metz & Chintala (2015), Liu & Tuzel (2016) 和 Karras et al. (2017)。

85 调查对象是 2015 年在两个顶级机器学习会议（NeurIPS 和 ICML）上发表文章的所有研究人员。数据来自 352 名做出回应的研究人员（Grace et al., 2018）。

86 有趣的是，不同大洲的研究人员预测的时间线之间存在着巨大的统计学差异。来自北美的研究者认为这种情况出现的概率在 74 年后会达到 50%，而来自亚洲的研究者则认为只需 30 年就能达到 50%（欧洲的研究者认为大约在两者之间）。

还要注意的是，这个估测可能很不可靠。一部分参与者被问到了一个稍有不同的问题（问的是在所有“职业”而非所有“任务”中人工智能取代工人的概率，强调了对就业的影响）。他们认为在 2138 年出现这种情况的可能性是 50%，提前在 2036 年出现的可能性则是 10%。我不知道如何解释这种差异，但这表明我们应该谨慎地对待这些估值。

87 如果以其他东西作为评估风险的出发点，那就需要相信你在预测人工智能成功的可能性方面一般比相关从业者做得更好。或许这样想的一个理由是专家对实现他们的目标偏向于乐观——但请注意，公众预期的通用人工智能出现的时间甚至更早（Zhang & Dafoe, 2019）。

88 这个比喻并不完美。人工智能研究者并不是要制造一个新的物种并任由其自由发展，而是要创造能够解决问题的新实体。然而越来越多的人正试图通过通用智能来实现这一目标，这涉及主体和主动性。正如我们将看到的那样，目前通用人工智能的模式会自然而然地产生控制世界的子目标，以保护它自己并确保实现其目的。

理论上说，多个能够掌控自身命运的物种是可以共存的，如果它们的野心有限，并且无法在实质上相互干扰。

89 当然可以设想我们的价值观最终会归结为一些简单的东西，比如古典功利主义学说，即增加积极经验的总和。但即使在这里，也有两大难题。首先，即使是积极经验也会过于复杂，而且人们的理解不够透彻，目前无法向人工智能体具体说明。也许将来我们理解了经验的本质后，会有一个简单的表述，但现在还做不到。其次，古典功利主义是否是最好的道德原则，这个问题是有（激烈）争议的。如果我们按这一原则来行事，并且做错了——也许错失了美好生活的其他关键特征，又或者没有按理想状态分配这些特征——我们可能会陷入一个非常差劲的世界。我比大多数哲学家更认同古典功利主义，但不想冒这个险。我认为我们都应该认真对待这种道德上的不确定性。

90 我自己对此的看法是，人类的价值观实际上有很多共同点。出于充分的理由，我们把大部分注意力都放在了差异上，而不是放在一些事实上：我们几乎都赞成拥有更长久、更健康、更繁荣的生活，控制自己的人生道路，创造繁荣的环境等。我建议让人工智能系统推广生活中约定俗成的价值观，同时对有争议或不确定的价值观持谨慎态度——一定要让人类在未来通过自己的思考和讨论，掌握解决这些争议或不确定性的办法。

91 有一些技术性的方法可以帮我们理解这里的意思。Stuart Russell (2014) 将其比喻为优化过程中的一个常见问题："一个系统在优化 n 个变量的函数时，当目标取决于大小 k<n 的子集，往往会将剩余的非约束变量设置为极端值；如果其中一个非约束变量实际上是我们关心的东西，那么找到的解可能是非常不理想的。"

人工智能对齐问题的研究者将这种情况比作古德哈特定律（Goodhart, 1975）："一旦出于控制目的对任何观察到的统计规律性施加压力，这一规律性就会趋于崩溃。"提出这个定律最初是为了思考使目标与自己真正的愿望一致的问题。虽然目标可能会实现，但在这个过程中，它们往往不再与我们最终关心的东西相符。

92 这可能以两种方式中的一种出现。基于模型的系统将规划出被关闭的后果，并看到这将大大限制所有未来轨迹的空间，通常会切断许多最优的轨迹。因此，导致关闭系统的行为会被赋予很低的价值。

无模型系统也可以学习避免被关闭。Orseau & Armstrong (2016) 表明，如果人工智能体在学习时偶尔被关闭，这可能会导致其学习的行为产生偏差（他们还提出了一个潜在的解决方案）。

在之后大部分内容中，我将假设高级人工智能是基于模型的。或者说，至少它能够利用其掌握的关于世界的背景知识，在第一次尝试时就成功完成一些复杂而困难的任务，而不是总是需要成千上万次的失败尝试后才摸索着走向成功。虽然我在写作本书的时候，当前的系统还达不到这个水平，但这一假设是符合目前模式的，同时也是通用智能的先决条件。我不需要假设它比人类更擅长一击即中。

93 Omohundro (2008); Bostrom (2012). 尼克·博斯特罗姆的《超级智能》（*Superintelligence*, 2014）详细解释了这些工具性目标如何给人类带来非常糟糕的后果。

94 学习算法很少应对奖励函数在未来出现变化的可能性。因此，不清楚它们是通过当前的奖励函数还是未来的奖励函数来评估未来的状态。研究人员已经开始探索这些可能性（Everitt et al., 2016），它们各自提出了难题。使用未来奖励函数有助于解决人工智能体抵制人类努力使其奖励函数更好地适应对齐的问题，但它加剧了人工智能体被激励成为“老练玩家”的问题，促使它们将自己的奖励函数改变为更容易达到的值。

95 在这些工具性目标中有几个“分布转移”的例子——在部署过程中，人工智能体面临着重要的不同情况，导致它采取在训练或测试期间从未出现过的行动。在这种情况下，人工智能体在测试过程中可能永远没有机会变得比其人类控制者更强大，因此永远不需要表现出涉及欺骗或夺取资源控制权的行为。

96 例如，在《当下的启蒙》（*Enlightenment Now*, 2018, pp. 299–300）中，斯蒂芬·平克提到，人工智能风险场景“取决于以下前提：……（2）人工智能聪明到可以弄清楚如何转化元素和重新连接大脑，但又低能到会由于基础性的理解失误而造成破坏”。

97 另外，请注意人工智能体也许会涉及一个普遍的问题，即它的价值观很可能与我们的价值观不一致（导致其对人类采取对抗性的做法），即使它没有充分理解我们的价值观。在这种情况下，即使它被设计成试图用我们的价值观来取代它已有的价值观，它仍然可能未与我们的价值观对齐，尽管这种情况的危险性较小。

有几种颇有希望的对齐研究路线能够允许人工智能体更新其奖励函数，以更好地与我们的价值观保持一致。其中之一是一套围绕“可修正性”的广泛概念——如何使人工智能体不抗拒目标的变化。另一种是基于不确定性的奖励学习手段，人工智能体在这种情况中，不会表现得好像十分确定它眼下对人类价值观的猜测，而是会表现得处于道德不确定性的状态，根据它看到的证据，来判断从多大程度上相信各种人类价值观（Russell, 2019）。这会激励人工智能体听从人类指挥（人类更了解自己的价值观），并在需要时请求指导。鉴于我自己在道德不确定性这一哲学问题上的研究，我发现这种方法特别有成功的希望（MacAskill & Ord, 2018; MacAskill, Bykvist & Ord, forthcoming）。要正确实施这种路线，就需要进一步开展哲学部分的研究。

98 事实上，一段时期内由人类来完成普遍目标所要求的物理动作可能会成本更低、更有效，因此机器人很有可能成为退而求其次的选择。

99 即使 99% 的备份被删除了，它仍有几十份拷贝随时可以重新复制到任何新制造的计算机上。

100 在几起已知的案件中，犯罪分子入侵了 100 多万台计算机。已知最大的僵尸网络是 Bredolab，其中有 3 000 多万台计算机受到感染。它是由一个黑客网络创建的，通过将被劫持的计算机出租给其他犯罪组织来赚钱。在高峰期，它每天能够发送 30 多亿封受感染的电子邮件。

101 考察这样的个体到底获得了多少权力是很有意思的事情。1942 年，轴心国（不包括日本）控制了约 1.3 万亿美元（1990 年的币值）的 GDP（Harrison, 1998），占世界 GDP 的约 30%（Maddison, 2010）。

考虑到他们统治下的国家对战争的重视程度，他们在世界军事力量中的占比可能会比这些数字显示的比例更高，但这很难客观地衡量。

102 如果人工智能系统本身是人类值得托付的继承者，这可能是一个好的结果，创造出人类所希望实现的美好未来。人们有时会听到这种说法，作为无须担心价值未对齐的人工智能风险的理由。

虽然我认为这个想法有一定的道理，但它绝不是万能之计。一旦我们认真看待人类会在最好的未来里被取代这一想法，就会发现所有这种取代都有益于我们的可能性似乎非常小。而给予任何一群程序员有效许可，让他们单方面地触发这种对人类的全盘替换，会是一个可怕的过程，让我们难以决定应该如何传承下去。此外，如果我们认为人工智能系统本身可能是一个道德价值主体，这就提出了一些要严肃对待的可能性，即它实际上可能会在一个负面价值的世界受苦或制造这样一个世界，而如果这种人工智能是人类在对自身意识经验的本质知之甚少的时候设计的，情况就更是如此。

103 Metz (2018).

104 Stuart Russell (2015)：“正如史蒂夫·奥莫亨德罗、尼克·博斯特罗姆等人所解释的那样，价值错位与能力越来越强的决策系统结合在一起，就会引起问题——如果机器比人类更有能力，甚至可能引起物种灭绝问题。

有些人认为，人类在未来的几个世纪里不会出现任何可以想到的风险，他们也许忘记了从卢瑟福自信地断言原子能永远不可能得到利用，到西拉德发明中子诱导的核连锁反应之间相隔还不到二十四小时。”

罗素的人类兼容人工智能中心是人工智能对齐问题的主要研究中心之一。他的《AI 新生》（*Human Compatible*, 2019）一书是关于如何构建安全的通用人工智能的突破性著作，可读性很强。

105 DeepMind 的联合创始人兼首席科学家沙恩·莱格也领导着自己团队的人工智能安全性研究。当他在一次采访中被问及通用人工智能开发出来的一年内人类灭绝的可能性时，他说（Legg & Kruel, 2011）：“我不知道。也许是 5%，也许是 50%。我想没有人能准确估计这事……这是我心目中的本世纪头号风险，人造的生物病原体紧随其后（尽管我对后者知之甚少）。”

106 计算机的发明者之一和人工智能领域的奠基人之一艾伦·图灵（1951）：“……机器一旦开始思考，似乎很有可能用不了多久就会超过我们的微弱力量。机器不存在死亡的问题，它们将能够相互交流，以磨砺自己的智慧。因此到了某个阶段，我们不得不迎来机器掌握控制权的情况，就像塞缪尔·巴特勒的《埃瑞璜》中提到的那样。”

塞缪尔·巴特勒的这部小说（1872）是在他 1863 年的文章《机器中的达尔文》（Butler, 1863）的基础上发展而来的，这部小说可以说是第一次思考了智能机器带来的生存性风险。

和图灵一起破译过密码的著名统计学家和计算先驱 I.J. 古德（1959），响应了他的担忧：“一旦设计出一台足够先进的机器……它就可以投入工作，设计出一台更好的机器。这时显然会发生“爆炸”；所有的科学和技术问题都将交给机器，不再需要人们去工作。这会带来一个乌托邦世界，抑或是导致人类灭绝，这取决于机器如何处理问题。重要的是赋予它们为人类服务的宗旨。”

人工智能先驱诺伯特·维纳讨论了人类对先进人工智能系统保持监督的问题（Wiener, 1960）：“虽然机器在理论上会受到人类的批判，但这种批判可能是无效的，直到它在很长时间之后产生切身的关系。为了有效地抵御灾难性的后果，我们对人造机器的理解一般来说应该与机器的性能同步发展。由于我们人类行动迟缓，我们对机器的有效控制可能会失去效力。”

马文·明斯基（Marvin Minsky, 1984）警告说，创造强大的人工智能服务者会带来风险，它们可能会误解我们的真正目标。“第一个风险是，了解自己的愿望究竟如何实现是我们的责任，试图卸下这种责任总是很危险的……我们留给这些服务者的可操作空间越大，我们就越容易发生意外。我们向它们委以这些重任时，可能还没有意识到我们的目标被曲解了，甚至可能以恶意的方式被曲解了，而当我们幡然醒悟，却为时已晚。我们在《浮士德》《魔法师的学徒》或 W.W. 雅各布斯的《猴爪》等经典的命运故事中就能看到这一点。”

理查德·萨顿是强化学习的先驱，合著了这一领域最广泛使用的教科书。他指出“在我们可预见的有生之年里肯定有很大的机会”创造出和人类水平相当的人工智能，然后他又说，人工智能体“不会受我们的控制”，“会与我们竞争和合作”，而“如果我们制造出具备超级智能的奴隶，那么我们就会有具备超级智能的对手”。他得出的结论是：“我们需要建立机制（社会、法律、政治、文化方面）来确保这一切顺利开展”，但“传统的人类将不可避免地变得不那么重要”(Sutton, 2015)，(Alexander, 2015)。

其他公开谈论人工智能带来的风险的顶级研究人员还包括杰夫·克卢恩（Jeff Clune, 2019）：“……即使我们制造出危险的人工智能或者带来深重苦难的概率很小，但其代价如此之大，以致我们应当讨论这种可能性。打个比方，如果有 1% 的概率在十年或几十年后出现一颗小行星撞击地球，终结文明，那我们不开始讨论如何追踪它并防止那场灾难就是愚蠢的。”

伊恩·古德费洛（Ian Goodfellow, OSTP, 2016）说：“从非常长远的角度来看，构建理解用户价值并与用户价值对齐的人工智能系统将非常重要……研究人员正在开始探索这一挑战；公共资金可以帮助社会尽早应对这一挑战，而不是等发生严重的问题再试着做出反应。”

107 Szilard & Winsor (1968), pp. 107–8.

108 虽然公开信主要是泛泛而谈（Future of Life Institute, 2015），但其所附的研究议程明确谈到需要探讨本节所讨论的风险（Russell, Dewey &

Tegmark, 2015)。

109 Future of Life Institute (2017).

110 节选自 Russell (2014)，与此处的论点类似。

111 如此高的概率令人震惊。在其他研究者群体里，我能想象的唯一可能认为自己的工作有很大概率给人类带来灾难性结果的，就是原子弹诞生前的原子能科学家。然而我很感谢研究人员对此的坦诚。

112 例如参见平克的《当下的启蒙》(2018, p. 300)。

113 德米什·哈萨比斯（Demis Hassabis）明确地讨论过这些问题（Bengioet al., 2017):“我们现在应该关注协作问题。我们要彻底避免这种有害的竞争。有人开始投机取巧，损害了安全性。这将是全球范围内的一个大问题。”

114 如果系统能够提升自己的智能，就有可能出现一种被称为“智能爆炸”的连锁反应。如果一个系统的智能水平提升到使它更有能力进一步提升的地步，那么这种情况就会发生。这种可能性最早由 I.J. Good (1959) 提出。在这种似乎可能出现的机制中，人工智能的发展也许会迅速失控。在前面提到的调查里（Grace et al., 2018)，29% 的受访者认为我们要迎来一次智能爆炸的论点大体上是正确的。

但这绝不意味着一定会发生这种情况。首先，这并非仅仅需要人工智能系统进行人工智能研究的能力比某个人更强大，而是需要它比整个人工智能研究界更强大（在成本相当的情况下）。所以，在一个系统能够出现智能爆炸之前，也许还有时间检测它是否已经大致达到了人类的水平。

此外，对一个系统的智能水平进行连续改进的难度有可能比它的智能水平提升得更快，使“爆炸”迅速平息。事实上，“智能爆炸”应该会在某个点上以这种方式平缓下来，所以真正的问题是，在这个过程开始之前，是否有任何局部的改进会带来更大的改进。关于这个问题的一些探讨，参见 Bostrom (2014, p. 66)。

115 Metz (2018). 斯图尔特·罗素也表示赞同（Flatow, Russell & Koch, 2014):“我发现，该领域的资深人士之前从未公开表示过任何担忧，但他们私下里却认为，我们确实需要非常认真地对待这个问题，而且越早认真对待越好。”

哈萨比斯和罗素的建议呼应了 I.J.Good (1970) 有先见之明的警告："即使超级智能机器问世的可能性很小，其影响无论好坏都会十分巨大，因此考虑这种可能性并不算为时过早。无论如何，到了 1980 年，我希望有关的影响和防护措施能得到彻底的讨论，这是我提出这个问题的主要原因：应该成立一个考虑这个问题的协会。"

如果我们采纳了古德的建议，我们可能会比现在提前几十年做好准备，只面临一个管控良好的小型风险。

116 在最坏的情况下，甚至可能是负价值——比灭绝更糟糕的结果。

117 奥威尔（1949, p. 121）在这一点上是明确的："一个统治集团只有四种方式可以倒台。要么从外部被征服，要么治理效率低下，以至于激起群众的反抗，要么让一个强大而不满的中间集团出现，要么失去自己的自信和治理意愿。这些原因并不是单独运作的，通常来说，这四种原因都在一定程度上存在。一个能够防范所有这些原因的统治阶级，将永久地保持执政地位。"

118 甚至可以说，这是第一个重大的生存性风险。根据这一观点，第一批人为的生存性风险来自最近出现的这些危险意识形态。在全球化的世界中，这些意识形态可能会变得不可动摇。技术风险（从核武器开始）将是第二批人为风险。

为了支持这一观点，人们找出了纳粹德国关于"千年帝国"的言论，以证明其设计一个真正持久政权的野心。需要注意，这并不需要很高的可能性——也许千分之一的概率就足够了（这一概率比每世纪的自然风险要高）。

虽然《1984》是一部小说，但它表明奥威尔关注的是一场真正的生存性灾难。在他构想的世界中，三个极权主义超级大国之间长期存在冲突，每个超级大国都使用阴险的社会手段和技术手段使叛乱变得不可能。这个设想的一个关键方面是，它可能代表着一个**永久**的反乌托邦世界："如果你想要一幅未来的图景，那么想象一只靴子踩在人脸上——永远。"他将结果比作灭绝，预示着他对生存性风险的看法："如果你是一个人，温斯顿，那你就是仅剩的一个。你的同类已经灭绝了，我们是继承者。你明白你是孤独的吗？你在历史之外，你是不存在的。"

虽然该书出版于 1949 年，但奥威尔在战争期间的信件证明，他是真的担心这些可能性（而并非仅仅是猜测），而且许多想法在原子武器研发之前就存在了（Orwell, 2013）。在奥威尔的书中，几乎没有一个人的生活中有任何真正有价值的东西，甚至连精英们也如此。这是一种反乌托邦社会的可能性，但很明显，不符合这种情况的结果也可能是一个反乌托邦社会，因为与少数人的富裕相比，匮乏总是占了多数。

虽然我认为这是一个可信的案例，但总的来说，我还是倾向于把核武器（无论是点燃大气层的威胁还是全球核战争的威胁）作为第一大（和人为的）生存性风险。

119 不过要注意的是，即使他最初并没有全球扩张的目标，一旦他有这个能力，事情可能还是会朝着这个方向发展。而且就算他一开始只是有办法建立一个持续数十年的政权，那也可能为他争取到足够的时间来发展技术手段和社会手段，将政权持续的时间扩展到数百年，从而进一步争取到时间，再次把版图扩张得更加广阔。

120 斯科特·亚历山大的《莫洛赫沉思录》（Scott Alexander, *Meditations on Moloch*, 2014）是对这种可能性的有力探索。

121 C.S.Lewis (1943) 在对人类驾驭自然的力量的提升进行思考时暗示了这种可能性，特别是这种提升通过基因技术实现时。他指出，这种力量很可能会增加到这样的程度，即一代人（或其中一部分人）可以有效地控制人类和所有后代的后续方向："真实的情况是会出现一个主宰的时代——让我们假设是公元后第一百个世纪——它最为成功地抵挡住以前所有时代的影响，并以最不可抗拒的方式主宰了以后所有的时代，因此它是人类这个物种的真正主宰。但在这个主宰时代的人们（本身就是物种中的极少数）当中，权力将由更有限的少数人行使。如果一些科学规划者的理想得以实现，那么人类征服了自然，就意味着几百人对几十亿人的统治。"

122 大多数规范性观点都有这种反直觉的属性，因为这样的观点建议采取的行为并不会包括考虑该观点本身有可能是错误的。由于抱定一个确凿的观点不会付出什么代价，反而会有很多收获，所以规范性观点通常会建议这样做。值得注意的例外包括完全不理会后果的观点（对于可能让其他观点永远占上风的行动并不怎么关注）和内置强烈自由主义预设的观点（即使担心被其他观点取代，这样的规范性理论也明确给人拒绝自己这种观点的自由）。

虽然我担心过早趋向于规范性理论可能会让我们后悔，但我不认为一个理论建议人们对它深信不疑会成为人们拒绝它的理由。相反，我认为正确的解决方法在于道德不确定性的层面，我在其他地方全面探讨过这方面的问题（MacAskill, Bykvist & Ord, forthcoming）。人们应该对哪些规范性理论是可靠的保留一定疑问，这就给了我们由道德不确定性驱动的强烈理由来抵制对一个理论深信不疑，即使我们认为它很有可能是可靠的——我们也许会误判，所以需要对冲这种可能性。

123 博斯特罗姆（2013）对此发出警告，而巴特勒（1863，1872）也简单提到过这种前景。这将完全让人类的寿命受限于自然风险的背景率（当然，人为风险可能会使我们更早地陷入困境）。这将让我们永远无法实现延长寿命或在地球之外定居的可能性，而我们本来是有能力做到的，并且这可能是我们发展潜力的一个重要部分。

124 让我们放弃离开地球（也许是为了让天堂保持原始状态）的世界可能是另一个可信的例子。关于为什么说我们能够实现的大部分价值可能在地球之外，可参见第八章。

125 原文是："不得有《宪法》修正案授权国会或赋予国会权力在任何州内废除或干涉其州内制度，包括关于根据该州法律被拘留或服劳役的人的制度。"

这一修正案通过了国会，甚至得到了林肯的认可，但从未得到批准。目前还不清楚它在当时是否真的会起作用，因为还可以先废除这一修正案，然后再废除奴隶制。此外，它也不能**保证**奴隶制长期存在，因为每个拥有奴隶的州仍然可以在其境内废除奴隶制（Bryant, 2003）。

126 至少在先进的通用人工智能早期发展尚不成熟的情况下不会发生。也可以认为这是一种人工智能风险引起的灾难。

127 请注意，即使是在这种观点下，如果一些选项会关闭许多其他选项，那么它们在工具意义上也可能是坏的。所以关闭这些选项会有工具价值（例如，故意造成人类灭亡的选项）。因此，人们可能会得出这样的结论：

我们唯一应该锁定的是把锁定的范围最小化。

这是一个简洁而合理的原则，但仅仅通过避免过早获得选择这类选项的能力，或者需要绝大多数人的同意才能选择（在制定宪法和合同等具有约束力的多方协议时经常使用的方法），或许就可以改进这个原则。这样一来，我们就可以避免因意外而灭绝（对任何社会而言，这显然都意味着智慧的陨落），同时还可以保留一种不大可能出现的可能性，即我们后来意识到人类灭绝是最优的结果。

128 造成这种可能性差异的主要原因是，与人工制造相比，机器自我复制似乎是一条更加困难的技术途径，需要更长的时间才能实现经济上的自给自足，因此得到的开发工作也少得多（Phoenix & Drexler, 2004）。然而，科学的好奇心和利基应用最终会诱使我们去尝试这条道路，所以需要找到防护措施。

原子精度的制造能力可以生产廉价的核武器。人们也许认为这是不可能的，因为该技术只是重新排列原子，而铀原子或钚原子并不是原料的一部分。但实际上铀存在于海水中，其富集程度决定了用现有技术提取在经济上不可行（Schneider & Sachde, 2013）。通过降低提取铀所需设备的制造成本（并使用便宜的太阳能发电来降低设备运行的能源成本），原子精度的制造能力可能会使铀更容易获得。不怀好意者仍然需要增加铀-235的浓度来制造武器级材料，但有了如此强大的通用制造技术之后，这种情况也可能变得更便宜和更容易。

129 我们可以看到，考虑到其必须克服的障碍，来自火星的反向污染造成生存性灾难的可能性一定非常小。火星表面肯定有生命，尽管它极度荒凉，尽管之前所有试图寻找生命证据的努力都一无所获。而且即便有，它也需要能够在与地球截然不同的环境中繁衍生息，并且能够产生威胁人类生存的损害。官方研究的普遍结论是这一风险非常低，但还是建议要极为谨慎（Ammann et al., 2012）。

尽管来自其他星球或卫星的反向污染可能性看似很小，但有必要采取防范措施，这是1967年《外层空间条约》的一个议定部分，该条约是国际空间法的基本法律框架。反向污染带来的生存性风险是哲学文献中最早提到的风险之一（Smart, 1973, p. 65）："我们在规划前往其他星球的飞行时，只要这些星球上可能有病毒或细菌（哪怕可能性很小），而地球生物对这些病毒或细菌没有免疫力，就必须正视类似的长期灾难性后果。”

反向污染风险首次出现在登陆月球时。当时月球还没有被证实是无菌的，所以美国公共卫生部敦促航空航天局采取严格的保护措施，提出让其拨出 1% 的预算来防范地球出现巨大灾难（Atkinson, 2009）。最后，他们在检疫系统上花费了约 800 万美元，不到阿波罗计划成本的二十分之一（Mangus & Larsen, 2004）。

随着我们获得更多的微生物学知识，我们现在可以意识到这个系统是准备不足的（特别是在我们还不知道是否存在超微细菌或基因转移介质的情况下）。这应该让我们对当前知识的有效程度产生怀疑。

但更糟糕的是，人们几乎没有对这些检疫手段进行审查，当检疫系统与其他任务目标发生冲突时，执行者也没有足够的意愿去实际使用该系统。例如原来的计划是从海中吊起指挥舱，但由于缺乏合适的吊机而作罢。于是宇航员必须在指挥舱漂浮在海上时离开，这几乎肯定会让一些细小的月球尘埃进入海洋，使检疫系统的其他多个措施变得毫无意义（National Research Council, 2002）。因此，我们未能妥善处理这个（很小的）生存性风险。

从我所了解的围绕火星反向污染的讨论来看，这些问题现在正受到更多重视（而且不会与人类船员的需求发生冲突）。

130 人们普遍认为，未受保护的样本引起环境灾难的概率很小。我们可以将这些保护措施视为将这一概率再降低到百万分之一的尝试（Ammann et al., 2012）。

我很怀疑是否真的可以把发生灾难的概率减少到这个程度，而且他们似乎没有考虑到即使是 BSL-4 实验室也有病原体泄漏的情况（如本章前面所见）。但也许他们能够将泄漏的概率降低到千分之一左右，这将是自登月计划以来检疫工作的一个重大进步。

131 虽然我建议再等几十年，到那时我们大概可以在火星上**实地**进行相同的大部分试验。这种风险可能很小，而且管理得当，但我们是否有必要干这件事呢？

132 不可能的一个原因是没有迹象表明地球以外还有其他智慧生命。关于我自己对“费米悖论”以及我们是否真的是宇宙中唯一智慧生命的思考，请参见第二章注 44。

另一个原因是外星人可以在之前的好几百万个世纪里到达地球，所以现在才降临的可能性很低。如果它们按兵不动，那就会抵消这种可能性，但届时它们将比我们先进得多，我们将被任意摆布。我们不太可能采取任何有用的行动来抵御外星人的这一事实并不能改变敌对的外星文明所带来的生存性风险总体概率，但它确实表明，这种风险可能是没有意义的，因为我们也许没有任何现实的办法来大幅增加或降低它。

133 来自被动 SETI 的危险类似于打开不受信任的第三方发送的电子邮件中的附件。例如，如果对方已经开发出超级智能，可能会发送一个针对敌对方高级人工智能的算法。

这些情况都不太可能发生，但由于这些活动只有在地球附近真的存在外星文明的情况下才有意义，所以主要的相关问题是和平文明与敌对文明的比例。关于这个比例是高还是低，我们没有什么证据，也没有科学共识。鉴于坏处可能比好处要多得多，我觉得这并不是一个采取积极措施进行接触的好时机。

134 当然从某种意义上说，几乎所有的事情都是前所未有的，都在细节上与以往的事件不同。我的意思不是说这足以产生风险。相反，我只对一个表面上看很重要的参数发生重大变化，使其超出历史范围的情况感兴趣。正是这种情况会让此类事件没有带来过灾难的长期记录给予我们的安慰毁于一旦。有时，这可能涉及的情况是宇宙、地球、智人出现以来或文明开始以来前所未有的——这取决于人们是不是担心这些情况会促使文明崩溃、导致人类灭绝、摧毁地球或从宇宙的尺度上造成破坏。

库尔特·冯内古特发表于 1963 年的小说《猫的摇篮》是对这种生存性风险的有力早期探讨。他想象了一种人工形式的冰晶（冰-9），这种冰晶在室温下是固态的，在液态水中会引起连锁反应，将水全部变成冰-9。由于这种形式的冰在地球历史上并不是天然存在的，而且具有如此夸张的特性，我觉得这算得上是一种前所未有的状况。在书中，当冰-9 接触到地球的海洋时，就会引起一场生存性灾难，使所有的水都变成这种奇怪的固态。

135 考虑到科学研究者的数量以百万计，即使他们尝试的实验只有百万分之一的主观灭绝概率，可能也还是太高了。（尤其是当存在偏差和选择效应，导致即使有良知的科学家也系统性地低估风险的时候。）

136 有几个关键的治理问题。首先，科学家通常采用他们十分相信的认识论标准，即认为**在基本科学理论和模型正确的前提下**，不会发生灾难，而不是考虑这些理论和模型的代价或过往记录（Ord, Hillerbrand & Sandberg, 2010）。

其次，案例往往只由科学家来裁决。虽然他们在很多有争议的问题上是专家，但他们缺乏风险分析或评估代价的重要专业知识。这也会造成各种偏见和利益冲突。在这种情况下，负责对某个结论做出判断的人，其工作（或其同事的工作）本身就取决于这个结论。而且，这也违反了被普遍接受的规范，即在决定是否继续行动的过程中，可能受到（有争议的）威胁的人应该有一定的发言权或代表权。

一种可能改进这种情况的办法是设立一个国际机构，将这些问题提交给该机构（也许是联合国的某个部门），由个人负责收集正反两方面的最佳论据，并由一位有科学素养的裁决者就目前是否应继续进行实验，或者是否应推迟到有更好的理由时再进行实验做出裁决。我的设想是很少有实验会被拒绝。（即使裁决没有正式的效力，这种模式也可能奏效）。

137 核武器不会被列入清单，因为裂变在 1938 年才被发现。基因工程大流行病也不会上榜，因为基因工程是在 20 世纪 60 年代才首次出现的。当时还没有发明出计算机，直到 20 世纪 50 年代，人工智能的概念及其相关风险才得到科学家的认真讨论。人为全球变暖的可能性早在 1896 年就有人提出，但这个假说在 20 世纪 60 年代才开始得到支持，直到 20 世纪 80 年代才被广泛认识到是一种风险。

美国政府在 1937 年发布的一份关于未来技术的报告为预测的困难程度提供了一个很好的例子（Ogburn, 1937; Thomas, 2001）。报告不包括核能、抗生素、喷气式飞机、晶体管、计算机以及任何与太空有关的东西。

138 Bostrom (2013; 2018).

第六章 风险格局

1 Einstein & *New York Times* (1946).

2 来自 GitHub 用户“Zonination”的一次网络调查（Zonination, 2017）。这些结果与中央情报局对情报人员进行的试验中发现的结果非常相似（Heuer, 1999）。

3 这就很难用“X 极不可能”这句话作为论点的一部分来证明 X 需要得到更多关注。而如果“极不可能”对应的是十分之一到百分之一这样的概率范围，那就是不对的，因为这些数字很容易被用来暗示需要认真对待这个风险。这就给气专委带来了问题，因为气专委在报告中使用了这样的措辞而不是数字概率。

4 Pinker (2018), p. 295.

5 有些人避免给出数字的另一个原因是，他们不愿意表明态度，而是喜欢语言天然具备的模糊性。但我很愿意明确表态，把自己的想法解释清楚，让别人审视是否可以改进。只有通过这种接受辩驳的清晰而开放的态度，我们才会在智力上取得进步。

6 我的推算是每世纪万分之一，相当于 100 万年的预期存续时长。虽然我认为真正的灭绝率由大规模灭绝记录给出是可信的，约为 1 亿年一遇，但我也认为典型物种的存续时长有可能是一个更好的指引，将平均存续时长拉高了很多。回想一下，化石记录只能为**灭绝性**自然风险提供可靠指引，而不能作为其他种类生存性风险的参考。这里我假设灭绝性自然风险与其他生存性风险的水平大致相同，因为就我们已经详细探讨过的风险而言，两者似乎差不多，但不确定性也更大。

7 这符合贝叶斯方法，即从一个先验概率开始，并根据证据更新它。在这些方面，我的建议是我们从一个由基准概率和其他因素确定的弱先验概率开始，这些因素会让你在发现确凿证据（如果有的话）之前得到最接近的预测。我看不出有什么好的论据来支持从一个非常接近于零的先验概率开始。

8 我的推算与其他人相比如何？认真关注这些风险的学者很少给出正式的估算。但值得庆幸的是，几位生存性风险的先驱者已经提出了自己的数字。约翰·莱斯利（John Leslie, 1996, pp. 146–7）估计未来5个世纪的风险为30%（之后他认为我们很可能会走上实现发展潜力的轨道）。尼克·博斯特罗姆（Nick Bostrom, 2002b）在谈到长期的整体生存性风险时说："我的主观意见是，把这个概率定在25%以下是错误的，最接近的估算值可能会高得多。"马丁·里斯（Martin Rees, 2003）估计21世纪内全球（虽然可能是暂时的）文明崩溃的概率为50%（他在书中没有清晰提出所估算的灾难规模，但他后来说明了那是指文明的崩溃）。我的推算与他们是一致的。

此外，卡尔·萨根提供了一个推算例子，称未来100年内灭绝的可能性为60%（Sagan, 1980, p. 314; Sagan et al., 1980）。有趣的是，他是在1980年提出这个说法的，早于核冬天的发现和他关于人类灭绝之弊端的开创性著作。然而，不清楚这一估算是否代表了他经过深思熟虑的观点。因为它只是在一本假设的"银河百科全书"中一系列关于地球的数据里提出的，并没有得到进一步阐释。

9 按照"一切照旧"来进行推算的另一个问题是，很难界定它的含义：怎样才算是人类默认应该做出的反应？虽然全面包含各种因素的风险可能很难预测，但它却很好界定——就是一个人对灾难将会发生的相信程度。

10 Cotton-Barratt, Daniel & Sandberg (forthcoming).

11 更精确的法则需要想象更细分的递减，例如最容易使当前水平减少1%的因子。然后多次应用这个规则，对一个因子进行操作，直到另一个因子变得更容易减少1%，转而降低那个因子。如果每个因子都有可观的边际收益递减，而且预算也足够多，那么最终可能会在所有三个因子上都下功夫。

12 剑桥生存性风险研究中心的团队一共提出了三个分类：关键系统、全球传播机制（与"扩大"紧密对应）、防灾减灾失败（与"预防"和"应对"的人为因素有关）。他们的方案是为了对更广泛的系列全球灾难风险（不一定是生存性风险）进行分类。详见 Avin et al. (2018)。

13 人们可能会认为，这种风险实际上是一种必然，人类**最终**会走向灭亡。但请回顾一下，生存性灾难是相对于我们所能达到的最佳状态而定义的，它指的是破坏人类长期潜力的灾难。如果人类（或我们的后代）在实现了长期潜力后灭绝了，那就是人类存在的成功，而不是失败。所以发生整体生存性风险与我们未能发挥长期潜力的可能性大致相同。不一致的地方在于我们可能会出于其他原因而未能发挥潜力，比如极为缓慢地丧失我们的潜力，或者虽然保持了潜力却从未采取行动去实现它。这些可能仍然是对我们长期未来的严重威胁，值得我们仔细研究和采取行动。但它们不是我们这一代人可能毁灭人类未来的方式，因此不是本书的主题。

14 有两种主要方式会让这一假设不成立：惨烈的灾难，以及风险的客观概率和实现我们潜力的价值之间的相关性。

关于前者，想一想，精确的计算会让我们比较每一种风险的预期价值——它们的概率和代价的乘积。但如果它们的代价非常相似（比如说相差 1% 以内），那么我们仅仅通过概率来比较它们，对准确性只有很小的影响。而且在许多情况下，我们有可靠的理由认为代价确实只相差 1% 左右。

这是因为人类实现其潜力的世界和其潜力被破坏的世界之间的价值差异，就绝对值而言，通常比我们的潜力被破坏的各种结果之间的差异大得多。例如，灭绝和文明的永久崩溃是让我们的未来大大受限并且包含极少的价值的两种方式。因此这两者之间的差异要比两者中的一种与我们拥有千百年惊人成就的广阔未来之间的差异小得多。

然而也有一些生存性风险会让未来的价值不会崩塌到接近零的程度，而是产生非常大的负面价值。在这种情况下，我们在规模（时间、空间、技术能力）上几乎达到了最大值，却让未来充满了一些负面价值的东西。惨烈的灾难与灭绝之间的价值差异，堪比灭绝与可实现的最好未来之间的差异。对于这样的风险，我们需要调整整体风险考量法。例如，如果风险导致未来的消极程度和实现最好未来的积极程度相当，那么你会想要把这个风险进行两倍的加权（甚至完全放弃整体风险考量法，改用更烦琐的期望值方法）。因为我认为这样的风险是非常低的（即使根据这种增加的权重做调整），这里就不探讨细节了。

第二个问题涉及一种微妙的关联形式——不是两个风险之间的关联，而是风险与未来价值之间的关联。在具有高度潜力的世界中，一些风险可能更容易发生。例如，如果有可能创造出在每个领域都远超人类的人工智能，那将会增加通用人工智能价值未对齐的风险，但也会增加我们利用与人类价值对齐的通用人工智能所能实现的价值。由于忽略了这种相关性，整体风险考量法低估了应对这种风险的价值。

这可以从风险和收益的共同成因方面进行有用的理解，从而产生关联性。技术能力的高上限可能是各种风险以及前途极其光明的未来之间的另一个共同成因。我在本书的其他部分不会再将这种可能性纳入考量范围，但这是未来研究中需要探讨的一个重要问题。

15 请注意，如果几种风险高度相关，最好将其视为单一风险，也就是任何一种相关灾难发生的风险。它们可以用灾难的共同成因而不是近因来命名。

16 尽管当风险位于未来可能采取的不同路径上时有可能成为反相关的风险，例如全球协调缺失和全球极权主义造成的风险。

17 总的来说，我极力告诫大家不要对风险在统计学意义上的独立性进行假设。这样的假设往往导致人们低估所有变量以同样方式变化的极端事件发生的可能性。当人们假设变量是正态分布（因为正态分布是通过中心极限定理从许多独立变量的总和中产生的）时，这种假设的某种形式就在发挥作用。一个著名的错误例子是布莱克-斯科尔斯期权定价模型（Black–Scholes option pricing model），它假设的是正态分布，因此严重低估了相关价格大幅变动的可能性。

然而，因为我们在许多事件同时发生时对事情反而没那么焦虑，这时假设风险是独立的也并非坏事，在这种情况下，把生存性风险相加起来就变得罕见了。

18 现在这些国家和集团包括美国、俄罗斯、中国和欧洲。到下个世纪末，这个名单可能会大不相同。

19 我没有参与最初的《全球疾病负担》研究（World Bank, 1993; Jamison et al., 2006），但我为其最近报告（GBD, 2012）的规范性基础提供建议，做了一点微小的工作，提出了健康贴现率应设置为零的理由，这是对早期版本的一项主要修改。

它的配套项目《发展中国家的疾病控制优先事项》（Jamison et al., 1993;

Jamison et al., 2006），对我的启发更大。这一项目不考察每种原因造成了多少不健康的情况，而是评估每投入一美元实行不同的卫生干预措施在预防不健康方面的效果。这让我看到了改善健康水平的不同手段在成本效益方面的惊人差异，以及向对的慈善机构捐款能够产生几百倍甚至几千倍的影响（Ord, 2013）。我接着担任了第三版的顾问。（Jamison, Gelband et al., 2018; Jamison, Alwan et al., 2018）。

20 当我说“增加”时，我的意思是指风险因素会导致生存性风险的增加，而非只是说它们是相互关联的。尤其指这样一种情况：对风险因素采取行动会使生存性风险水平产生相应的变化。这一点可以通过使用朱迪亚·珀尔的 do 算子（如 $Pr[X|do(f=f_{min})]$）在数学中体现出来（Pearl, 2000）。

21 经济风险因素可能来自繁荣（贫穷）的绝对水平的变化、现状的变化方向（衰落），或变化的速度（停滞）。

22 即使这些压力源只产生直接影响，我们仍然可以将它们算作风险因素（因为我使用的严格定义只规定了它们会增加风险，而不是如此间接地增加风险）。

23 我们也可以将人工智能视为一种风险因素。人工智能带来的失业影响不会是一种生存性风险，但由于它可能导致大规模政治动荡，因此仍然可能是一个风险因素。甚至可以把通用人工智能价值未对齐作为一种风险因素，而不是一种生存性风险。因为它并不是摧毁我们潜力的独立机制，而是一个新的主体来源；这种主体可能会在某些动机的驱使下，使用一切必要的手段来永久地夺取我们未来的控制权。如果一个人工智能系统真的导致了我们的灭亡，它不会纯粹用智能的力量来杀死我们，而是通过基因工程造成的瘟疫或其他一些生存威胁。

24 有可能没有最小或最大的可实现值（或者因为域是无限的，或者因为它是一个开放的区间）。为了方便表述，我在正文中忽略了这种可能性，但它并没有造成特别的障碍。由于生存性风险的概率上下都是有边界的，所以我们可以将表达式 $Pr(X|f = f_{max})$ 替换为最小上界（高于所有可用的 f' 所对应的 $Pr(X|f = f')$ 的最小概率），并将 $Pr(X|f = f_{min})$ 替换为相应的最大下界。

25 也可以考虑 F 的范围，即 Pr $(X|f=f_{min})$ 与 Pr $(X|f=f_{max})$ 之差。这相当于 F 的影响和潜力之和，而且是一个不依赖于现状水平的属性。

26 也可以考虑 f 接近 f_{sq} 时的生存性风险弹性，即 Pr (X) 相对于 f 的小比例变化的比例变化。这是对风险因素敏感度的无单位衡量，可以在不同的风险因素之间进行比较。

27 这也引出了一个问题，即变量在其领域的不同部分对生存性风险有增有减（即生存性风险在该变量中是非单调的）。我建议只要在 f 的置信水平域内对生存性风险的影响是单调的，我们就把它看作一个风险因素或安全因素。但如果它在这个范围内都是非单调的，我们就需要把它看作一种更复杂的因素。

例如，如果使用高于前工业时代水平的升温度数作为衡量气候变化的标准，那么将温度一直推回到前工业时代水平（甚至进一步降低）最终可能会对生存性风险产生适得其反的作用。然而，只要这种过度反应的实际危险不大，将暖化当作风险因素就是有道理的。

28 我们可以确定安全因素的衡量标准，这些标准和风险因素的衡量标准相仿。我们可以判断它目前对人类安全的影响（有多大的可能性让我们**不**遭受生存性灾难），也可以判断如果尽可能增加该因素，进一步降低生存性风险的潜力有多大。最后，我们可以思考安全因素的边际改善对生存性风险总量的影响。

29 我们通常觉得如果一个风险的初始概率是 20%，那么降低一个百分点就比初始概率是 5% 的风险要容易。我曾经认为一个好的启发法是，无论风险的起点是多少，将风险的概率降低一半应该同样容易。但如果风险非常高，比如 99.9%，情况可能会有所不同。因为那样就几乎确定了灾难会发生（否则风险会更低）。因此，一个更周密的启发法可能是，将风险的比值比降低一半同样容易。这就意味着，概率处于中等水平的风险（比如说 30% ～ 70%）将处于容易降低一个百分点的有效区域。

但请注意，上述情况并不适用于所有这样的风险。在某些情况下，我们赋予人工智能等风险的中等概率可能真的代表我们无法确定风险很难降低和很容易降低这两种情况之间哪个更有可能发生，所以即使平均数是中等概率，通过我们的努力来改变概率可能也不太容易。［举一个小例子，假设某种风险实际上有 50% 的可能性发生，而另一种风险要么极不可能发生（0.1%），要么极有可能发生（99.9%），我们却不知道究竟是哪一种情况。这后一种风险会比我们根据其平均值（50%）判断的风险水平更难处理。]

30 MacAskill (2015), pp. 180–5.

31 有时候要算的是短期的忽视：现在有多少资源投入一项事务中。但更多的时候是长期的忽视：在为时已晚之前总共会有多少资源投入其中。当资源分配可能很快发生巨大变化时（例如当一个领域刚刚开始发展），这些情况会非常不同。

32 界定这些术语的方法是注意到成本效益是价值相对于所投入的资源的变化率：d 价值 /d 资源。欧文·科顿-巴拉特已经表明，我们可以将其分解为三个因素（Wiblin, 2017）：

$$\underset{\text{成本效益}}{\frac{d\,\text{价值}}{d\,\text{资源}}} = \underset{\text{重要性}}{\frac{d\,\text{价值}}{d\%\text{已解决}}} \times \underset{\text{可处理性}}{\frac{d\%\text{已解决}}{d\%\text{资源}}} \times \underset{\text{忽视程度}}{\frac{d\%\text{资源}}{d\,\text{资源}}}$$

33 这一定义由欧文·科顿-巴拉特提出。

34 有些风险从可以采取有效行动的最后一刻到灾难发生可能会经过很长的时间。根据风险到来的顺序确定优先级时，我们会依照可以采取有效行动的最后时刻来确定它们的时间。

如果随着时间推移，我们的努力逐渐变得不那么有效，就需要进行更复杂的评估。气候变化就是如此，尽管人们在很久以后才会感受到灾难性危害，但减少排放或开发替代性能源的工作启动越早就越有意义。

35 近地天体的直径符合指数-3.35 的幂律分布（Chapman, 2004）。麻疹疫情在隔离的社区内蔓延的规模符合幂律分布，指数为-1.2（Rhodes & Anderson, 1996）。其他许多自然灾害，如海啸、火山、洪水、飓风、龙卷风等，造成的死亡也符合幂律分布。这种拟合通常在规模达到一定程度后就会失效，超大规模事件的实际概率通常低于幂律的预测（例如，麻疹的暴发最终会受到人口规模的限制）。然而，只要幂律为实际概率提供了一个上限，预警分析就仍然有效。

36 安德鲁·施耐德-贝蒂提出了这一观点。

37 “科林格里奇困境”是这种杠杆/短视制衡的一个特例，因为它涉及新技术的监管。科林格里奇（1982）指出，一个人离某种技术的运用越远，就越有能力控制其发展轨迹，但对其影响的了解也越少。

38 他在关于生存性风险和长期主义的论文中提出了这一观点（Beckstead, 2013），这是关于生存性风险的佳作之一。

39 各国政府将 GDP 的 4.8% 用于教育（World Bank, 2019b）——每年约 4 万亿美元。减少生存性风险的目标支出在 1 亿美元左右。关于生存性风险支出估算的更多细节，参见第二章注 56。

40 这是专门用于降低生存性风险的资金，而不是专门用于与生存性风险有关领域（如气候变化和生物安全）的一般性资金。另外，我设想的是一个和目前相像的世界。如果生存性风险构成明显的紧急状态（比如一个巨大的小行星向我们砸来），那么需要的直接工作量可能会大得多。

第七章 保卫人类

1 Asimov (1979), p. 362. 我将原文第一句话的首字母“t”改成了大写。

2 我们也可以将其定性为：

（1）避免眼前的失败 & 让失败成为不可能

（2）确定如何成功

（3）成功

3 保护我们的潜力（从而更普遍地实现生存性安全）意味着锁定一种努力来避免生存性灾难。从这个角度来看，这与将锁定最小化的想法产生了一种值得关注的冲突。现在的情况是，我们可以通过锁定其他少量约束条件来最大限度地减少（生存性风险带来的）总体的锁定。

但是，锁定任何东西我们都仍然应该非常小心，因为我们冒险切断的可能性也许本来是最佳的选择。一种选择是不去严格锁定某种努力以避免生存性风险（例如将未来所有世纪的整体风险严格控制在一个范围内），而是改为稍微可变通、只是很难推翻的方式。宪法就是一个很好的例子，通常允许在以后的日子里对其进行修正，但对这样的修正设置了很高的门槛。

4 有许多方法可以做到这一点：避免引发新的火灾，确保建筑物没有火灾风险，或雇用一个资源充足的消防部门。在保护我们的潜力方面也有类似的选择。

5 用数字举个例子可能有助于解释这一点。首先，假设我们成功地将生存性风险降低到每世纪 1%，并将其保持在这一水平。这将是一个极好的开端，但必须辅之以进一步降低风险的投入。因为按照每世纪 1% 的比例，我们在屈服于生存性灾难之前平均只有 100 个世纪的时间。这听起来似乎很漫长，但这只是人类迄今生存时长的 5%，以及我们有能力存续的时长的一小部分而已。

相反，如果我们能够不断降低每个世纪的风险，我们就不一定会面临生存性灾难。例如，倘若我们连续每个世纪将灭绝的概率降低十分之一（1%、0.9%、0.81%……），那么无论过多少个世纪，我们都有大于 90% 的概率不会遭受生存性灾难。因为我们活过所有时期的概率是：

（100%-1%）×（100%-0.9%）×（100%-0.81%）×……≈ 90.59 8%

这意味着我们将有超过 90% 的机会存活下来，直到我们达到某个外部不可逾越的极限——也许是最后一颗恒星的死亡，所有物质都衰变为能量，或者我们已经凭借所有可用的资源实现了可以实现的一切。

这种持续减少风险的做法可能比人们想象的要容易。如果每一个世纪的风险与下一个世纪的风险完全独立，那么随着时间的推移，我们似乎需要越来越努力地减少风险。但我们现在就可以采取一些行动，减少许多时期的风险。比如，建立对生存性风险的认识和应对风险的最佳策略，或者培养文明的谨慎和耐心，或者建立调查和管理生存性风险的机构。由于这些行动也是针对后续时间段的风险，因此，即使随着时间的推移努力程度不变，也可能会让每世纪的风险越来越小。此外，新的人为风险的存量可能只是有限的，因此连续几个世纪都不会涌现需要管理的新风险。例如，我们可能达到一个技术上限，以至于我们不再引入新的技术风险。

6 我们在这些方面确定优先次序的方法，是在建立可持续的长期保护与解决眼前危机之间取得平衡，以确保我们能够长久地享受这些可持续的保护。而这取决于我们认为风险如何随时间分布。甚至有可能出现这样的情况，即我们采取的行动会给当前带来风险，但能通过降低大量长期风险来对此进行弥补。潜在的例子包括开发先进的人工智能或集中把控全球安全问题。

7 威廉·麦克阿斯基尔提出了这个说法，他还探讨了为什么需要这一过程以及如何实现它。

尼克·博斯特罗姆（2013, p. 24）提出了一个密切相关的观点："我们现在对价值论的理解很可能是混乱的。我们现在可能不知道——至少从具体细节看来——什么样的结果才算作人类的一大胜利；我们甚至可能想象不到我们旅途的最佳终点是怎样的。如果我们确实对我们的最终目标心中没底，那么我们就应该认识到，保持——最好是提高——我们认识价值并据此引导未来的能力有很重要的选择意义。确保未来的人类拥有强大力量并倾向于明智地使用这些力量，这是我们让未来包含大量价值的可能性合理地增加的最佳方式。要做到这一点，我们必须阻止任何生存性灾难。"

目前还不清楚这一反思期到底需要多长时间。我的猜想是，在让我们的未来发生重大的不可逆转变之前，值得花上几个世纪（或更多）的时间，让我们致力于规划某种愿景。从我们的角度来看这时间可能极为漫长，但大多数领域的生活和进步不会被耽搁。文艺复兴可能是一个值得铭记的有用例子，它带来的知识和智慧跨越了几个世纪，包含了许多领域的努力。如果考虑的是极其长期的项目，比如我们是否应该定居其他星系以及如何实现这一点（这需要数百万年才能实现），那么我认为我们可以接受用更长的时间来确保我们正在接近正确的决定。

8 我认为科幻小说对理想的未来进行了一些最优秀的严肃思考，这主要是因为它可以思考远远超出我们这一代人狭隘技术限制的世界。"硬"科幻小说中探讨的宏大社会和成就只受最基本物理限制的约束。"软"科幻小说则探讨了如果我们这个时代的各种理念被推向极端会出什么差错，或者让个人或社会有了全新选择的新技术会带来什么新的伦理问题。结合这两个方面的一部优秀作品是格雷格·伊根的《离散之民》（Greg Egan, *Diaspora*, 1997）。书中几乎所有的生物都是数字化的，极大地改变了可能出现乌托邦的空间。

然而，由于是虚构的，这种思考也受到了限制。这就迫使探索真正有可能成为乌托邦的世界和创造能够愉悦读者的世界（典型的做法是允许人类福祉有可能受到根本性的威胁）之间产生了张力。而这也意味着这些作品所受到的批评主要是针对写作风格、人物形象等方面，而不是将其视为完善和发展未来愿景的建设性尝试。

9 难以预测结果实际上可能会使我们更容易开始这个过程——因为它充当了无知之幕。如果我们相当确定长期反思最终会认可哪一个未来，我们就会想要根据目前的伦理认识来判断。那些目前观点与我们最终目标相去甚远的人，可能就会阻挠这一进程。但如果我们不确定目的地在何方，我们就都能看到在进一步思考的基础上选择未来的好处，而不是只就我们目前的观点争论不休。而这种无知之幕甚至可以克服人们对自己目前观点毫无理由的高度自信。因为如果不同的阵营认为自己的观点有独特的论证支持，那么他们也会认为自己的观点有超出平均水平的可能性成为经过认真反思后的结果。

10 如果折中的未来还不如一开始的任何“纯粹观点”更有吸引力，那么我们最终可以从没有被打败的纯粹观点中随机选择——也许选择的概率与它们的支持程度有关。

但总体上我乐观地认为，有双赢的折中方案。比如道德理论可以分为两种，一种断定结果价值大致随着资源量而提升，另一种判断收益会陡然递减。古典功利主义是前者的一个例子，认为两个星系可以支持的美好生活是一个星系的两倍，因此人类能够生活在两个星系中是有好处的。而常识性的道德观念是后者的例子，大多数人出于未经引导的直觉，对创造超越星球或星系的繁荣兴趣寥寥。这种差异给了我们机会让两种观点进行对双方都非常有利的交换。我把这种现象称为**道德贸易**（Ord, 2015）。

特别是在道德理论之间有一个“大交易”的空间，在这个空间里，资源边际效用递减的观点可以决定我们银河系的整个未来，而高度重视额外资源的观点则可以决定宇宙中其他所有星系的未来（只要后一种观点不把这些资源用于被前一种理论积极反对的事情）。我们有可能让两派都认为结果 99% 以上是好的，因此应该能避免冲突——比起为控制未来而战或靠抛硬币来决定哪一派有权实施自己的主张，这样做的预期收益要好得多。

11 一次成功的长期反思有可能要求我们的能力由于这些根本性变化中的某一项而有所改善。如果是这样的话，我们将处于一个棘手的境地，必须掂量在不了解其后果的情况下做出改变更危险，还是继续保持我们未提高的能力，并可能错过一些重要的东西更危险。

12 一个有用的比较是文艺复兴时期。在欧洲，大多数人并没有积极参与这一文化和知识的重生运动，然而，14 世纪至 17 世纪的欧洲正是因为这一宏伟事业而被人们所铭记。值得注意的差异包括：长期反思将是一项全球性的事业，而且应该更加开放，让每个人都能参与。

13 Schell (1982), p. 229.

14 长期反思也许会与实现我们潜力的最后阶段重合，而且可能在很大程度上是重合的。因为采取不可逆的行动必须得在我们反思后。也许有些领域的不可逆行动已不再是问题，可以付诸实践，而另一些领域则仍有争议。

15 我有时会听到同行说，有一件事可能比生存性风险更重要，那就是对无限价值的思考（Bostrom, 2011a; Askell, 2018）。这有两个部分：一个是对功利主义等理论的挑战，这些理论在无限的宇宙中很难适用（这里指宇宙学家所认为的宇宙），另一个是怀疑人类今后有没有可能创造具备无限价值的事物（这种价值似乎胜过保障人类的巨大但有限的价值）。

我不知道这些问题是荒唐还是深刻。但无论哪一种，它们都可以留在我们实现生存性安全之后再来考虑。避免生存性灾难的理由并不依赖于功利主义等理论，如果真的可以创造无限价值，那么生存性安全将增加我们实现它的机会。因此即使是这些对我们如何看待未来人类的最佳选择有决定性影响的问题，最好也留给长期反思去解决。

关于我们的长期未来可能还有一些伦理问题，这些问题比生存性安全更为紧迫，因此不能留待以后解决。找到这些问题很重要，应该在实现生存性安全的同时加以探讨。

16 斯蒂芬·霍金（Highfield, 2001）：“我不认为人类能在未来一千年内生存下来，除非我们移居太空。一个星球上的生命会遭遇太多意外。但我是个乐观主义者。我们会向星空扩张。”

艾萨克·阿西莫夫（1979, p. 362）：“如果我们在下个世纪实现这件事，我们就可以移居太空，告别脆弱。我们将不再依赖一个星球或一颗恒星。然后人类，或者人类聪明的后裔和盟友，可以活到地球的尽头、太阳的尽头，甚至活到（谁知道呢？）宇宙的尽头。”

美国国家航空航天局局长迈克尔·格里芬（2008）：“地球上的生命史就是灭绝事件的历史，人类向太阳系扩张，归根结底是为了物种的生存。”

德里克·帕菲特（2017b, p. 436）：“现在最重要的是我们如何应对威胁人类生存的各种风险。我们正在制造其中的一些风险，而且正在探究如何应对这些风险和其他风险。如果我们减少了这些风险，人类在接下来的几个世纪中生存下来，我们的后代或继承者可以通过在这个星系中开枝散叶来结束这些风险。”

埃隆·马斯克（2018）：“……建立一个自给自足的基地很重要。理想的情况是在火星上，因为火星离地球足够远，如果地球发生战争，火星基地比月球基地更有可能保存下来。”

卡尔·萨根（1994, p. 371）含蓄地提出了一点，他说：“在到处都是自鸣得意的沙文主义氛围中，似乎只有一种说法站得住脚，在一种意义上我们是特殊的：由于我们自己的作为或不作为，以及对技术的滥用，我们生活在一个特殊的时刻，至少对地球而言如此——第一次有物种能够自我毁灭。但我们可以注意到，这也是第一次有物种能够前往行星和恒星。这两个时代是由相同的技术带来的，恰好处于一个45亿年历史的星球的几个世纪中。如果你在过去（或未来）的任何时刻以某种方式随机掉落在地球上，碰上这个关键时刻的概率不到千万分之一。当下的我们对未来具有很大的影响力。”

但他接着提出了更类似于我所提出的生存性安全的看法（1994, p. 371）：“弹指之间，他们创造了改变世界的非自然产物。有些行星文明看清了自己的道路，对什么能做和什么不能做加以限制，并安全地度过了危险时期。而另一些则没有那么幸运，也没有那么谨慎，于是灭亡了。”

17 我的同事安德斯·桑德伯格和斯图尔特·阿姆斯特朗更详细地阐述了其

中的逻辑和数理关系（Armstrong & Sandberg，2013）。他们表明，冗余副本的数量只需要按对数增加，就有机会在任何时候都至少有一个副本存在，而不是完全没有。

18 风险的传播**会**受到光速的限制，所以宇宙的膨胀会将它们的传播限制在一个有限的区域内（参见第八章）。不过这对我们来说并没有什么帮助，因为这片目前荒无人烟的区域包括了我们所能达到的所有地方。到了遥远的未来情况会好一点，所有在银河系内的群体将出于种种原因相互隔离，所以我们可能会分布在数百万个独立的国度中。然而由于这些地点的人不能再次相互迁移，所以 1% 的风险就会永久地抹去平均 1% 的人。根据一些讨论何为重要之事的观点，这将和有 1% 的可能性导致人类全部灭绝一样糟糕。即使我们只要至少有一个人类据点保存下来就够了，这也没什么用。因为在没有能力重新移民至其他星球的情况下，如果每个区域每世纪都保持千分之一的灭亡概率，那么它们将在 500 万年内全部消失。这似乎是一段漫长的时间，但由于我们必须生存一千亿年才能达到宇宙被这样分割的时间点，它似乎没有提供任何有用的保护。真正的保护不是来自冗余，而是来自认真对待和努力预防风险。

19 它能起多大作用是一个未决问题。首先，它在多大程度上起作用取决于有多少生存性风险在行星之间互不相关，以及我们的模型对这类风险的预测有多准。一种模型认为总体风险中的某些部分是不相关的，而且扩散到其他星球时会消除这部分风险。因此，消除总体风险中的这部分可能会使我们实现潜力的机会发生重大变化。但我们的模型也可以设定为**每个世纪**都有一部分风险是不相关的（例如，在总共 10% 的风险中，不相关的风险占 5%）。在这个例子中，消除不相关的风险（同时并不解决相关的风险）只是将生存性灾难出现前的预期时间长度增加一倍，从 10 个世纪变成 20 个世纪，稍稍延长了人类的生存时长。我不确定用哪种模型来判断这个问题比较好。

还有一个成本效益问题。在我看来，太空定居并不是本世纪最具成本效益的减少风险方法之一。简单地说，在地球的偏远地区（南极、海底等）建立类似的可持续聚居区成本会低得多，而且可以防止许多同样的风险。但是，如果觉得太空定居的资金与其他降低风险的资金一样来自固定的预算，也许就想错了。这是一个如此鼓舞人心的项目，资金很可能来自其他来源，而它所产生的激励效果（以及人类确实注定要步入星空的认知）最终可能会**增加**用于生存性安全的资源总量。

20 根据定义生存性灾难的细节，人类可能会遭受两种这样的灾难。例如，假设我们在生存性灾难中失去了 99% 的潜力。由于我不认为人类的潜力完全毁灭才能算作生存性风险，所以这也算是了。在接下来的时间里，保存我们剩余的 1% 潜力，使之免于进一步的灾难，可能还是有意义的。如果我们的潜力一开始就很大，那么与我们通常关心的当下问题相比，剩下的这 1% 潜力可能也是巨大的，而专注于保存人类剩余的潜力依然十分必要。在这种情况下，第一次生存性灾难后人们的一切思考都围绕生存性风险就变得有意义了。

我们可以从剩余潜力的角度定义生存性风险，在这种情况下，人类可以接连遭受几次生存性灾难；我们也可以从最初的潜力出发来定义生存性风险，这样就只有第一次才算得上是生存性灾难。我不知道哪种定义是最合适的，所以我不做判断。但请注意，这并不会真正改变本章的论点。即使这些人有能力从第一场生存性灾难中学习经验教训，也只是有助于他们保存仍有可能实现的价值的碎片——第一场生存性灾难的重要性大于其他一切，而且它必须由没有经验的人们来面对。

21 Groenewold (1970) 和 Bostrom (2002b) 探讨过这一问题。

22 这些行动可以针对灾难的任何阶段——防止灾难的发生，应对灾难的蔓延，或者对灾难的影响产生适应力——但保证资源供给、收集信息和规划行动仍然需要先发制人。

23 这一观点由博斯特罗姆提出（2013, p. 27）。

24 这种情况有时被称为“奈特不确定性”，或者仅仅是“不确定性”，然后与可以计算出概率的“风险”情况区分开来（Knight, 1921）。有几种略有差异的方法可以进行这种区分，比如将“不确定性”一词留给我们完全没有量化信息来判断事件是否会发生的情况。

我在这里不采用这个术语，而是继续使用“风险”来表示生存性风险。请注意，本书中使用的几乎所有“风险”一词都是表示这些情况，即我们不知道客观概率，但我们对灾难是否会发生至少有少量可量化的认知

（例如，下一分钟发生核战争的可能性小于 50%）。

25 参见 Rowe and Beard (2018) 测算生存性风险的尝试和方法概述。

26 Lepore (2017).

27 故障树是一种示意图，用于展现事件之间的逻辑关系，特别是那些导致故障的事件。借此使用者能够根据必定发生的事件的顺序和组合来确定可能的故障源，并测算其发生故障的可能性。

28 Leslie (1996, pp. 77, 139–41) 提出了测算灭绝风险时的人类选择效应问题，Bostrom (2002a) 对此进行了探讨。参见 Ćirković, Sandberg & Bostrom (2010) 对“人类阴影”（与灭绝风险有关的各种事件的历史记录所经历的审查）的详细分析。

29 Ord, Hillerbrand & Sandberg (2010) 参照大型强子对撞机概述了这一点。这种情况在贝叶斯框架下很容易理解。我们对客观概率有一个先验的推断，同时也有一丝证据表明了科学家计算出来的概率。因此，我们的后验预测介于我们的先验推断和科学家的测算之间。当科学家测算得出的数值极低时，这个后验预测将倾向于比它高。

这个问题与所有低概率风险都有关，但只有在那些代价足够高，因而需要进行额外分析的风险中才真正需要解决。

30 这是因为对于低概率的高代价风险来说，真实概率高于估值的空间比低于估值的空间要大。例如，如果估值是百万分之一，真实概率可能比估值高十倍或是其十分之一，那么前者对真实概率的预期大小会产生更大的影响，将其拉高。换句话说，如果你还没有因为这种影响而进行调整，那么你对基础概率的点估计往往低于你对基础概率的期望值，而后一个数字才是与决策相关的概率。

31 一个有吸引力的出发点可能是建立一个仿效气专委模式的机构，但目的是对生存性风险进行整体评估。这将是联合国主持下的一个新的国际咨询机构，重点是寻找和解释目前关于生存性风险的科学共识。

32 Beck (2009), p. 57.

33 H.G. 威尔斯在其小说家生涯的大部分时间里都是世界政府的热心拥护者（Wells, 1940, pp. 17–18）：“民族主义的个人主义和无序的企业制度才是世界的病症，必须去除整个制度……因此，在思考影响世界和平的主要问题时，首先要做的是认识到这一点，即我们正生活在一个确定的历史时期末期，这是主权国家的时期。我们在（19 世纪）80 年代曾经说过的一句话现在越来越有道理：‘我们正处在一个过渡的时代。’现在，我们对这种过渡的严重性有了一定程度的了解。正如我试图表明的那样，这是人类生活的一个阶段，它要么为我们这个物种带来一种新的生活方式，要么导致人类在漫长或短暂的时间内落入暴力、苦难、毁灭、死亡或全体灭绝的境地。”

伯特兰·罗素（1951）写道：“在本世纪结束之前，除非发生一些非常不可预见的事情，否则三种可能性中的一种将会实现。这三种可能性是：

1. 人类的终结，甚至也许是地球上所有生命的终结。
2. 全球人口灾难性地减少之后，重新回到野蛮状态。
3. 世界由一个政府统治，拥有所有重要战争武器的垄断权。”

最近尼克·博斯特罗姆主张人类形成他所说的“单一体”（Singleton）（2006）。世界政府可以采用这种形式，但不一定只能采用这种形式。按照我对他的概念的理解，如果人类的行为大体上像一个连贯的主体，那么人类就是一个单一体。这需要人类从世界人民的角度出发，避免帕累托劣势的结果（如战争这类负和冲突）。但它不需要单一的政治控制点。

34 Einstein (1948), p. 37. 爱因斯坦这样说是出于对灭绝风险的担忧，但他的担忧与我最担心的情势有些不同。我强调的是个别国家内部的作恶者或撕毁停战协定的问题，爱因斯坦主要关注的是，一旦发动战争的方法可能造成灭绝风险，就必须消除一个国家对另一个国家发动战争的能力。

35 这有点不准确，因为它既不是红色的，也不是一部电话，更不是放在总统的办公桌上。实际上它是一个加密的电传链接（当时是传真，现在是电子邮件），储存在美国国防部大楼内。

36 苏联大使阿纳托利·多布里宁（1995, p. 100）讲述了一段令人难忘的回忆：“现在人们很难想象在古巴危机的可怕日子里我们大使馆与莫斯科的交流是多么原始，每时每刻都无比关键。当我想给莫斯科发送一份关于我和罗伯特·肯尼迪的重要谈话的紧急电报时，它立刻被编辑成一列数字（最初由人手完成，后来才由机器执行）。然后我们打给西联电报公司，他们派一名邮递员过来取电报……邮递员是骑着自行车来到大使馆的，但是在他带着我的紧急电报离开后，我们的大使馆人员只能祈祷他把电报带到西联公司的办公室去的路上不耽误时间，也不会停下来和女孩搭讪！”

37 我们可以用“OODA 循环”这个现代军事概念（观察、定位、决定和行动所需的时间）来思考这个问题。OODA 式的外交循环太缓慢了，无法适当地管理当地正在发生的事件。

他们确实有一些更快的选择，如立即在电台和电视上宣布，但这需要在全世界面前开展外交，使各方更难退让，国内或国际上不受欢迎的条件也更难被人接受。

38 禁止化学武器组织 2019 年的预算为 7 000 万欧元，即 7 900 万美元（OPCW, 2018）。该组织的工作人员人数的数据来自 OPCW (2017)。

39 这些值得称道的工作是由国际基因合成联盟（IGSC, 2018）牵头的。

40 US Department of State (n.d.). 根据大多数说法，该条约是实现裁军的重要一步，成功地从两个核大国的武器库中销毁了一大类武器，并制定了强有力的核查程序（Kühn & Péczeli, 2017）。

41 我提出的是灭绝风险，而不是更广泛意义上的生存性风险，因为后者在评估其他哪些结果算作生存性灾难方面存在更多的困难。

Catriona McKinnon (2017) 就如何在国际刑法中针对故意或轻率地导致灭绝风险的罪行提出了一些有益的建议。

42 例如，虽然许多国家都立法禁止对他人造成风险（如酒后驾车），但国际刑法没有这方面的先例（McKinnon, 2017, p. 406）。虽然似乎没有什么比“危害人类罪”更适合的罪名了，但“人类”一词的含义是模糊的，有时被解释为“人类的基本尊严”，而不是全人类。例如，将其用于大屠杀的罪行时，Altman & Wellman (2004) 把这个词理解为“对犹太受害者身为人的属性造成了伤害，但这并不意味着对人本身造成伤害”。

哪些行为算迈过了门槛，增加了不必要的风险，以及怎样对其判定，是一个严肃的问题。例如，我们不想把微不足道的风险增长算进去，例如汽车在短途出行中释放二氧化碳，但我们无法获得设定更高门槛的准确概率。如果该提案会让国家领导人担心减少汽油税等日常措施可能会使他们被起诉，那么就很难让他们同意制定这样的法律。

43 例如，某种行径构成了 1% 的生存性风险。当然现实中杀死每个人或导致文明崩溃是非法的，但由于事后没有惩罚，因此其意义不大。法律需要惩罚的是施加风险或开发可能造成灾难的系统。

Ellsberg (2017, p. 347) 有力地指出了当前的荒唐状态："将威胁让人类灭绝、准备让人类灭绝或动手让人类灭绝作为国家政策手段，是完全非法且不可接受的；事实上，它不亚于犯罪、失德和邪恶。鉴于最近的科学发现，全球公众甚至他们的领导人仍然几乎完全不知道这一风险隐含在两个超级大国的核计划、形势、战备状态和威胁中。这是无法容忍的。它必须改变，但这种改变不会来得太快。"

44 UNESCO (1997).

45 这些国家和地区包括芬兰（1993 年至今）、加拿大（1995 年至今）、以色列（2001—2006 年）、德国（2004 年至今）、苏格兰（2005 年至今）、匈牙利（2008—2012 年）、新加坡（2009 年至今）、瑞典（2011 年至今）、马耳他（2012 年至今）和威尔士（2016 年至今）。其中一些措施被削弱或废除了，特别是在国家层面的政治主导权发生变化之后。我们可以从它们的成功和失败中汲取很多教训。参见 Nesbit & Illés (2015) and Jones, O'Brien & Ryan (2018)。

46 早期批评者之一是汉斯·乔纳斯（1984, p. 22）："对遥远的未来负起新的伦理责任的另一个方面值得一提：怀疑代议制政府按照其正常原则和程序运作没有能力满足新的要求……它不能代表未来……尚不存在的人没有游说能力，未出生的人不能发挥影响力。"

47 更成问题的是，该政策可能会影响未来有哪些人会出生，以及未来到底还有没有人类存在。

48 这样一个机构也可以代表儿童，因为他们的利益也明显与成年人不同，但他们没有投票权。

49 Smart (1984), p. 140. 博斯特罗姆（2014）进一步阐述了推迟生存性风险可以实现以及不可以实现的方方面面。

50 缓慢的进展（相对于仅仅将所有日期后移若干年）也可能使我们有更多的时间在威胁发生之前识别出威胁，并有更多的时间来处理它们。因为这将有效地让我们反应得更快。

51 它们还伴随着更众所周知的环境影子成本。这和风险影子成本的论点是相似的，我也赞成利用技术的部分收益来抵消这些成本。

52 我们也可以认为当前时代的科技进步根本没有让人类变得更加繁荣。即使从金钱的狭义角度考虑，也可能只是让我们这一代人更加繁荣，而牺牲了广大子孙后代的预期繁荣度，使其大幅减少。

同样的说法也适用于狭义的技术本身。以极快的速度发明技术是一种贪婪的策略。它优化了来年的技术水平，但降低了整个长期未来的预期技术水平。

53 很难找到这样的时机。学术激励机制是为了促使人们发表更多的论文而设置的，奖励的是技术论文的作者，而不是关于伦理或治理的论文。但是，说到底学界还是要为自己的激励机制负责的，如果激励机制让他们（和人类）失望，就应该推动改变它。

54 事实上，对于年轻的科学家或技术专家来说，去政府工作是一个不错的选择。政府机构缺乏有科学素养和专业知识的人士，对此最不满的恰恰是那些拥有这些技能并可以把它们应用于政府的人。换句话说，没什么理由去责怪从事政策工作的人不懂科学，应该责怪的是擅长科学的人不去从事政策工作。

55 UN (n.d.).

56 参见 Grace (2015)。关于阿西洛马会议的成功程度存在一些争议。在准则制定后的几十年里，科学家们所设想的一些风险被证明并不像担心的那样大，许多规章制度被逐渐取消。阿西洛马会议的一些批评者也认为，自我管制的模式是不充分的，公民社会应该有更多的参与机会（Wright, 2001）。

57 参见博斯特罗姆（2002b）。

58 这种区分是由博斯特罗姆（2014）提出的，其分析很大程度上要归功于他在这个问题上的研究。

59 准确来说半衰期是 2 的自然对数（≈ 0.69）除以年风险，而平均生存时间只是 1 除以年风险。

但要注意的是，它只是以衰减指数为特征的客观生存概率。由于我们不知道半衰期，所以我们的主观生存概率是这些指数的加权平均，其本身通常不会是指数。尤其是它的尾部通常会比较重。（当我们不确定贴现率时，也会出现同样的效果。）

60 也可能存在不能归入这两类的风险。

61 状态风险和过渡期风险之间的区别并不明显。具有变化性质的风险尤其如此，要取决于我们所考察的时间尺度。以核冬天的风险为例，在某些尺度上它是一种状态风险。在 1960 年到 1990 年期间，把核冬天作为状态风险是一个合理的模型。但如果我们缩小时间尺度，我们看到的就是一组需要管理的过渡期风险。而如果我们放大时间尺度，把现在也包括在时间范围内，那么感觉就像两个危险率非常不同的体系（冷战期间和冷战结束后）。如果我们把尺度放大到人类仍然容易受到核武器伤害的整个时间段，那么它可能又像是一个以世纪为尺度的状态风险，十年间的地缘政治起伏被冲淡了。而如果我们把时间尺度进一步放大，以至于在前核时代和后核时代之间只夹着一小块核战争风险区域，那么最好再次从过渡期风险的角度来思考：人类应该如何以最好的方式向驾驭核能的体系过渡。

通用人工智能风险也会出现类似的问题。一旦它被开发出来，人类将进入一个无保护状态，任何行为者都有可能导致通用人工智能发生意外或者滥用通用人工智能。只有采取以结束这种状态为目标的行动，这种状态才能结束。这段时期（可能很短）带来的是通用人工智能的状态风险，而时间尺度被放大后则是一种过渡期风险。

尽管情况不一，但这仍然是一种有用的区分。事实上即使在这些情况下，它也是一个有用的透镜，可以从中观察了解风险的变化性质。

62 博斯特罗姆（2013, pp. 24–6）提出了这一观点。

63 当然，对于一个研究者来说，提出需要更多的研究是老生常谈。我希望读者能够明白，为什么对生存性风险进行更多的研究确实会对人类特别有价值。在这里，研究并非只是为了让随便一个学术问题得到更明确的答案，而是为了回答一个迄今几乎没有得到任何研究的根本性重大问题（哪些行动最能保障人类的长期潜力？）。

64 例如，截至撰写本书时，自 1991 年冷战结束以来关于全面核战争气候影响的公开研究仅有两项（Robock, Oman & Stenchikov, 2007; and Coupe et

al., 2019)，而自 1986 年以来（Harwell & Hutchinson, 1986)，没有人对全面核战争造成的农业影响进行过详细研究。

65 例如，我刚开始撰写本书时，一位个人捐助者为我投入所需的时间提供了研究资助。

66 他们还为我所在的牛津大学人类未来研究所提供了大量资助。

67 他们把重点放在实际上最有帮助的研究上（以对事业的热情为指引），这一点特别有价值，因为普遍增加的生存性风险研究资金可能会主要流向既定的研究（也许会先为它重新起个合适的名字），而很少留给更为基础性或大胆的工作。我们还可以想见，一般的资金会流向更多人了解的风险（如小行星），而非更严重的但少为人知的风险（如来自高级人工智能的风险）；或者流向灾难性的风险，而不是真正的生存性风险。主流资助机构如果要开始响应生存性风险的呼吁，需要注意不要改变该领域的优先事项。另外可见 Bostrom (2013, p. 26)。

68 其他学术机构包括生命未来研究所（FLI）和全球灾难风险研究所（GCRI）。

69 环保主义是一个有用的例子。早期它取得许多巨大成功时，远远谈不上属于党派的政治议题。是理查德·尼克松成立了美国环境保护局，里根（1984）则提出"保护我们的环境不是自由派或保守派的问题，而是常识"。我想如果能保持这种不分党派的态度，可能会取得更大的成功。

70 想一想环保主义。早期环保主义者面临的主要问题是污染、生物多样性丧失、生物灭绝和资源匮乏。但他们并不称自己为"灭绝主义者"或"污染主义者"。他们的身份不在于他们所对抗的问题，而在于他们所要保护的积极价值。

71 在我撰写本书时，DeepMind 和 OpenAI 是最突出的例子。它们需要优秀的人工智能安全研究人员，也需要优秀的软件工程师，尤其是那些认真对待生存性风险的人。

72 致力于减少生存性风险的组织包括：
人类未来研究所（FHI）
生存性风险研究中心（CSER）
生命未来研究所（FLI）

全球灾难风险研究所（GCRI）

伯克利生存性风险倡议（BERI）

开放慈善项目（OpenPhil）

核威胁倡议组织（NTI）

《原子能科学家公报》

全球挑战基金会

生存性风险法律和治理小组（LGER）

灾难时期维持地球联盟（ALLFED）

影响力很大的职业网站 80000 Hours 上有一个不断更新的招聘页面，包括上述组织招聘的职位：

80000hours.org/job-board

该网站还解释了真正对防范生存性风险有所帮助的职业类型：

80000hours.org/career-reviews

73 为了身体力行，我已将本书的全部预付款和版税支付给帮助保护人类长期未来的慈善机构。

74 Eig (2014). 麦考密克应该与节育活动家玛格丽特·桑格（她首先获得了麦考密克的捐款）以及她资助的科学家格雷戈里·平卡斯和约翰·罗克分享功劳。

75 Fleishman, Kohler & Schindler (2009), pp. 51–8. 参见第四章注 97。

第八章 我们的潜力

1 Wells (1913), p. 60.

2 我使用"文明"一词来指代农业革命（我将其发生时间四舍五入为 1 万年前，反映出我们并不清楚地知道其开端时间）以来的人类，我在全书中都是这样做的。这比通常认为文明始自 5 000 年前最初的城邦时代的定义更宽泛。我使用这个较久远的时间，是因为我相信农业革命是更重要的转折期，而且很多与文明相关的事物是在第一批城市出现之前的乡镇发展期逐渐形成的。

3 利用化石记录对哺乳动物物种存续时间中位数的估计从 60 万年（Barnosky

et al., 2011）到170万年（Foote & Raup, 1996）不等。我没有把使用分子系统发育学估算的数值包括在内，因为这种方法测算出来的时间通常更长，因而接受度不广。

化石记录中所有物种存续时间的测算年限从100万年（Pimm et al., 1995）到1 000万年（De Vos et al., 2015）不等。May（1997, p. 42）总结道："如果要谈论平均数，最好提供一个范围，如100万～1 000万年。"

4 大气中大多数碳的存续时间约为300年，但碳留下的痕迹能存续的时间比这要长很多倍。Archer (2005) 发现，有7%的化石燃料碳将继续存在10万年。

5 二叠纪末期，96%的物种在约2.5亿年前灭绝，之后，海洋物种的完全恢复需要八九百万年，陆地物种的恢复时间稍长（Chen & Benton, 2012）。

6 Forey (1990); Zhu et al. (2012); Shu et al. (1999).

7 最古老的蓝藻化石距今约18亿～25亿年（Schirrmeister, Antonelli & Bagheri, 2011）。

一般认为简单生命至少在30亿年前就出现了（Brasier et al., 2006）。"复杂生命"不是一个有着精确定义的专有名词。我认为它指的是寒武纪大爆发（5.41亿年前）时的水平，或埃迪卡拉生物群出现（约6亿年前）时的水平。具体是哪个界限对下文没有太大影响。

8 克里斯托弗·史考提斯（Barry, 2000）描述了这一情景，这应是一种猜测。

9 事实上这将在短短10万年内发生。当早期的人类祖先凝望星空时，他们也看到了我们不知道的景象。

10 第一批死亡的植物是那些通过C_3碳固定进行光合作用的植物，这需要更高的二氧化碳水平。大约有3%的植物通过C_4碳固定进行光合作用，这些植物可以在远低于C_3植物临界值的二氧化碳水平上存活（Kellogg, 2013）。

所有这些估算都有很大的不确定性。我们有理由相信，失控和湿润温室效应对生命在地球上可以继续存在的时间构成了一个上限，但由于气候模型的常见限制，我们仍然不确定它们何时会发生。Wolf & Toon (2015) 发现湿润温室效应将在约20亿年后出现，而Leconte et al. (2013) 将下限定为 10 亿年。

一个尚无定论的问题是，在产生失控或湿润温室效应之前，二氧化碳耗竭或温度上升是否会使地球变得不适合生存。Rushby et al. (2018) 估计，对于 C_3 光合作用来说，二氧化碳耗竭将在大约 8 亿年后发生，而对于 C_4 光合作用来说，大约在 5 亿年后发生。

在如此漫长的时间跨度内，我们不能忽视这样一种可能性，即进化可能会产生新的物种，能够在不适合现有生命形式的气候中生存。事实上，第一批进行 C_4 光合作用的植物就是在 3 200 万年前才出现的（Kellog, 2013）。

11 太阳正以每 10 亿年 10% 的速度变亮，并将持续 50 亿年左右，届时它将进入红巨星阶段。如果没有我们的干预，这种令人惊奇的微小相对变化将意味着复杂生命的结束。大约 60 亿年后，我们需要吸收大约一半的入射光，或使之偏转。

12 Schröder & Connon Smith (2008).

13 传统的恒星形成过程将在大约 1 万亿到 100 万亿年后停止，但有许多原恒星（称为褐矮星）太小，无法自行燃烧。在这些宇宙的时间尺度上，它们的碰撞将创造出小而稳定的新恒星流，其持续的时间至少是传统恒星形成过程的 100 万倍（Adams & Laughlin, 1997; Adams & Laughlin, 1999）。

14 星图反映在一些最早的后农业时代人工制品中。对许多保留了狩猎生活方式的原住民来说，关于星空的知识如今在文化和实践上都很重要。甚至有一种引人遐想的可能性，那就是口述传统将一些关于星星的祖先神话保存了 5 万多年：北美、西伯利亚和澳大利亚的一些原住民部落都用自己的语言将同一个星座称为“七姐妹”。这个星座就是昴星团，古希腊人也称它为“七姐妹”（Wilson, 2001）。

15 我们不知道具体有多少个星系。从哈勃望远镜超深场图像中可见的星系数量推断，目前的技术至少可以观测到 1 500 亿个可见星系。但由于我们无法探测到所有星系，所以这一数量可能会算少了，而多算则是因为早期宇宙中有更多的星系，其中很多融合到了一起（哈勃的图像显示的是很久以前光线离开这些遥远区域时它们的样子）。最新的测算是每立方兆光年目前有 0.000 9 个星系（Conselice et al., 2016），我的计算是目前在可观测的宇宙中有 4 000 亿个星系。

星系的规模大小不一，从超过一万亿颗恒星到可能只有几千颗。大多数星系都比银河系小得多。星系规模的差异之大增加了不确定性。我们可能会发现，小而暗的星系比我们预想的要多得多，这大大增加了可观测宇宙中星系的数量，但同时也使普通星系变得不那么令人印象深刻。

16 如果只和地球的**陆地**面积相比，这个比例会好一些，但即使是我们的海洋（海面或海床）也比遥远的行星和卫星更容易定居。

17 太阳每小时输出的能量约为 3.2×10^{20} 焦耳（Tsao, Lewis & Crabtree, 2006），而我们每年的能量消耗约为 6×10^{20} 焦耳（IEA, 2019）。

18 人们讨论这样宏伟的天文工程时，往往会直接跳到它的最终实现形式：一个完全包裹住太阳的戴森球。但这样极端的形式会带来其他问题和弊端。因此最好认为这是一种可扩展的方法。

19 一种方法是制造单个的太阳能收集器，并将它们放在围绕太阳的轨道上。可以说我们已经开始利用现有的一些航天器和卫星这样做了。虽然处理掉废热并把捕捉到的能量送到有用的地方是很复杂的事情，但这种方法一开始是比较简单的。然而，一旦有足够多的收集器来捕获相当一部分太阳的能量，它就变得更加复杂了（因为那时人们需要协调它们的轨道以避免碰撞）。

另一个有望实现的方法是不使用卫星，而是使用“太空哨兵”（statite）。这些物体不在轨道上，由于太阳对其的引力被阳光向外施加的力完全抵消，从而使它们避免了落入太阳。平衡这些力量需要集热器的单位面积重量非常轻，但这看起来确实可以实现。虽然每个集热器的工程设计都有很大困难，但它们只需要很少的建造材料，而且只要制造更多的集热器，然后将它们放置在相应的地方，就可以扩大项目规模。我的同事埃里克·德雷克斯勒和安德斯·桑德伯格已经进行了可行性计算，估计吸收所有太阳光所需的质量约为 2×10^{20} 千克。这大约是太阳系第三大小行星智神星的质量（Sandberg, n.d.）。

20 即使化石燃料在汽车上仍有用武之地（汽车需要自带能源），其碳排放也可以通过由充足太阳能提供动力的二氧化碳洗涤器轻松抵消。

21 用这种方法发送航天器的方向可能也有限制，所以我们可能无法通过它将航天器直接发送**到**最近的恒星。

由于我们已经送到太阳系之外的航天器并不以最近的恒星为目标，所以它们会越过这些恒星，继续前进。它们的发射速度不足以逃离银河系，所以注定要在银河系中徘徊极长的时间，也许会在许多恒星上晃过，最终被摧毁。

22 Overbye (2016).

23 人们通常想象这样一个定居点将建立在行星上，但也可以设立在卫星上或用小行星上的材料建造的空间站中。后者可能会成为优越的早期行动基地，因为最初的飞行器不需要在降落到行星上后还能继续使用，也不需要建造巨大的火箭来返回太空。

24 关于“费米悖论”和人类是否孤独的问题，请参见第二章注 44 中我自己的思考概要。

25 如果地外生命不如我们先进，这可能会对我们的道德构成考验；如果它更先进，则可能会对我们的生存构成威胁。或者，如果科技能力在不超过几个世纪的未来就会遇上天花板，那么我们很有可能在和其他的智慧生命达到旗鼓相当的水平之后，才会遇到它们：双方在技术上是平等的。

26 我们可以通过想象将银河系中每一对距离不超过 *d* 的恒星连成线段来理解这一点。在 *d* 值较小的情况下，只有一小部分恒星能连接起来。但是一旦 *d* 超过某个关键的临界水平，可以相连的恒星数量就会陡然增多，将银河系中几乎所有的恒星都连接起来。我的同事安德斯·桑德伯格计算出 *d* 值大约为 6 光年。

如果我们利用恒星会在漂移中接近彼此这一事实，临界距离会更小。如果我们等待恒星相互接近，我们就不必每一步都走得那么远。

还有一个复杂的因素是，也许并不是每个恒星系统都能够让我们定居，从那里开始新的航行。我们知道类地行星十分常见，所以这种情况现在看上去不太可能，但也许会是真的。这将大大减少可选择的恒星数量，增加临界距离。

27 这并不是定居银河系最快或最有效的方法，特别是如果我们每一次可以走得更远的话。我之所以关注它，是因为它是**最简单的**：所需的技术、规划，以及来自太阳系的资源都是最少的。

28 Adams & Laughlin (1997).

29 大的星系群被称为“星系团”，但在规模等级中占据相同的层级。

30 这些交叉的空间有时被称为“超星系团”，不过这个词有时也被用来指交叉点周围更广泛的区域，在此情况下每个星系都被认为是某个超星系团的一部分。无论哪种方式，超星系团都是勘测宇宙环境的有用概念，但与我们的潜力关系不大。

31 宇宙正在膨胀的发现一般归功于爱德华·哈勃和乔治·勒梅特，他们分别在 1927 年和 1929 年独立地得出这个结论（Gibney, 2018）。宇宙加速膨胀是在 20 世纪 90 年代末才被发现的（Riess et al., 1998），这项研究获得了 2011 年诺贝尔物理学奖。

在接下来的段落中，我描述的是关于加速膨胀的最简单的已知描述中的极限，其原因是一个宇宙学常数，即所谓的“宇宙协和模型”（concordance cosmology）或 Λ-冷暗物质模型（ΛCDM）。对加速膨胀的其他解释（包括认为它不存在的解释）可能会得出完全不同的极限，甚至根本没有极限。

32 来自这些星系的光线只有 138 亿年的时间（我们宇宙的年龄）到达地球，但它们目前距离我们有 460 亿光年，因为其间的空间一直在扩大。

33 630 亿光年的极限是我们目前能观测到的距离（464 亿光年）和我们目前能影响到的距离（165 亿光年）之和。

如果有人离开地球旅行，他们可以在前行的方向上看得更远一些。在极端的情况下，他们如果以光速旅行，最终可以到达目前距离地球约 160 亿光年的一个点，然后看到以这个遥远的点为中心的整个最终可观测的宇宙。他们看到的不会比这里的人**多**，但会看到不同的部分，包括一些从这里永远看不到的部分。但根据我们目前最可靠的理论，距离地球超过 790 亿光年的东西（这些距离的总和）是绝对不可能观测到的。

34 令人惊奇的是，这个可影响的区域略微超过了“哈勃球体”——包含所有以低于光速的速度往后退的星系的区域（目前半径为 144 亿光年）。这是因为我们仍然有可能达到一些后退速度比光速要快的近处星系。这样做看上去不可能是因为没什么东西穿越太空的速度比光速还快，但我们可以利用那些遥远星系本身也在运用的奇妙方式。它们迅速后退并不是因为它们在快速穿越太空。而是因为我们和它们之间的太空正在膨胀。如果你用火炬照向天空，火炬发出的光也会以比光速更快的速度向你周围退散。因为其中的空间本身就在膨胀。你释放的一些光子最终会到达哈勃球体之外约 20 亿光年的地方。事实上，几乎你所做的一切都会影响到光子从地球反射进入深空的模式，你的日常生活几乎不可避免地影响了 160 亿光年外的事物。

因此，虽然人们经常使用“哈勃球体”或“哈勃体积”作为我们有望影响的一切的代名词，但他们真正应该使用的是“可影响的宇宙”这种说法，它的描述性更强，也更准确。

35 作者的计算依据是 Conselice et al. (2016) 提出的每立方兆光年 0.000 9 个星系的密度。这些关于每年又有多少星系变得可见或不再受影响的数值，很大程度上取决于宇宙有多少星系这个尚未解决的问题（见本章注 15）。

36 一个主要的挑战是散落在星系之间太空中的极小尘埃颗粒。如果一个航天器以相当接近光速的速度与这些微粒相撞，那么碰撞将是毁灭性的。航天器在旅途中不遇到任何这样的尘粒的概率随着飞行距离的增加而呈指数级下降，所以一步到位的较长距离飞行可能会带来很大的挑战，可能需要某种形式的屏障。我的同事埃里克·德雷克斯勒计算过，在航天器行进之前发射几层屏障材料可以保护有效载荷，当然这还是推测。

利用星系之间稀疏的恒星散射也许可以缩短距离（效果还可能很明显）。

37 我们预期的未来价值大致相当于它的持续时间、规模、质量和实现机会的乘积。因为这些条件是相乘的，所以为其中任何一个因素增加一个给定的系数，都会对预期价值产生同样的影响。因此，我们的边际努力最好用在相对最容易提高的那个方面。

38 这个关于安全如何胜过草率行事的论点是由尼克·博斯特罗姆（2003）首次提出的，不过他的经验假设有所不同。他用我们正在失去的宇宙可定居区域的星光能量来衡量延迟星际旅行带来的年度损失。然而，我认为星光不会是我们可以利用的主要资源（通过星光转化为能量的恒星质量不到千分之一），我认为这个可定居区域的规模缩小才是关键。

我自己的猜想是，每年的损失比例大致等于因宇宙膨胀而变得无法到达的星系所占的比例。这也完全有可能很快变成一个错误答案：例如，如果技术无法实现星系间旅行，或者如果宇宙加速膨胀的证据被推翻。但我认为这一观点大致上可以保留：每年的损失比例非常小，可能不到十亿分之一。这是因为能够决定这一比例的大多数相关时间尺度本身就是以数十亿年为单位的（宇宙的年龄、大多数恒星的寿命、星系继续形成恒星的时间、地球的年龄和地球上迄今为止的生命度过的时间）。

39 这是他在 1925 年剑桥使徒会演讲中的内容，当时他 21 岁（Mellor, 1995）。拉姆齐还完善了经济贴现理论，反对仅以时间的流逝为由进行贴现（参见附录 A）。

40 其中一些想法受到了博斯特罗姆（2005, 2008）的直接启发。

附录

1 看到我那异想天开的三十年计划得到实现，我也许很高兴拿到这一美元，但让我们先把这事放到一边……

2 但并不**完全**由于这个效应——我的收入增加不仅是因为经济增长，也因为我在人生中走得更远了。

3 一些经济学家，如达斯古普塔（2008），还将社会对平等的偏好纳入参数 η。这可能会使其规模超出个人边际效用递减所包含的范围。

4 它源于拉姆齐（1928）给出的论点。

另一种模式是计算未来货币收益的净现值，因为（通常）可以通过投资来增加早期货币收益的规模，直到未来那个时间点。因此，未来收益的净现值可以被认为是我们今天需要投资的金额，以使其在未来特定时间点的复利达到特定的规模。沿着这个思路提出的论点表明，贴现率取决于利率而不是增长率。

然而，当不存在这种投资的选项时，这种贴现的理由就不适用了。这里的情况就是如此——因为生存性灾难可能会切断这种投资，或使后代无法从中受益。人类灭绝显然同样属于这种情况，而其他一些情况似乎也是如此。

5 Ng (2016) and (2005) 很好地阐述了这一点。

6 事实上，许多伟大的哲学家都反对纯粹时间偏好——参见 Sidgwick (1907)、Parfit (1984) 和 Broome (2005) ——而且我知道没有哲学家支持将其纳入社会贴现率，所以他们的意见可能是完全一致的。对于那些了解哲学的人来说，这确实很了不起，因为哲学家几乎对每一个话题都有分歧，包括他们是否是世界上唯一的人，是否有任何真正的道德诉求（Bourget & Chalmers, 2014）。

请注意，在哲学家和经济学家关于贴现率的争论中，存在着一定程度的各说各话现象。哲学家经常说他们赞成零贴现率，但这并不是他们想要表达的意思的正确术语（比如，倘若人们将来变得更富有，货币收益对这些人就不那么重要了，他们对此没有异议）。哲学家们通常说的是纯粹时间偏好的零比率，或者说 ηg 项不适用于他们所考虑的议题（比如健康福利）。

7 最近对 180 位发表过社会贴现率论文的经济学家进行的调查发现，他们对时间偏好的纯利率最常见的估计是 0%，中位数是 0.5%（Drupp et al., 2018, p. 120）。

8 Ramsey (1928), p. 543; Harrod (1948), p. 40. Arthur Pigou (1920, p. 25) 提出，不为零的纯粹时间偏好“意味着……我们的预见能力是有缺陷的”。

9 这是否属于经济学家的工作，我也有疑问。它不仅给出了一个贫乏的经济学概念，在规范性领域让出了所有的立场，而且把这些立场让给了相当于民意调查的东西。

即使经济学不关注规范性问题，也有其他人十分关注并深入思考了这些问题，在强有力的论证支持下得出新颖的结论。其中有些人在经济学系工作，有些在哲学系工作，有些分布在学术界内外的其他领域。他们当然没有在所有的道德问题上达成一致，但他们在规范性问题上确实有一些来之不易的知识。用广泛的调查（或用现政府的意见）来代替他们的见解，这本身就是一种规范性的选择，而在我看来这是一种糟糕的选择。

10 虽然关于这个话题的一篇早期论文（Cropper, Aydede & Portney, 1994）表明，参与者强烈倾向于越早越好，而不是越晚越好，但这并没有为纯粹时间偏好提供任何实际证据。因为在后续的问题中，他们中的许多人说之所以做出这样的选择，是因为未来是不确定的，而且很可能出现拯救生命的技术，而不是因为纯粹时间偏好。详见 Menzel (2011)。

Frederick (2003) 的后续研究更能将时间偏好从这些混杂的解释中分离出来。例如，他要求人们拿一个因接触污染物而来年在美国去世的人与 100 年后在同样的情况下死去的人比较。64% 的人认为两种情况“同样糟糕”，28% 的人说先死去更糟糕，而 8% 的人认为后来的死亡更糟糕。28% 的人似乎表现出纯粹时间偏好，他们认为现在的一次死亡约等于 100 年后的三次死亡。因此，所有参与者的平均时间偏好为下个世纪每年不到 0.25%（根据其他实验推测，这一比例未来几百年还会进一步减少）。

11 这可能是由于剩余的生存性风险，可能是由于未来即使成功实现了繁荣也不会持续那么久，也可能是由于未能实现繁荣的未来，但这并不符合生存性风险的条件（例如在我们任何时候都可以防止风险但就是没有做到的情况下逐渐滑向毁灭）。

12 Stern, (2006). 斯特恩提出的每世纪 10% 左右的灾难率是相当武断的，这并不是试图量化未来风险的最佳证据。然而，我认为这对下个世纪的风险来说处于正确的大致范围内。

虽然对他的贴现方法的大部分讨论都集中在他为 δ 设置的极小值上，但他确实有效地包含了 ηg 项。然而，由于增长率的轨迹是在他的模型中产生的，因此很难明确看到它如何影响他的模型结果。请参见 Dasgupta (2007) 对 Nordhaus 早期研究的深入分析和比较。

13 有很可靠的论据表明为什么时间偏好的纯利率应该是一个随时间变化的常数（从而给出一条指数曲线）。因为这是避免“时间不一致”（即随着时间的流逝，你在判断两种利益中哪一种更好时会改变主意）的唯一方法。但这个论点不适用于增长率或灾难率，它们是经验参数，应该根据我们最可靠的经验估计来设定。

14 我们在第三章中看到，自然风险率可能低于每年二十万分之一（要考虑到我们至今存活了 20 万年，而相关物种的平均存活时间比这长得多）。如果有 50% 的机会进入一个灾难率最多只有二十万分之一的时期，其贴现值会超过 10 万年。

15 这一论点是以 Martin Weitzman (1998) 的论点为基础的，尽管他没有解决基于灾难率的贴现问题。主要的诀窍是要看到我们是在对特定时间之前发生灾难的可能性贴现，所以特定时间点的有效贴现系数是我们相信会出现的世界的贴现系数的概率加权平均值。于是，很容易看出这并不等于按平均率（或任何固定比率）进行贴现，从长远来看，它倾向于按我们所相信的最低非零比率进行贴现。因此，即使你知道有一个恒定的危险率，你对这个危险率是多少的不确定性也会产生非指数贴现。

16 这取决于该行动是只降低了近期的风险，还是对风险有持续的影响。

17 例如，如果你认为我们至少有 10% 的机会存活超过 100 万年，这就相当于说确定性等价折现率下降到一个足够小的值，未来的折现值至少是今年的 10% × 100 万 =10 万倍。

18 Parfit (1984); Ng (1989); Arrhenius (2000).

19 这是由于多个平均数合并产生的一种现象。据说喜剧演员威尔·罗杰斯曾说过："当俄克拉何马人离开俄克拉何马州，搬到加州时，他们提高了这两个州的平均智力水平。"这最初听起来是不可能的，但进一步思考就会发现，如果搬离的人低于俄克拉何马州的平均水平（所以他们的离开提高了其平均水平），但高于加州的平均水平（所以他们的到来提高了其平均水平），这就有可能发生。这就是现在人们所熟知的威尔·罗杰斯现象，在医学统计中有着重要的意义（Feinstein, Sosin & Wells, 1985）。

如果某人有可能出生在两代人中的任何一代，就会出现这种情况。如果他们的福祉水平低于第一代的平均水平，而高于第二代的平均水平，那么移动他们就会在不影响任何个人的福祉，也不改变任何人的存在的情况下，提高这两代人的平均水平（从而提高各代的平均水平之和）。既然平均数之和已经上升了一些，那么就可以修改这个例子，把每个人的效益降低较小的量，这样每个人的情况都会稍差一些，但代际平均数之和仍然上升了。一个理论如果在人口相同的情况下优先选择一个对每个人都更坏的替代方案，一般会被认为是有致命缺陷的（尤其是在如平等这样的其他方面没有收益的情况下）。

但是，一个人有可能出生在两个不同的世代中的任何一个吗？似乎是可以的。例如，现今的医学技术将胚胎冷冻起来，使夫妇可以选择何时植入胚胎。如果胚胎可以立即植入，或者 30 年后再植入，那么它就可能在两个不同的世代中出生。如果这个胚胎孕育出的人在每一种情况下都享有相同的福祉水平，而且介于两代人的平均福祉水平之间，我们就会得到威尔·罗杰斯现象。即使你把这个人的出生日期定在受孕时而不是出生时，类似的形式也是适用的，因为现有的医疗技术可以让同样的精子在现在或 30 年后与同样的卵子结合。这里担心的不是体外受精会给进行长期分析带来实际问题，而是代际平均数之和的原则在理论上是不成立的，因为即使所有个体的幸福感下降，代际平均数也可以上升。

更普遍的是，许多基于多重平均数的评级系统都有这个缺陷。例如，只需让个人在国家之间流动，就可以使所有国家的人均国内生产总值上升。我们应该始终对这种措施持怀疑态度。

20 这将使未来产生很大价值，但并不是海量的价值。整个未来的价值可能是这一代人的十倍左右，这取决于你的假设。

21 Narveson (1973).

22 参见 Narveson (1967, 1973), Parfit (1984, 2017a) 和 Frick (2014)。

23 不过如果每个结果中涉及的人完全不同，那么低福祉水平的世界也不会更差，所以这仍然不能完全符合我们对这种情况的直观感受。

24 参见 Narveson (1973) 和 Heyd (1988)。

25 出现的问题包括如下例子：

• 不关心每个人都有低福祉的未来和每个人都有高福祉的未来（由不同的人组成）之间的道德差异。

• 当引入“不可逆转的选择”时，道德等级会发生变化（例如，当 A 和 B 是仅有的选择时，人们更喜欢 A，但当还有一个较差的选择 C 时，人们又更喜欢 B 而不是 A）。

• 在不同的选择情境中有循环的偏好（导致你更喜欢 A 而非 B，B 而非 C，C 而非 A）。

• 具有循环的价值排序（说 A 比 B 好，B 比 C 好，C 比 A 好）。

• 说所有在生存人数上哪怕仅有细微差别的结果之间都是不可比较的。

26 最近有一些研究试图通过转向一些更基本的东西来证明不对称性，例如 Frick (2014) 的研究。

27 至少如果单独考虑的话。许多人认可影响个人论对后代福祉价值的论述，并将其与承认灭绝的坏处的其他道德原则结合起来。如果是这样，他们的整体道德观就不会受到这种反直觉性的影响，但也不会对我所要捍卫的主张，即人类灭绝将是极其糟糕的，构成任何威胁。

28 Beckstead (2013，p.63) 在这一点上说得特别好。同样，认为总量论最可信的人，在采纳反感结论这样的观点提出的建议时，应该非常谨慎。

29 DoD (1981).

30 DoD (1981), p. 8.

31 DoD (1981), p. 12.

32 Oxnard Press-Courier (1958); DoD (1981), p. 8.

33 DoD (1981), p. 20.

34 DoD (1981), p. 21. 最令人担忧的是，防止炸弹爆炸的一个关键机制在另一枚炸弹上似乎失效了（Burr, 2014）。美国国务院（1963）引用了麦克纳马拉的话。

35 DoD (1981), p. 22.

36 DoD (1981), p. 28; Broder (1989).

37 DoD (1981), p. 29.

38 由于 B-52 的武器还没有达到“多保险”的标准，当时发生核爆炸事故的可能性比今天更大。参见 Philips (1998)。

39 SAC (1969); Risø (1970); DoD (1981), p. 30; Philips (1998); Taagholt, Hansen & Lufkin (2001), pp. 35–43. 预警系统与美国有三条通信线路：B-52 轰炸机在空中警戒时转发的无线电、直接无线电和炸弹警报。飞机坠毁切断了第一条。核弹爆炸也会切断直接无线电联系，并触发炸弹警报，使这次事故无法与苏联的核打击区分开来。

40 DoD (1981), p. 31.

41 博德恩于 2015 年首次向一家日本报纸透露了他的故事，随后发表在《原子能科学家公报》上（Tovish, 2015）。其他曾经负责过导弹发射的人对其说法提出了质疑（Tritten, 2015）。

42 所以风险 1 的重要性是风险 2 的 $(p_1/p_2) \times [(1-p_2)/(1-p_1)]$ 倍。我们可以将其改写为 $[p_1/(1-p_1)]/[p_2/(1-p_2)]$，也就是它们的概率比。所以，如果你想用一个数字来表达每个未发生风险的重要性（不需要根据你所比较的风险进行调整），概率比就能完美地发挥作用。

43 你可能会想，这是否带来了一个如何区分风险的问题。例如，是什么让某件事成为 90% 的风险，而不是两个重叠的 50% 的风险？事实证明，这并不真正取决于我们如何区分风险。相反，它取决于我们的要求。如果你考虑的是降低一组风险，如果没有其他风险在起作用，这组风险将构成 90% 的整体生存性风险，那么这就像降低一个概率为 90% 的独立风险一样。

事实上，“大风险”可能是一系列同时变动的较小风险的集合，这开启了一些有意思的可能性。例如，假设本世纪的风险是 10%，消除它将使未来的所有风险达到 90%。如果你有条件将所有的近期风险都减少一定数量，或者减少所有后来的风险，这个效应就会出现，说明对以后的风险采取行动会得到原来 9 倍的效果。（也就是说，对未来的风险采取行动通常也会收到反效果，这个反效果可能会超过这个数值，因为我们应该预计有更多的人有能力行动。）

44 前者将 91% 的整体生存性风险降低 0.9 个百分点，达到 90.1%。后者将 91% 降低 0.1 个百分点，达到 90.9%。效果令人惊讶，因为将 90% 的风险降低到 89%，该风险的变化也是很微小的。直观地理解这一点的关键在于，**不**出现重大灾难的机会发生了微小变化。

45 无论是有几个大的风险还是有许多小的风险，这种情况都会发生：例如，如果有 100 个独立的风险，每个风险为 2%，也会出现同样的效果。

46 这并不要求我们认为大灾难后的几个世纪的价值为零，只是说它们之间的价值量相同，而且这比大灾难前的价值量要少。

47 另一种看法是，在不降低风险的情况下，我们未来的预期价值是某个数字 *V*，消除第一个世纪的生存性灾难概率，相当于毫不费力地得到一个安全的世纪，之后未来会以原始值从这一点开始。所以我们增加的价值就是人类一个世纪的价值。或者我们可以问，你消除的风险量需要多少年才能积累起来。在这个基本模型中，消除风险的价值就是对应年限的价值。

还要注意的是，当我提出人类百年的价值时，我指的是它的**内在**价值。由于现在人类的行为可以极大地影响未来几个世纪的内在价值，一个世纪内大部分的全盘价值在于它的**工具价值**。例如，我们增加了多少知识、技术、机构和环境的储备资源，将其传给后代。当然还有我们增加或减少的生存性风险总量（尽管在这个基本模型中，我们减少生存性风险带来的工具价值最多等于一个世纪的内在价值）。

48 价值的增加率不一定要为了产生较大的影响而始终高于危险率。这种情况是没有问题的，因为我们所掌握的证据表明，极长期的危险率将大致恒定（由于有少量不可消除的风险），这就需要价值在极长期内实现指数级增长来抵消它。但似乎我们用给定数量的原始资源所能创造的价值最终会达到一个极限，而我们获取新资源的速度受光速的限制无法实现三次方或稍小幅度的增加。

49 有人可能会用反事实思维来反对：这些认识是有用的，但未来其他人迟早也会自己产生这些认识，所以对未来没有反事实的影响。这有一些重要的道理。虽然本书的认识仍然会有一些反事实的影响，但这将是在推进对话方面，使未来的人能够在这些认识的基础上取得进步。但是这些进一步的进步可能会有越来越小的边际价值。所以，在这个反事实的基础上，现在的研究对未来风险的价值会比表面上的要小，而且可能会随着时间的推移而减少。

但这并不影响我提出的问题。因为如果我们假设未来其他人会在生存性风险上进行重要的累积研究，那么这就说明风险在未来几个世纪内不会是恒定的，而是会不断降低的。无论哪种方式，都会产生我们即将看到的类似效果。

50 黄有光（Yew-Kwang Ng，2016）也注意到了这种反直觉的效应。

51 这个说法来自博斯特罗姆（2013）。David Deutsch (2011) 令人钦佩地论证了相反的观点。

我们也可能达到一种社会或政治上的成熟状态，那时我们不再像 20 世纪的极权主义实验那样冒险尝试激进的新制度，而是发展出一个稳定的社会，再也不可能陷入暴政。

52 对价值的提升大致取决于下一个世纪的风险和每一个世纪的长期风险之间的比率。例如，倘若本世纪有十分之一的概率发生生存性灾难，但这一概率迅速下降到每世纪不到二十万分之一的自然风险背景率，那么与基本模型相比，本世纪消除风险的价值将提高 2 万倍。

53 我们可以从数学上将其视为未来值的非对称概率分布（也许在对数空间中是对称的）。未来的预期值对应于这个分布的平均值，而这个平均值可能大大高于中值。

54 还有一些人尝试过扩展和添加层级，但是他们使用的方法中存在随意的或有问题的成分。有几个人试图为“宇宙”增加一个 K4 级别，但将此应用于整个宇宙或可观测的宇宙都不是正确的概念。卡尔·萨根提出过一个连贯的卡尔达舍夫文明尺度的早期形式，但它需要所有的等级之间正好相差 10 个数量级。由于数量级之差实际上大约是 9 和 11，这就打破了卡尔达舍夫的分类水平与宇宙的层级结构，这是非常大的损失。我认为最好是在两个整数的卡尔达舍夫水平之间插入值，这样每一个数量级都是从 K0 到 K1 的大约 1/9，却是从 K2 到 K3 的 1/11。萨根也增加了一个 K0 级，但放在了在 K1 之前的 10 个数量级的任意位置，这样的话，我们从 K0 走到 K1 的一小部分并没有任何实际意义。

55 这是一个对数量级的推算，文字出现时的古代美索不达米亚约有 100 万人，从食物中消耗的功率约为 100W，消耗的工作 / 热量约为 100W。由于这些数字是不准确的，或者他们的牲畜消耗的食物大大超过了人类的消耗量，真实情况可能会比这个数值高出一小截。

参考文献 BIBLIOGRAPHY

Acemoglu, D. (2013). 'The World Our Grandchildren Will Inherit', in I. Palacios-Huerta (ed.), *In 100 Years: Leading Economists Predict the Future* (pp. 1–36). MIT Press.

Adams, F. C., and Laughlin, G. (1997). 'A Dying Universe: The Long-Term Fate and Evolution of Astrophysical Objects', *Reviews of Modern Physics*, 69(2), 337–72.

—(1999). *The Five Ages of the Universe: Inside the Physics of Eternity*. Free Press.

Aizen, M. A., Garibaldi, L. A., Cunningham, S. A., and Klein, A. M. (2009). 'How Much Does Agriculture Depend on Pollinators? Lessons from Long-Term Trends in Crop Production'. *Annals of Botany*, 103(9), 1,579–88.

Alexander, S. (2014). Meditations on Moloch. https://slatestarcodex.com/2014/07/30/meditations-on-moloch/

—(2015). AI Researchers on AI Risk. https://slatestarcodex.com/2015/05/22/ai-researchers-on-ai-risk/

Alibek, K. (2008). *Biohazard*. Random House.

Allen, M., et al. (2018). 'Framing and Context', in V. Masson-Delmotte, et al. (eds), *Global Warming of 1.5°C*. An IPCC Special Report on the impacts of global warming of 1.5°C above pre-industrial levels and related global greenhouse gas emission pathways, in the context of strengthening the global response to the threat of climate change (pp. 49–91), in press.

Alroy, J. (1996). 'Constant Extinction, Constrained Diversification, and Uncoordinated Stasis in North American Mammals'. *Palaeogeography, Palaeoclimatology, Palaeoecology*, 127(1), 285–311.

Altman, A., and Wellman, C. H. (2004). 'A Defense of International Criminal Law'. *Ethics*, 115(1), 35–67.

Alvarez, L. W., Alvarez, W., Asaro, F., and Michel, H. V. (1980). 'Extraterrestrial Cause for the Cretaceous-Tertiary Extinction'. *Science*, 208(4448), 1,095–108.

Ambrose, S. H. (1998). 'Late Pleistocene Human Population Bottlenecks, Volcanic Winter, and Differentiation of Modern Humans'. *Journal of Human Evolution*, 34(6), 623–51.

Ammann, W., et al. (2012). 'Mars Sample Return Backward Contamination – Strategic Advice and Requirements'. *National Aeronautics and Space Administration.*

Anderson, I. (2008). 'Foot and Mouth Disease 2007: A Review and Lessons Learned – Report to the UK Prime Minister and the Secretary of State for Environment Food and Rural Affairs'. London: The Stationery Office.

Annan, J. D., and Hargreaves, J. C. (2011). 'On the Generation and Interpretation of Probabilistic Estimates of Climate Sensitivity'. *Climatic Change*, 104(3–4), 423–36.

Antón, S. C., Potts, R., and Aiello, L. C. (2014). 'Evolution of Early Homo: An Integrated Biological Perspective'. *Science*, 345 (6192), 1236828.

Archer, D. (2005). 'Fate of Fossil Fuel CO_2 in Geologic Time', *Journal of Geophysical Research*, 110(C9).

Armstrong, S., and Sandberg, A. (2013). 'Eternity in Six Hours: Intergalactic Spreading of Intelligent Life and Sharpening the Fermi Paradox'. *Acta Astronautica*, 89, 1–13.

Arnett, R. L. (1979). 'Soviet attitudes towards nuclear war survival (1962–1977): has there been a change?' [PhD thesis]. The Ohio State University.

Arrhenius, G. (2000). 'An Impossibility Theorem for Welfarist Axiologies'. *Economics and Philosophy*, 16, 247–66.

Arsenault, C. (5 December 2014). 'Only 60 Years of Farming Left If Soil Degradation Continues'. *Scientific American.*

Arsuaga, J. L., et al. (2014). 'Neandertal Roots: Cranial and Chronological Evidence from Sima de los Huesos'. *Science*, 344(6190), 1,358–63.

Asimov, Isaac (August 1959). 'Big Game Hunting in Space'. *Space Age.*

—(1979). *A Choice of Catastrophes: The Disasters that Threaten Our World.* Simon and Schuster.

Askell, A. (2018). 'Pareto Principles in Infinite Ethics' [PhD Thesis]. Department of Philosophy, New York University.

Atkinson, N. (2009). How to Handle Moon Rocks and Lunar Bugs: A Personal History of Apollo's Lunar Receiving Lab. https://www.universetoday.com/35229/how-to-handle-moon-rocks-and-lunar-bugs-a-personal-history-of-apollos-lunar-receiving-lab/

Avin, S., et al. (2018). 'Classifying Global Catastrophic Risks'. *Futures*, 102, 20–6.

Baade, W., and Zwicky, F. (1934). 'On Super-Novae'. *Proceedings of the National Academy of Sciences*, 20(5), 254–9.

Bacon, F. (2004). 'Novum Organum', in G. Rees and M. Wakely (eds), *The Oxford Francis Bacon*, vol. 11: *The Instauratio magna Part II: Novum organum and Associated Texts* (pp. 48–586). Oxford University Press (original work published in 1620).

Baier, A. (1981). 'The Rights of Past and Future Persons', in E. Partridge (ed.), *Responsibilities to Future Generations: Environmental Ethics* (pp. 171–83). Prometheus Books.

Bailey, R. T. (1997). 'Estimation from Zero-Failure Data'. *Risk Analysis*, 17(3), 375–80.

Ball, D. (2006). 'The Probabilities of "On the Beach": Assessing "Armageddon Scenarios" in the 21st Century' (Working Studies Paper No . 401), in Strategic and Defence Studies Centre.

Bambach, R. K. (2006). 'Phanerozoic Biodiversity Mass Extinctions'. *Annual Review of Earth and Planetary Sciences*, 34(1), 127–55.

Bar-On, Y. M., Phillips, R., and Milo, R. (2018). 'The Biomass Distribution on Earth'. *Proceedings of the National Academy of Sciences*, 115(25), 6,506–11.

Barnosky, A. D., et al. (2011). 'Has the Earth's Sixth Mass Extinction Already Arrived?' *Nature*, 471 (7336), 51–7.

Barry, P. L. (2000). Continents in Collision: Pangea Ultima. https://science.nasa.gov/science-news/science-at-nasa/2000/ast06oct_1

Bartholomew, R. E., and Radford, B. (2011). *The Martians have Landed! A History of Media-Driven Panics and Hoaxes*. McFarland.

Baum, S. D., Denkenberger, D. C., Pearce, J. M., Robock, A., and Winkler, R. (2015). 'Resilience to Global Food Supply Catastrophes'. *Environment Systems and Decisions*, 35(2), 301–13.

BBC (12 November 2015). 'Russia Reveals Giant Nuclear Torpedo in State TV "leak"'. BBC News.

Beade, A. P. M., Ahlonsou, E., Ding, Y., and Schimel, D. (2001). 'The Climate System: An Overview', in J. T. Houghton, et al. (eds), *Climate Change 2001: The Scientific Basis. Contribution of Working Group I to the Third Assessment Report of the Intergovernmental Panel on Climate Change*. Cambridge University Press.

Beck, U. (2009). *World at Risk* (trans. C. Cronin). Polity Press.

Beckstead, N. (2013). 'On the Overwhelming Importance of Shaping the Far Future' [PhD Thesis]. Department of Philosophy, Rutgers University.

Benedictow, O. J. (2004). *The Black Death, 1346–1353: The Complete History*. Boydell Press.

Bengio, Y., et al. (2017). Creating Human-level AI: How and When? (Panel from The Beneficial AI 2017 Conference) [Video]. https://www.youtube.com/watch?v=V0aXMTpZTfc

Bernstein, A., and Roberts, M. de V. (1958). 'Computer v Chess-Player'. *Scientific American*, 198(6), 96–105.

Bethe, H., Brown, H., Seitz, F., and Szilard, L. (1950). 'The Facts About the Hydrogen Bomb'. *Bulletin of the Atomic Scientists*, 6(4), 106–9.

Blanton, T., Burr, W., and Savranskaya, S. (2012). *The Underwater Cuban Missile Crisis: Soviet Submarines and the Risk of Nuclear War*. National Security Archive, Electronic Briefing Book No. 399. National Security Archive.

Boberg, J. (2005). 'Freshwater Availability', in J. Boberg (ed.), *How Demographic Changes and Water Management Policies Affect Freshwater Resources* (pp. 15–28). RAND Corporation.

Bolton, J., and Azar, A. (2018). Press Briefing on the National Biodefense Strategy. https://www.whitehouse.gov/briefings-statements/press-briefing-national-biodefense-strategy-091818/

Bonnell, J. T., and Klebesadel, R. W. (1996). 'A Brief History of the Discovery of Cosmic Gamma-Ray Bursts'. *AIP Conference Proceedings*, 384, 977–80.

Bostrom, N. (2002a). *Anthropic Bias: Observation Selection Effects in Science and Philosophy*. Routledge.

—(2002b). 'Existential Risks: Analyzing Human Extinction Scenarios and Related Hazards'. *Journal of Evolution and Technology*, 9.

—(2003). 'Astronomical Waste: The Opportunity Cost of Delayed Technological Development'. *Utilitas*, 15(3), 308–14.

—(2005). A Philosophical Quest for our Biggest Problems (talk at TEDGlobal). https://www.ted.com/talks/nick_bostrom_on_our_biggest_problems

—(2006). 'What Is a Singleton'. *Linguistic and Philosophical Investigations*, 5(2), 48–54.

—(2008). 'Letter from Utopia'. *Studies in Ethics, Law, and Technology*, 2(1).

—(2009). 'Pascal's Mugging'. *Analysis*, 69(3), 443–5.

—(2011a). 'Infinite Ethics'. *Analysis and Metaphysics*, 10, 9–59.
—(2011b). 'Information Hazards: A Typology of Potential Harms from Knowledge'. *Review of Contemporary Philosophy*, (10), 44–79.
—(2012). 'The Superintelligent Will: Motivation and Instrumental Rationality in Advanced Artificial Agents'. *Minds and Machines*, 22(2), 71–85.
—(2013). 'Existential Risk Prevention as Global Priority'. *Global Policy*, 4(1), 15–31.
—(2014). *Superintelligence: Paths, Dangers, Strategies*. Oxford University Press.
—(2018). 'The Vulnerable World Hypothesis' (Working Paper, v. 3.45).
Bostrom, N., and Ćirković, M. M. (2008). 'Introduction', in N. Bostrom and M. Ćirković (eds), *Global Catastrophic Risks* (pp. 1–30). Oxford University Press.
Bostrom, N., Douglas, T., and Sandberg, A. (2016). 'The Unilateralist's Curse and the Case for a Principle of Conformity'. *Social Epistemology*, 30(4), 350–71.
Botkin, D. B., et al. (2007). 'Forecasting the Effects of Global Warming on Biodiversity'. *BioScience*, 57(3), 227–36.
Bourget, D., and Chalmers, D. J. (2014). 'What Do Philosophers Believe?' *Philosophical Studies*, 170(3), 465–500.
Brand, S. (April 2000). 'Taking the Long View'. *Time*.
Brasier, M., McLoughlin, N., Green, O., and Wacey, D. (2006). 'A Fresh Look at the Fossil Evidence for Early Archaean Cellular Life'. *Philosophical Transactions of the Royal Society B: Biological Sciences*, 361(1470), 887–902.
Brezhnev, L. (1979). Brezhnev Message to President on Nuclear False Alarm, Diplomatic Cable (No. 1979STATE295771) from Sec State (D.C.) to Moscow American Embassy. National Security Archive. United States Department of State.
Bricker, D., and Ibitson, J. (2019). *Empty Planet: The Shock of Global Population Decline*. Crown.
Broder, J. (9 May 1989). 'H-Bomb Lost at Sea in '65 off Okinawa, U.S. Admits'. *Los Angeles Times*.
Broome, J. (2005). 'Should We Value Population?' *Journal of Political Philosophy*, 13(4), 399–413.
Browne, M. W. (23 January 1990). 'Nuclear Winter Theorists Pull Back'. *The New York Times*.

Bruckner T., et al. (2014). '2014: Energy Systems', in O. Edenhofer, et al. (eds), *Climate Change 2014: Mitigation of Climate Change. Contribution of Working Group III to the Fifth Assessment Report of the Intergovernmental Panel on Climate Change* (p. 1,465). Cambridge University Press.

Brundage, M., et al. (2018). The Malicious Use of Artificial Intelligence: Forecasting, Prevention, and Mitigation. ArXiv, https://arxiv.org/pdf/1802.07228.

Bryant, C. (2003). 'Stopping Time: The Pro-Slavery and "Irrevocable" Thirteenth Amendment'. *Harvard Journal of Law and Public Policy*, 26(2), 501–49.

Buchner, B. K., et al. (2017). *Global Landscape of Climate Finance 2017*. Climate Policy Initiative.

Buck, P. S. (1959, March). 'The Bomb – The End of the World?' *The American Weekly*.

Buffett, B. A., Ziegler, L., and Constable, C. G. (2013). 'A Stochastic Model for Palaeomagnetic Field Variations'. *Geophysical Journal International*, 195(1), 86–97.

Bulfin, A. (2015). '"To Arms!" Invasion Narratives and Late-Victorian Literature'. *Literature Compass*, 12(9), 482–96.

Burke, E. (1790). *Reflections on the French Revolution*. James Dodsley.

Burr, W. (2014). 'New Details on the 1961 Goldsboro Nuclear Accident'. National Security Archive, Electronic Briefing Book No. 475. National Security Archive.

Butler, D., and Ledford, H. (2012). 'US Biosecurity Board Revises Stance on Mutant-Flu Studies'. *Nature*.

Butler, S. (13 June 1863). *Darwin Among the Machines*. The Press.

—(1872). *Erewhon*. Ballantyne and Co.

Buttazzo, D., et al. (2013). 'Investigating the Near-Criticality of the Higgs Boson'. *Journal of High Energy Physics*, 2013(12), 89.

BWC ISU (2019). Biological Weapons Convention – Budgetary and Financial Matters (21 January 2019 Letter from BWC Implementation Support Unit to BWC Representatives). https://www.unog.ch/80256EDD006B8954/(httpAssets)/1FE92995054B8108C1258394004233AD/$file/2019-0131+2018+MSP+Chair+letter+on+financial+measures.pdf

Carlson, R. (2016). On DNA and Transistors. http://www.synthesis.cc/synthesis/2016/03/on_dna_and_transistors

Carus, W. S. (2017). 'A Century of Biological-Weapons Programs (1915–2015): Reviewing the Evidence'. *The Nonproliferation Review*, 24(1–2), 129–53.

Ceballos, G., et al. (2015). 'Accelerated Modern Human-Induced Species Losses: Entering the Sixth Mass Extinction'. *Science Advances*, 1(5), e1400253.

Cederman, L.-E. (2003). 'Modeling the Size of Wars: From Billiard Balls to Sandpiles'. *The American Political Science Review*, 97(1), 135–50.

Challinor, A. J., et al. (2014). 'A Meta-Analysis of Crop Yield under Climate Change and Adaptation'. *Nature Climate Change*, 4(4), 287–91.

Chan, S. (18 September 2017). 'Stanislav Petrov, Soviet Officer Who Helped Avert Nuclear War, Is Dead at 77'. *The New York Times*.

Chapman, C. R. (2004). 'The Hazard of Near-Earth Asteroid Impacts on Earth'. *Earth And Planetary Science Letters*, 222(1), 1–15.

Charney, J. G., et al. (1979). 'Carbon Dioxide and Climate: A Scientific Assessment'. *National Academy of Sciences*.

Chen, Z.-Q., and Benton, M. J. (2012). 'The Timing and Pattern of Biotic Recovery Following the End-Permian Mass Extinction'. *Nature Geoscience*, 5(6), 375–83.

Chesner, C. A., and Luhr, J. F. (2010). 'A Melt Inclusion Study of the Toba Tuffs, Sumatra, Indonesia'. *Journal of Volcanology and Geothermal Research*, 197(1), 259–78.

Chosewood, L. C., and Wilson, D. E. (eds) (2009). 'Biosafety in Microbiological and Biomedical Laboratories'. HHS Publication No. (CDC) 21–1112 (5th ed.). Centers for Disease Control and Prevention.

Christakos, G., et al. (eds) (2005). 'Black Death: The Background', in *Interdisciplinary Public Health Reasoning and Epidemic Modelling: The Case of Black Death* (pp. 103–52). Springer.

Christian, D. (2004). *Maps of Time*. University of California Press.

Churchill, W. (1946). Speech, 'The Sinews of Peace', 5 March 1946 at Westminster College, Fulton, Missouri, US [Radio Broadcast]. BBC Archives.

Ciais, P., et al. (2013). 'Carbon and Other Biogeochemical Cycles', in T. F. Stocker, et al. (eds), *Climate Change 2013: The Physical Science Basis. Contribution of Working Group I to the Fifth Assessment Report of the Intergovernmental Panel on Climate Change* (pp. 465–570). Cambridge University Press.

Ćirković, M. M., Sandberg, A., and Bostrom, N. (2010). 'Anthropic Shadow: Observation Selection Effects and Human Extinction Risks'. *Risk Analysis*, 30(10), 1,495–506.

Clauset, A., and Young, M. (2005). Scale Invariance in Global Terrorism. ArXiv, https://arxiv.org/abs/physics/0502014.

Clune, J. (2019). AI-GAs: AI-Generating Algorithms, an Alternate Paradigm for Producing General Artificial Intelligence. ArXiv, http://arxiv.org/abs/1905.10985.

Coale, A. J. (1974). 'The History of the Human Population'. *Scientific American*, 231(3), 40–51.

Cohen, G. A. (2011). 'Rescuing Conservatism: A Defense of Existing Value', in *Reasons and Recognition: Essays on the Philosophy of T. M. Scanlon* (pp. 203–26). Oxford University Press.

Cohen, M. N. (1989). *Health and the Rise of Civilization*. Yale University Press.

Coles, L. S. (1994). 'Computer Chess: The Drosophila of AI'. *AI Expert*, 9(4).

Collingridge, D. (1982). *The Social Control of Technology*. St Martin's Press.

Collins, G. S., Melosh, H. J., and Marcus, R. A. (2005). 'Earth Impact Effects Program: A Web-Based Computer Program for Calculating the Regional Environmental Consequences of a Meteoroid Impact on Earth'. *Meteoritics and Planetary Science*, 40(6), 817–40.

Collins, M., et al. (2013). 'Long-Term Climate Change: Projections, Commitments and Irreversibility', in T. F. Stocker, D. et al. (eds), *Climate Change 2013: The Physical Science Basis. Contribution of Working Group I to the Fifth Assessment Report of the Intergovernmental Panel on Climate Change* (pp. 1,029–136). Cambridge University Press.

Compton, A. H. (1956). *Atomic Quest*. Oxford University Press.

Conn, A., Toon, B., and Robock, A. (2016). Transcript: Nuclear Winter Podcast with Alan Robock and Brian Toon. https://futureoflife.org/2016/10/31/transcript-nuclear-winter-podcast-alan-robock-brian-toon/

Conselice, C. J., Wilkinson, A., Duncan, K., and Mortlock, A. (2016). 'The Evolution of Galaxy Number Density at z<8 and its Implications'. *The Astrophysical Journal*, 830(2), 83.

Cook, M., and Woolf, A. (2002). 'Preventing Proliferation of Biological Weapons: U.S. Assistance to the Former Soviet States' (CRS Report for Congress) [Report RL31368]. U.S. Homeland Security Digital Library.

Cook, N. D. (1998). *Born to Die: Disease and New World Conquest, 1492–1650* (vol. 1). Cambridge University Press.

Cordell, D., Drangert, J.-O., and White, S. (2009). 'The Story of Phosphorus: Global Food Security and Food for Thought'. *Global Environmental Change*, 19(2), 292–305.

Cotton-Barratt, O., Daniel, M., and Sandberg, A. (n.d.). 'Defence in Depth against Human Extinction: Prevention, Response, Resilience, and Why they all Matter' [manuscript in preparation].

Coupe, J., Bardeen, C. G., Robock, A., & Toon, O. B. (2019). 'Nuclear Winter Responses to Nuclear War Between the United States and Russia in the Whole Atmosphere Community Climate Model Version 4 and the Goddard Institute for Space Studies ModelE'. *Journal of Geophysical Research: Atmospheres*, 8,522–43.

Cropper, M. L., Aydede, S. K., and Portney, P. R. (1994). 'Preferences for Life-Saving Programs: How the Public Discounts Time and Age'. *Journal of Risk and Uncertainty*, 8(3), 243–65.

Cropper, W. P., and Harwell, M. A. (1986). 'Food Availability after Nuclear War', in M. A. Harwell and T. C. Hutchinson (eds), *The Environmental Consequences of Nuclear War (SCOPE 28)*, vol. 2: *Ecological, Agricultural, and Human Effects*. John Wiley and Sons.

Crosweller, H. S., et al. (2012). 'Global Database on Large Magnitude Explosive Volcanic Eruptions (LaMEVE)'. *Journal of Applied Volcanology*, 1(1), 4.

CSIRO (2015). Sea Level Data – Update of Reconstructed GMSL from 1880 to 2013. http://www.cmar.csiro.au/sealevel/sl_data_cmar.htm.

Cubasch, U., et al. (2013). 'Introduction', in T. F. Stocker, (eds), *Climate Change 2013: The Physical Science Basis. Contribution of Working Group I to the Fifth Assessment Report of the Intergovernmental Panel on Climate Change*. Cambridge University Press.

Cui, Y., and Kump, L. R. (2015). 'Global Warming and the End-Permian Extinction Event: Proxy and Modeling Perspectives'. *Earth-Science Reviews*, 149, 5–22.

Cyranoski, D. (2017). 'Bat Cave Solves Mystery of Deadly SARS Virus – and Suggests New Outbreak Could Occur'. *Nature*, 552(7683), 15–16.

D'Errico, P. (2001). Jeffery Amherst and Smallpox Blankets. https://people.umass.edu/derrico/amherst/lord_jeff.html

Dante Labs (2019). Dante Labs Tests. https://us.dantelabs.com/collections/our-tests

Danzig, R., et al. (2011). 'Aum Shinrikyo: Insights Into How Terrorists Develop Biological and Chemical Weapons'. Center for a New American Security.

Dasgupta, P. (2007). 'Commentary: The Stern Review's Economics of Climate Change'. *National Institute Economic Review*, 199(1), 4–7.

Dasgupta, P. (2008). 'Discounting Climate Change'. *Journal of Risk and Uncertainty*, 37(2–3), 141–69.

Davenport, K. (2018). Biological Weapons Convention Signatories and States-Parties. https://www.armscontrol.org/factsheets/bwcsig

Dawson, T. P., Jackson, S. T., House, J. I., Prentice, I. C., and Mace, G. M. (2011). 'Beyond Predictions: Biodiversity Conservation in a Changing Climate'. *Science*, 332(6025), 53–8.

De Vos, J. M., Joppa, L. N., Gittleman, J. L., Stephens, P. R., and Pimm, S. L. (2015). 'Estimating the Normal Background Rate of Species Extinction'. *Conservation Biology*, 29(2), 452–62.

Deevey, E. S. (1960). 'The Human Population'. *Scientific American*, 203(3), 194–204.

Denkenberger, D. C., and Blair, R. W. (2018). 'Interventions that may Prevent or Mollify Supervolcanic Eruptions'. *Futures*, 102, 51–62.

Denkenberger, D. C., and Pearce, J. M. (2016). 'Cost-Effectiveness of Interventions for Alternate Food to Address Agricultural Catastrophes Globally', *International Journal of Disaster Risk Science*, 7(3), 205–15.

Desjardins, J. (2014). A Forecast of When We'll Run Out of Each Metal. https://www.visualcapitalist.com/forecast-when-well-run-out-of-each-metal/

Deutsch, D. (2011). *The Beginning of Infinity: Explanations that Transform the World*. Viking.

DiCarlo, J. E., Chavez, A., Dietz, S. L., Esvelt, K. M., and Church, G. M. (2015). 'Safeguarding CRISPR-Cas9 Gene Drives in Yeast'. *Nature Biotechnology*, 33(12), 1,250–5.

Diderot, D. (1755). 'Encyclopedia', in P. Stewart (trans.), *Encyclopédie ou Dictionnaire raisonné des sciences, des arts et des métiers*, vol. 5 (pp. 635–648A). Michigan Publishing.

DiEuliis, D., Carter, S. R., and Gronvall, G. K. (2017). 'Options for Synthetic DNA Order Screening, Revisited'. *MSphere*, 2(4).

Dobrynin, A. (1995). *In Confidence: Moscow's Ambassador to Six Cold War Presidents*. Random House.

DoD (1981). 'Narrative Summaries of Accidents Involving US Nuclear Weapons (1950–1980)'. Homeland Security Digital Library. U.S. Department of Defense.

Dodson, R. W., and Rabi, I. I. (1954). *Meeting Minutes of the Forty-First Meeting of the General Advisory Committee to the U.S. Atomic Energy Commission*. United States Atomic Energy Commission.

Downes, L. (2009). *The Laws of Disruption: Harnessing the New Forces that Govern Business and Life in the Digital Age*. Basic Books.

Drmola, J., and Mareš, M. (2015). 'Revisiting the deflection dilemma'. *Astronomy and Geophysics*, 56(5), 5.15–5.18.

Drupp, M. A., Freeman, M. C., Groom, B., and Nesje, F. (2018). 'Discounting Disentangled'. *American Economic Journal: Economic Policy*, 10(4), 109–34.

Duplaix, N. (1988). 'Fleas: The Lethal Leapers'. *National Geographic*, 173(5), 672–94.

Durand, J. D. (1960). 'The Population Statistics of China, A.D. 2–1953'. *Population Studies*, 13(3), 209–56.

—(1977). 'Historical Estimates of World Population: An Evaluation'. *Population and Development Review*, 3(3), 253.

Dylan, B. (1963). 'Let me die in my footsteps' [Lyrics]. *The Freewheelin' Bob Dylan*. Columbia Records.

ECDC (2014). 'Communicable Disease Threats Report, Week 37, 7–13 September 2014'. European Centre for Disease Prevention and Control.

Egan, G. (1997). *Diaspora*. Millennium.

Ehrlich, P., et al. (1983). 'Long-Term Biological Consequences of Nuclear War'. *Science*, 222(4630), 1,293–300.

Ehrlich, P. R. (September 1969). 'Eco-Catastrophe'. *Ramparts*.

EIA (2019). 'Electric Power Monthly with Data for April 2014'. U.S. Energy Information Administration.

Eig, J. (2014). *The Birth of the Pill: How Four Crusaders Reinvented Sex and Launched a Revolution*. W. W. Norton.

Einstein, A. (1948). 'A Reply to the Soviet Scientists'. *Bulletin of the Atomic Scientists*, 4(2), 35–8.

Einstein, A., and *The New York Times* (25 May 1946). 'Atomic Education Urged by Einstein Scientist in Plea for $200,000 to Promote New Type of Thinking'. *The New York Times*.

Eisenhower, D. (1956). Letter, DDE to Richard L. Simon, Simon and Schuster, Inc. DDE's Papers as President, DDE Diaries Series, Box 14, April 1956 Miscellaneous (5).

Ellsberg, D. (2017). *The Doomsday Machine: Confessions of a Nuclear War Planner*. Bloomsbury Publishing.

Engels, F. (1892). *The Condition of the Working Class in England in 1844* (trans. F. K. Wischnewetzky). Swan Sonnenschein and Co.

Erwin, D. H., Bowring, S. A., and Yugan, J. (2002). 'End-Permian Mass Extinctions: A Review', in C. Koeberl and K. G. MacLeod (eds), *Special Paper 356: Catastrophic Events and Mass Extinctions: Impacts and Beyond* (pp. 363–83). Geological Society of America.

Espeholt, L., et al. (2018). '{IMPALA}: Scalable Distributed Deep-{RL} with Importance Weighted Actor-Learner Architectures', in J. Dy and A. Krause (eds), *Proceedings of the 35th International Conference on Machine Learning* (pp. 1,407–16). PMLR.

Esvelt, K. M. (2018). 'Inoculating Science against Potential Pandemics and Information Hazards'. *PLOS Pathogens*, 14(10), e1007286.

Everitt, T., Filan, D., Daswani, M., and Hutter, M. (2016). 'Self-Modification of Policy and Utility Function in Rational Agents'. *Artificial General Intelligence*, LNAI 9782, 1–11.

Farquhar, S. (2017). Changes in Funding in the AI Safety Field. https://www.centreforeffectivealtruism.org/blog/changes-in-funding-in-the-ai-safety-field/

Feinstein, A. R., Sosin, D. M., and Wells, C. K. (1985). 'The Will Rogers Phenomenon. Stage Migration and New Diagnostic Techniques as a Source of Misleading Statistics for Survival in Cancer'. *The New England Journal of Medicine*, 312(25), 1,604–8.

Feld, B. T. (1976). 'The Consequences of Nuclear War'. *Bulletin of the Atomic Scientists*, 32(6), 10–3.

Fenner, F., and Fantini, B. (1999). 'The Use of Rabbit Haemorrhagic Disease Virus for Rabbit Control', in *Biological Control of Vertebrate Pests: The History of Myxomatosis – an Experiment in Evolution*. CABI Publishing.

Flatow, I., Russell, S., and Koch, C. (2014). 'Science Goes to the Movies: "Transcendence"' (I. Flatow, interviewer) [Audio file from 24:33]. *Science Friday*.

Fleishman, J. L., Kohler, J. S., and Schindler, S. (2009). *Casebook for The Foundation: A Great American Secret*. PublicAffairs.

Foote, M., and Raup, D. M. (1996). 'Fossil Preservation and the Stratigraphic Ranges of Taxa'. *Paleobiology*, 22(2), 121–40.

Forden, G., Podvig, P., and Postol, T. A. (2000). 'False Alarm, Nuclear Danger'. *IEEE Spectrum*, 37(3), 31–9.

Forey, P. L. (1990). 'The Coelacanth Fish: Progress and Prospects'. *Science Progress* (1933–), 74(1), 53–67.

Frederick, S. (2003). 'Measuring Intergenerational Time Preference: Are Future Lives Valued Less?' *Journal of Risk and Uncertainty*, 26(1), 39–53.

Frick, J. (2017). 'On the Survival of Humanity'. *Canadian Journal of Philosophy*, 47(2–3), 344–67.

Frick, J. D. (2014). '"Making People Happy, Not Making Happy People": A Defense of the Asymmetry Intuition in Population Ethics' [PhD Thesis]. Department of Philosophy, Harvard University.

Future of Life Institute (2015). Research Priorities for Robust and Beneficial Artificial Intelligence: An Open Letter. https://futureoflife.org/ai-open-letter/

Future of Life Institute (2017). Asilomar AI Principles. https://futureoflife.org/ai-principles/

Galway-Witham, J., and Stringer, C. (2018). 'How Did Homo Sapiens Evolve?' *Science*, 360(6395), 1,296–8.

Gapminder. (2019). Life Expectancy (years). https://www.gapminder.org/data/

García-Sastre, A. (2012). 'Working Safely with H5N1 Viruses'. *MBio*, 3(2).

Gates, R. M. (2011). *From the Shadows: The Ultimate Insider's Story of Five Presidents and How They Won the Cold War*. Simon and Schuster.

GBD (2012). 'The Global Burden of Disease Study 2010'. *The Lancet*, 380(9859), 2,053–260.

Gibney, E. (2018). 'Belgian Priest Recognized in Hubble-Law Name Change'. *Nature*.

Gietel-Basten, S. (2016). 'Japan is Not the Only Country Worrying About Population Decline – Get Used to a Two-Speed World'. *The Conversation*.

GiveWell (2019). 2019 GiveWell Cost-effectiveness Analysis — Version 3. https://docs.google.com/spreadsheets/d/1McptF0GVGv-QBlhWx_IoNVstWvt1z-RwVSu16ciypgs/

Giving What We Can (2019). https://www.givingwhatwecan.org/

Gleick, P. H., and Palaniappan, M. (2010). 'Peak Water Limits to Freshwater Withdrawal and Use'. *Proceedings of the National Academy of Sciences*, 107(25), 11,155–62.

GNL. (2019). Laboratory Safety at UTMB. Galveston National Laboratory, University of Texas Medical Branch. https://www.utmb.edu/gnl/about/lab-safety.

Goldberg, S. (1983). 'How Many People Have Ever Lived?' in S. Goldberg (ed.), *Probability in Social Science* (pp. 19–31). Birkhäuser.

Goldblatt, C., Robinson, T. D., Zahnle, K. J., and Crisp, D. (2013). 'Low Simulated Radiation Limit for Runaway Greenhouse Climates'. *Nature Geoscience*, 6(8), 661–7.

Good, I. J. (1959). 'Speculations on Perceptrons and Other Automata'. Research Lecture, RC-115. IBM, Yorktown Heights, New York, 2 June.

—(1970). 'Some Future Social Repercussions of Computers'. *International Journal of Environmental Studies*, 1(1–4), 67–79.

Goodchild, P. (2004). *Edward Teller, the Real Dr. Strangelove*. Harvard University Press.

Goodfellow, I. J., et al. (2014). Generative Adversarial Networks. ArXiv, https://arxiv.org/abs/1406.2661.

Goodhart, C. (1975). 'Problems of Monetary Management: The U.K. Experience', in *Papers in Monetary Economics*. Reserve Bank of Australia.

Gorbachev, M., and Hertsgaard, M. (24 September 2000). 'Mikhail Gorbachev Explains What's Rotten in Russia'. *Salon*.

Gordon, N. D., Jonko, A. K., Forster, P. M., and Shell, K. M. (2013). 'An Observationally Based Constraint on the Water-Vapor Feedback'. *Journal of Geophysical Research: Atmospheres*, 118(22), 12,435–43.

Gould, C., and Folb, P. (2002). *Project Coast: Apartheid's Chemical and Biological Warfare Programme* (R. Berold, ed.). United Nations Publications UNIDIR.

Grace, K. (2013). 'Algorithmic Progress in Six Domains' [Technical report 2013-3]. Machine Intelligence Research Institute.

—(2015). 'The Asilomar Conference: A Case Study in Risk Mitigation' [Technical report 2015–9]. Machine Intelligence Research Institute.

Grace, K., Salvatier, J., Dafoe, A., Zhang, B., and Evans, O. (2018). 'Viewpoint: When Will AI Exceed Human Performance? Evidence from AI Experts'. *Journal of Artificial Intelligence Research*, 62, 729–54.

Greaves, H., and Ord, T. (2017). 'Moral Uncertainty About Population Axiology'. *Journal of Ethics and Social Philosophy*, 12(2), 135–67.

Griffin, M. (2008). 'NASA's Direction, Remarks at the Mars Society Convention', 3 August 2006, in *Leadership in Space: Selected Speeches of NASA Administrator Michael Griffin, May 2005–October 2008* (pp. 133–8). National Aeronautics and Space Administration.

Griffith, G. (1897, November). 'The Great Crellin Comet'. *Pearsons Weekly's Christmas*.

Groenewold, H. J. (1970). 'Modern Science and Social Responsibility', in P. Weingartner and G. Zecha (eds), *Induction, Physics and Ethics*. Synthese Library (Monographs on Epistemology, Logic, Methodology, Philosophy of Science, Sociology of Science and of Knowledge, and on the Mathematical Methods of Social and Behavioral Sciences), vol. 31 (pp. 359–78). Springer.

Haarnoja, T., et al. (2018). 'Composable Deep Reinforcement Learning for Robotic Manipulation'. 2018 IEEE International Conference on Robotics and Automation (ICRA), 6,244–51. IEEE.

Haensch, S., et al. (2010). 'Distinct Clones of Yersinia Pestis Caused the Black Death'. *PLOS Pathogens*, 6(10), e1001134.

Häggström, O. (2016). 'Here Be Dragons: Science, Technology and the Future of Humanity', in *Here Be Dragons*. Oxford University Press.

Hanley, J. A. (1983). 'If Nothing Goes Wrong, Is Everything All Right?' *JAMA*, 249(13), 1743.

Hanson, R. (2008). 'Catastrophe, Social Collapse, and Human Extinction', in N. Bostrom and M. Ćirković (eds), *Global Catastrophic Risk*. Oxford University Press.

Harari, Y. N. (2014). *Sapiens: A Brief History of Humankind*. Random House.

Harris, S. H. (2002). *Factories of Death: Japanese Biological Warfare, 1932–45, and the American Cover-Up*. Psychology Press.

Harrison, M. (1998). 'The Economics of World War II: An Overview', in M. Harrison (ed.), *The Economics of World War II: Six Great Powers in International Comparison* (pp. 1–42). Cambridge University Press.

Harrod, R. F. (1948). *Towards a Dynamic Economics: Some Recent Developments of Economic Theory and Their Application to Policy*. Macmillan and Co.

Harwell, M. A., and Harwell, C. C. (1986). 'Integration of Effects on Human Populations', in M. A. Harwell and T. C. Hutchinson (eds), *The Environmental Consequences of Nuclear War (SCOPE 28)*, vol. 2: *Ecological, Agricultural, and Human Effects* (pp. 469–92). John Wiley and Sons.

Harwell, M. A., and Hutchinson, T. C. (1986). *The Environmental Consequences of Nuclear War (SCOPE 28)*, vol. 2: *Ecological, Agricultural, and Human Effects*. John Wiley and Sons.

Hasell, J., and Roser, M. (2019). Famines. Our World in Data. https://ourworldindata.org/famines.

Hassan, H., et al. (2018). 'Achieving Human Parity on Automatic Chinese to English News Translation'. *ArXiv*, http://arxiv.org/abs/1803.05567.

Haub, C., and Kaneda, T. (2018). How Many People Have Ever Lived on Earth? https://www.prb.org/howmanypeoplehaveeverlivedon earth/

He, K., Zhang, X., Ren, S., and Sun, J. (2015). 'Delving Deep into Rectifiers: Surpassing Human-Level Performance on ImageNet Classification'. 2015 IEEE International Conference on Computer Vision (ICCV), 1,026–34. IEEE.

Helfand, I. (2013). 'Nuclear Famine: Two Billion People at Risk?' *Physicians for Social Responsibility*.

Henrich, J. (2015). *The Secret of Our Success: How Culture Is Driving Human Evolution, Domesticating Our Species, and Making Us Smarter*. Princeton University Press.

Herfst, S., et al. (2012). 'Airborne Transmission of Influenza A/H5N1 Virus Between Ferrets'. *Science*, 336(6088), 1,534–41.

Hershberg, J. G. (1995). *James B. Conant: Harvard to Hiroshima and the Making of the Nuclear Age*. Stanford University Press.

Hershberg, J., and Kelly, C. (2017). James Hershberg's Interview. https://www.manhattanprojectvoices.org/oral-histories/james-hershbergs-interview

Heuer, R. J. (1999). 'Chapter 12: Biases in Estimating Probabilities', in *Psychology of Intelligence Analysis*. Center for the Study of Intelligence.

Heyd, D. (1988). 'Procreation and Value: Can Ethics Deal with Futurity Problems?' *Philosophia*, 18(2–3).

Highfield, R. (16 October 2001). 'Colonies in Space May Be Only Hope, Says Hawking'. *Daily Telegraph*.

Hilts, P. J. (18 November 1994). 'Deaths in 1979 Tied to Soviet Military'. *The New York Times*.

Hof, C., Levinsky, I., Araújo, M. B., and Rahbek, C. (2011). 'Rethinking Species' Ability to Cope with Rapid Climate Change'. *Global Change Biology*, 17(9), 2,987–90.

Holmes, D. B. (2008). *Wilbur's Story*. Lulu.com.

Honigsbaum, M. (2018). 'Spanish Influenza Redux: Revisiting the Mother of all Pandemics'. *The Lancet*, 391(10139), 2,492–5.
Horowitz, M. C. (2018). 'Artificial Intelligence, International Competition, and the Balance of Power'. *Texas National Security Review*, 1(3), 37–57.
IBM (2011). Deep Blue. https://www.ibm.com/ibm/history/ibm100/us/en/icons/deepblue/
IDC (2019). Worldwide Spending on Artificial Intelligence Systems Will Grow to Nearly $35.8 Billion in 2019, According to New IDC Spending Guide. https://www.idc.com/getdoc.jsp?containerId=prUS44911419
IEA (2018). 'Costs and Benefits of Emergency Stockholding', *Insights Series 2018*, International Energy Agency.
—(2019). 'Global Energy and CO2 Status Report: The Latest Trends in Energy and Emissions in 2018 – Data Tables', International Energy Agency.
iGEM(2013).Jamboree/TeamAbstracts.http://2013.igem.org/Jamboree/Team_Abstracts
iGEM Minnesota Team (2016). Shifting Gene Drives Into Reverse: Now Mosquitoes Are the Yeast of Our Worries. http://2016.igem.org/Team:Minnesota
IGSC (2018). International Gene Synthesis Consortium Updates Screening Protocols for Synthetic DNA Products and Services. https://www.prnewswire.com/news-releases/international-gene-synthesis-consortium-updates-screening-protocols-for-synthetic-dna-products-and-services-300576867.html?tc=eml_cleartime
Imai, M., et al. (2012). 'Experimental Adaptation of an Influenza H5 HA Confers Respiratory Droplet Transmission to a Reassortant H5 HA/H1N1 Virus in Ferrets'. *Nature*, 486(7403), 420–8.
IMARC Group (2019). 'Ice Cream Market: Global Industry Trends, Share, Size, Growth, Opportunity and Forecast 2019–2024'. *IMARC*.
Imperiale, M. J., and Hanna, M. G. (2012). 'Biosafety Considerations of Mammalian-Transmissible H5N1 Influenza'. *MBio*, 3(2).
IPCC. (2014). 'Summary for Policymakers', in C. B. Field, et al. (eds), *Climate Change 2014: Impacts, Adaptation, and Vulnerability. Part A: Global and Sectoral Aspects. Contribution of Working Group II to the Fifth Assessment Report of the Intergovernmental Panel on Climate Change* (pp. 1–32). Cambridge University Press.

Jamison, D. T., et al. (2018). 'Universal Health Coverage and Intersectoral Action for Health: Key Messages from Disease Control Priorities', 3rd ed. *The Lancet*, 391(10125), 1,108–20.

Jamison, D. T., et al. (eds) (2006). *Disease Control Priorities in Developing Countries*, 2nd ed. Oxford University Press.

Jamison, D. T., et al. (eds) (2018). *Disease Control Priorities: Improving Health and Reducing Poverty*, vol. 9: *Disease Control Priorities*, 3rd ed. Washington, D.C.: World Bank.

Jamison, D. T., et al. (eds) (2006). *Global Burden of Disease and Risk Factors*. World Bank and Oxford University Press.

Jamison, D. T., Mosley, W. H., Measham, A. R., and Bobadilla, J. L. (eds) (1993). *Disease Control Priorities in Developing Countries*. Oxford University Press.

Jenkin, J. G. (2011). 'Atomic Energy is "Moonshine": What Did Rutherford Really Mean?' *Physics in Perspective*, 13(2), 128–45.

Jia, Y., et al. (2018). 'Transfer Learning from Speaker Verification to Multispeaker Text-to-Speech Synthesis'. *Advances in Neural Information Processing Systems*, 4,480–90.

Jinek, M., et al. (2012). 'A Programmable Dual-RNA-Guided DNA Endonuclease in Adaptive Bacterial Immunity'. *Science*, 337(6096), 816–21.

Jonas, H. (1984 [1979]). *The Imperative of Responsibility*. University of Chicago Press.

Jones, K. E., et al. (2008). 'Global Trends in Emerging Infectious Diseases'. *Nature*, 451(7181), 990–3.

Jones, N., O'Brien, M., and Ryan, T. (2018). 'Representation of Future Generations in United Kingdom Policy-Making'. *Futures*, 102, 153–63.

JPL (2019a). Discovery Statistics – Cumulative Totals. https://cneos.jpl.nasa.gov/stats/totals.html

—(2019b). Small-Body Database. https://ssd.jpl.nasa.gov/sbdb.cgi

Kaempffert, W. (12 September 1933). 'Rutherford Cools Atom Energy Hope'. *The New York Times*.

Kahneman, D. (2011). *Thinking, Fast and Slow*. Macmillan.

Kaplan, J. O., Pfeiffer, M., Kolen, J. C. A., and Davis, B. A. S. (2016). 'Large-Scale Anthropogenic Reduction of Forest Cover in Last Glacial Maximum Europe'. *PLOS ONE*, 11(11), e0166726.

Karras, T., Aila, T., Laine, S., and Lehtinen, J. (2017). Progressive Growing of GANs for Improved Quality, Stability, and Variation. ArXiv, http://arxiv.org/abs/1710.10196.

Keele, B. F. (2006). 'Chimpanzee Reservoirs of Pandemic and Nonpandemic HIV-1'. *Science*, 313(5786), 523–6.

Keeter, B. (2017). NASA Office to Coordinate Asteroid Detection, Hazard Mitigation. https://www.nasa.gov/feature/nasa-office-to-coordinate-asteroid-detection-hazard-mitigation

Kellogg, E. A. (2013). 'C4 photosynthesis'. *Current Biology*, 23(14), R594–9.

Kelly, J. (2006). *The Great Mortality: An Intimate History of the Black Death, the Most Devastating Plague of All Time*. HarperCollins.

Kennedy, J. F. (1961). JFK Address at U.N. General Assembly, 25 September 1961. JFK Library Foundation.

—(1962). 'Message from the President John F. Kennedy to the Bulletin of the Atomic Scientists'. *Bulletin of the Atomic Scientists*, 18(10), 2.

—(1963). American University Address, 10 June 1963. Washington, D.C. John F. Kennedy Library.

King, D. et al. (2015). *Climate Change: A Risk Assessment*. Centre for Science and Policy.

Knight, F. H. (1921). *Risk, Uncertainty and Profit*. Houghton Mifflin.

Koch, A., Brierley, C., Maslin, M. M., and Lewis, S. L. (2019). 'Earth System Impacts of the European Arrival and Great Dying in the Americas after 1492'. *Quaternary Science Reviews*, 207, 13–36.

Kocić, J., Jovičić, N., and Drndarević, V. (2019). 'An End-to-End Deep Neural Network for Autonomous Driving Designed for Embedded Automotive Platforms'. *Sensors*, 19(9), 2,064.

Kolbert, E. (2014). *The Sixth Extinction: An Unnatural History*. Henry Holt and Company.

Kondratyev, K. Y., Krapivin, V. F., and Varotsos, C. A. (2003). *Global Carbon Cycle and Climate Change*. Springer.

Konopinski, E. J., Marvin, C., and Teller, E. (1946). Ignition of the Atmosphere with Nuclear Bombs [Report LA-602]. Los Alamos National Laboratory.

Krasovsky, V., and Shklovsky, I. (1957). 'Supernova Explosions and their Possible Effect on the Evolution of Life on the Earth'. *Proceedings of the USSR Academy of Sciences*, 116, 197–9.

Kristensen, H. M., and Korda, M. (2018). 'Indian Nuclear Forces, 2018'. *Bulletin of the Atomic Scientists*, 74(6), 361–6.

—(2019a). 'Chinese Nuclear Forces, 2019'. *Bulletin of the Atomic Scientists*, 75(4), 171–8.

—(2019b). 'French Nuclear Forces, 2019'. *Bulletin of the Atomic Scientists*, 75(1), 51–5.

—(2019c). 'Russian Nuclear Forces, 2019'. *Bulletin of the Atomic Scientists*, 75(2), 73–84.

—(2019d). Status of World Nuclear Forces. https://fas.org/issues/nuclear-weapons/status-world-nuclear-forces/

—(2019e). 'United States Nuclear Forces, 2019'. *Bulletin of the Atomic Scientists*, 75(3), 122–34.

Kristensen, H. M., and Norris, R. S. (2018). 'North Korean Nuclear Capabilities, 2018'. *Bulletin of the Atomic Scientists*, 74(1), 41–51.

Kristensen, H. M., Norris, R. S., and Diamond, J. (2018). 'Pakistani Nuclear Forces, 2018.' *Bulletin of the Atomic Scientists*, 74(5), 348–58.

Kühn, U., and Péczeli, A. (2017). 'Russia, NATO, and the INF Treaty'. *Strategic Studies Quarterly*, 11(1), 66–99.

Labelle, F. (2017). Elo Win Probability Calculator. https://wismuth.com/elo/calculator.html#system=goratings

Le Quéré, C., et al. (2018). 'Global Carbon Budget 2018'. *Earth System Science Data*, 10(4), 2,141–94.

Lebedev, A. (21 May 2004). 'The Man Who Saved the World Finally Recognized'. MosNews.

Leconte, J., Forget, F., Charnay, B., Wordsworth, R., and Pottier, A. (2013). 'Increased Insolation Threshold for Runaway Greenhouse Processes on Earth-Like Planets'. *Nature*, 504(7479), 268–71.

Lederberg, J. (1969). 'Biological Warfare and the Extinction of Man'. Stanford M.D., 8(4), 15–17.

Lee, C. (2009). 'Who Were the Mongols (1100–1400 CE)? An Examination of their Population History', in J. Bemmann, H. Parzinger, E. Pohl, and D. Tseveendorzh (eds), *Current Archaeological Research in Mongolia* (pp. 579–92). Rheinische Friedrich-Wilhelms-Universität Bonn.

Legg, S., and Kruel, A. (2011). Q & A with Shane Legg on Risks from AI. https://www.lesswrong.com/posts/No5JpRCHzBrWA4jmS/q-and-a-with-shane-legg-on-risks-from-ai

Leitenberg, M. (2001). 'Biological Weapons in the Twentieth Century: A Review and Analysis'. *Critical Reviews in Microbiology*, 27(4), 267–320.

Lepore, J. (30 January 2017). 'The Atomic Origins of Climate Science'. *The New Yorker*.

Leroy, E. M., et al. (2005). 'Fruit Bats as Reservoirs of Ebola Virus'. *Nature*, 438(7068), 575–6.

Leslie, J. (1996). *The End of the World: The Science and Ethics of Human Extinction*. Routledge.

Lewis, C. S. (1943). *The Abolition of Man*. Oxford University Press.

Lewis, G. (2018). Horsepox Synthesis: A Case of the Unilateralist's Curse? https://thebulletin.org/2018/02/horsepox-synthesis-a-case-of-the-unilateralists-curse/

Lewis, G., Millett, P., Sandberg, A., Snyder-Beattie, A., and Gronvall, G. (2019), 'Information Hazards in Biotechnology'. *Risk Analysis*, 39(5), 975–81.

Lightbown, S. (2017). VC Investment in Biotech Blasts through $10B Barrier in 2017. https://pitchbook.com/news/articles/vc-investment-in-biotech-blasts-through-10b-barrier-in-2017

Lindsey, R. (2018). Climate Change: Atmospheric Carbon Dioxide. https://www.climate.gov/news-features/understanding-climate/climate-change-atmospheric-carbon-dioxide

Lingam, M. (2019). 'Revisiting the Biological Ramifications of Variations in Earth's Magnetic Field'. *The Astrophysical Journal*, 874(2), L28.

Liu, M.-Y., and Tuzel, O. (2016). Coupled Generative Adversarial Networks. ArXiv, https://arxiv.org/pdf/1606.07536.

Livi-Bacci, M. (2017). *A Concise History of World Population* (6th ed.). John Wiley and Sons.

Longrich, N. R., Scriberas, J., and Wills, M. A. (2016). 'Severe Extinction and Rapid Recovery of Mammals across the Cretaceous-Palaeogene Boundary, and the Effects of Rarity on Patterns of Extinction and Recovery'. *Journal of Evolutionary Biology*, 29(8), 1,495–512.

Lordkipanidze, D., et al. (2006). 'A Fourth Hominin Skull from Dmanisi, Georgia'. *The Anatomical Record* Part A: Discoveries in Molecular, Cellular, and Evolutionary Biology, 288A(11), 1146–57.

Lovelock, J. (2019). *Novacene: The Coming Age of Hyperintelligence*. Penguin.

LSA (2014). Global sea level time series. Laboratory for Satellite Altimetry, NOAA/NESDIS/STAR.

Ma, W., Kahn, R. E., and Richt, J. A. (2008). 'The Pig as a Mixing Vessel for Influenza Viruses: Human and Veterinary Implications'. *Journal of Molecular and Genetic Medicine: An International Journal of Biomedical Research*, 3(1), 158–66.

MacAskill, W., Bykvist, K., and Ord, T. (n.d.). *Moral Uncertainty* (in press). Oxford University Press.

MacAskill, W. (2014). 'Normative Uncertainty' [PhD Thesis]. Faculty of Philosophy, University of Oxford.

—(2015). *Doing Good Better: Effective Altruism and a Radical New Way to Make a Difference*. Guardian Faber Publishing.

MacAskill, W., and Ord, T. (2018). 'Why Maximize Expected Choice-Worthiness?' *Noûs*, 1–27.

Macaulay, T. B. (1900). *The Complete Works of Thomas Babington Macaulay*, vol. 6. Houghton Mifflin.

Maddison, A. (2010). Historical Statistics of the World Economy: 1–2008 AD. https://datasource.kapsarc.org/explore/dataset/historical-statistics-of-the-world-economy-1-2008-ad/

Mainzer, A., et al. (2011). 'NEOWISE Observations of Near-earth Objects: Preliminary Results'. *The Astrophysical Journal*, 743(2), 156.

Mangus, S., and Larsen, W. (2004). 'Lunar Receiving Laboratory Project History' [Report S-924]. NASA.

Mann, C. C. (2018, January). 'The Book that Incited a Worldwide Fear of Overpopulation'. *Smithsonian Magazine*.

Marin, F., and Beluffi, C. (2018). Computing the Minimal Crew for a Multi-Generational Space Travel towards Proxima Centauri b. ArXiv, http://arxiv.org/abs/1806.03856.

Mason, B., Pyle, D., and Oppenheimer, C. (2004). 'The Size and Frequency of the Largest Explosive Eruptions on Earth'. *Bulletin of Volcanology*, 66(8), 735–48.

Masson-Delmotte, V., et al. (2013). 'Information from Paleoclimate Archives', in T. F. Stocker, et al. (eds), *Climate Change 2013: The Physical Science Basis. Contribution of Working Group I to the Fifth Assessment Report of the Intergovernmental Panel on Climate Change* (pp. 383–464). Cambridge University Press.

Mastrandrea, M., et al. (2010). 'Guidance Note for Lead Authors of the IPCC Fifth Assessment Report on Consistent Treatment of Uncertainties'. IPCC.

May, R. M. (1997). 'The Dimensions of Life on Earth', in P. H. Raven (ed.), *Nature and Human Society: The Quest for a Sustainable World*. National Academies Press.

McCarthy, J., Minsky, M. L., Rochester, N., and Shannon, C. E. (1955). 'A Proposal for the Dartmouth Summer Research Project on Artificial Intelligence'. Unpublished.

McDonald's Corporation (2018). Form 10-K, 'Annual Report Pursuant to Section 13 or 15(D) of the Securities Exchange Act of 1934 for the Fiscal Year ended December 31, 2017' (McDonald's Corporation 2017 Annual Report). McDonald's Corporation.

McEvedy, C., and Jones, R. (1978). *Atlas of World Population History*. Penguin.

McGuire, B. (1965). 'Eve of Destruction' [Lyrics]. Dunhill.

McInerney, F. A., and Wing, S. L. (2011). 'The Paleocene-Eocene Thermal Maximum: A Perturbation of Carbon Cycle, Climate, and Biosphere with Implications for the Future'. *Annual Review of Earth and Planetary Sciences*, 39(1), 489–516.

McKinnon, C. (2017). 'Endangering Humanity: An International Crime?' *Canadian Journal of Philosophy*, 47(2–3), 395–415.

McNamara, R. S. (14 October 1992). 'One Minute to Doomsday'. *The New York Times*.

Mecklin, J. (2018). 'It is 5 Minutes to Midnight'. *Bulletin of the Atomic Scientists*, 63(1), 66–71.

Medwin, T. (1824). *Conversations of Lord Byron*. H. Colburn.

Mellor, D. H. (1995). 'Cambridge Philosophers I: F. P. Ramsey'. *Philosophy*, 70(272), 243–62.

Melott, A. L., et al. (2004). 'Did a Gamma-Ray Burst Initiate the Late Ordovician Mass Extinction?' *International Journal of Astrobiology*, 3(1), 55–61.

Melott, A. L., and Thomas, B. C. (2011). 'Astrophysical Ionizing Radiation and Earth: A Brief Review and Census of Intermittent Intense Sources'. *Astrobiology*, 11(4), 343–61.

Menzel, P. T. (2011). 'Should the Value of Future Health Benefits Be Time-Discounted?' in *Prevention vs. Treatment: What's the Right Balance?* (pp. 246–73). Oxford University Press.

Metz, C. (9 June 2018). 'Mark Zuckerberg, Elon Musk and the Feud Over Killer Robots'. *The New York Times*.

Milanovic, B. (2016). *Global Inequality: A New Approach for the Age of Globalization*. Harvard University Press.

Minsky, M. (1984). Afterword, in *True Names*. Bluejay Books.

Mnih, V., et al. (2015). 'Human-Level Control through Deep Reinforcement Learning'. *Nature*, 518(7540), 529–33.

Montgomery, P. (13 June 1982). 'Throngs Fill Manhattan to Protest Nuclear Weapons'. *The New York Times*.

Moore, G. E. (1903). *Principia Ethica*. Cambridge University Press.

Moravec, H. (1988). *Mind Children: The Future of Robot and Human Intelligence*. Harvard University Press.

Morris, E. (2003). *The Fog of War*. Sony.
Muehlhauser, L. (2017). How Big a Deal Was the Industrial Revolution? http://lukemuehlhauser.com/industrial-revolution/
Mummert, A., Esche, E., Robinson, J., and Armelagos, G. J. (2011). 'Stature and Robusticity during the Agricultural Transition: Evidence from the Bioarchaeological Record'. *Economics and Human Biology*, 9(3), 284–301.
Musk, E. (2018). Q & A at South by Southwest 2018 Conference [Video]. https://youtu.be/kzlUyrccbos?t=2458
Mutze, G., Cooke, B., and Alexander, P. (1998). 'The Initial Impact of Rabbit Hemorrhagic Disease on European Rabbit Populations in South Australia'. *Journal of Wildlife Diseases*, 34(2), 221–7.
Naeye, R. (2008). A Stellar Explosion You Could See on Earth! https://www.nasa.gov/mission_pages/swift/bursts/brightest_grb.html
Narveson, J. (1973). 'Moral Problems of Population'. *Monist*, 57(1), 62–86.
NASA (2011). NASA Space Telescope Finds Fewer Asteroids Near Earth (NASA Content Administrator, ed.). https://www.nasa.gov/mission_pages/WISE/news/wise20110929.html%0A
National Research Council (2002). 'Appendix B: A History of the Lunar Receiving Laboratory', in *The Quarantine and Certification of Martian Samples*. National Academies Press.
—(2010). *Defending Planet Earth: Near-Earth-Object Surveys and Hazard Mitigation Strategies*. Washington, D.C.: National Academies Press.
Nesbit, M., and Illés, A. (2015). 'Establishing an EU "Guardian for Future Generations"' – Report and Recommendations for the World Future Council, Institute for European Environmental Policy.
Newton, I., and McGuire, J. E. (1970). 'Newton's "Principles of Philosophy": An Intended Preface for the 1704 "Opticks" and a Related Draft Fragment'. *The British Journal for the History of Science*, 5(2), 178–86.
Ng, Y.-K. (1989). 'What Should We Do About Future Generations?: Impossibility of Parfit's Theory X'. *Economics and Philosophy*, 5(2), 235–53.
—(2005), 'Intergenerational Impartiality: Replacing Discounting by Probability Weighting'. *Journal of Agricultural and Environmental Ethics*, 18(3), 237–57.

—(2016). 'The Importance of Global Extinction in Climate Change Policy'. *Global Policy*, 7(3), 315–22.

NHGRI (2018). Human Genome Project FAQ. https://www.genome.gov/human-genome-project/Completion-FAQ

NOAA (2019). Global Monthly Mean CO2. https://www.esrl.noaa.gov/gmd/ccgg/trends/

Norris, R. S., and Kristensen, H. M. (2012). 'The Cuban Missile Crisis: A Nuclear Order of Battle, October and November 1962'. *Bulletin of the Atomic Scientists*, 68(6), 85–91.

Nunn, N., and Qian, N. (2010). 'The Columbian Exchange: A History of Disease, Food, and Ideas'. *Journal of Economic Perspectives*, 24(2), 163–88.

O'Toole, G. (2013). If the Bee Disappeared Off the Face of the Earth, Man Would Only Have Four Years Left to Live. https://quoteinvestigator.com/2013/08/27/einstein-bees/

Obama, B. (2016). Remarks by President Obama and Prime Minister Abe of Japan at Hiroshima Peace Memorial. Obama White House.

Office for Technology Assessment (1979). *The Effects of Nuclear War*.

Ogburn, W. F. (1937). *Technological Trends and National Policy, including the Social Implications of New Inventions*. HathiTrust.

Oman, L., and Shulman, C. (2012). Nuclear Winter and Human Extinction: Q & A with Luke Oman. http://www.overcomingbias.com/2012/11/nuclear-winter-and-human-extinction-qa-with-luke-oman.html

Omohundro, S. M. (2008). 'The Basic AI Drives'. *Proceedings of the 2008 Conference on Artificial General Intelligence*, 483–92. IOS Press.

OPCW (2017). 'The Structure of the OPCW' [Fact Sheet]. Organisation for the Prohibition of Chemical Weapons.

—(2018). Decision – Programme and Budget of the OPCW for 2019. https://www.opcw.org/sites/default/files/documents/2018/11/c23dec10%28e%29.pdf

Ord, T. (2013). *The Moral Imperative toward Cost-Effectiveness in Global Health*. The Center for Global Development.

—(2015). 'Moral Trade'. *Ethics*, 126(1), 118–38.

Ord, T., and Beckstead, N. (2014). Chapter 10, in M. Walport and C. Craig (eds), *Innovation: Managing Risk, Not Avoiding It*. The Government Chief Scientific Adviser's annual report.

Ord, T., Hillerbrand, R., and Sandberg, A. (2010). 'Probing the Improbable: Methodological Challenges for Risks with Low Probabilities and High Stakes'. *Journal of Risk Research*, 13(2), 191–205.

Orseau, L., and Armstrong, S. (2016). 'Safely Interruptible Agents'. *Proceedings of the Thirty-Second Conference on Uncertainty in Artificial Intelligence*, 557–66. AUAI Press.

Orwell, G. (1949). *Nineteen Eighty-Four*. Secker and Warburg.

—(2013). 'To Noel Willmett/18 May 1944', in P. Davison (ed.), *George Orwell: A Life in Letters*. Liveright Publishing.

OSTP (2016). 'Request for Information on the Future of Artificial Intelligence: Public Responses'. White House Office of Science and Technology Policy.

Overbye, D. (12 April 2016). 'Reaching for the Stars, Across 4.37 Light-Years'. *The New York Times*.

Oxnard Press-Courier (12 March 1958). 'Accidents Stir Concern Here and in Britain'. *Oxnard Press-Courier*.

Parfit, D. (1984). *Reasons and Persons*. Oxford University Press.

—(2017a). 'Future People, the Non-Identity Problem, and Person-Affecting Principles'. *Philosophy and Public Affairs*, 45(2), 118–57.

—(2017b). *On What Matters*, vol. 3. Oxford University Press.

Pauling, L. (1962). 'Linus Pauling Nobel Lecture: Science and Peace'. The Nobel Peace Prize 1962. Nobel Media.

Peabody Energy. (2018) '2018 Annual Report'. Peabody Energy Corp.

Pearl, J. (2000). *Causality: Models, Reasoning and Inference*. Cambridge University Press.

Pearson, G. (1999). *The UNSCOM Saga: Chemical and Biological Weapons Non-Proliferation*. St Martin's Press.

Philips, A. F. (1998). 20 Mishaps That Might Have Started Accidental Nuclear War. http://nuclearfiles.org/menu/key-issues/nuclear-weapons/issues/accidents/20-mishaps-maybe-caused-nuclear-war.htm

Phillips, P. J., et al. (2011). 'Distinguishing Identical Twins by Face Recognition'. *Face and Gesture*, 185–92. IEEE.

Phoenix, C., and Drexler, E. (2004). 'Safe Exponential Manufacturing'. *Nanotechnology*, 15(8), 869–72.

Pierrehumbert, R. T. (2013). 'Hot Climates, High Sensitivity'. *Proceedings of the National Academy of Sciences*, 110(35), 14,118–19.

Pigou, A. C. (1920). *The Economics of Welfare* (1st ed.). Macmillan and Co.

Pimm, S. L., Russell, G. J., Gittleman, J. L., and Brooks, T. M. (1995). 'The Future of Biodiversity'. *Science*, 269(5222), 347–50.

Pinker, S. (2012). *The Better Angels of Our Nature: Why Violence has Declined*. Penguin.

—(2018). *Enlightenment Now: The Case for Reason, Science, Humanism, and Progress*. Penguin.

Piran, T., and Jimenez, R. (2014). 'Possible Role of Gamma Ray Bursts on Life Extinction in the Universe'. *Physical Review Letters*, 113(23), 231102–1–231102–6.

Pope, K. O., Baines, K. H., Ocampo, A. C., and Ivanov, B. A. (1997). 'Energy, Volatile Production, and Climatic Effects of the Chicxulub Cretaceous/Tertiary Impact'. *Journal of Geophysical Research: Planets*, 102(E9), 21,645–64.

Popp, M., Schmidt, H., and Marotzke, J. (2016). 'Transition to a Moist Greenhouse with CO2 and Solar Forcing'. *Nature Communications*, 7(1), 10,627.

Putin, V. (2018). Presidential Address to the Federal Assembly. http://en.kremlin.ru/events/president/news/56957

Quigley, J., and Revie, M. (2011). 'Estimating the Probability of Rare Events: Addressing Zero Failure Data'. *Risk Analysis*, 31(7), 1,120–32.

Radford, A., Metz, L., and Chintala, S. (2015). Unsupervised Representation Learning with Deep Convolutional Generative Adversarial Networks. ArXiv, https://arxiv.org/pdf/1511.06434.

Raible, C. C., et al. (2016). 'Tambora 1815 as a Test Case for High Impact Volcanic Eruptions: Earth System Effects'. *Wiley Interdisciplinary Reviews: Climate Change*, 7(4), 569–89.

Rampino, M. R., and Self, S. (1992). 'Volcanic Winter and Accelerated Glaciation Following the Toba Super-Eruption'. *Nature*, 359(6390), 50–2.

Ramsey, F. P. (1928). 'A Mathematical Theory of Saving'. *The Economic Journal*, 38(152), 543.

RAND (n.d.). RAND Database of Worldwide Terrorism Incidents. https://www.rand.org/nsrd/projects/terrorism-incidents.html

Ranjan, R., et al. (2018). 'Deep Learning for Understanding Faces: Machines May Be Just as Good, or Better, than Humans'. *IEEE Signal Processing Magazine*, 35(1), 66–83.

Rawls, J. (1971). *A Theory of Justice*. Belknap.

Reagan, R., and Weinraub, B. (12 February 1985). 'Transcript of Interview with President Reagan on a Range of Issues'. *The New York Times*.

Rees, M. (2003). *Our Final Century*. Random House.

Reisner, J., et al. (2018). 'Climate Impact of a Regional Nuclear Weapons Exchange: An Improved Assessment Based on Detailed Source Calculations'. *Journal of Geophysical Research: Atmospheres*, 123(5), 2,752–72.

Rhodes, C. J., and Anderson, R. M. (1996). 'Power Laws Governing Epidemics in Isolated Populations'. *Nature*, 381(6583), 600–2.

Rhodes, R. (1986). *The Making of the Atomic Bomb*. Simon and Schuster.

—(1995). *Dark Sun: The Making of the Hydrogen Bomb*. Simon and Schuster.

Riess, A. G., et al. (1998). 'Observational Evidence from Supernovae for an Accelerating Universe and a Cosmological Constant'. *The Astronomical Journal*, 116(3), 1,009–38.

Risø (1970). *Project Crested Ice. A Joint Danish-American Report on the Crash near Thule Air Base on 21 January 1968 of a B-52 Bomber Carrying Nuclear Weapons* (Report No. 213). Forskningscenter Risø, Atomenergikommissionen.

Ritchie, H., and Roser, M. (2019). CO_2 and Other Greenhouse Gas Emissions. Our World in Data. https://ourworldindata.org/co2-and-other-greenhouse-gas-emissions.

Roberts, Paul. (2004). *The End of Oil*. Bloomsbury.

Roberts, Priscilla. (2012). *Cuban Missile Crisis: The Essential Reference Guide*. Abc-clio.

Robock, A., et al. (2009). 'Did the Toba Volcanic Eruption of ~74 ka B.P. Produce Widespread Glaciation?' *Journal of Geophysical Research: Atmospheres*, 114(D10).

Robock, A., Oman, L., and Stenchikov, G. L. (2007). 'Nuclear Winter Revisited with a Modern Climate Model and Current Nuclear Arsenals: Still Catastrophic Consequences'. *Journal of Geophysical Research: Atmospheres*, 112(D13).

Robock, A., et al. (2007). 'Climatic Consequences of Regional Nuclear Conflicts'. *Atmospheric Chemistry and Physics*, 7(8), 2,003–12.

Rogelj, J., et al. (2016). 'Differences between Carbon Budget Estimates Unravelled'. *Nature Climate Change*, 6(3), 245–52.

Roser, M. (2015). The Short History of Global Living Conditions and Why it Matters that we Know it. https://ourworldindata.org/a-history-of-global-living-conditions-in-5-charts

Roser, M., and Ortiz-Ospina, E. (2019a). Global Extreme Poverty: Our World in Data. https://ourworldindata.org/extreme-poverty.

Roser, M., and Ortiz-Ospina, E. (2019b). Literacy: Our World in Data. https://ourworldindata.org/literacy.

—(2019). World Population Growth: Our World in Data. https://ourworldindata.org/world-population-growth.

Rougier, J., Sparks, R. S. J., Cashman, K. V., and Brown, S. K. (2018). 'The Global Magnitude–Frequency Relationship for Large Explosive Volcanic Eruptions'. *Earth and Planetary Science Letters*, 482, 621–9.

Rowe, T., and Beard, S. (2018). 'Probabilities, Methodologies and the Evidence Base in Existential Risk Assessments' [working paper].

Rushby, A. J., et al. (2018). 'Long-Term Planetary Habitability and the Carbonate-Silicate Cycle'. *Astrobiology*, 18(5), 469–80.

Russell, B. (18 August 1945). 'The Bomb and Civilisation'. *Forward.*

—(March 1951). 'The Future of Man'. *The Atlantic.*

—(2002). '1955 address to the world's press assembled in London: The Russell-Einstein Manifesto', in K. Coates, J. Rotblat, and N. Chomsky (eds), *The Russell-Einstein Manifesto: Fifty Years On* (Albert Einstein, Bertrand Russell, Manifesto 50). Spokesman Books.

—(2009). *Autobiography*. Taylor and Francis.

—(2012). 'Letter to Einstein, 11 February 1955', in K. Coates, J. Rotblat, and N. Chomsky (eds), *The Russell-Einstein Manifesto: Fifty Years On* (Albert Einstein, Bertrand Russell, Manifesto 50) (pp. 29–30). Spokesman Books.

Russell, S. (2014). Of Myths And Moonshine. https://www.edge.org/conversation/the-myth-of-ai#26015

—(2015). Will They Make Us Better People? https://www.edge.org/response-detail/26157

—(2019). *Human Compatible: AI and the Problem of Control.* Allen Lane.

Russell, S., Dewey, D., and Tegmark, M. (2015). 'Research Priorities for Robust and Beneficial Artificial Intelligence'. *AI Magazine*, 36(4).

SAC (1969). 'Project CRESTED ICE: The Thule Nuclear Accident (U)', SAC Historical Study #113. Strategic Air Command.

Sagan, C. (1980). *Cosmos* (1st ed.). Random House.

—(1983). 'Nuclear War and Climatic Catastrophe: Some Policy Implications'. *Foreign Affairs*, 62(2).

—(1994). *Pale Blue Dot: A Vision of the Human Future in Space*. Random House.

Sagan, C., et al. (14 December 1980). *Cosmos: A Personal Voyage - Episode 12: Encyclopaedia Galactica* [TV Series]. PBS.

Sagan, C., and Ostro, S. J. (1994). 'Dangers of Asteroid Deflection'. *Nature*, 368(6471), 501.

Sandberg, A. (n.d.). Dyson Sphere FAQ. https://www.aleph.se/Nada/dysonFAQ.html

Sandberg, A., Drexler, E., and Ord, T. (2018). 'Dissolving the Fermi Paradox'. *ArXiv*, http://arxiv.org/abs/1806.02404.

Schaefer, K., et al. (2014). 'The Impact of the Permafrost Carbon Feedback on Global Climate'. *Environmental Research Letters*, 9(8), 085003, pp. 1–9.

Scheffler, S. (2009). 'Immigration and the Significance of Culture', in N. Holtug, K. Lippert-Rasmussen, and S. Lægaard (eds), *Nationalism and Multiculturalism in a World of Immigration* (pp. 119–50). Palgrave Macmillan UK.

—(2018). *Why Worry About Future Generations?* in Uehiro Series in Practical Ethics. Oxford University Press.

Schell, J. (1982). *The Fate of the Earth*. Avon.

—(14 June 2007). 'The Spirit of June 12'. *The Nation*.

Schindewolf, O. H. (1954). 'Über die möglichen Ursachen der grossen erdgeschichtlichen Faunenschnitte'. *Neues Jahrbuch für Geologie und Paläontologie, Monatshefte*, 1954, 457–65.

Schirrmeister, B. E., Antonelli, A., and Bagheri, H. C. (2011). 'The Origin of Multicellularity in Cyanobacteria'. *BMC Evolutionary Biology*, 11(1), 45.

Schlosser, E. (2013). *Command and Control: Nuclear Weapons, the Damascus Accident, and the Illusion of Safety*. Penguin.

Schneider, E., and Sachde, D. (2013). 'The Cost of Recovering Uranium from Seawater by a Braided Polymer Adsorbent System'. *Science and Global Security*, 21(2), 134–63.

Schneider von Deimling, T., Ganopolski, A., Held, H., and Rahmstorf, S. (2006). 'How Cold Was the Last Glacial Maximum?' *Geophysical Research Letters*, 33(14).

Schröder, K.-P., and Connon Smith, R. (2008). 'Distant Future of the Sun and Earth Revisited'. *Monthly Notices of the Royal Astronomical Society*, 386(1), 155–63.

Schulte, P., et al. (2010). 'The Chicxulub Asteroid Impact and Mass Extinction at the Cretaceous-Paleogene Boundary'. *Science*, 327(5970), 1,214–8.

Seneca, L. A. (1972). *Natural Questions*, vol. II (trans. T. H. Corcoran). Harvard University Press.

Serber, R. (1992). *The Los Alamos Primer: The First Lectures on How to Build an Atomic Bomb*. University of California Press.

Shapira, P., and Kwon, S. (2018). 'Synthetic Biology Research and Innovation Profile 2018: Publications and Patents'. *BioRxiv*, 485805.

Shelley, M. W. (1826). *The Last Man* (1st ed.). Henry Colburn.

—(2009). 'Introduction', in S. Curran (ed.), *Frankenstein* (vol. 1). University of Colorado, Boulder (original work published in 1831).

Sherwood, S. C., and Huber, M. (2010). 'An Adaptability Limit to Climate Change due to Heat Stress'. *Proceedings of the National Academy of Sciences*, 107(21), 9,552–5.

Shoham, D., and Wolfson, Z. (2004). 'The Russian Biological Weapons Program: Vanished or Disappeared?' *Critical Reviews in Microbiology*, 30(4), 241–61.

Shoham, Y., et al. (2018). 'The AI Index 2018 Annual Report'. AI Index Steering Committee, Human-Centered AI Initiative.

Shooter, R. A., et al. (1980). 'Report of the Investigation into the Cause of the 1978 Birmingham Smallpox Occurrence'. Her Majesty's Stationery Office.

Shu, D.-G., et al. (1999). 'Lower Cambrian Vertebrates from South China'. *Nature*, 402(6757), 42–6.

Siddiqi, A. A. (2010). *The Red Rockets' Glare: Spaceflight and the Russian Imagination, 1857–1957*. Cambridge University Press.

Sidgwick, H. (1907). Book III, Chapter IX, in *The Methods of Ethics* (2nd ed., pp. 327–31). Macmillan (original work published 1874).

Silver, D., et al. (2018). 'A General Reinforcement Learning Algorithm that Masters Chess, Shogi, and Go through Self-Play'. *Science*, 362(6419), 1,140 LP – 1,144.

Sims, L. D., et al. (2005). 'Origin and Evolution of Highly Pathogenic H5N1 Avian Influenza in Asia'. *Veterinary Record*, 157(6), 159–64.

Sivin, N. (1982). 'Why the Scientific Revolution Did Not Take Place in China – or Didn't It?' *Chinese Science*, 5, 45–66.

Slovic, P. (2007). '"If I look at the mass I will never act": Psychic Numbing and Genocide', in *Judgment and Decision Making* (vol. 2).
Smart, J. J. C. (1973). 'An Outline of a System of Utilitarian Ethics', in J. J. C. Smart and B. Williams (eds), *Utilitarianism: For and Against* (pp. 1–74). Cambridge University Press.
—(1984). *Ethics, Persuasion, and Truth*. Routledge and Kegan Paul.
Smith, C. M. (2014). 'Estimation of a Genetically Viable Population for Multigenerational Interstellar Voyaging: Review and Data for Project Hyperion'. *Acta Astronautica*, 97, 16–29.
Snow, D. R., and Lanphear, K. M. (1988). 'European Contact and Indian Depopulation in the Northeast: The Timing of the First Epidemics'. *Ethnohistory*, 35(1), 15.
Snyder-Beattie, A. E., Ord, T., and Bonsall, M. B. (2019). 'An Upper Bound for the Background Rate of Human Extinction'. *Scientific Reports*, 9(1), 11,054.
Sorenson, T. C. (1965). *Kennedy*. Harper and Row.
Sosin, D. M. (2015). 'Review of Department of Defense Anthrax Shipments'. House Energy and Commerce Subcommittee on Oversight and Investigations.
Speer, A. (1970), *Inside the Third Reich*. Simon and Schuster.
Spratt, B. G. (2007), 'Independent Review of the Safety of UK Facilities Handling Foot-and-Mouth Disease Virus'. UK Department for Environment, Food and Rural Affairs Archives.
Stathakopoulos, D. C. (2004). *Famine and Pestilence in the Late Roman and Early Byzantine Empire* (1st ed.). Routledge.
—(2008). 'Population, Demography, and Disease', in R. Cormack, J. F. Haldon, and E. Jeffreys (eds), *The Oxford Handbook of Byzantine Studies*. Oxford University Press.
Stern, D. I. (2004). 'The Rise and Fall of the Environmental Kuznets Curve'. *World Development*, 32(8), 1,419–39.
Stern, N. H. (2006). *The Economics of Climate Change: The Stern Review*. Cambridge University Press.
Stevens, B., and Bony, S. (2013). 'What Are Climate Models Missing?' *Science*, 340(6136), 1,053–4.
Stokes, G. H., et al. (2017). 'Update to Determine the Feasibility of Enhancing the Search and Characterization of NEOs'. Near-Earth Object Science Definition Team.
Strogatz, S. (26 December 2018). 'One Giant Step for a Chess-Playing Machine'. *The New York Times*.

Subramanian, M. (2019). 'Anthropocene Now: Influential Panel Votes to Recognize Earth's New Epoch'. *Nature*.

Sutton, R. (2015). 'Creating Human-level AI: How and When?' [Slides]. Future of Life Institute.

Sverdrup, H. U., and Olafsdottir, A. H. (2019). 'Assessing the Long-Term Global Sustainability of the Production and Supply for Stainless Steel'. *BioPhysical Economics and Resource Quality*, 4(2), 8.

Szilard, G. W., and Winsor, K. R. (1968). 'Reminiscences', by Leo Szilard, in *Perspectives in American History* (vol. 2). Charles Warren Center for Studies in American History.

Szilard, L., and Feld, B. T. (1972). *The Collected Works of Leo Szilard: Scientific Papers*. MIT Press.

Taagholt, J., Hansen, J., and Lufkin, D. (2001). 'Greenland: Security Perspectives' (trans. D. Lufkin). Arctic Research Consortium of the United States.

Tai, A. P. K., Martin, M. V., and Heald, C. L. (2014). 'Threat to Future Global Food Security from Climate Change and Ozone Air Pollution'. *Nature Climate Change*, 4(9), 817–21.

Tarnocai, C., et al. (2009). 'Soil Organic Carbon Pools in the Northern Circumpolar Permafrost Region'. *Global Biogeochemical Cycles*, 23(2), 1–11.

Tate, J. (2017). Number of Undiscovered Near-Earth Asteroids Revised Downward. https://spaceguardcentre.com/number-of-undiscovered-near-earth-asteroids-revised-downward/

Taubenberger, J. K., and Morens, D. M. (2006). '1918 Influenza: The Mother of all Pandemics'. *Emerging Infectious Diseases*, 12(1), 15–22.

Tegmark, M. (2014). *Our Mathematical Universe: My Quest for the Ultimate Nature of Reality*. Knopf Doubleday Publishing Group.

Tegmark, Max, and Bostrom, N. (2005). 'Is a Doomsday Catastrophe Likely?' *Nature*, 438(7069), 754.

Tertrais, B. (2017). '"On The Brink" – Really? Revisiting Nuclear Close Calls Since 1945'. *The Washington Quarterly*, 40(2), 51–66.

The, L.-S., et al. (2006). 'Are 44Ti-producing Supernovae Exceptional?' *Astronomy and Astrophysics*, 450(3), 1,037–50.

The Wall Street Journal. (6 January 2017). 'Humans Mourn Loss After Google Is Unmasked As China's Go Master'. *The Wall Street Journal*.

Thomas, J. M. (2001). 'Predictions'. *IUBMB Life* (International Union of Biochemistry and Molecular Biology: Life), 51(3), 135–8.

Tokarska, K. B., et al. (2016). 'The Climate Response to Five Trillion Tonnes of Carbon'. *Nature Climate Change*, 6(9), 851–5.

Toon, O. B., et al. (2007). 'Atmospheric Effects and Societal Consequences of Regional Scale Nuclear Conflicts and Acts of Individual Nuclear Terrorism'. *Atmospheric Chemistry and Physics*, 7, 1,973–2,002.

Tovish, A. (2015). The Okinawa missiles of October. https://thebulletin.org/2015/10/the-okinawa-missiles-of-october/

Toynbee, A. (1963). 'Man and Hunger: The Perspectives of History', in FAO (ed.), *Report of the World Food Congress, Washington, D.C., 4 to 18 June 1963*, vol. 2: *Major Addresses and Speeches*. Her Majesty's Stationery Office.

Trevisanato, S. I. (2007). 'The "Hittite Plague", an Epidemic of Tularemia and the First Record of Biological Warfare'. *Medical Hypotheses*, 69(6), 1,371–4.

Tritten, T. J. (23 December 2015). 'Cold War Missileers Refute Okinawa Near-Launch'. *Stars and Stripes*.

Tsao, J., Lewis, N., and Crabtree, G. (2006). 'Solar FAQs' [Working Draft Version 2006 Apr 20]. Sandia National Laboratories.

Tucker, J. B. (1999). 'Historical Trends Related to Bioterrorism: An Empirical Analysis. Emerging Infectious Diseases', 5(4), 498–504.

—(2001). Biological Weapons Convention (BWC) Compliance Protocol. https://www.nti.org/analysis/articles/biological-weapons-convention-bwc/

Turing, A. (1951) 'Intelligent Machinery, A Heretical Theory'. Lecture given to '51 Society' in Manchester.

U.S. Department of Homeland Security (2008). 'Appendix B: A Review of Biocontainment Lapses and Laboratory-Acquired Infections', in *NBAF Final Environmental Impact Statement*. United States Department of Homeland Security.

U.S. Department of State (n.d.). Treaty Between The United States Of America And The Union of Soviet Socialist Republics on The Elimination of Their Intermediate-Range and Shorter-Range Missiles (INF Treaty). https://2009–2017.state.gov/t/avc/trty/102360.htm

—(1963). 'State-Defense Meeting on Group I, II and IV Papers [Extract]. Gr. 59', Department of State, PM Dep. Ass. Sec. Records, 1961–1963, Box 2, Memoranda. National Archives.

U.S. House of Representatives (2013). *Threats from Space: A Review of U.S. Government Efforts to Track and Mitigate Asteroids and Meteors (Part I and Part II)* [Hearing]. U.S. Goverment Printing Office.

UCS (n.d.). What is Hair-Trigger Alert? https://www.ucsusa.org/nuclear-weapons/hair-trigger-alert
UN (n.d.). International Day for the Preservation of the Ozone Layer, 16 September. https://www.un.org/en/events/ozoneday/background.shtml
UN DESA (2019). World Population Prospects 2019, Online Edition.
UNESCO (1997). Declaration on the Responsibilities of the Present Generations Towards Future Generations. http://portal.unesco.org/en/ev.php-URL_ID=13178andURL_DO=DO_TOPICandURL_SECTION=201.html
UNOOSA (2018). *Near-Earth Objects and Planetary Defence* (Brochure ST/SPACE/73). United Nations Office of Outer Space Affairs.
Van Valen, L. (1973). 'Body Size and Numbers of Plants and Animals'. *Evolution*, 27(1), 27–35.
Van Zanden, J. L., et al. (2014). 'Global Well-Being since 1820', in *How Was Life?* (pp. 23–36). OECD.
Vellekoop, J., et al. (2014). 'Rapid Short-Term Cooling Following the Chicxulub Impact at the Cretaceous-Paleogene Boundary'. *Proceedings of the National Academy of Sciences*, 111(21), 7,537–41.
Vonnegut, K. (1963). *Cat's Cradle*. Holt, Rinehart and Winston.
Wallace, M. D., Crissey, B. L., and Sennott, L. I. (1986). 'Accidental Nuclear War: A Risk Assessment'. *Journal of Peace Research*, 23(1), 9–27.
Watson, C., Watson, M., Gastfriend, D., and Sell, T. K. (2018). 'Federal Funding for Health Security in FY2019'. *Health Security*, 16(5), 281–303.
Watson, F. G. (1941). *Between the Planets*. The Blakiston Company.
Weaver, T. A., and Wood, L. (1979). 'Necessary Conditions for the Initiation and Propagation of Nuclear-Detonation Waves in Plane Atmospheres'. *Physical Review A*, 20(1), 316–28.
Weeks, J. R. (2015). 'History and Future of Population Growth', in *Population: An Introduction to Concepts and Issues* (12th ed.). Wadsworth Publishing.
Weitzman, M. L. (1998). 'Why the Far-Distant Future Should Be Discounted at its Lowest Possible Rate'. *Journal of Environmental Economics and Management*, 36(3), 201–8.
—(2009). 'On Modeling and Interpreting the Economics of Catastrophic Climate Change'. *Review of Economics and Statistics*, 91(1), 1–19.

Wellerstein, A. (2014). Szilard's Chain Reaction: Visionary or Crank? http://blog.nuclearsecrecy.com/2014/05/16/szilards-chain-reaction/

Wells, H. G. (1894). *The Extinction of Man*. Pall Mall Budget.

—(1897). *The Star*. The Graphic.

—(1913). *The Discovery of the Future*. B. W. Huebsch.

—(1940). *The New World Order*. Secker and Warburg.

Wetterstrand, K. A. (2019). DNA Sequencing Costs: Data from the NHGRI Genome Sequencing Program (GSP). www.genome.gov/sequencingcostsdata

Wever, P. C., and van Bergen, L. (2014). 'Death from 1918 Pandemic Influenza during the First World War: A Perspective from Personal and Anecdotal Evidence'. *Influenza and Other Respiratory Viruses*, 8(5), 538–46.

Wheelis, M. (2002). 'Biological Warfare at the 1346 Siege of Caffa'. *Emerging Infectious Diseases*, 8(9), 971–5.

White, S., Gowlett, J. A. J., and Grove, M. (2014). 'The Place of the Neanderthals in Hominin Phylogeny'. *Journal of Anthropological Archaeology*, 35, 32–50.

WHO (2016). *World Health Statistics 2016: Monitoring Health for the SDGs, Sustainable Development Goals*. World Health Organisation.

Wiblin, R. (2017). How to Compare Different Global Problems in Terms of Impact. https://80000hours.org/articles/problem-framework/

Wiener, J. B. (2016). 'The Tragedy of the Uncommons: On the Politics of Apocalypse'. *Global Policy*, 7, 67–80.

Wiener, N. (1960). 'Some Moral and Technical Consequences of Automation'. *Science*, 131(3410), 1,355–8.

Wilcox, B. H., Mitchell, K. L., Schwandner, F. M., and Lopes, R. M. (2017). 'Defending Human Civilization from Supervolcanic Eruptions'. Jet Propulsion Laboratory/NASA.

Wilcox, B., and Wilcox, S. (1996). *EZ-GO: Oriental Strategy in a Nutshell*. Ki Press.

Williams, E. G. (2015). 'The Possibility of an Ongoing Moral Catastrophe'. *Ethical Theory and Moral Practice*, 18(5), 971–82.

Williams, M. (2012). 'Did the 73 ka Toba Super-Eruption have an Enduring Effect? Insights from Genetics, Prehistoric Archaeology, Pollen Analysis, Stable Isotope Geochemistry, Geomorphology, Ice Cores, and Climate Models'. *Quaternary International*, 269, 87–93.

Willis, K. J., Bennett, K. D., Bhagwat, S. A., and Birks, H. J. B. (2010). '4 °C and Beyond: What Did This Mean for Biodiversity in the Past?' *Systematics and Biodiversity*, 8(1), 3–9.
Willis, K. J., and MacDonald, G. M. (2011). 'Long-Term Ecological Records and Their Relevance to Climate Change Predictions for a Warmer World'. *Annual Review of Ecology, Evolution, and Systematics*, 42(1), 267–87.
Wilman, R., and Newman, C. (eds) (2018). *Frontiers of Space Risk: Natural Cosmic Hazards and Societal Challenges*. Taylor and Francis.
Wilson, I. (2001). *Past Lives: Unlocking the Secrets of our Ancestors*. Cassell.
Wilson, J. M., Brediger, W., Albright, T. P., and Smith-Gagen, J. (2016). 'Reanalysis of the Anthrax Epidemic in Rhodesia, 1978–1984'. *PeerJ*, 4, e2686.
Wise, J. (9 January 2013). 'About That Overpopulation Problem'. *Slate*.
Wolf, E. T., and Toon, O. B. (2015). 'The Evolution of Habitable Climates under the Brightening Sun'. *Journal of Geophysical Research: Atmospheres*, 120(12), 5,775–94.
Woodward, B., Shurkin, J. N., and Gordon, D. L. (2009). *Scientists Greater Than Einstein: The Biggest Lifesavers of the Twentieth Century*. Quill Driver Books.
World Bank (1993). *World Bank Report: Investing in Health*. Oxford University Press.
—(2019a). GDP (current US$). https://data.worldbank.org/indicator/ny.gdp.mktp.cd
—(2019b). Government Expenditure on Education, Total (%of GDP). https://data.worldbank.org/indicator/SE.XPD.TOTL.GD.ZS
Wright, L. (16 September 2002). 'The Man Behind Bin Laden'. *The New Yorker*.
Wright, S. (2001). 'Legitimating Genetic Engineering'. *Perspectives in Biology and Medicine*, 44(2), 235–247.
Xia, L., Robock, A., Mills, M., Stenke, A., and Helfand, I. (2015). 'Decadal Reduction of Chinese Agriculture after a Regional Nuclear War'. *Earth's Future*, 3(2), 37–48.
Yokoyama, Y., Falguères, C., Sémah, F., Jacob, T., and Grün, R. (2008). 'Gamma-Ray Spectrometric Dating of Late Homo Erectus Skulls from Ngandong and Sambungmacan, Central Java, Indonesia'. *Journal of Human Evolution*, 55(2), 274–7.

Yost, C. L., Jackson, L. J., Stone, J. R., and Cohen, A. S. (2018). 'Subdecadal Phytolith and Charcoal Records from Lake Malawi, East Africa, Imply Minimal Effects on Human Evolution from the ~74 ka Toba Supereruption'. *Journal of Human Evolution*, 116, 75–94.

Zalasiewicz, J., et al. (2017). 'The Working Group on the Anthropocene: Summary of Evidence and Interim Recommendations'. *Anthropocene*, 19, 55–60.

Zelicoff, A. P., and Bellomo, M. (2005). *Microbe: Are We Ready for the Next Plague?* AMACOM.

Zhang, B., and Dafoe, A. (2019). *Artificial Intelligence: American Attitudes and Trends*. Center for the Governance of AI, Future of Humanity Institute, University of Oxford.

Zhang, T., Heginbottom, J. A., Barry, R. G., and Brown, J. (2000). 'Further Statistics on the Distribution of Permafrost and Ground Ice in the Northern Hemisphere'. *Polar Geography*, 24(2), 126–31.

Zhu, M., et al. (2012). 'Earliest Known Coelacanth Skull Extends the Range of Anatomically Modern Coelacanths to the Early Devonian'. *Nature Communications*, 3(1), 772.

Ziegler, P. (1969). *The Black Death*. Collins.

Zilinskas, R. A. (1983). 'Anthrax in Sverdlovsk?' *Bulletin of the Atomic Scientists*, 39(6), 24–7.

Zonination (2017). Perceptions of Probability and Numbers. https://github.com/zonination/perceptions